U0684859

清代《春秋》学研究

晁岳佩◎著

国家图书馆出版社

图书在版编目(CIP)数据

清代《春秋》学研究 / 晁岳佩著. -- 北京:国家图书馆出版社,2019.3
ISBN 978 -7 -5013 -6531 -9

Ⅰ.①清… Ⅱ.①晁… Ⅲ.①中国历史—史籍—研究—春秋时代 ②《春秋》—研究—中国—清代 Ⅳ.①K225.04

中国版本图书馆 CIP 数据核字(2018)第 186515 号

书　　名 清代《春秋》学研究
著　　者 晁岳佩 著
责任编辑 林 荣
编辑助理 潘肖蔷
封面设计 一瓢文化·邱特聪

出　　版 国家图书馆出版社(100034 北京市西城区文津街 7 号)
(原书目文献出版社 北京图书馆出版社)
发　　行 010 -66114536 66126153 66151313 66175620
66121706(传真) 66126156(门市部)
E - mail nlcpress@ nlc. cn(邮购)
Website www. nlcpress. com→投稿中心
经　　销 新华书店
印　　装 北京华艺斋古籍印务有限公司
版　　次 2019 年 3 月第 1 版 2019 年 3 月第 1 次印刷

开　　本 787 ×1092(毫米) 1/16
印　　张 18.5

书　　号 ISBN 978 -7 -5013 -6531 -9
定　　价 280.00 元

本项目为2013年度国家社会科学基金项目
项目批准号13BZS041

前　言

在申报“清代《春秋》学研究”课题时，我准备做成对清代《春秋》学较为全面的评述。2013年6月接到项目批准通知，在研究生祝莉莉、彭松、孔令柱等帮助下开始收集资料。至年底，共收集清代《春秋》学文献近四百种，现代研究著作数十种，论文数百篇。按照计划，其他清代文献中有关《春秋》学的内容，以及写《清代〈春秋〉学与清代政治》所需政治与文化等方面的资料，还有与清代《春秋》学分支相关的各学科著作等，尚远未收集完备，而计划时间已过去三分之一。此时，原定合作者周晓东先生决定去肯尼亚孔子学院任教。面对堆积如山的资料，两年时间内，全部看完也不可能，更不用说全面评述。况且，我面临退休，也不想延期完成项目。于是，我决定保留原来的基本思路，修改写作计划：

第一，缩小研究范围。

本书把清代《春秋》学分为四部分：主流《春秋》学、《春秋》左氏学、《春秋》公羊学、《春秋》谷梁学，依次列为四章。每章只选择三位具有代表性的学者及其主要《春秋》学著作予以论述，依次列为三节。原计划的《清代〈春秋〉学与清代政治》《清代〈春秋〉学分支》《清代〈春秋〉学的终结及其意义》，不再作专章论述，只在相关章节中简略提及。

第二，不再追求全面评述。

这一点包括两个方面：一方面论述中基本不再涉及研究文献以外的其他内容，包括其他学者的《春秋》学著作以及其他文献中的《春秋》学内容，以免以偏概全。另一方面论述中尽可能不涉及清末以来对清代《春秋》学、著名学者及其著作进行研究的著作和论文。因为，通过阅读部分前人研究成果，发现与我的思路相近者并不多，而很多综述性的内容，如作者生平、文献概说、主要特点等，多有相近或相同。我既没有时间全面阅读，也不想只在前人研究的基础上做综述。我喜欢也希望做具体深入的文本研究，为别人做全面综述做一些基础性的工作。因此，为避免重复，本书基本上没有综述性内容；为避免挂一漏万，也尽可能不引用前人研究成果。唯其如此，我才能把全部的时间和精力用于文本研究。

本书写作主旨有三：

第一，回归经学研究，与思想史研究区分开来。

民国初年以来，经学研究被视为糟粕，治经学者多转向思想史或其他领域的研究，取得诸多可喜成果。二者的区别在于：思想史研究者是把《春秋》学文献中的内容视为作者思想的表述，进行比较分析，予以论述；经学研究者则是把同样的内容视为作者“代圣人立言”，即这些内容是圣人在《春秋》中隐含的垂教后世之义。前者注重理解作者说的是什么，以及如此说的思想意义；后者注重作者为什么这么说，即如何对干巴巴的《春秋》经文做出了如此阐释。《春秋》学文献在形式上表现为作者对圣人垂教之义的阐释，在本质上也带有作者思想的表述，在“我注六经”的同时也内含着“六经注我”。因此，《春秋》学文献既属于经学范畴，同样也可以作为思想史资料进行研究。

近代以来，真正从经学角度研究《春秋》学文献者已经很少，作为经学的《春秋》学已接近于绝学。不从经学角度理解作者为什么这样说，往往不能把握作者究竟说的是什么，至少容易产生偏差。比如《公羊传》所释《春秋》“大一统”，从经学角度理解，其内涵是圣人倡导尊王，特别是尊现实中的王者，如果只强调统一理念，也就等于忽略了更为深刻的尊时王内涵。出于这种认识，我想把本课题做成较为纯粹的属于经学范畴的清代《春秋》学研究，注重说明作者是如何理解圣人《春秋》的，而不把它作为作者的思想做过多评述。说到底，我希望为思想史、文化史研究者提供理解《春秋》学文献的基础和方法。同时，传统《春秋》学者真诚相信《春秋》中隐含着丰富的圣人垂教之义，《春秋》学就是“代圣人立言”。我对《春秋》有大义和前人所释大义都不太相信，故我所谓回归经学研究，是从现代角度梳理并评说传统经学，而不是传承“代圣人立言”。

第二，以解读为主，评说为辅。

除疏体外，清代以前的学者，以及民国年间的老学者，著书立说征引文献均不作解读，因为他们一般都熟习经书，也有很好的古文功底。今人已没有了他们的这种优势，但许多著作和论文仍采用排比资料做简单评说的方式。

近年来，我在阅读一些《春秋》学方面的著作和论文时，经常发现标点错误、评说宽泛甚至不合原文本意的问题。和学生们讨论此事，他们普遍认为最大的困难是读不懂古人的《春秋》学著作，不能真正理解古人为什么如此阐释《春秋》经文。读懂原著，是深入研究的前提。基于这种认识，我为本书制定了如下写作原则：一是简述每一种《春秋》学著作的基本著述体例；二是或分类，或分篇，选择其中重要或有新意的论述，逐条做经学解读，力求做到准确把握作者思路，讲清楚他们究竟在说什么，以及为什么这样说，这是本书的核心内容；三是在充分解读原著的基础上，简要归纳其特点，但不做宽泛评说。我希望这种写作方式，能对年轻一代的经学、思想、文化等领域的研究者有所帮助。

第三，以三《传》为基础做解读。

凡以孔子作《春秋》为前提，以阐释圣人垂教之义为指归的《春秋》学文献，不论作者属于何家何派，不论他们对三《传》的认识有多大的差别，在阐释《春秋》的过程中都无法离开三《传》，只是取舍不同而已。《春秋》学的本质是研究圣人垂教之义，主体内容则是以三《传》为基础阐释《春秋》。离开三《传》，就没有《春秋》学。今人之所以不易读懂《春秋》学文献，关键在于未能熟读三《传》。对《左传》不熟，不能明白学者所说《春秋》之事；对《公羊传》《谷梁传》不能理解到位，则不知学者所据《春秋》例和所释《春秋》义自何而来。清代的《春秋》学者大概无一例外都是自幼读经出身，他们对三《传》的熟悉程度自然非今人能及，他们视为常识无需予以说明的内容，在今天往往成为理解难点。

本人已经出版了《春秋三传要义解读》《春秋三传义例研究》，《左传导读》已经交稿待版，《春秋三传与传统文化》也已写出十五万字，自信对三《传》比较熟悉。本书使用的《春秋》义、例，即《春秋》大义、《春秋》书法的概念，也都是《春秋三传义例研究》的延续。以此为基础，本书对清代《春秋》学文献的解读，基本上都是参照三《传》进行的。三《传》是学者们阐释《春秋》的起点，对三《传》的理解和把握程度，往往也决定着他们的《春秋》学研究水平。依据三《传》，或批评三《传》，也是本书解读的重点。

通过对四派十二家二十种《春秋》学著作的择要解读，我们可以得出对清代《春秋》学的如下认识：

第一，清代《春秋》学研究水平是《春秋》学史上的顶峰。

《公羊传》和《谷梁传》兴盛于西汉，但主要是作为政治理论读本指导政治实践，除董仲舒的《春秋繁露》以及东汉末年何休的《春秋公羊解诂》外，汉代没有其他的今文《春秋》学著作传之后世。《左传》兴盛于西汉末至东汉，但也只是在民间流传。贾逵、马融、服虔、许慎等学者虽有著作，但也没有完整流传至今者。据部分佚文可见，他们多有为《左传》争正统传经地位之意，往往依附《公》《谷》或与之比较，强调《左传》也有丰富的经义。这一点或是他们终究未能如愿的主要原因。《左传》本身并不注重阐释经文内涵，与《公》《谷》明显不同。郑玄虽主《左传》，但同时也承认《公》《谷》的解经地位，并不排斥其所释义例。包容，使郑玄获得极大成功。但除与何休争辩的三书佚文外，郑玄也没有专门的《春秋》学著作传下来。三书佚文也主要反映着郑玄对三《传》的包容，驳何休，主要是驳其对《左》《谷》的偏见。至于对《春秋》垂教之义的认识，二人并无太多不同。何休对《公羊传》所释《春秋》义例的归纳、阐释、引申、发展，使《春秋》公羊学的水平达到了后人很难企及的高峰。杜预在著成《春秋经传集解》经典的同时，也成功构建了《春秋》左氏学体系，终于完成了前辈《左传》学者的夙愿，把《左传》抬进传经的殿堂，成为首屈一指的《左传》功臣。范宁虽然有借助《左》《公》以释《谷梁传》之处，甚至个别地方露出对《谷梁传》的不满意，但他对《谷梁传》所释《春秋》义例的理解与归纳，仍然是远超前人的。三家《注》都是《春秋》学史上的高峰。对他们的经学贡献，至今研究也不充分。由陆淳写成，实际上代表啖、赵、陆三人观点的《春秋》三书，以"舍传从经"为旗帜，实则兼采三《传》以释《春秋》义例，开启宋代以后的主流《春秋》学，《春秋》学研究至此又生巨变。宋、元、明期间，《春秋》学著作流传至今者很多，有特色者也不少，虽然歧说纷纭，且各有贡献，但就整体而言，仍是主观思考胜于资料论证，没有形成后人难以超越的《春秋》学经典文献。

清代在整体上是传统学术发展的顶峰，《春秋》学研究也是如此。《钦定春秋传说汇纂》对前人的《春秋》学观点征引之丰富，对一些问题的辨析与存疑，《御纂春秋直解》对《春秋》大义全面而简炼明确的表述，都代表着主流《春秋》学的最高水平，自啖、赵、陆以来兼采三《传》的《春秋》学著作都难以与其相提并论。遗憾的是，至今对二书的研究似乎不多。《春秋毛氏传》对史事、礼制的精彩考证，作者的宏观视野和能言善辩的文风以及敏锐的洞察力，此书可以视为以事解《春秋》的代表作，鲜有可与相比者。《春秋大事表》虽然以阐释《春秋》大义为指归，但作者的宏观历史叙述，对历史地理和历法的考查与考证，被后人公认为顶尖著作。《春秋左传读》虽是章太炎的早期著作，但文字和考据功力已非常人所及。《春秋正辞》虽然仍有主流《春秋》学的遗痕，但毕竟是何休后第一位以《公羊传》为主阐释《春秋》义例者，作者广阔的视野，长篇大论的辨析，相对严谨的文章风格，都体现着大师水平。《春秋公羊经何氏释例》第一次完整梳理出《公羊传》及何休所释《春秋》义例，恰如把一团乱麻一一理出了头绪，标志着《春秋》公羊学达到了一个新的高度。《左氏春秋考证》和对郑玄的批评，虽然未必完全正确，但刘逢禄因此成为清代《春秋》公羊学的代表人物。《新学伪经考》的诸多结论虽多为后人诟病，但由此兴起的疑古之风却对学术研究多有贡献，此书提出的问题也似乎有再研究之必要。《谷梁大义述》勾勒出《谷梁传》及范宁《注》所释《春秋》时月日例体系，是创新之举，对许多问题的驳难与辨析也不乏精彩论述。《谷梁释例》对《谷梁传》所释《春秋》时月日例的归纳与阐释，有功于《谷梁传》，与《公羊传》的比较研究，更是前人未做过的工作。《谷梁礼证》虽然篇幅不大，却是这一领域的力作。总之，仅据本书研究的这些文献可见，清代《春秋》学的研究水平之高，是其他任何时代都没有达到的。

第二，清代《春秋》学具有浓厚的考据色彩，许多著作具有资料库的性质。

《春秋》学自以《公羊传》为标志形成之后，就是以分析文字阐释大义为主要方法，无需严密考证。即使主张以事解《春秋》的《左传》学者，如杜预、孔颖达，对《春秋》所载人物、事件也不做太多考证，更不必说《公》《谷》学者和兼采三《传》的宋、元、明时期的《春秋》学者。清初一些大学者倡导实学，求实的结果是大家纷纷走向考证之路。考据之风也自然蔓延至《春秋》学研究领域。《钦定春秋传说汇纂》旨在兼采众说定于一尊，事、例并重解《春秋》是其主要方法，但许多案语都有细致缜密的考证与辨析，实在难以确考者，则采取存疑的方式。这在以前的主流《春秋》学著作中是极为少见的。《左氏春秋考证》中的结论虽不无偏颇之处，但其方法则显然属于考据。作者对《左传》的研究相当深入，通过归纳分析《左传》文本，指出其中存在的问题，许多可给人以启发，且有一定的说服力。如关于《左传》在刘歆以前本称《左氏春秋》的考证，当为不易之论。《新学伪经考》更是征引非常丰富，作者关于古文流传的考证，并非完全没有道理。孔壁藏书、河间献书、刘歆所见中秘书，所存古文是否一致，其中有无残缺，与今文相同的部分为何完全相同，孔安国的《古文尚书》为何在汉代未能广泛流传，这些问题至今仍难以说清楚。此类考证在董仲舒、何休的著作中是很难见到的。《春秋大义述》中驳难与辨析的内容，往往有征引丰富的考证。《谷梁礼证》更是专事考证之作。《春秋毛氏传》在形式上是以释义为主，但其内容则主要表现为对史事、礼制等方面的考证。《春秋大事表》中一百三十一篇叙、论、辨、说、考，基本上都是考据性的优质论文，至今仍被征引。《春秋左传读》通篇皆为考证之作，考文字、考制度，无不详征博引，辨析入微。《左传》派学者的考据功力与成就，显然高于其他各家。考证是以征引材料为基础，故上述清代《春秋》学著作都有资料丰富的共同特征。在国家图书馆出版社出版的《先秦典籍研究文献辑刊》的几种丛书的《前言》中，我都强调了清代学术文献的资料库性质，这同样适用于清代《春秋》学著作。《钦定春秋传说汇纂》征引的文献种类和具体内容，是其他任何《春秋》学著作无法比拟的。《谷梁大义述》《新学伪经考》《春秋左传读》及《续录》《谷梁礼证》《春秋大事表》等征引都极为丰富。丰富的资料，为后人对相同问题的深入研究奠定了基础。

第三，清代《春秋》学形成的分支，成为近代各学科发展的重要基础。

清初学者倡导实事求是的治学态度，乾嘉学者发展为重考证，故许多学术问题得以深入研究。本来是旨在阐释圣人垂教之义的《春秋》学，在清代也因研究的具体而深入，形成一些分支。就本书论述所及，也粗略可见几个分支的重要性。《春秋》不论是否经过孔子修作，在形式上都显然是鲁国史书。如果承认圣人作《春秋》是因事明义，那么详考《春秋》所载之事，就成为理解圣人之义的唯一正确途径。《春秋毛氏传》《春秋大事表》中大部分篇章，都是这种主张的体现。作者详考《左传》所载史事，或阐释出了圣人之义，或任凭读者理解这些史事体现的圣人之义，但客观上都表现为对春秋史的研究。顾栋高和毛奇龄都重在对春秋史的宏观把握，他们对许多问题的考述，至今仍具有很高的参考价值，甚至今人也未必达到了他们的水平。《钦定春秋传说汇纂》和《御纂春秋直解》，虽然在整体上是以释义为主，但由于认同朱熹的说法，其中也有大量因事明义方式的解说，故也不乏对史事的精彩考析。严格地说，春秋史不属于《春秋》学范畴。在清代，因《春秋》学研究的深入，春秋史发展成为一门分支学问，这个分支逐渐成为一个独立学科。

按照经学理解，《春秋》学主旨是研究《春秋》大义，《春秋》大义的核心内容是政治理论，政治理论的实践就是建立制度，政治制度在传统学术中归属于礼。因此，自宋代已有人专门研究《春秋》礼制。可以说，绝大多数《春秋》学著作，都有关于礼制的讨论。毛奇龄列“礼例”为《春秋》四例之一，本质是认定礼制是圣人垂教后世的主要内容，故《春秋毛氏传》中有大量关于礼制的考证与辨析。《春秋大事表》以研究春秋史为主，史事也多与礼制相关，故顾栋高撰写的一百三十一篇论文，也多涉及礼制。《春秋左传读》是读《左》笔记，其中也有一些讨论礼制的内容。《谷梁礼证》更是专门研究礼制的著作，研究的深度和广度自然非一般学者所及。礼制研究，在清代《春秋》学领域也成为一个重要分支，与其他领域的学者一起奠定了近代以来先秦制度史研究的基础。

在中国思想史上，宋代属于思想相对解放的时期，疑古因思想解放而出现，由此形成古书辨伪学问。清代是古书辨伪成就最大的时期，《左氏春秋考证》和《新学伪经考》无疑是与《古文尚书疏证》并列的影响最大的辨伪著作。尽管刘逢禄、康有为的辨伪结论未被学术界普遍接受，但对民国时期疑古学派的形成无疑产生了重要影响。钱玄同为《新学伪经考》再版写的长篇序言，其中对康氏结论的推崇，可以为证。疑古学派对先秦史的考证，顾颉刚因疑古而提出的历史观，至今仍受到学者的重视。《春秋左传读》批评杜预，欲追溯至贾谊寻求最古的《左传》正解，与疑古派的理念相反。但章太炎凭着深厚的文字功底和考辨之能，书中许多文字考证当为不易之论，为语言学研究做出了贡献。天文历法和历史地理是顾栋高用功做多的地方，《春秋大事表》在这两方面的成就，至今受到专门研究者的重视。

第四，清代《春秋》学是顶峰，也是终点。

用今天的话说，可以称作“硬着陆”。《公羊传》哀公十四年：“何以终乎哀十四年？曰：备矣。”不论是否符合圣人之意，《公羊传》的确从《春秋》中阐释出了相对完备的政治理论体系，这就是所谓的《春秋》大义。中国的农业文明培育了君主专制下的中央集权制，《春秋》大义就是为这种制度服务的政治理论。如果说君主专制与农业文明相适应，那么《春秋》大义也可以说是中国农业文明的必然产物。西汉是君主专制制度创建的最重要时期，需要政治理论的指导，故《公羊传》被视为教科书,兴盛至极。《公羊传》对中国古代政治理论体系的构建及制度设置功不可没。高度发达的中国农业文明延续两千多年,虽然经历多次王朝更替,但政治制度和政治理论并没有太多变化,《春秋》学也就没有太多的发展空间。尊王(忠君)、诛讨乱臣贼子、重民、攘夷、国和家的等级制等等,当这些《春秋》大义的核心理念深入人心并制度化以后,理论研究就会显得苍白,再反复阐释也很难使人产生激情,这也属于"审美疲劳"。后世《春秋》学再也没有出现汉时的辉煌,关键也在于此。包括《谷梁传》在内,后世《春秋》学,不论是义例派、因事见义派,还是事、例并重派,虽然表面上歧说纷纭,但就所释《春秋》大义而言,并没有太大的区别,也没有太多超出《公羊传》所释,只不过是因时代变化侧重点有所不同而已,或者因作者认识的不同而出现差异。《御纂春秋直解》《春秋大事表》《春秋正辞》,从内容上看,对《春秋》的阐释差别巨大,但作为落脚点的所释圣人垂教之义,本质上几乎没有任何差别。可以说,至清代,《春秋》大义已没有多少余蕴再供学者们挖掘。即使再继续阐释下去,只要社会不发生根本变化,《春秋》学也不会有更多的发展。

西汉末至东汉时期的今古文之争,带有一些利禄因素。《左传》学者希望得到朝廷认可,且并不否定《公》《谷》所释《春秋》之义。今文学者认定"《左氏》不传《春秋》",其中确有非学术原因。何休和郑玄应是比较纯粹的学者,批评和反批评都是为维护圣人垂教之义的正确性,争论的只是"义长"和"义短"。自啖、赵、陆以后的学者,对三《传》的接受或批评虽各有不同,但都不完全否定三《传》。清代学者的争论似乎比以往更激烈。主张以事解《春秋》的毛奇龄、顾栋高、章太炎、郝懿行等,或否定《春秋》有用字、称谓、日月等例,或否定"一字褒贬",实际上是否定《公》《谷》的解经方法。刘逢禄、康有为则直接认定《左传》是刘歆改造《国语》而成,与《春秋》并无关系,更是彻底否定以事解《春秋》。双方批评用辞的激烈、尖锐,是此前所没有的,甚至接近于人身攻击。若彻底否定《公》《谷》的解经方法,意味着二书所释圣人垂教之义全部归零。若《左传》是伪书,因事明义者所释也纯属子虚乌有。以例解经方法近于穿凿,以事解经方法实为述史,双方的批评都不无道理。若双方的观点都成立,岂不是说一部《春秋》学史尽是"满纸荒唐言",被信奉两千年的圣人垂教之义岂不是要全部重新阐释?双方相互不信,结果等于否定了圣人垂教之义的存在。发展至此,《春秋》学还能走向何方?

康有为要为自己的变法主张寻找依据,故认定孔子学说的宗旨就是为了"改制"。何休所释"三世"说有利于变法主张,故康有为认定这是孔子的"微言"。《左传》对历史的记述与此不符,故康有为认定其为伪书。而康有为的变法主张,实是西学东渐的结果。总之,《春秋》大义早已被充分阐释,以例解经和以事解经的方法都被对方否定,再加上西方文化的影响,古老的《春秋》学在清代因社会制度变革突然走向终点,只给后人留下了一大堆望而兴叹的文献。

不足两年的时间手写了三十万字,包括修改、打印、定稿、结项。其间,彭松、祝莉莉、孔令柱三位硕士研究生给我许多帮助,在此表示感谢。终因时间仓促、能力有限,书中难免有许多不足之处。我想对几处明显不足作一点说明:

第一,最大的欠缺,无疑是名实似有不符,与全面综合论述清代《春秋》学的题目要求有相当差距,具体研究的清代《春秋》学文献还太少,更没有涉及其他文献中的《春秋》学内容。我实在没有更多的时间,也不喜欢做宽泛的综述。

第二,清代《春秋》学与清代政治的关系、清代《春秋》学形成的各个分支、清代《春秋》学的终结及其意义,都是应该专门研究而没有研究的问题。时间、能力都有限。

第三,按照惯例,被研究的每一种文献前面,都应该有作者介绍、成书与版本、时代特点等文献综述性内容,我认为这些内容在其他著作和论文中比较容易找到,为了避免大量重复,有意省略了这个部分,不知当否。

第四,按照惯例,本书必须有一部分专门论述清代《春秋》学研究前沿,现在却没有。原因是重在研究文本,没有时间阅读太多的以往研究成果,既担心挂一漏万,也担心梳理不清楚。

对于这些欠缺,我也感到遗憾。聊以自慰的是,项目结项时,本书的查重结果是百分之零点四,且其中的百分之零点三是与本人的著作或论文相重。人生难免有遗憾,做研究也是如此。已逾花甲之年,时间有限,能力也有限,我也不想再弥补这些欠缺。我真诚地希望读者能够谅解,更期望早日看到另一本更好的《清代〈春秋〉学研究》。

江湖散人晁岳佩于济南龙泉山庄

2018年6月

目　录

第一章　清代主流《春秋》学研究

唐代中期的陆淳编纂了《春秋集传纂例》《春秋集传辨疑》《春秋微旨》，包括了啖助、赵匡的《春秋》学观点，打出舍传求经、以经证经的旗帜，实开创了综合三《传》以释《春秋》或以己意解《春秋》的先声，与此前三家各说各话的研究方式区别开来。他们首次提出《左传》长于事、《公》《谷》长于义的判断，又认为《左传》记事也未必完全可信，《公》《谷》所释义、例也未必完全符合圣人之意，主张兼采三《传》，也就是用事、例并重的方式解说《春秋》之义。宋代《春秋》学著作很多，且多有新意，对后世产生了影响，形成具有宋代特色的《春秋》学。究其实，宋代《春秋》学都属于啖、赵、陆一派，区别只是或偏重于事，或偏重于例。元、明至清，主流《春秋》学都是宋代《春秋》学的延续。仅据《四库全书总目》及《续修四库全书总目》所载，清代《春秋》学著作就有近四百种，且不算其他文献中涉及的《春秋》学内容。综览可知，虽然三家的专门研究各有突破，名家众多，但就数量而言，综合三《传》各参己意以释经的主流《春秋》学著作仍占绝对多数。由于《公羊》学研究的政治影响，《左传》学研究的突出学术贡献，清代主流《春秋》学几乎被淹没，对它的专门研究不多。在众多清代主流《春秋》学著作中，康熙《钦定春秋传说汇纂》以搜罗繁富为鲜明特点。乾隆《御纂春秋直解》释义简明，无疑属于高水平者，且真正代表着官方《春秋》学，也是科举考试的教材。郝懿行的《春秋说略》和《春秋比》，虽然并不算最出色，但却有自己的特点，更重要者，是本人点校过二书，有一点粗浅研究，故此章主要论述这三家，以见清代主流《春秋》学的基本特点。

第一节　康熙《钦定春秋传说汇纂》

康熙《钦定春秋传说汇纂》①三十八卷，王掞、张廷玉等奉康熙皇帝之命撰。康熙帝于六十年（1721）为此书作《序》，当为此书完成之时。《序》对该书的纂述主旨和方法作了简要说明：

> 六经皆孔圣删述，而孟子特言“孔子作《春秋》”。左氏、公羊、谷梁三家各述所闻以为《传》，门弟子各衍以师说，末流益纷，以一字为褒贬，以

①台北“商务印书馆”影印文渊阁《四库全书》本。以下简称《汇纂》。

变例为赏罚，微言既绝，大义弗彰。至于灾祥谶纬之学兴，而更趋于怪僻，程子所谓"炳若日星"者，不因此而反晦乎？迨宋胡安国进《春秋解义》，明代立于学官，以贡举取士，于是四《传》并行。宗其说者率多穿凿附会，去经义愈远。朕于《春秋》，独服膺朱子之论。朱子曰："《春秋》明道正谊，据实书事，使人观之以为鉴戒，书名、书爵，亦无意义。"此言真有得者，而惜乎朱子未有成书也。朕恐世之学者牵于支离之说而莫能悟，特命词臣纂辑是书，以四《传》为主，其有舛于经者删之。以"集说"为辅，其有畔于《传》者勿录。书成凡四十卷，名之曰《传说汇纂》。夫《春秋》之作，以游、夏之贤不能赞一词，司马迁称"七十子之徒口授其传，而人人异端"，当时已无定论。后之诸儒欲于千百年后悬断圣人之指，不亦难乎？是书之辑，亦唯择其言之当于理者，虽不敢谓深于《春秋》，而辨之详，取之慎，于属辞比事之教或有资焉。是为序。康熙六十年夏六月朔。

按：分析此《序》，可见以下各点：

第一，强调《春秋》为"孔子作"，不同于别经为孔子"删述"。也就是说，《春秋》是唯一真正属于孔子的著作，自然也最能反映孔子的垂教后世之义。换言之，研究孔子"作《春秋》"之旨，就是后世研究《春秋》的方向。《汇纂》即以此为目的。这是对传统《春秋》学的继承。

第二，三《传》都是述各自所闻，也就是最接近孔子本意之作。因此，研究《春秋》必须以三《传》为主。三《传》所述不同，也当各有所据，不宜轻易否定。《汇纂》兼容三《传》，旨在消弭自汉代以来的三《传》门派之争。表面上这是对弃传从经研究方式的否定，实际上是变相继承，前者重在批评，后者重在吸取，都是以已意取舍三《传》。取《左传》意味着用其事，取《公》《谷》意味着用其义例。兼采三《传》，就是解《春秋》事、例并重。

第三，自三《传》注以后的"末流"学者，往往用"以一字为褒贬，以变例为赏罚"的方法解说《春秋》，甚至杂入"灾祥谶纬之学"，不仅未能阐明圣人之旨，反而使《春秋》的微言大义更加隐晦。因此，《汇纂》不能采用此类歧说。这是对三《传》以后《春秋》学史的总结与批评。

第四，宋胡安国《春秋解义》（即《春秋传》）"立于学官"，但在其基础上继续发挥者"率多穿凿附会"。实际上这是对胡《传》的批评。对此，《四库全书总目提要》作了补充说明：

> 初，胡安国作《春秋传》，张栻已颇有异议。朱子编《南轩集》存而不删，盖亦以栻说为然。至元延祐中复科举法，始以安国之《传》悬为功令，而有明一代因之。故元吴澄作俞皋《春秋集解序》称"兼列胡氏以从时

尚”，冯梦龙作《春秋大全凡例》称“诸儒议论尽有胜胡《传》者，然业以胡《传》为宗，自难并收以乱耳目”，岂非限于科律，明知其误而从之欤？钦唯圣祖仁皇帝道契天经，心符圣义，于尼山笔削洞鉴精微，虽俯念士子久诵胡《传》，难以骤更，仍缀于三《传》之末，而指授儒臣详为考证，凡其中有乖经义者一一驳正，多所刊除。

这是说，胡《传》本不应与三《传》并列，只是为了照顾当时参加科举考试者仍然以研读胡《传》为主，才将其附于三《传》之后，但多有删节、驳正。这是《汇纂》对当时流传最广、影响最大的胡安国《春秋传》的态度。

第五，《汇纂》是词臣奉命纂辑。据该书卷首所载，总裁一人，南书房校对十人，在馆分修校对三十二人，校勘一人。庞大的团队，用时二十余年，保证了在校勘方面的成绩。但既为分别编写，就难以保证体例上的完全一致。如所加案语，襄公以后要少很多。

第六，《汇纂》以朱熹对《春秋》的认识为基调。一是“《春秋》明道正谊”。《春秋》是明正道义之书，故解《春秋》者必须以释义为主。《公羊传》和《谷梁传》以及胡《传》都是专释经义者，所以是《汇纂》的主要辑录对象。二是“据实书事，使人观之以为鉴戒”。《春秋》虽是“据实书事”，但干巴巴的经文实不能提供鉴戒，必须依赖《左传》方能见《春秋》所载之事的真相，必须据《左传》所载之事方可推知《春秋》的垂教之义。故《左传》是《汇纂》的主要辑录对象。三是“书名、书爵，亦无意义”。记人称名、称字、称氏、称人、称爵等，三《传》均有对《春秋》称谓的阐释，特别是《公》《谷》据此阐释出许多大义。《汇纂》赞同朱熹之说，认为孔子于此并无内涵，也就否定了以此解《春秋》者。凡属此类，不录。这是《汇纂》辑录众说的一个重要标准。但实际上，《公》《谷》及后世学者释《春秋》大义主要依据例，《汇纂》为了取其大义，对以例解《春秋》者仍多采录。

第七，“以四《传》为主”，“以‘集说’为辅”。于每条经文之下，依次列左、公、谷、胡四《传》，全部“舛于经”者不录，部分“舛于经”者删节。次列众家之说，是为“集说”，以是否“畔于《传》”为标准采录。据《汇纂》卷首载，共采录一百三十四家。再次为编辑者的案语，多评《传》、说得失，明其取舍之由，少有自己的见解表达。多数经文下没有案语。最后，若《左传》有与经文无关但又有可取之处的记载，则作为附录列入。这是《汇纂》的编纂方式。

由此可见：

第一，《汇纂》实际上也是一部《春秋传》，或者说是《春秋集解》。

第二，《汇纂》采录之富，别家无可比拟。因其以释《春秋》义理为主，《汇纂》也可看作关于《春秋》义理的资料汇编。

第三,《春秋》本身看不出多少义理,所谓"舛于经"者,关键在于编辑者的标准,所谓"畔于《传》"者亦然。这里的关键就是"择言之当于理者"。"理"是一个主观性很强的模糊概念,在这里,符合清代皇家需要者就是"理",否则为不"当于理"。从这个角度说,《汇纂》是以皇帝旨意为标准而编辑的《春秋》义理选编。《汇纂》四《传》与众说之名属于标榜,选编才是实际内容。

《汇纂》以选录《传》、说为主,只有案语才是编辑者意见的直接表达。故本文仅据案语予以评述。

一、《春秋》,尊王之书也

《汇纂》是康熙皇帝亲自颁旨的词臣奉命之作,如何从《春秋》中阐释出有利于维护皇帝权益的义理,自然是词臣们的首要任务。为《春秋》定位,是完成这个任务的第一步。卷首《王朝世表》开宗明义说:"《春秋》,尊王之书也。"《二十国年表》篇首:"《春秋大全·二十国年表》,周与诸侯并列,殊失尊王之义。"隐公元年卷首案语对《春秋》尊王之义作了说明:"案孟子言:'《春秋》,天子之事也。'盖谓《春秋》本诸侯之史,其时列邦僭乱,名分混淆,而史体乖舛,夫子因而修之,其名秩则一裁以《武成》班爵之旧,其行事则一律以周公制礼之初。故曰'《春秋》,天子之事'者,犹曰'天子之史'云尔。"按照这种理解,《春秋》就是孔子据周初所制王法对当时"列邦僭乱,名分混淆"的批判。《春秋》有尊王之义,是《公羊传》《谷梁传》以来大部分学者的共识,他们都要以此讨好当时的皇帝。《汇纂》当然要利用这一点。所谓《春秋》义理,整体上就是尊王,这是皇帝最乐意接受的圣人垂教之义。圣人在《春秋》中体现着尊周天子,就等于教育后人要尊皇帝。所谓尊王,最重要者无非两点:一是遵王法,从王命;二是臣子们必须忠于君主。《汇纂》案语对此多有阐释。

> 《春秋》桓公十二年:"十有二月,及郑师伐宋。丁未,战于宋。"
>
> 《汇纂》案语:"宋之战,《左传》以为'宋无信',盖宋冯责赂无厌,鲁、郑可以声罪而致讨也。然鲁允、郑突皆篡弑之贼,王法所当诛,何得称兵以擅伐人国乎?胡氏安国曰:'往战者,罪在内也。'二说相兼,其义始备。"

按:据《左传》载,宋人扣押郑卿祭仲,胁迫其废已经即位的公子忽(郑昭公),拥立宋女所生公子突(郑厉公),并让公子突答应回国即位后对宋国予以报答。由于宋庄公(公子冯)要求太多,郑厉公不愿满足,两国产生矛盾。鲁桓公(公子允)进行调解,宋庄公开始答应而后反悔,于是鲁、郑联合伐宋。《左传》说此战是因

"宋无信",也就是说二国伐宋有理。《汇纂》认为,鲁桓公杀君兄隐公而立,郑厉公抢了君兄之位,都属于"篡弑之贼"。按照王法,这样的诸侯国君是应该被天子诛杀的。圣人据王法评说此事,不可能赞成这样的人在没有王命的情况下举兵伐宋。也就是说,《左传》以"宋无信"解说经文之义,至少是不全面的。胡安国认为,《春秋》记与鲁有关的战争,书作"来战"者,罪在来者;书作"往战"者,罪在内。此经书作"战于宋",自然属于"往战",其中隐含着圣人认定鲁桓公有罪。《汇纂》认为,《左传》说"宋无信",胡安国说"罪在内",两说相结合,方为经义之全。在这里,《汇纂》实际上曲解了胡氏之意。胡安国是说鲁桓公在取赂立华督之事上有罪,《汇纂》则强调其"王法所当诛"之罪。桓公当诛之罪有二:一是弑君,二是"擅伐人国"。两者都违背了王法。圣人认定鲁桓公有罪,就是垂教后人遵守王法。

《春秋》庄公五年:"冬,公会齐人、宋人、陈人、蔡人伐卫。"

《汇纂》案语:"卫朔得罪于王,而齐襄会诸侯以纳之,无王甚矣,故《春秋》皆书人以贬之。或以为诸侯非自行,实是微者,恐未足据。盖齐襄志在纳朔,桓十六年为黄之会,庄三年又与鲁会伐,今则兴师大举纠集五国以抗拒王命,必欲纳朔而后已也,安见其不自行乎?"

按:据《左传》载,卫宣公去世前,公子朔用不正当手段害死急子和公子寿而获取继承君位资格,即位后为惠公。鲁桓公十六年,"左公子泄、右公子职立公子黔牟。惠公奔齐"。于"卫侯朔出奔齐"经下,《公羊传》解释说:"卫侯朔何以名?绝。曷为绝之?得罪于天子也。其得罪于天子奈何?见使守卫朔,而不能使卫小众,越在岱阴齐。属负兹,舍不即罪尔。"这就是《汇纂》所谓"卫朔得罪于王"的由来。按照《公羊传》的解释,卫惠公之罪,在于不能有效治理国家而被逐,辜负了周天子的期望,故圣人用称名的方式暗示其君位当绝。卫惠公是齐女所生,故奔齐,齐襄公联合诸侯伐卫,欲用武力护送卫惠公回国夺取君位。根据"六年春王正月,王人子突救卫",可知周天子支持此时在位的公子黔牟,反对卫惠公回国复位。这就是《汇纂》所谓齐襄"抗拒王命"的由来。《汇纂》认为,此次伐宋,四国都是君主亲自率军,按照《公》《谷》所释《春秋》称谓原则:诸侯称爵,大夫称名,微者称人。此经不称爵而称"人",体现着圣人对他们有贬低之意,也就是批评他们支持"得罪于王"的卫惠公且"抗拒王命"。"抗拒王命",就是大罪。康熙皇帝虽曾明确表示反对用称名、称爵释《春秋》,但词臣们为了阐释《春秋》尊王之义,仍然用了称谓例。

《春秋》僖公二十二年:"春,公伐邾,取须句。"

《汇纂》案语:"须句为邾所灭,公伐邾而反其君。刘氏敞以经无明文，遂疑《左氏》之妄。赵氏鹏飞、李氏廉、汪氏克宽皆从之，似亦有理。然《春秋》事据《左传》，胡《传》谓不禀王命、专为母家报怨，其义尤正。故仍主二《传》之说。”

按：据《左传》载，须句为风姓小国，其君女为鲁庄公妃，生僖公。“邾人灭须句，须句子来奔，因成风也。”成风请僖公伐邾，故有此战。《左传》：“伐邾，取须句，反其君焉，礼也。”《左传》认为僖公此举符合“崇明祀，保小寡”的周礼。自啖、赵、陆以来，解《春秋》者形成一个新的原则：当《春秋》与《左传》有出入时，应信经不信传。在此原则指导下，刘敞认为《左传》所谓“反其君”未必可信。也就是说，圣人在此对僖公“伐邾，取须句”有批评之意。换言之，此经隐含着反对诸侯国之间相互侵伐的圣人垂教之义。胡安国则以经文中的“取”字为切入点，认为圣人书“取”字，内含着对僖公另一层面的批评：“不请于王命而专为母家报怨，谋动干戈于邦内，擅取人国而反其君，是以乱易乱，非所以为礼也，与收夺者无以异矣。”《汇纂》认为“其义尤正”，就是因为胡安国阐释出了诸侯必须禀王命才能有军事行动的《春秋》大义。胡安国以“取”字为切入点，显然属于“以一字为褒贬”的解经方法，这也是康熙皇帝明确反对者。但因“其义尤正”，词臣们仍认定胡《传》为《春秋》此文之正解。

《春秋》桓公二年：“春王正月戊申，宋督弑其君与夷及其大夫孔父。”

《汇纂》案语：“《谷梁》以孔父为字，赵氏匡驳之是矣。《左氏》以父为名，杜氏预因为罪孔父之说，亦非也。唯刘氏敞君前臣名之说，最为精当。故程子及苏氏辙、胡氏安国皆用之。啖氏助则云：‘孔，字；父，美称也。孔氏之先皆以字连父，故有弗父、金父。若孔为氏，岂世世改乎？又春秋时名嘉者多字孔，是其证也。’此说甚详核，然名君而字臣，于义终未安。故主刘《传》而啖氏之说附存于此。”

按：《左传》称“孔父”，又称“孔父嘉”，应是以“嘉”为名，孔为字，父是美称，其后人以其字为孔氏。以“父”为名，实为杜预误说。《汇纂》引刘敞曰：“《春秋》贤者不名，孔父者，所贤也，则其名之何？父前子名，君前臣名。杜氏云：‘孔父称名，内不能治其闺门，外取怨于民，身死而祸及君，故贬之’，非也。《春秋》虽以字为褒，然已名其君于上，不得字其臣于下，此所谓君前臣名，礼之大节也。用杜氏之意者，乃当名君字大夫颠倒人伦乎？其不通经亦已甚矣。”杜预接受了《公》《谷》关于《春秋》记大夫一般称名、贤者称字的原则，认为此经称孔父之名含有贬义。刘敞也认为孔父是名，但他认为此经称孔父之名并不含有贬义，圣人在此体现的是“君前臣名”原则。也就是说，此经前称宋殇公之名与夷，后面只能称孔父之名。因为，字是尊称，当君臣相处时，所尊者为君，臣只能称名而不能称字。若君称名，臣称字，是“人伦颠倒”，违背了“君前臣名，礼之大节”。圣人不可能在此称孔父之字。也就是说，“孔父”不可能是字，是名也不含贬义。《汇纂》认定刘敞说“最为精当”，关键是因为他在此阐释出“君前臣名”的《春秋》称谓原则。这一原则的本质是尊君抑臣，与《春秋》尊王之义是相通的。《汇纂》在“集说”部分没有收录啖助之说，但编纂者也认为他的考证“甚详核”，很有道理，但他以“孔”为字，以“父”为美称，与“君前臣名”原则冲突，“名君而字臣，终于义未安”，故只能作为附录，不能用为正解。也就是说，即使考证详核，若与皇帝所需《春秋》尊王之义相背，就必须被否定。《汇纂》的官方学术性质在此有明确体现。

《春秋》桓公十五年：“五月，郑伯突出奔蔡。”

《汇纂》案语：“逐突者，祭仲也。不书仲逐其君，而书郑突出奔者，《春秋》诛讨乱贼，严君臣之大分，不使贼臣得以逞志于其君，故以自奔为文也。胡《传》本陆氏淳谓‘所以警乎人君’，岂逐君者其罪尚可贷乎？于义颇有未安。然相沿已久，今仍存之。”

按：据《左传》载，祭仲拥立郑厉公（突），厉公恨其专权，与其婿雍纠图谋杀死祭仲。祭仲得知消息，杀死雍纠。厉公担心被杀，出奔蔡国。杜预《注》：“突既篡立，权不足以自固，又不能倚任祭仲，反与小臣造贼盗之计，故以自奔为文，罪之也。”孔颖达《正义》：“凡诸侯出奔，皆被逐而出，非自出也。旧史书臣以逐君，仲尼修《春秋》责其不能自固，皆以自奔为文。”①杜所谓“罪”，孔所谓“责”，都是说圣人如此书写，含有批评被逐君主之意。圣人批评君主，也就是警示后世君主：一要做好君主，二要提防贼臣。这是圣人垂教之义。批评君主，也是为了国家的长治久安。陆淳、胡安国以及绝大部分学者都基本认同杜、孔之说。《汇纂》则认为，《春秋》的宗旨是尊君，尊君就必须抑臣，诛讨乱臣贼子才是圣人最重要的垂教之义。一味强调圣人对君主的批评，则会使乱臣受不到应有的惩处。故前人之说不符合“《春秋》诛讨乱贼，严君臣之大分”的圣人之意。显然，《汇纂》在阐释《春秋》尊王、尊君之义方面比前人走得更远。

《春秋》宣公九年：“陈杀其大夫泄冶。”

《汇纂》案语：“泄冶谏君而死，忠莫大焉。乃先儒多为不满之说，盖皆不明于称名之义者也。礼：诸侯不生名，死则名之。诸侯死犹名，则大

---

①（唐）孔颖达撰：《春秋左传正义》，中华书局影印《十三经注疏》本，1980年版。

夫死而名之宜矣。大夫既死，孔父、仇牧、荀息皆书其名。'宋杀其大夫'而不名，盖义系之大夫，故不书其名也。且司马、司城皆以不能其官而书官，非为可贵而不名也。子哀之奔，未尝死也。季友、仲遂、叔肹之卒，虽贤奸不同，而生而赐氏，故以字书，不可以为例也。朱子释'危邦不入'之义，谓：'君子见危授命，仕危邦者无可去之义，在外则不入可耳。'为陈之臣，食陈之禄，国乱无政，君臣宣淫，此正君子致命遂志之日，以死生争之而不悔者。乃经生无识，不明于大夫死必书名之义，傅会牵强，锻炼周内，或罪其直谏以取死，或规其洁身以去乱，将使鄙夫藉口，非缄默以取容，即见危而避害，堕犯颜敢谏之气，长顽钝无耻之风，安可以垂训于后世哉！《左氏》载孔子引《诗》以讥泄冶，黄氏仲炎以为非孔子之言，其见卓矣。今故以《谷梁》'杀无罪'之说为主，而凡以书名为责泄冶者，皆无取焉。"

按：《左传》载："陈灵公与孔宁、仪行父通于夏姬，皆衷其衵服以戏于朝。泄冶谏曰：'公卿宣淫，民无效焉，且闻不令，君其纳之。'公曰：'吾能改矣。'公告二子，二子请杀之，公弗禁，遂杀泄冶。孔子曰：'《诗》云：民之多辟，无自立辟。其泄冶之谓乎。'"①据此可知《左传》作者视陈灵公为昏君。但《左传》引孔子之言，显然又有批评泄冶死有应得之意。在这里，《左传》实际上提出了一个很重要的问题：遇到昏君，臣僚究竟应该如何做？从孔子引《诗》看，孔子至少不主张直谏，也就是任凭君主做错事或坏事而不闻不问。不闻不问的方式有二：一是辞职，二是在职不表态。当然，还有第三种方式是更换君主，但这是儒家理论所不允许的。有很多学者以经文书泄冶之名为切入点，认为大夫称名含有批评之意，从而阐释出与上述孔子之意相吻合的经义。《汇纂》从三个方面对此观点进行了批评。第一，引黄仲炎说，认定《左传》所载"非孔子之言"。这是最有效的反驳方式，不是圣人之言，自然未必正确。第二，考证《春秋》记大夫之卒称名是常态，称字者属于例外，因此可知此经称"泄冶"并不含有贬意。第三，分析批评泄冶的危害。大夫食君之禄，必须忠君之事，这是利益交换。若在国家出现问题时，大夫保持沉默或辞职避难，都不是忠君行为。像泄冶那样谏君置生死于度外，才是真正的忠臣。若认定《春秋》有批评泄冶之意，将会给"鄙夫"提供借口，败坏忠君风气。这样的《春秋》之义如何能垂教后世？也就是说，遇到昏君，宁死也要谏诤，才是圣人在此经中蕴含的垂教之义。显然，《汇纂》在此只强调臣僚的忠君，却只字不提如何处置昏君，这是官方《春秋》学的典型特征。

①书中凡引用《左传》《公羊传》《谷梁传》的《注》《疏》及所载经文，均据中华书局 1980 年影印清阮元《十三经注疏》本，不另出注。

《春秋》襄公二十五年:“夏五月乙亥,齐崔杼弑其君光。”

《汇纂》案语:“齐庄之弑,晏婴谓‘其为己死,而非亲昵者不敢任’,其说非也。宋之殇、闵,其死不为社稷,而孔父、仇牧岂二君之私昵耶?庄公被弑之祸,婴固早知之矣,纳栾氏则以为‘弗能久’,伐卫、晋则以为‘忧必及’,预策其必败以示先见之哲,而一旦有事,则假社稷为重而自明其不必死,使天下之贪生而忘义者皆得藉口以为苟免之计,叛道伤教,安可训也?陈文子有马千乘弃而违之,圣人许其清。晏婴,齐之公族,世为国卿,与乱贼并立于朝,而不闻有讨逆之谋,其负惭多矣。胡氏安国以贾举等从君于昏不得以死节称,引婴言以证之,非通方之论也。”

按:《左传》载,齐庄公与崔杼之妻私通,甚至用崔杼之冠赏人,崔杼生杀死庄公之心。崔杼请病假,庄公去其家探问,欲强与崔妻通,崔杼之人将其杀死。庄公十名亲信战死,另有大夫为庄公报仇,被崔杼杀死。“晏子立于崔氏之门外,其人曰:‘死乎?’曰:‘独吾君也乎哉?吾死也。’曰:‘行乎?’曰:‘吾罪也乎哉?吾亡也。’曰:‘归乎?’曰:‘君死,安归?君民者,岂以陵民?社稷是主。臣君者,岂为其口实?社稷是养。故君为社稷死,则死之;为社稷亡,则亡之。若为己死而为己亡,非其私昵,谁敢任之?且人有君而弑之,吾焉得死之,而焉得亡之?将庸何归?’门启而入,枕尸股而哭。兴,三踊而出。人谓崔子曰:‘必杀之!’崔子曰:‘民之望,舍之,得民。’”据《左传》载,齐庄公是昏君,是因昏事而被杀。臣僚食君之禄,有义务保护君主,并为君主复仇。遇到这种情况,臣僚应该怎么办?晏婴认为,君主和臣僚的共同目标是维护国家利益,若君主为国家而死或被迫逃亡,臣僚应随其死或随其亡;若君主是为个人利益死或亡,则与臣僚没有关系,只有亲信才有随其死、亡的义务。绝大部分《春秋》学者同意晏婴的观点,胡安国《春秋传》可以作为代表:“齐庄公见弑,贾举、州绰等十人皆死之,而不得以死节称,何也?所谓死节者,以义事君,责难陈善,有所从违而不苟者是也。虽在属车后乘,必不肯同入崔氏之宫矣。若此十人者,独以勇力闻,皆逢君之恶、从于昏乱而庄公嬖之者,死非其所,比诸匹夫匹妇自经于沟渎而莫之知者犹不逮也,安得以死节许之哉!”[①]为齐庄公而死者完全没有价值,“死非其所”,自然是以晏婴之言为是。当然,二者之间也稍有区别,晏婴强调臣僚的职责是为国家服务,胡安国则强调臣僚的职责是“以义事君”,有从有违。但在反对为昏君而死方面,二者则是一致的。《汇纂》则认为,晏婴之论“叛道伤教”,胡安国之言“非通方之论”。关键在于二人关于不应为昏君去死的观点会成为后世“贪生忘义者”为推卸忠君致死责任的借口。也就是说,忠君致

①见《汇纂》征引。

死,不能附加君主是昏是明的条件,《汇纂》举孔父、仇牧之事得到《春秋》褒扬为证。客观地说,上述两种观点都能言之成理,前者反映着大部分臣僚对君臣关系的理解,后者则反映着君主的期望。至于哪种观点更符合《春秋》本意,永远也说不清楚,其实也并不重要。

综上所述可见,《汇纂》对《春秋》尊王之义的阐释,与公、谷二《传》大致相同,主要包括诸侯尊王和大夫尊君两大部分。作为诸侯国君,必须能够担负治理封国的责任,否则不能世袭君位;诸侯君位传承必须遵循制度,听命于天子,篡弑者要受王法惩处;诸侯国之间不得相互征伐,一切军事行动都必须禀告天子;诸侯绝对不可抗拒王命。"君前臣名,礼之大节",君尊臣卑是必须明确的人伦关系;损害君主权益就是乱臣贼子,乱贼必须受到惩处;臣僚应该像泄冶那样,不惜以死忠君,而不能像晏婴那样区别昏君与明君,忠君没有条件。尊王与尊君,在分封时代有别,大统一后则趋于一致。在这方面,《汇纂》反映着鲜明的官方《春秋》学特征。

二、《汇纂》对三《传》的批评

三《传》是《春秋》学赖以发展的基础,完全离开三《传》,《春秋》就变成了干巴巴的史事标题。三《传》对《春秋》的不同解说,才使《春秋》变成了一门学问。后世学者对三《传》的不同取舍,才形成了《春秋》学的不同派别与分支。《汇纂》是官方《春秋》学,朝廷希望把三《传》中能够为现实政治服务的内容都融合在一起,通过消弭学术派别达到吸引更多知识分子为其服务的目标。因此,《汇纂》基本上采取"事取《左传》,义取《公》《谷》"的原则,对三《传》都有较多吸收。同时,对三《传》也都有不少批评。胡安国《春秋传》成书于南宋初年,"攘夷""复仇"是其解说《春秋》大义的重要内容。胡安国《春秋传》本来就是给皇帝讲《春秋》的讲义,主旨以释义为主,故主取公、谷二《传》。由于过分求深,穿凿附会更甚于前人。胡《传》自元代被定为科举教材,流传极广,影响极大;高处不胜寒,故在清代招致的批评也最多。《汇纂》对胡《传》的批评极多,因多见于本文其他部分,故此节主要论述《汇纂》对三《传》的批评。

《春秋》庄公四年:"纪侯大去其国。"

《汇纂》案语:"纪侯失国书爵书去,说者以为悯纪而罪齐,其义甚正。《公羊》谓:齐襄复仇,故讳之而不书灭。非《春秋》之旨也。齐襄志在并纪,肆行侵逼,虽以王命临之,悍然而不顾,此王法之所必诛者,而何以为之讳乎?"

按:据《左传》载,春秋初年,齐人一直图谋灭纪。纪人曾求救于有婚姻关系的鲁国，鲁人也努力为其调解，但未能成功。纪人又与周王室联姻，希望以天子地位压齐，但周天子已没有控制诸侯的权力。鲁庄公元年，齐人强迁纪国三邑，夺取其半壁江山。庄公三年，纪侯之弟纪季带着酅邑降齐，做了附庸。在此情况下，纪国的灭亡已无可挽回。纪侯既不愿徒然抵抗作无谓牺牲，也不愿主动降齐，故放弃君位出走。《左传》："纪侯不能下齐，以与纪季。夏，'纪侯大去其国'，违齐难也。""纪侯大去其国"是《春秋》中极为少见的带有感情色彩的一条记事文字，其中体现着纪侯失国的悲壮，也有对齐襄公的谴责之意，或也反映着鲁人的不满与无奈。《公羊传》对此经的解释则十分出人意外："大去者何？灭也。孰灭之？齐灭之。曷为不言齐灭之？为襄公讳也。《春秋》为贤者讳，何贤乎襄公？复仇也。何仇尔？远祖也。哀公亨（烹）乎周，纪侯谮之。以襄公之为于此焉者，事祖祢之心尽矣。尽者何？襄公将复仇乎纪，卜之，曰：师丧分焉。寡人死之，不为不吉也。远祖者，几世乎？九世矣。九世犹可以复仇乎？虽百世可也。家亦可乎？曰：不可。国何以可？国、君一体也。先君之耻，犹今君之耻也。今君之耻，犹先君之耻也。国、君何以为一体？国君以国为体，诸侯世，故国、君为一体也。今纪无罪，此非怒与？曰：非也，古者有明天子，纪侯必诛，必无纪者。纪侯之不诛，至今有纪者，犹无明天子也。古者诸侯必有会聚之事，相朝聘之道，号辞必称先君以相接，然则齐、纪无说焉，不可以并立乎天下。故将去纪侯者，不得不去纪也。有明天子，襄公得为若行乎？曰：不得也。不得则襄公曷为为之？上无天子，下无方伯，缘恩疾者可也。"按照《公羊传》的解释，圣人把齐灭纪书作"纪侯大去"，是在为灭纪的齐襄公讳灭国之恶。《春秋》"为贤者讳"，齐襄公之贤就在于能为远祖复仇。也就是说，圣人在此垂教后世国君有为祖宗复仇的责任。这就是所谓《春秋》大复仇之义。因为这种解释过于穿凿，能够接受者很少。但到了南宋那个特殊时代，复亡国之仇，迎回徽、钦二帝，收复失地，成为许多忠君爱国者的强烈呼声。不论大复仇之义是否符合圣人本意，但却因时代需要得到许多《春秋》学者的认同。与此相联系，所谓《春秋》攘夷之义也被广泛接受并传播，从此与《春秋》尊王成为同等重要的《春秋》大义。《汇纂》批评《公羊传》所释"非《春秋》之旨"，并从《春秋》尊王的角度，强调齐襄公"志在并纪"，"此王法所必诛"，认为此经不但没有褒扬齐襄公之意，而且是在诛贬齐襄公。就《春秋》学而言，《汇纂》所说也未必符合《春秋》本意，但与《公羊传》相较，的确平实了很多。关键在于，《汇纂》否定了《公羊传》所谓《春秋》为襄公讳说，也就否定了由此产生的《春秋》大复仇之义，这才是《汇纂》的本意。明朝灭亡才过去几十年，清初"反清复明"的思潮尚未完全平息，清廷又属于外族入主中原。如果《春秋》大复仇和攘夷之义被认同并广泛传播，无疑会成为反清者的旗帜。这是清廷最不愿看到的情况。《春秋》学是政治学，在历史进程中总会带有时代特征。《汇纂》否定大复仇之义就是典型例证。另外,《汇纂》解读此经,主要依据《左传》所载之事,没有纠结于经文的字句书法,属于典型的以事解经,与《左传》学者相同。

《春秋》僖公元年:"齐师、宋师、曹师次于聂北,救邢。"

《汇纂》案语:"《春秋》据实直书,释经者因文考实以见褒贬之意。若文既不与,何由知其实与乎?《公羊》谓'实与而文不与'者,非也。楚丘、缘陵亦同。"

按:闵公二年十二月,狄人攻破卫都,接着又攻邢。此经所载,即为三国军队救邢。《公羊传》解释说:"救不言次,此其言次何?不及事也。不及事者何?邢已亡矣。孰亡之?盖狄灭之。曷为不言狄灭之?为桓公讳也。曷为为桓公讳?上无天子,下无方伯,天下诸侯有相灭亡者,桓公不能救,则桓公耻之。曷为先言次而后言救?君也。君则其称师何?不与诸侯专封也。曷为不与?实与而文不与。文曷为不与?诸侯之义,不得专封也。诸侯之义不得专封,则其曰实与之何?上无天子,下无方伯,天下诸侯有相灭亡者,力能救之,则救之可也。"《公羊传》从这条经文中找到四个阐释的切入点:

第一,既书"救"又书"次"。《公羊传》认为,《春秋》赞成诸侯国之间相互救助,故有"救不言次"的原则,即记诸侯国之间相救不用"次"字。"次"为驻扎,救援紧急,不能驻扎停顿。此经用"次"字,圣人是暗示"不及事",即三国之师到达聂北时,邢国已被攻破,没有达到救邢的目的。也就是说,圣人破例用"次"字,内含着对三国之师的批评。

第二,书"救邢"而未书"狄灭邢"。《公羊传》认为,三国之师到达聂北时邢已亡国,对齐桓公而言,这是耻辱。《春秋》有"为贤者讳"的原则,齐桓公是贤者,故《春秋》不书"狄灭邢",是为桓公讳耻。

第三,"先言次而后言救"。这是与《春秋》襄公二十三年所载"叔孙豹帅师救晋,次于雍榆"进行比较的结果,后者为先书"救"而后书"次"。《公羊传》认为,三国之师均由君主亲率,《春秋》"先言次而后言救",叔孙豹是鲁国大夫,故《春秋》先书"救"而后书"次"。也就是说,圣人如此书写,意在暗示三国之师均由国君亲率。

第四,称"师"不称君。《公羊传》认为,《春秋》有君重于"师"的原则,即凡由君主亲率,均称君不称"师"。此次行动实由三国君主亲率,《春秋》没有书作"齐侯、宋公、曹伯",而是书作"齐师、宋师、曹师",属于破例,意在表示"不与诸侯专封",也就是对三国之君有批评之意。所谓"不与诸侯专封",《公羊传》实是与下条经文"齐师、宋师、曹师城邢"结合起来阐释的。"城邢",即为邢国修筑城墙。《公羊传》认为,“城邢”等于封邢,即邢灭之后,三国又助其重新建立国家。《公羊传》认为,封邦建国是天子独有的权力,三国助邢建国属于“专封”,即诸侯擅用了天子的权力,是对王权的侵犯。《春秋》主张尊王,故圣人不赞同即反对“诸侯专封”。《公羊传》认为这是此经称君为“师”的文字内含。但《公羊传》同时又认为,《春秋》有“实与而文不与”的书法原则。“文不与”,就是文字表面的意思为不赞同;“实与”,就是实际意思为赞同。就这条经文而言,称君为“师”体现着圣人不赞成“城邢”,因为此举违背了诸侯不得“专封”之义;但圣人对此举实际上又是赞成的,因为这符合“上无天子,下无方伯”时代的现实需要。《公羊传》中有几处对“实与而文不与”的阐释,综合来看,凡所谓“文不与”,都属于圣人垂教后世的一般原则,如“诸侯之义不得专封”体现着尊王;凡所谓“实与”,都是圣人根据现实情况所做的变通,如“城邢”符合那个时代对齐桓公的要求。换言之,“文不与”体现着理想主义的原则,“实与”体现着现实主义的标准。

《汇纂》认为,《春秋》之义主要体现于圣人“据事直书”的史实之中,因事以见褒贬可以推知圣人垂教之意。如果把文字内含与圣人本意对立起来,何由知道圣人本意? 因此,《公羊传》凡用“实与而文不与”阐释《春秋》之义的地方,都是不对的,都是脱离文本的纯粹主观臆测。应该说,《汇纂》对《公羊传》的批评是有道理的。按照《公羊传》的说法,《春秋》真正成了天书。

《春秋》庄公十三年:“冬,公会齐侯盟于柯。”

《汇纂》案语:“汶阳归田,不见于经,先儒多疑之者。然经以‘公会’为文,则此会乃齐桓之志。桓欲亲鲁以图伯,不惜小会以结之,是以屡战之怨一旦而平也。张氏洽、李氏廉俱不废《公羊》之说,今从之。隐三年盟蔑,庄八年盟蒧,经不书日,《谷梁》曰‘其盟渝也’。此年盟柯,《公》《谷》皆以不日为信。岂蔑与蒧俱不可信而柯独不渝乎? 盟柯之后,鄄再会而鲁不从,则亦未可为信也。况扈与葵丘,桓盟亦有书日者,则又迁就其说,或以为‘危之’,或以为‘美之’,何前后之互异乎? 朱子谓‘以日月为褒贬,穿凿无义理’者,此类是也。夫日与不日,皆因旧史。假使旧史所无,则圣人安得而强加之乎? 故凡以日月为例者,皆不录。”

按:齐襄公去世后,鲁人支持公子纠,结果是公子小白(齐桓公)继承了君位,齐鲁之间连续打了数仗。《左传》:“冬,盟于柯,始及齐平也。”《公羊传》:“何以不日? 易也。其易奈何? 桓之盟不日,其会不致,信之也。其不日何以始乎此? 庄公将会乎桓,曹子进曰:‘君之意何如?’庄公曰:‘寡人之生则不若死矣。’曹子曰:‘然则君请当其君,臣请当其臣。’庄公曰:‘诺。’于是会乎桓。庄公升坛,曹子手剑而从之。管子进曰:‘君何求乎?’曹子曰:‘城坏压竟,君不图与?’管子曰:‘然则君将何求?’曹子曰:‘愿请汶阳之田。’管子顾曰:‘君许诺。’桓公曰:‘诺。’曹子请盟,桓公下与之盟。已盟,曹子摽剑而去之。要盟可犯,而桓公不欺;曹子可雠,而桓公不怨。桓公之信著乎天下,自柯之盟始焉。”

此经只书“冬”,不书月日。《公羊传》以此为切入点予以阐释。《公羊传》以“何以不日”发问,说明作者也认为《春秋》有内盟书日的原则,即《春秋》记鲁人参加的结盟均书日。此盟不书具体日期,属于例外,即圣人有意为之。《公羊传》认为,此盟不书日,圣人是为显示结盟之易,之所以易,是因为齐桓公守信,鲁人也信任他。为此,《公羊传》表述了《春秋》一条书时原则,“桓之盟不日”;一条《春秋》记事原则,“其会不致”。所谓“桓之盟不日”,是说《春秋》记内盟书日,只有记与齐桓公结盟不书日。书日者,内含着对违约的担心;齐桓公守信,不必担心违约,故可以不书日。所谓“其会不致”,是说《春秋》有记鲁君外出参会后回国的记事原则,书作“公至自某”。这是因为外出有风险,臣民为君主担心,书“至”,则体现着臣民对君主平安归来的喜悦。因齐桓公守信,鲁人信任他不会做危害鲁君之事,不必为君主担心,故《春秋》可以不书“至”。总之,“桓之盟不日”,“其会不致”,圣人都是要体现齐桓公的守信和鲁人对他的信任。为说明齐桓公之信,《公羊传》讲了一个故事:鲁庄公与齐桓公会于柯,曹子武力挟持齐桓公结盟,把齐国的汶阳之田割让给鲁国。事后,齐桓公兑现了诺言,也没有追究曹子的无理。《公羊传》认为,齐桓公的信誉自此著名于天下。《谷梁传》说:“曹刿之盟也,信齐侯也。桓盟,虽内与不日,信也。”所谓“内与不日”,是说即使有鲁人参加,《春秋》也不书日。《公》《谷》主旨相同。

《汇纂》首先认定《公羊传》所讲故事有发生的可能性。所谓“经以‘公会’为文,则此会乃齐桓之志”,是用了《谷梁传》所释之例。《谷梁传》隐公元年:“及者何？内为志焉尔。”隐公二年:“会者,外为主焉尔。”就是说,鲁人与外诸侯国之人相会,《春秋》用“及”字者,体现着此会是鲁人之志,即鲁人有意召集此会;若用“会”字,则体现着此会以外人为主,即此会是由外人召集主持。此经用“会”字,故可知体现着“齐桓之志”。其实,虽然《战国策》和《史记》都有这个故事,曹子作曹沫,但学者们普遍认为不可信。齐鲁以泰山为界,汶阳之田即汶水以北的土地,在泰山南,春秋初年本属鲁国,不存在胁迫齐桓公割让之事。《汇纂》在此主要还是为了批评《公》《谷》所释《春秋》日月例。《汇纂》指出,《春秋》隐公元年:“三月,公及邾仪父盟于蔑”,庄公九年:“公及齐大夫盟于蔇”,二经不书日,《谷梁传》释曰“其盟渝也”,即这两次所结盟约都未被遵守。这次柯之盟也未书日,《公》《谷》却都以为体现着“信”,显然自相矛盾。况且,此盟之后,庄公十四年“冬,单伯会齐侯、宋公、卫侯、郑伯于鄄”，十五年“春，齐侯、宋公、陈侯、卫侯、郑伯会于鄄”，鲁人都没有参加，说明并未坚守柯盟之“信”。再者，《春秋》庄公二十三年：“十有二月甲寅，公会齐侯盟于扈。”《谷梁传》释曰：“桓之盟不日，此何以日？危之也。何危尔？我贰也。”《春秋》僖公九年：“九月戊辰，诸侯盟于葵丘。”《谷梁传》释曰：“桓盟不日，此何以日？美之也。”《公羊传》则释曰：“桓之盟不日，此何以日？危之也。”显然，所谓“桓之盟不日”也不是《春秋》通例。况且二《传》所释也不一致。总之，《汇纂》认同朱熹的观点：《公》《谷》所释《春秋》日月例没有道理。批评日月例的学者很多，但多数不如《汇纂》所驳有说服力。《汇纂》在此虽然否定了《公》《谷》所释《春秋》日月例，但仍然采用了《谷梁传》所释《春秋》用字例，仍属于以例解经。

《春秋》宣公四年：“夏六月乙酉，郑公子归生弑其君夷。”

《汇纂》案语：“《左氏》谓‘弑君，称君，君无道也’，非也。君虽不君，臣安可以不臣乎？又以归生为权不足，而讥其仁而不武，亦非也。归生位上卿，握兵柄，何得以为权不足乎？乱臣贼子，岂可以仁称之者乎？故删而不录。”

按：《左传》载：“楚人献黿于郑灵公。公子宋与子家将见。子公之食指动，以示子家，曰：‘他日吾如此，必尝异味。’及入，宰夫将解黿，相视而笑。公问之，子家以告。及食大夫黿，召子公而弗与也。子公怒，染指于鼎，尝之而出。公怒，欲杀子公。子公与子家谋先。子家曰：‘畜老，犹惮杀之，而况君乎？’反谮子家。子家惧而从之。夏，弑灵公。书曰‘郑公子归生弑其君夷’，权不足也。君子曰：‘仁而不武，无能达也。’凡弑君：称君，君无道也；称臣，臣之罪也。”

郑穆公卒于去年冬，郑灵公继承君位至此八个月。公子归生(子家)、公子宋(子公)盖为穆公之子，与郑灵公为同父异母兄弟。子公谓“他日我如此，必尝异味”，当是与子家说的玩笑话。子家把此话说给郑灵公，显然也没有当回事。但是，若把此话当真，问题的确很严重。“他日我如此”，即子公假设自己以后做君主。他做君主只有两种可能：一是杀死或废除郑灵公，二是杀死或废除郑灵公未来的继承者。这都是郑灵公不能接受的。如果郑灵公心胸宽厚，而且自信，对此一笑了之，可能什么事情也不会发生。但郑灵公似乎心胸狭隘且不自信，在分吃黿肉时故意不给子公，以此作为对其出言不逊的惩罚。子公似乎有些年轻气盛，赌气伸食指沾肉汤以“尝异味”。至此，玩笑上升为斗气。郑灵公感到君威受到了挑战，发誓要杀死子公。为此小事，就要杀死兄弟，郑灵公做得太过分。子公不愿坐以待毙，与子家商议欲先下手杀死郑灵公。子家认为，杀死一头老牛尚有所忌惮，恐遭天谴,怎敢杀死君主?子家早已担任卿职,握有权力,这应是子公与子家商议的主要原因。子家不敢弑君,子公感到失望。为了获取求生机会,子公诬陷子家将弑君。郑灵公狭隘且不自信,可能相信了子公,欲杀子家。在此背景下,子家先发制人杀死了郑灵公。

《左传》作者认为《春秋》如此书写,体现着公子归生“权不足”。杜预《注》:“子家权不足以御乱,惧谮而从弑君,故书以首恶。”此处有两个错误:一是“权”应为权变而非权力。子家不应把子公的“他日我如此”告诉郑灵公,对子公之谋处理不当,对子公之谮也没有正确应对,都体现着子家处理问题缺乏变通能力。这当是“权不足”之本意。在《左传》中,“权”多为变通之意。二是并非“书以首恶”,实际上也应是公子归生主导杀了郑灵公。所谓“从之”,是从子公之谋,而非追随子公。《左传》所述《春秋》记弑君原则是:凡书君主之名,体现着“君无道”;书臣之名,体现着“臣有罪”。此经既书“公子归生”,体现其因“权不足”而终致弑君;又书“夷”,体现郑灵公先因玩笑话欲杀子公,后又听子公之谮欲杀子家之“无道”。其实,前人对此多有批评,认为这不是《春秋》通例。

《汇纂》从三个方面批评《左传》:

第一,圣人不可能设立“称君,君无道”的书法原则。因为《春秋》的主旨是尊王尊君,诛讨乱臣贼子,对待弑君事件,圣人不可能只强调“君无道”。即使“君无道”,圣人也不会不责备弑君者。圣人不会倡导臣僚可以杀死无道之君。这是典型的官方《春秋》学,把皇帝所需强释为圣人之教。不过,这也是汉代以来《春秋》学者的共识。因为不承认这一点,其学说就不能得到朝廷认可,也就不能凭此获取利禄。这也是历来批评《左传》所释此例者的共同出发点。

第二,批评《左传》所谓“权不足”,力求证明公孙归生不缺乏权力。这是沿袭了杜预对“权”字的误解。

第三,批评《左传》以公子归生为“仁”者。《左传》引“君子”之言,认为公子归生“仁而不武”,主要是评价子家“畜老,犹惮杀”体现出来的仁者之心,结论是只有仁者之心是什么事也做不成的。《汇纂》则强调公子归生是乱臣贼子,对乱贼是不能称为“仁”者的。这仍是官方《春秋》学的体现。《汇纂》凡从《春秋》大义的角度批评《左传》,多属此类。

综上所述可见,《汇纂》对《公羊传》所释《春秋》大复仇之义的否定,体现着时代特征;对“实与而文不与”说的批评,反映着《汇纂》反对解说《春秋》过于穿凿的一贯态度;对公、谷二《传》所谓《春秋》“桓盟不日”例的否定,也就是对《谷梁传》多用时月日例解说《春秋》方法的否定,符合大部分《春秋》学者的共识;对《左传》所释“称君,君无道”之例的批评,既符合多数《春秋》学者的认识,也体现着官方

《春秋》学的特点。另外,在《汇纂》中,对《公》《谷》所释其他《春秋》例仍有大量采用,也有不少以《左传》所载未必可信的评说,反映着主流《春秋》学的典型特征。

三、《汇纂》对史事的考析

《汇纂》的主旨是解《春秋》之义,属于经学。但因强调"因事见义",故也重史事。《汇纂》以采录四《传》及众说为主,案语多属于点评或取舍说明,没有长篇大论表述自己的观点。但有些案语对史事或礼制的简明考证与分析,实远超绝大部分《春秋》学者,可与顾栋高、毛奇龄匹敌,表现出宏观的历史视野,结论也相当客观,足以服人,至今仍有参考价值。

《春秋》庄公三十二年:"公子庆父如齐。"

《汇纂》案语:"《左传》称:'十月己未,共仲使圉人荦贼子般于党氏。成季奔陈。立闵公。'先云'成季奔'而后云'立闵公',明闵之立,庆父立之也。《左传》称:'闵公,哀姜之娣叔姜之子。'杜氏谓'年始八岁'。盖庆父虽弑君,未敢遽自立,先取其党之幼者立焉,而徐图废置,故以君命告即位于齐,因结齐援,经乃据实书之曰'如齐'尔。《谷梁》谓'实奔而讳之',杜氏谓'无君而假赴告以行',皆不足据,刘氏敞驳之是也。胡《传》谓:'庄公以兵权授庆父,以致威行中外,出入自如。'其说亦通。唯以为宜书'出奔',则承讹袭舛,习而不察耳。"

按:公子庆父为何事"如齐",《左传》《公羊传》未释。《谷梁传》释曰:"此奔也,其曰'如',何也?讳莫如深,深则隐;苟有所见,莫如深也。"《谷梁传》认为,《春秋》记大夫,书"如",都体现着大夫是奉君命外出;凡出奔者,《春秋》不用"如"字,如闵公二年"公子庆父奔莒"。此经所记,实为庆父出奔,《春秋》用"如"字,是为避讳前经所载"冬十月乙未,子般卒"实为被弑。因闵公元年不书"公即位"已显示子般被弑,圣人又于"子般卒"和"公子庆父如齐"两处避讳,是为"深讳"。这是首次释"公子庆父如齐"为出奔。究其原因,概为自此后至闵公二年"公子庆父奔莒",《春秋》没有关于公子庆父的其他记载,故《谷梁传》生出此说。《公羊传》何休注:"如齐者,奔也。是时,季子新酖牙,庆父虽归狱邓扈乐,犹不自信于季子,故出也。不言奔者,起季子不探其情,不暴其罪。"何休第一次为庆父出奔找到了历史理由。至于《春秋》不书"奔"而书"如",何休认为是圣人以此显示季子(公子友)的"亲亲"观念,不再追究庆父弑君之罪。这一点符合《公羊传》所释《春秋》义。《左传》杜预《注》:"庆父既杀子般,季友出奔,国人不与,故惧而适齐欲以求援。时无君,假赴告之礼而行。"既然是"惧而适齐",杜预大概也认为庆父有出逃之意。所谓

“无君”,应是指闵公此时尚未继承君位。所谓“假赴告之礼”,是释《春秋》书“如”,意为庆父以向邻国报告国君去世的消息为正当理由而“适齐”。

《汇纂》分析《左传》所载,认定闵公为庆父所立,非常可信。然后分析庆父立闵公的原因,是“取其党之幼者”,即庆父与庄公夫人哀姜私通,闵公为哀姜妹叔姜所生,属于其同伙之幼年后裔。此说也合乎情理。又分析庆父“如齐”,实是打着奉君命向邻国报告闵公继承君位消息的旗号,目的是寻求齐国支持。此说也足可以服人。至于说胡《传》所释“亦通”,只不过是表示认同其所释《春秋》垂教后世君主莫轻放兵权之义,实与经文没有直接关系。《汇纂》在此虽多取刘敞之说,但没有了刘敞关于经义的曲折阐释。《汇纂》对此经的史事分析,远胜前人诸说。

> 《春秋》僖公二十八年:“春,晋侯侵曹。晋侯伐卫。”
>
> 《汇纂》案语:“侵曹、伐卫,胡《传》以为讥复怨者。据《左氏》,晋文出亡,不为曹、卫所礼尔。然宋人告急,子犯已定侵曹、伐卫之计。盖‘取威、定霸’实出于此,岂得仅以为复怨而讥之乎?又以下书‘楚人救卫’为讥晋。然楚颓尝书‘子’矣,经于晋之伐卫则书爵,楚之救卫则书‘人’,谓予楚而讥晋者,亦非也。至于不攻陈、蔡、郑、许而攻曹、卫,辨见于吕氏大圭。再称晋侯之义,则孙氏复、刘氏敞之说得之。今故不录胡《传》。”

按:僖公二十七年冬,“楚人、陈侯、蔡侯、郑伯、许男围宋”,“宋公孙固如晋告急”,“十有二月甲戌,公会诸侯盟于宋”。自齐桓公去世以后,楚国势力大举北上,楚成王已经成为中原霸主。除晋之外,已没有其他诸侯国能够与楚抗衡。但此前的晋国长期处于动乱之中,流亡十九年的晋文公回国继承君位至此尚不足四年,能否救宋御楚,实无十分把握。晋大夫先轸充分认识到救宋的重要性:“报施、救患、取威定霸,于是乎在矣。”《左传》记载晋文公流亡十九年,“及宋,宋襄公赠之以马二十乘”。救宋,即是“报施”“救患”。做霸主需要树威,树威需要展现实力,与现任霸主一战,无疑是展现实力的最好机会。与楚交战,就要去救宋。晋大夫狐偃(子犯)提出救宋方案:“楚始得曹,而新昏于卫,若伐曹、卫,楚必救之,则齐、宋免矣。”也就是说,伐曹、卫就是为了救宋。如果只看上述记载,后人不会对伐曹、卫产生歧义。但是,《左传》中还有另外的记载:晋文公流亡期间,“过卫,卫文公不礼焉”;在曹国,“曹共公闻其骈胁,欲观其裸。浴,薄而观之”。及救宋伐曹、卫,晋文公对当年遭遇的恩怨给予了相应的回报。胡《传》认为此经含有对晋文公复怨的讥贬之意,正是根据这些记载。其实,《左传》中有很多用小事作为大事起因的例证,体现着作者的文学才能,但也往往迷惑后人,胡安国就属于上当者。

《汇纂》用前面的材料证明晋伐曹、卫实为“取威定霸”,不仅是为复怨,是真正读懂了《左传》，对历史也有准确的理解。胡安国认定此经含有讥晋之意，自然认为下条经文“楚人救卫”含有褒楚之意。《汇纂》本来反对用区别称谓的方式解读《春秋》，但在此却完全用这种方式驳胡：按照《公》《谷》所释称谓原则，对国君称爵属于正常，称“人”则含有贬义。“晋侯侵曹”“晋侯伐卫”是称爵，“楚人救卫”是称“人”，如果说圣人有褒楚贬晋之意，岂不与称谓原则矛盾？《汇纂》用以子之矛攻子之盾的方式批评常用称谓例释经的胡《传》。《汇纂》认为吕大圭关于晋不攻陈、蔡、郑、许而攻曹、卫的说明已经驳倒了胡《传》，主旨也是强调晋文公伐曹、卫的合理性。《汇纂》在此对胡《传》的批评，基本上是从历史角度予以分析，具有详察历史背景的宏观视野。

> 《春秋》文公二年：“春王二月甲子，晋侯及秦师战于彭衙，秦师败绩。”
>
> 《汇纂》案语：“胡《传》谓：‘敌加于己，己有罪焉，则引咎责躬；己无罪而不义见加，则谕之以辞命；犹不得免焉，亦告之天子、方伯。若遽然兴师与战，是谓以桀攻桀。’斯言也，可谓阔于事情矣。当时周室衰微，虽告于天子，岂能止侵伐之暴？胡氏固尝有言：‘天子能治诸侯，则《春秋》不复作矣。’若谓告于方伯，则晋固霸主也，自襄王彤弓之赐，文固始霸，襄实继霸，邻国有相侵伐者，晋犹当起而问之，况敌加于己乎？敌加于己，必待告于天子、方伯而后应焉，则敌已造其国都，而宗社墟矣。胡氏之说，今无取焉。”

按：鲁僖公三十三年，秦军袭郑未成，归途中遭晋军伏击，惨败。此战是秦人为复仇而发起的攻势，结果又被晋人打败。自唐啖、赵、陆倡舍传求经之后，《春秋》学发生巨变，最显著的特点，就是以己意解经之风日炽。既然三《传》所释也未必符合圣人本意，那么每个人都可以根据自己的理解重新阐释经文。挖掘经文新意，成为《春秋》学者的共同目标。这种学风，一方面的确丰富了《春秋》学的内涵，另一方面无疑使穿凿附会也更为普遍。就此经而言，本意就是记载一次战事，经文本身看不出有何深刻内涵。经学家们为了深刻领会圣意，不得不多方联系。从《汇纂》所录宋、元《春秋》学者的观点看，所释经义大致可以分为两种：一是认为此经有批评秦穆公之意，殽之战已错，又发起此战，属于穷兵黩武；二是认为此经有批评晋襄公之意，晋文公去世至此只有两年多，晋襄公率师与秦军大战两次，违背孝子守丧原则。彭衙为秦地，说明此战是晋襄公发动了攻势。胡《传》整体上属于后者，只是对经义作了更深入的阐释：圣人批评晋襄公，主要是因为他在应对秦穆公来伐时违背了王法。胡安国认为，圣人之意是，作为诸侯，受到邻国来犯，首先应考虑自己是否有过错,若没有过错,应立即将此事上报天子或方伯,请他们主持公道,惩罚来犯者,如果直接与来犯者战,则无异于“以桀攻桀”。也就是说,圣人的垂教之义是:诸侯间产生矛盾,应由天子、方伯帮助解决,不能自行其是。

胡安国所释经义,完全符合《汇纂》对《春秋》尊王主旨的认定。但《汇纂》完全否定了胡《传》。第一,周天子早已无力控制诸侯,晋襄公将秦人来犯之事报告周天子,也完全没有意义。第二,晋襄公本身就是霸主,他还要向哪个方伯报告?第三,敌人来犯,若必须等天子、方伯批复后再采取行动,岂不是坐等亡国?因此,《汇纂》认定,胡《传》所释不符合经旨。由此可见,《汇纂》虽然强调《春秋》尊王之义,但也不认同过于穿凿的阐释。胡《传》所释体现着经生的迂腐,也反映着宋代理学在现实社会中的弊端。过分强调理,有时就会伤害情。《汇纂》的分析也很理性,强调的是现实中可以操作的理,而不是仅为理想中的理。

《春秋》文公十年:“春,秦伐晋。”

《汇纂》案语:“‘秦伐晋’以号举,先儒多以为罪秦者,此不易之定论也。夫秦、晋互相侵伐,而经独罪秦何耶?晋为盟主,尊周攘楚,天下赖焉。城濮之战,秦实辅之,既而背盟以结郑,又袭郑而灭滑,是衅起自秦也。殽之役,则方伯之职所不容已者,乃因是相雠,连兵不已,且结楚以为援,而向之辅晋以攘楚者,今且附楚以谋晋矣。秦、晋之衅深,而晋人力疲于西陲;秦、楚之交合,而楚人逞志于南服,以致陈、蔡、郑、许震慑相从,江、蓼、庸、萧灭亡相继。晋之所以不竞,而楚之所以终强者,秦为之也,《春秋》所以独罪秦也。苏氏辙、家氏铉翁、王氏樵皆主缺文之说,而黄氏仲炎尤畅言之,谓此年‘秦伐晋’,成三年‘郑伐许’,昭十二年‘晋伐鲜虞’,皆脱‘人’字,以‘夏五’缺‘月’为比,似亦有理。”

按:自鲁僖公三十三年秦、晋殽之战以来,两国相互攻伐不断。《左传》只客观述其事迹,不直接评其是非。《公》《谷》于此经均无解。此经下,《公羊传》何休《注》:“谓之‘秦’者,起令狐之战敌均不败,晋先眛以师奔秦,可以足矣,而犹不知止,故夷狄之。”这是关于此经有“罪秦”之意的最早阐释。关于《春秋》“罪秦”的理由,何休认为,文公七年(四月)“戊子,晋人及秦人战于令狐”,双方势均力敌,未分胜负,但晋大夫先眛“以师奔秦”,应是秦人占了便宜,至此秦又伐晋,显然是贪得无厌,故圣人视之为夷狄。关于《春秋》“罪秦”的体现,何休认为,书“秦”,就是视秦为夷狄;将中原诸侯国视为夷狄,意为贬低,贬低即为罪之。以记战争单书国名为贬,是《公》《谷》共有的《春秋》称谓原则。《春秋》僖公三十三年:“夏四月辛巳,晋人及姜戎败秦于殽。”(秦,《左》《谷》作秦师。)《公羊传》:“其谓之秦何?夷狄之也。"《春秋》昭公十二年:"晋伐鲜虞。"《谷梁传》:"其曰晋,狄之也。其狄之何也?不正其与夷狄交伐中国,故狄称之也。"后人凡认为此经含有"罪秦"之意者,都必须利用《公》《谷》所释这一《春秋》称谓例。

《汇纂》首先认同先儒从称"秦""以号举"的角度阐释"罪秦"之意为"不易之定论",但却删去了所有关于"以号举"何以为"罪秦"的说明。《公》《谷》关于《春秋》记战争单称国名为"夷狄之"的义例阐释,对清廷而言很刺眼,因为满人即属于古人所指的夷狄,而夷狄是落后的野蛮部族。《汇纂》在此表现得很聪明,没有对"夷狄之"的阐释作任何评说,因为全盘否定大部分学者都已认同的这一《春秋》义例,很容易招致汉人学者的内心反感。全部删除关于夷狄的此类阐释,似乎历史上从来没有过这些内容,至少可以减少后代学者的关注。所以,苏辙等人认为此经有缺文,"秦伐晋"当作"秦人伐晋",也就否定了"夷狄之"的义例阐释,《汇纂》认定"似亦有理"。

前人关于此经"罪秦"之意的说明,《汇纂》大概不太满意,故有一段较长的案语。《汇纂》从晋、楚争霸背景的角度,首先认定晋作为霸主的目标是"尊周攘楚"。"尊周"就是承认周天子依然是天下共主,"攘楚"就是抵御伤害王权并给中原带来损失的楚国。在此,《汇纂》把前人通用的"攘夷"不经意间改作了"攘楚"。《汇纂》把晋人定性为正义者,把楚人定性为非正义者;秦人与楚人勾结,不断伐晋,故圣人于此经体现"罪秦"之意。《春秋》载秦、晋之战,《汇纂》多认为圣人有"罪秦"之意,都是基于这种认识。不论是否确为圣人之意,但《汇纂》对当时形势的宏观考析,实远超绝大部分《春秋》学者。前人普遍视楚、秦为夷狄,是中原诸侯国的对立面。清廷避讳"夷狄"字样,说明实也默认自属夷狄。但在这节案语中,我们看到《汇纂》在评说春秋史时,完全站在了中原的立场,也就是也以中原人自居,反映着以康熙帝为代表的清廷,已基本完成由入侵者到主人的心态转变。

《春秋》文公二年:"八月丁卯,大事于大庙,跻僖公。"

《汇纂》案语:"兄弟昭穆庙制与五年再殷祭之说,诸家之说纷然不一,皆不可以不辨。《祭统》曰:'昭穆者,所以别父子、远近、长幼、亲疏之序而无乱也。'《周礼·小宗伯》辨庙祧之昭穆,郑《注》曰:'自始祖之后,父为昭,子为穆。'贾《疏》曰:'周以后稷庙为始祖,不窋父为昭,鞠子为穆。'从此以后,皆父为昭,子为穆。是故父子异昭穆,兄弟昭穆同。弟必不可为兄后,子必不可为父孙也。《小宗伯》所为辨之者,恐其父子兄弟之序有乱而辨之也。如三《传》及胡《传》,皆以闵、僖为父子,则是以兄为弟后、以子为父孙,其乱昭穆之序也甚矣。郑氏谓:'商六庙,自契至汤,二昭二穆。'考之《殷本纪》:阳甲、盘庚、小辛、小乙,兄弟四王,如果兄弟异昭穆,各为一代,则武丁之祭将不能上及祖乎?晋贺循谓:'礼,兄弟不相为后,不得以承代为世。'又谓:'兄弟相代,则共是一代,昭穆位同,不得兼毁二庙,礼之常例也。殷之盘庚,不继阳甲而上继先君,以弟不继兄故也。'华恒谓:'兄弟旁及,礼之变也,宜为神主立室,不当以室限神主。'又谓:'庙当以容主为限,无拘常数。'又谓:'以七为正,不限之七室,虽有兄弟旁及,不越昭穆。'温峤谓:'兄弟同代,于恩既顺,于义无否。'唐礼官谓:'兄弟不相为后,不得为昭穆。晋武帝时,景、文同庙,庙虽六代,其实七主。至元帝、明帝,庙皆十室。'宋礼官亦谓:'兄弟继统,同为一代。鲁隐、桓继及,皆当穆位。殷阳甲至小乙,兄弟四人相承,故不称嗣子而称及王,明不继兄之统也。唐中、睿皆处昭位,敬、文、武昭穆同为一世。伏请每大祭,太祖、太宗昭穆同位,祝文并称孝子。'又谓:'兄弟一体,无父子之道。父为昭,子为穆,不刊之典也。'据此,历代礼官之议,合之何氏、孔氏之言,可以知四《传》之为谬矣。"

按:所谓"跻僖公",就是把宗庙中的僖公神主放在闵公之前,是鲁文公为尊父而做的变通。《左传》引君子及孔子之言,皆以此举为"逆祀""非礼",实为强调君主宗庙中的神主排位应以在位先后为序,不应强调其他因素。《公羊传》认为《春秋》讥"逆祀"。《谷梁传》也认为《春秋》讥"逆祀",并且阐释了为何讥"逆祀":"跻,升也。先亲而后祖也,逆祀也。君子不以亲亲害尊尊,此《春秋》之义也。"此说有两点对后人产生了重要影响:

第一,"逆祀"为"先亲而后祖"。对文公而言,僖公为"亲",把僖公神主置于闵公之前,是谓"先亲"。所谓"后祖",则是说闵公相当于文公之"祖",实际上闵公是文公的叔叔。据此,《谷梁传》是把闵、僖的君位相承等同于父子相继。此说应是受《公羊传》所释"为人后者为之子"的影响。

第二,"不以亲亲害尊尊"。"亲亲"强调的是血缘关系,"尊尊"强调的是政治关系。《谷梁传》认为,《春秋》之义是:当父子亲情与君臣关系相遇时,前者必须让位于后者。对此,范宁作了很好的说明:"僖公虽长,已为臣矣;闵公虽小,已为君矣。臣不可以先君,犹子不可以先父。"也就是说,"跻僖公",是文公为了亲情而破坏了闵、僖之间的君臣关系。换言之,圣人主张君主宗庙中的神主必须以君主在位先后为序。此说与《左传》基本相同。

三《传》虽都认为"跻僖公"违背礼制,但并没有与昭穆制度相联系者。首次将二者联系在一起者是何休,后来许多学者都曾讨论过这个问题,虽歧说纷纭,但本质上都没有超越三《传》。这个问题的实际意义是,如果君位有兄弟相承者,宗庙中的神主应如何区分昭穆;若君主保留七庙,兄弟相承者是否都需单独立庙。如齐桓公的四个儿子先后做了君主,其神主是否分为二昭二穆?诸侯五庙,是否齐桓公之父将废庙?

《汇纂》认为四《传》所说不对,关键在此。若完全按照在位先后分昭穆,则明显不符合父子不同昭穆的原则;若兄弟四人先后为君,单独立庙者只能有两代人。《汇纂》详细考证了前人之说,得出如下结论:凡兄弟相承者,在宗庙中的神主同昭穆,单独立庙则同庙。也就是说,昭穆区分和立庙,皆以是否同代区分,不论君位相承关系。此说的本质是强调血缘关系,论父子不论君臣,也就是完全否定了《谷梁传》所释"不以亲亲害尊尊"的《春秋》之义。《汇纂》此节案语,考证详实,合情合理,论述清晰,在众多讨论中,最有说服力。

综上所述,《汇纂》对"公子庆父如齐"原因的分析,最切合当时的鲁国政治形势,远超三《传》注家,很有说服力。《汇纂》从"国际"形势出发,依据《左传》分析"晋侯侵曹""晋侯伐卫"的真正目的,证据充分,结论可信。《汇纂》通过分析形势,批评胡《传》所释经义"阔于事情",表现出史家的求实态度,不赞成经生的迂腐之论,结论平实。《汇纂》从晋、楚争霸的大背景出发,阐释经文"罪秦"之意,表现出宏观的历史视野,除顾栋高等人外,鲜有学者能及。《汇纂》对兄弟昭穆问题的考证分析,不论是材料征引,还是论述清晰,以及结论的合理性,均远超其他学者。总之,《汇纂》虽不以考证分析为主,但一些考析代表了当时很高的学术水平,反映出来的宏观历史视野、求实的史学态度、重视材料的考据方法、分析问题的深度等,都可与大师级学者并列,其结论也多数可信。

四、《汇纂》有价值的问题存疑

春秋时代距今已两千余年,我们对那时的许多事情已不易理解,更难以说清楚。《春秋》作为鲁国史官所记的原始资料,十分珍贵,可惜太过简略。《左传》记事、释经、评史都堪称经典,但因作者取材较杂,又喜怪异,且文中省略过多,本身已非常难读,在有助于后人读《春秋》的同时,又留给后人更多的问题。《公羊传》《谷梁传》的主旨是阐释经义,对考证历史问题并无太多帮助。因此,《春秋》至今有很多说不清楚的问题。对历史研究者而言,把问题说清楚就是目标。要把问题说清楚,就需要有更多的证据。当材料有缺时,不得不依靠分析和推论。分析和推论必然带有主观倾向,故结论也往往因人而异。这是学术界的常态。有些学者过于自信,结论又不足以服人,便会被视为武断。《汇纂》的主旨是释《春秋》之义,考证分析多为服务于这一目标。对许多不太影响阐释经义又难以定论的具体问题,《汇纂》往往采用兼容众说或存疑的方式,体现着包容与客观的态度。《汇纂》案语的许多存疑不仅很好地梳理了前人提出的问题,而且分析也多有道理,至少可以给后人提供一些启示。

《春秋》庄公二年:"夏,公子庆父帅师伐於余丘。"

《汇纂》案语:"於余丘,《左氏》无传,《公》《谷》皆以为邾邑,杜氏预以为国。详考经文,伐人之邑未有不系国者,亦未有邑而书伐者,则杜《注》为胜也。《公羊》以庆父为庄公母弟,杜氏以为庶兄。然为弟则不当称孟,为兄则不当称仲。唯刘氏炫谓:'庆父欲同正适(嫡),故以庄公为伯而自称仲。'理或然也。要之经意所重者,恶庆父之得兵权尔,或国、或邑,或弟、或兄,皆非义所急,故诸家并存,而以张氏溥之说为正。"

按:《汇纂》在此讨论了三个问题:

第一,於余丘是国是邑?考证经文,凡用"伐"字者,被伐者均为某国,没有伐某邑的记载;凡记别国之邑,前加国名。此经"於余丘"前未加国名,当为小国。《汇纂》考释简明,有说服力。《汇纂》否定了《公》《谷》以於余丘为邾邑的说法,也等于否定了二《传》所释讥庄公的经义。但分析究无实证,故仍录二《传》,留给后人详考。

第二,公子庆父与庄公,谁为兄,谁为弟?庆父后裔,《春秋》均书作"仲孙某"。"仲孙"者,次孙也。据此,庆父为庄公之弟。《左传》记庆父后裔则均称"孟孙某",或称"孟氏"。"孟孙"者,长孙也。据此,庆父为庄公庶兄。这是至今仍说不明白的问题。《公羊传》明确以庆父、牙、友为庄公同母弟,但无旁证,更不能释其后裔何以称"孟"。《左传》杜预《注》:"於余丘,国名也。庄公时年十五,则庆父(为)庄公庶兄。"庆父既已能作为主帅率师征伐,应为成年人。庄公时年十五,故庆父应长于庄公。此说有理。孔《疏》对此作了进一步论证:"庄公时年十五者,以桓公六年生,至此二年为十五。庄二十七年《公羊传》曰:公子庆父、公子牙、公子友,皆庄公之母弟也。《左氏》先儒用此为说,杜以不然,故明之。《释例》曰:'经书公子庆父伐於余丘,而《公羊》以为庄公母弟。计其年岁,既未能统军。'……今推案《传》之上下:羽父之弑隐公,皆咨谋于桓公,则桓公已成人也。……桓以成人而弑隐,即位乃娶于齐,自应有长庶,故氏曰孟,此明证也。……盖庆父虽为庶长,而以仲为字,其后子孙以字为氏,是以经书仲孙;时人以其庶长称孟,故《传》称孟孙。"孔颖达对庆父后裔称孟氏的论证非常有力,但对经称仲孙的解释则非常牵强,长子以"仲"为字,没有其他例证。也就是说,杜、孔也不能对经称"仲孙"做出合理解释。对此,《汇纂》虽引孔《疏》引刘炫说,认为"理或然",实际上仍是存疑。窃以为,公子庆父为庄公庶兄当为不易之论,故时人称之为"孟"。鲁国史官为尊庄公,故在史书中称其为“仲”，也得到其后裔的认同，或史官之称也是当时高层的决定。当然，这也只是猜测之辞。

第三，《汇纂》认为此经之义为“恶庆父之得兵权”，即庄公在此把兵权交给了庆父，导致了庆父在庄公死后杀死继位不久的公子般，圣人以此垂教后世君主不可轻放兵权。胡安国、张溥等均主此说，此说实形成于宋朝，鉴于唐末五代史事而附会为经义。此义有助于警示皇帝，故《汇纂》以为是经文正解。

《春秋》庄公九年：“夏，公伐齐，纳纠。齐小白入于齐。”

《汇纂》案语：“《左氏》经文‘公伐齐，纳子纠’，系‘子’于纠而不系于小白，是以子纠为兄也。《公》《谷》经文虽称纠不系‘子’，而《公羊》谓‘纠宜君’，《谷梁》谓‘纠可立’，亦以子纠为兄也。三《传》注疏并无异说。其见于他书者：荀卿谓‘桓公杀兄’，《史记》序纠于小白之上，盖皆以子纠为兄也。独薄昭与淮南王书谓‘齐桓杀弟’。韦昭《注》曰：‘子纠兄也，言弟者，讳也。’赵氏汸曰：‘时汉文于淮南为兄，故避兄而言弟。’是则薄昭所云，乃一时迁就之语，而非不易之论也。程子及胡《传》据《公》《谷》经文称纠不系‘子’，遂直以纠为弟，而诸家多因之。夫《公》《谷》之传所以释经也，取其经而背其传，不几进退两无据乎？朱子《论语或问》引用程子说，而《答潘友恭书》又引荀卿‘杀兄’之语，而以薄昭所云为未必然，盖两存之而未尝有所偏主也。今故从朱子而两存之。再考叔向谓‘齐桓为卫姬之子，有宠于僖’。《史记》谓‘襄公次弟纠，次弟小白’，又谓‘小白母，卫女也’，其说与叔向同。杜氏预谓‘小白，僖公庶子；子纠，小白庶兄’，是俱以纠与小白为僖公子也。独《谷梁》谓：‘无知弑襄公，公子纠、公子小白出亡。’啖氏助、赵氏匡主《谷梁》之说，谓‘襄被弑，二公子乃出奔’，以二公子为襄公之子，程子及胡《传》皆主之。二说未详孰是，亦并存焉。”

按：这节案语讨论了两个问题：

第一，公子纠与公子小白，谁为兄，谁为弟？据《汇纂》考证，三《传》及注疏、荀卿、《史记》、韦昭等，唐以前人皆以纠为兄、小白为弟，并无异辞。程颐、胡安国等据《公》《谷》所载经文无“子”字，遂认定小白为兄、纠为弟，并得到广泛认同。特别是朱熹在两处各引一说，《汇纂》解经从朱子，故“两存之”。其实，《汇纂》既批评程、胡“进退两无据”，是已否定其说。仍“两存之”者，徒为不愿直接否定程朱也。留待后人再作详考，也是可取的方式。窃以为，韦昭指出薄昭所谓“齐桓杀弟”是避讳之言。所讳者，荀卿所谓“桓公杀兄”也。宋太祖赵匡胤之死，宋人多有被其弟赵光义所杀之疑，太宗有杀兄之嫌。而太宗又是一位不错的皇帝，程颐等人造桓兄纠弟之说，是否也有为太宗讳之意？

第二，二公子为僖公子，襄公子？《左传》及《公羊传》对此皆无明文。《左传》所载叔向之言，有以桓公为僖公子之意，《史记》、杜《注》皆同此说。《谷梁传》则以二公子为襄公之子。啖、赵、陆、胡解《春秋》多主《谷梁》，故认同此说。《汇纂》“未详孰是，亦并存焉”，采取存疑态度。

《春秋》僖公十七年：“夏，灭项。”

《汇纂》案语：“《左氏》谓公未归而灭项。胡《传》及诸家多从之，相沿已久，今主其说。然以‘城楚丘’之例例之，《公》《谷》以为齐灭者于理亦通。盖不书齐者，蒙‘伐英氏’之文也。春伐英氏、夏灭项，与襄十年春会柤、夏灭偪阳同一书法，以项为鲁灭，何不以偪阳为鲁灭也？若谓彼多一‘遂’字，则此以‘灭’承‘伐’，彼以‘灭’继‘会’，其文更不相蒙矣。盖会淮之后，齐以淮夷之事委鲁，而自与徐人伐英、灭项，故僖公经略之久，至于九月乃归尔。《泮水》《閟宫》之颂，皆言鲁僖有服淮夷之功，岂得全无事实从尔颂祷？他年又不见有南国之师，其在此役，未可知也。若胡氏安国谓‘灭项为季孙所为’，则非矣。当是时季友已卒，友子无佚不见于经，经不书其卒，是未为卿也。友卒之后，鲁卿奉命而出者，公子遂、叔孙得臣、公孙敖三人而已。文六年行父始‘如齐’，是无佚卒，行父幼，及其既长而后为卿也。然则灭项之季孙，何人耶？”

按：《春秋》僖公十六年：“冬十有二月，公会齐侯、宋公、陈侯、卫侯、郑伯、许男、邢侯、曹伯于淮。”十七年：“春，齐人、徐人伐英氏。夏，灭项。”这是齐桓公组织的最后一次大规模诸侯聚会及军事行动。《左传》：“师灭项。淮之会，公有诸侯之事，未归而取项。齐人以为讨而止公。秋，声姜以公故，会齐侯于卞。九月，公至。书曰：‘至自会’，犹有诸侯之事焉，且讳之也。”《左传》的记载过于简略，鲁师灭项，在会前，还是会后？既云“未归而取项”，当在会后；但会后诸侯当分手，齐桓公又如何扣押鲁僖公？“止公”当在相会之时，若然，鲁师灭项当在会前。《左传》记事常有太多省略，留给后人一些无法说清楚的问题。但《左传》认定鲁师灭项非常明确，且把后续经文“秋，夫人姜氏会齐侯于卞；九月，公至自会”联系起来，脉络清楚。《公羊传》则云：“孰灭之？齐灭之。曷为不言齐灭之？为桓公讳也。《春秋》为贤者讳，此灭人之国何贤尔？君子之恶恶也疾始，善善也乐终。桓公尝有存亡继绝之功，故君子为之讳也。”《谷梁传》与《公羊传》几乎全同。除门派意识很强者外，大部分《春秋》学者都认为《左传》记事更为可信。在谁灭项这个问题上，也是主鲁者占绝对多数，正如《汇纂》所说："诸家多从之，相沿已久。"

但在"主其说"之后，《汇纂》也提出质疑，并认为二《传》之说"于理亦通"。所谓"以城楚丘之例例之"，是指《春秋》僖公二年："春王正月，城楚丘。"《左传》："二年春，诸侯城楚丘而封卫焉。"《汇纂》认为，去年六月："齐师、宋师、曹师城邢。""八月，公会齐侯、宋公、郑伯、曹伯、邾人于柽。"由此可知"城楚丘"者为参会诸侯之师，而不必怀疑是鲁人"城楚丘"。"师灭项"，也与前文"会于淮"相连，可知"师"也非鲁师。这是用比较相同或相近经文的方法取证，虽也言之成理，但毕竟没有很强的说服力。如果抛开《左传》，只读《春秋》，一定会得出齐师灭项的结论。这可能是《公羊传》说法之起源。接着，《汇纂》设想当时的情况：齐桓公委托鲁僖公去处理淮夷之事，自己与徐人"伐英氏、灭项"，并用《诗经·鲁颂》证明鲁僖公确有"服淮夷之功"。若确实如此，则《左传》所记鲁师取项、桓公扣押鲁僖公、僖公夫人为其求情等均为向壁虚构。《汇纂》虽然难以真正否定《左传》所载，但毕竟是第一次为齐师灭项说提供了一些证据，使其可备一说，供后人参考。最后，《汇纂》驳胡《传》所谓"灭项为季孙所为"，证据非常有力。

> 《春秋》宣公十年："公孙归父帅师伐邾，取绎。"
>
> 《汇纂》案语："文十三年《传》称，邾迁于绎，为邾之国都，距今仅十数年，未必更迁。取绎，是灭邾矣。孔《疏》谓别有绎邑，亦因绎山为名。则邾国小邑少，不应更有同名之邑也。疑《公羊》作'蘱'为是。然《谷梁》亦与《左》同，故依《大全》作'绎'，而附论之如此。"

按：《左传》文公十三年："邾文公卜迁于绎。史曰：'利于民而不利于君。'邾子曰：'苟利于民，孤之利也。天生民而树之君，以利之也。民既利矣，孤必与焉。'左右曰：'命可长也，君何弗为？'邾子曰：'命在养民。死之短长，时也。民苟利矣，迁也，吉莫如之。'遂迁于绎。"这是绎为邾之国都的显证。文公十四年至宣公十年凡十四年。"公孙归父帅师伐邾，取绎"，所取应是邾都城。《春秋》凡书鲁"取"某地，均为占有之意。若占有他国都城，就是灭其国。但此后邾国仍然存在。孔颖达首先注意到这个问题，于经文下疏曰："文十三年《传》称邾迁于绎，则绎为邾之都矣。更别有绎邑，今鲁伐取之，非取邾之都也。亦因绎山为名，盖近在邾都之旁耳。"杨伯峻《春秋左传注》认同此说。《汇纂》认为，"邾国小邑少，不应更有同名之邑。"是质疑孔说不确。绎都之旁又有绎邑，的确不太可能。《公羊传》所载经文，"绎"作"蘱"，明显与绎都区别开来。《汇纂》认为孔《疏》难通，"疑《公羊》作'蘱'为是"。这肯定也不是定论，因《公羊传》所载经文远不如《左传》可信，但毕竟这也是一种或然性说法，可以与孔说并存，留待后人详考。窃以为，"绎"或可理解为绎山，"取绎”,即强占了绎山附近的大片土地。至于这些土地属于何邑,则不可考。

总之,《汇纂》存疑的问题至今难以定论。於余丘究竟是邾邑,还是国名?公子庆父应是桓公长庶子,故《左传》记其后裔均称“孟孙”,但当时人记当时事的《春秋》何以记其后裔均作“仲孙”?公子纠与公子小白,谁为兄,谁为弟?他们是齐僖公子,还是齐襄公子?“灭项”者是鲁,还是齐?取绎,是取邾之都城,还是别邑?《汇纂》对这些问题虽然都没有作最后结论,但却梳理了相关资料,并且作了一些考证与分析,对后人继续研究是很有价值的。

综上所述,对《钦定春秋传说汇纂》,我们可以得出如下认识。《汇纂》是康熙皇帝亲自授意,由诸多文官参与编写,代表官方对《春秋》学的认识,希望统一《春秋》学的一部著作。因其以采录四《传》及众说“当于理者”为主,故整体上体现为《春秋》集解的性质,相当于由官方意志决定取舍的《春秋》学资料汇编,案语集中反映着官方意志。因以尊王为《春秋》主旨,故不论是对《传》、说的采录,还是案语的辨析与说明,都特别强调《春秋》尊王命、尊君抑臣、诛讨乱臣贼子之大义。这也是《春秋》学自汉代形成以来的主流认识,《汇纂》并无太多发明。《汇纂》整体上采用“事取《左传》,义取《公》《谷》”的原则,故对三《传》都多有所取,但也都有所批评。自唐代中期啖、赵、陆首倡“舍传求经”以后,宋代《春秋》学形成了兼取三《传》,同时也兼批三《传》,各以己意解经的共同特点。元、明、清《春秋》学主流都是宋学的延续。从这个意义上说,《汇纂》既属于清代主流《春秋》学,也属于传统《春秋》学在清代的延续。《汇纂》对胡安国《春秋传》的批评,主要集中于其解经穿凿附会,这是清代求实学风兴起的反映。对胡《传》关于《春秋》攘夷之义的全部删除,则具有鲜明的时代特征。这两点,也是清代大多数《春秋》学者对待胡《传》的共同态度。《汇纂》以编为主,不以考论见长,创见不多。但案语部分对一些史事或礼制的考证分析,以及对某些问题的存疑,还是具有很高水平的,虽然不是《汇纂》的主要部分,其价值还是应该予以肯定的。就整体而言,《汇纂》是清代主流《春秋》学著作中水平最高者。

最后尚需补充说明如下:

第一,《汇纂》于每年经文之前,列叙当代周王及重要诸侯国在位君主年数,冠以甲子,与《春秋》所载鲁君在位年数相配,眉目清楚,且极有助于读者,是一种很好的编年体著述体例。杨伯峻《春秋左传注》采纳了这种方式。

第二,《汇纂》记载经文,多处有割裂之嫌。如隐公三年“春王二月己巳,日有食之”,《汇纂》从“月”下断开,分为两条;隐公四年“秋,翚帅师会宋公、陈侯、蔡人、卫人伐郑”,《汇纂》从“师”下断开,分为两条;桓公十三年“春二月,公会纪侯、郑伯”,《汇纂》从“春”下断开,分为两条;僖公三十年“秋,卫杀其大夫元咺及公子瑕”,《汇纂》从“咺”下断开,分为两条;僖公三十一年“夏四月,四卜郊不从,乃免牲,犹三望”,《汇纂》从“郊”“牲”下两断,分为三条。诸如此类,很容易误导读者。

第三,解经仍多有穿凿。如《春秋》隐公十一年:“冬十有一月壬辰,公薨。”《汇纂》案语:“隐元年书正月,余皆不书正月。《公羊》谓‘隐不有其正’,《谷梁》亦谓‘隐不自正’,皆非也。隐在位十一年,王命凡五至,身既不朝,又无一介之使报礼于京师,是列公之不奉正朔自隐始,故不书正以示义焉,非居摄之谓也。”隐公在位十一年,只有元年《春秋》书“春王正月”,其余皆不书正月。除元年外,《春秋》于每年春,正月有事则书正月,无事可记则不书正月,此为常例。《公》《谷》所释属于穿凿,《汇纂》认为圣人有意不书正月,是为暗示隐公不朝聘周天子,即含有批评隐公“不奉正朔”带坏列公之意,也就是垂教后世诸侯国君必须尊天子,从王命。此说之穿凿,不亚于《公》《谷》。《汇纂》在采录诸家《传》、说时,含穿凿者更比比皆是。《春秋》每条经文平均不到十字,要从中阐释极为丰富的圣人垂教之义,学者们难免使用引申、比附、推论、过度分析等各种方法。《汇纂》既以释《春秋》大义为主旨,自然也需要认同并使用这些方法。

第四,《汇纂》采录众说,多有删减或改写,而不加说明,阅读时需注意,引用须核原文。

第二节　乾隆《御纂春秋直解》

乾隆《御纂春秋直解》①,十五卷。虽名为《御纂》,作者似是乾隆皇帝,实由别人编写。卷首列正总裁官傅恒等四人、副总裁官三人,但纂修官只有梁锡玙一人。梁氏为日讲起居注官,该书应是由他的讲稿修改而成。因听众是皇帝,故内容均与治国理政相关。《春秋》自汉代以来形成的政治理论教科书性质,在此书中体现得最为典型。作者对“西狩获麟”的阐释,集中反映着他对《春秋》的认识:“周之春有子、丑月,狩,时也。鲁之西为大野,狩,地也。得时得地则常事尔,何以书?为获麟记异也。麟,仁兽,王者之瑞也,何异焉?时无王者,出非其时而又见获也。获者,力得之辞,麟死于兵也。孔子周流天下,冀道之一行而卒不行,晚乃约鲁史作《春秋》。《春秋》,明王道也,苟有王者举而行之,天下犹治世也。今麟出见获,故感而伤之,曰:‘吾道穷矣。’《春秋》于是绝笔焉。拨乱世反诸正,莫近诸《春秋》。起隐公,讫获麟,文成数万,时历二百四十二年,备矣。道行于世利一时,道著为教利万世。”这段文字与《公羊传》相近,主旨有三:一,《春秋》是孔子“明王道”之书,也就

①台北“商务印书馆”影印文渊阁《四库全书》本。以下简称《直解》。

是倡导尊王并阐明王法;二,《春秋》是"拨乱反正"之书,即适用于治乱世或纠正政治弊端;三,《春秋》是内容完备的政治理论教科书,可以垂教万世。《直解》始终贯穿着作者对《春秋》的这种理解。《直解》题为《御纂》,自然是乾隆皇帝授意编写。他在《御纂春秋直解序》中说:"我皇祖《钦定传说汇纂》一书,镕范群言,去取精当,麟经之微言大义,炳若日星,朕服习有年。"又说,命编写此书者"一以《汇纂》为指南,意在息诸说之分歧以翼传,融诸传之同异以尊经,庶几辞简而事明"。也就是说,《直解》在解经主旨方面与《汇纂》相同,但内容则要求简明。《汇纂》以采录旧说为主,相当于集解,《直解》则不泛引旧说,而是融会贯通后直解阐释经文。集解和直解是两种不同形式的《春秋传》。因为是《直解》,该书更为明确地表述了作者所理解的《春秋》大义。义者,理也;大义者,大道理也。《春秋》大义,就是《春秋》中隐含的圣人垂教后世的各种重要原则。因其旨在阐释大义,而所释大义均与政治理论相关,故本文也以概述其所释大义为主,以见传统《春秋》学在清代官方学术中的特点。

一、《春秋》尊王之义的再阐释

《钦定春秋传说汇纂》已把《春秋》定义为"尊王之书",《御纂春秋直解》延续了这一认识。前者以采录为主,辨析为辅,故直接阐释《春秋》尊王大义之处并不多;后者采取全面解说经文的方式,虽对旧说多有采用,但已化为自己的表述,故对《春秋》尊王之义的阐释丰富许多。尊王之义虽是自《公》《谷》以来许多学者解说《春秋》的主旨之一,应早已没有余蕴,但《直解》还是作出了一些新阐释。

> 《春秋》隐公元年:"秋七月,天王使宰咺来归惠公仲子之赗。"
>
> 《直解》:"系王于天,明王者当钦若天道,欲循名以尽其实;又以见尊王即所以尊天,不尊王则获罪于天也。宰统百官,天子之卿也,或名、或字、或爵,因旧史也。系仲子于惠公者,惠公宠仲子若夫人,兆祸端也。然未立之为夫人,故止曰仲子。而隐公寻父志而以其卒赴于王,成父过也。平王不正其非夫人而赗之,坏王纲也。其后桓怵邪谋而为篡逆,蔑天伦也。仲子之名一正,而平与惠、隐、桓之失皆著,故曰《春秋》之志微而彰。"

按:《直解》从《春秋》称周天子为天王的称谓中,既阐释出王必须法天行政的原则,又阐释出天下臣民尊王等于尊天、不尊王就会受到上天惩罚之义,后者是对《春秋》尊王之义的新阐释。人间的王法或可侥幸逃脱,上天的惩罚却是无处可逃,"天网恢恢,疏而不漏"。如此,天下臣民还有敢不尊王者乎?《直解》认为,《春秋》记仲子一事，内含着对四人的批评：第一，仲子不是夫人，鲁惠公宠之如夫人，是后来桓公弑隐公的根源。第二，仲子不是夫人，没有资格受天王之赗，故也不必将其去世的消息上报天子。隐公上报天子，视仲子为夫人，是把父亲的错误想法变成了现实，是为“成父过”。第三，作为周平王，明知仲子不是夫人，不但没有指出其“非夫人”以批评隐公上报其卒，而且派人来赗，是自坏王法。第四，因仲子受宠，其子桓公才有弑兄篡位之举，此举违背了臣忠君、弟敬兄的天理。《直解》认为，这句经文隐含数义，真正体现了《左传》所说“《春秋》之称，微而显”的特征，称谓非常微婉，但内含大义又非常明显：君主不应过分宠爱夫人以外的妃妾，君主不应“成父过”，天子不能支持诸侯以妾为妻，弟不能弑兄篡位。这是圣人通过此经垂教后世君主的原则。

《春秋》隐公二年冬：“郑人伐卫。”

《直解》：“《左氏》曰：‘讨公孙滑之乱也。’声罪致讨曰伐。征伐，天子之大权，自诸侯出，非礼也。私会盟，则结党以要君；专侵伐，则称兵以叛上。《春秋》皆恶之，止乱也。”

按：此经是《春秋》所载第一次诸侯国之间的侵伐战事。争霸是春秋时代的历史主题，各诸侯国之间的人员聚会、结盟，以及相互之间的战争，是《春秋》记载最多的内容，约占三分之一强。《直解》认为，圣人对《春秋》所载会盟、征伐均体现着憎恶即反对之意。因为，在分封时代，只有王者才拥有征伐的权力，各国诸侯只能听命于天子，若擅自征伐，就是对王者权力的侵犯，擅自侵伐意味着“叛上”。诸侯的一切行为都必须听命于天子，各国之间相互会盟，意味着结党拉派，不再以天子之命为尊，甚至要挟天子。会盟、征伐都是天下的乱源，影响了天子的独尊地位。因此，圣人“恶之”，即希望天下统一稳定，共同尊王。就是说，圣人反对诸侯国之间的会盟征伐，就是要垂教后世尊王。这一点，《直解》在许多地方都有阐释。

《春秋》隐公三年：“三月庚戌，天王崩。”

《直解》：“崩者，上坠之形。不名者，臣子之辞，鲁不敢名公，天下均不敢名王也。《春秋》历十有二王，桓、襄、匡、简、景，志崩、志葬者，赴告及鲁，会之也。平、惠、定、灵，志崩不志葬者，赴告虽及鲁，不会也。庄、僖、顷，崩、葬皆不志者，王室不赴，鲁亦不会也。不赴，内臣之罪；不会，外臣之罪也。”

按：此经所载为周平王去世。《直解》首先以“崩”字和不书平王名为切入点，阐释了经文中体现的尊王之意。然后，《直解》归纳了《春秋》所载十二代周王的崩、葬情况，依据杜预所说《春秋》记外事从赴告、记外葬"鲁会之"的记事原则，认定凡《春秋》载其崩者，均是鲁人收到了周王室的赴告，不载者则是王臣未来告；凡《春秋》记其葬者，均是鲁君派人去参加了葬礼，未记其葬者，则是未去送葬；凡《春秋》既不记崩也不记葬者，是王臣未来告，鲁人也未去送葬。《直解》认为，凡《春秋》未记崩者，均体现着周王室的臣僚有罪；未记葬者，均体现着鲁君有罪。也就是说，王室臣僚有向各诸侯国报告天子去世消息的责任，各国诸侯有为天子送葬的义务；未尽到责任和义务者，就是有罪，即不尊王之罪。

《春秋》隐公十一年："春，滕侯、薛侯来朝。"

《直解》："诸侯朝天子，礼也。书来朝何为哉？周室衰，小国畏大国而臣事之。故鲁所朝者：齐也，晋也，楚也，而三国未尝一朝鲁焉；朝鲁者：滕也，薛也，曹、杞、纪、小邾也，而鲁未尝相朝焉。朝人，谄也；受人朝，僭也。滕、薛并至而书来朝，盖旅见也。非天子不旅见诸侯，隐公之罪莫逭矣。"

按：《直解》首先认定，朝见是诸侯对天子的礼节。各国诸侯之间是否也有相朝之礼呢？《直解》避开了这个很难说清楚的问题，而是直接归纳了《春秋》所载鲁君外朝和外君来朝的现象，得出了都是小国畏惧大国"而臣事之"的结论，并由此认定，朝者和受朝者都不对：朝者以事天子之礼事诸侯，是谄媚之举；受朝者接受诸侯朝见，是盗用了天子的礼仪，属于僭越。《直解》似乎又认为诸侯之间可以相朝，但不能同时接受两国以上诸侯朝见，因为这是天子独有的权利。鲁隐公同时接受滕、薛二君来朝，无疑犯了僭越之罪。《直解》认为，这就是圣人记载此事的内涵。也就是说，圣人倡导尊王，反对任何盗用天子权利的行为。

《春秋》庄公十三年："春，齐侯、宋人、陈人、蔡人、邾人会于北杏。"

《直解》："齐创伯也。诸侯而主天下之会盟，自北杏始。宋有弑君之难，齐桓欲修伯业，故会北杏以平之。齐书爵而列于首，四国称人而序于下，盖众望在齐也。桓非受命之伯，众以私尊之，假仁义以窃大权，使天下知有伯而不知有王，罪大矣。九合诸侯，一匡天下，功亦著焉。明其罪以立大义之防，录其功以著小补之效，《春秋》固功罪之权衡也。"

按：此经所载是中原诸侯第一次大规模聚会，也是齐桓公称霸之始。《直解》以各国诸侯的称谓和排序为切入点，阐释此经内涵。齐桓公称"齐侯"，属于称爵。四国诸侯称"人"，显然低于爵称。三《传》都认为《春秋》使用爵称高于称"人"者。《直解》认为，圣人如此书写，体现着对齐桓公两方面的评价：第一，齐桓公称爵并列于首位，体现着众望所归，得到了天下诸侯的信任与支持，说明他的行为使各国受益。如这次会于北杏，目的是“以平宋乱”，解决宋国去年发生的弑君问题。此举是各国诸侯都认同的正义行为。《论语》载孔子对管仲辅佐齐桓公“九合诸侯，一匡天下”也给予了很高评价。在周王室衰微的现实情况下，齐桓公称霸对周天子地位的延续，中原诸侯国的相对稳定，中原人民少受外族侵扰，都是有功的。第二，齐桓公称霸并列首位，说明他已经是统领一方诸侯的“伯”。但是，按照王法，只有天子才有统领指挥各国诸侯的权力，诸侯没有这种权力。如果需要有“伯”统领一方诸侯，天子可以委任，诸侯不能自行做“伯”。齐桓公的这个“伯”，并没有得到周天子正式任命，不被任命而做“伯”，就是对王权的侵犯。侵犯王权就是大罪。齐桓公“创伯”，通过小恩小惠获得统领诸侯权，实际上是在犯罪。《直解》认为，《春秋》的这两方面内涵，既体现着对齐桓公有功的肯定，更体现着对齐桓公有罪的确认。圣人强调后者，是为后世“立大义之防”。此处所谓“大义”，就是诸侯必须听命于天子，就是尊王。圣人以此评说齐桓公，就是为后世诸侯设立一条原则：不得侵犯王权。此为垂教之义。《直解》的这一阐释，贯穿于对《春秋》所载齐、晋霸业的全部评说。对齐桓公的评价，《直解》既接受了孔子的赞誉，也采纳了孟子所谓“五伯，三王之罪人”的批评。

《春秋》僖公二十四年：“夏，狄伐郑。”

《直解》：“据《左氏》，郑伐滑，王使如郑请滑，郑不听而执王使。王怒，出狄师伐郑。郑虽当讨，用狄则非。不书王命者，讳王之启寇以灭亲也，不使狄之假命以猾夏也。尊王而讳之，恶狄而正之，爱中国而存之，意深哉！”

按：就此经本身内容而言，与周王室完全没有关系。《左传》解说史事，虽然没有具体评说，但在行文中可以看出对周襄王的批评：招狄伐郑最终导致“狄师攻王”，“天王出居于郑”。《直解》引《左传》所载史事，但对经文内涵的阐释却远远超越了《左传》。《直解》认为，圣人如此书写，体现着两种内涵：

第一，狄伐郑本是奉周襄王之命，经文不书“王命”，旨在为天王讳。郑伯为厉王后裔，与其他诸侯相比，与周襄王的血缘关系最近，是为“亲”；周平王东迁，郑国提供的帮助很大，是为“功”。虽然郑文公违背王命伐滑当讨，但周襄王用外族攻击“亲”而有“功”的郑国是不对的，属于过。《春秋》“为尊者讳”，故不书“王命”。也就是说，不书“王命”，体现着尊王。

第二，不书“王命”，同时体现着对狄人的抑制。如果书“王命”，狄人则是奉王命伐郑，就是正义战争，等于褒扬其为天王分忧。不书“王命”，此“伐”就是外族对中原诸侯国的侵犯,属于“猾夏”,就是非正义战争,属于应被贬斥的行为。

《直解》认为,这是圣人“爱中国”之意的深刻体现。从这条三字经文中阐释出“尊王”“恶狄”和“爱中国”三条大义,实为难能。在《直解》中,凡戎、狄、楚、秦、吴与中原诸侯国发生冲突,作者都自觉站在“中国”的立场上,阐释圣人贬抑外族、“爱中国”的内涵,虽然没有使用“攘夷”一词,但实已大部分接受了前人所释《春秋》攘夷之义的内容。《直解》提出圣人“爱中国”之意,似为首创。所谓“爱中国”,其实与“攘夷”是对同一问题的两种表述。“爱中国”意味着“攘夷”,“攘夷”也就是“爱中国”的体现。在“攘夷”问题上,《直解》比《汇纂》更为开明,这是时代特征。

综上所述,《直解》再释《春秋》尊王之义约略数端:各国诸侯必须按时朝见天子,一方面借此明确等级名分,强调天子的独尊地位,另一方面向天子进贡,并接受天子之命;天王去世,王室大臣必须及时派人赴告各国,各国诸侯必须去吊丧并参加天王葬礼;各国诸侯的一切外交活动都必须听命于天子,相互之间不得有私自会盟征伐的行为;若王室衰微,方伯可以代天子安内攘外,但必须以崇王室、尊天子为目的;天下臣民在尊王的同时,也应有“爱中国”之心,共同抵御并打击外族;尊王等于尊天,不尊王就是违背天意,夫子云“获罪于天,无所祷也”①。与《汇纂》所释《春秋》尊王之义相联系,有关尊王原则的方方面面可云备矣。

二、《直解》释《春秋》为君之道

《春秋》学自形成之日起,就是为了给君主提供治国理论。如何做一个好君主,保证祖宗基业千秋万代传下去,历来是《春秋》学者阐释《春秋》之义的主攻方向。创业皇帝不需要复杂的政治理论,《春秋》之义总是讲给守业皇帝听的。《直解》本来就是给皇帝上课的讲稿,故为君之道更是它的核心主旨。《直解》阐释的经义皆属于政治理论,也都可以理解为为君之道。为方便叙述,稍作分类,这一部分只论述《直解》所释与君主理政最为密切的《春秋》之义。

> 《春秋》隐公元年:“冬十有二月,祭伯来。”
>
> 《直解》:“祭伯,畿内诸侯为王卿士。祭,周公之裔,故与鲁为好。书‘来’,非事也,故不称‘使’。非王命,则私交也。结内近以偾国,挟外援以要君,则乱之所由阶。谨私交,杜朋党之渐也。”

按:《春秋》记周王室派人来鲁国,一般书作“天王使某人来做某事”。《直解》

①杨伯峻:《论语译注》,中华书局,1980年版。

认为,此经未书"天王使",也没有记载他来做何事,说明他并非奉命做事而来,只是一次个人行为,也就是为联络感情的"私交"。圣人为何记载祭伯的这次"私交"呢?《直解》认为,圣人是有意提醒后世君主要注意臣僚的"私交"。如果臣僚在国内有意结交君主身边的近臣以套取机密,打听一些他不应该知道的事情;或者臣僚有意结交外臣,希望外臣为他说话或做事,以此要挟君主,这两种情况都可能引起政治动乱,危及君主的统治。因此,君主必须重视臣僚的"私交",以免相互勾结形成"朋党"。这就是此经隐含的圣人垂教之义。

《春秋》隐公元年:"公子益师卒。"

《直解》:"内臣书卒者,皆卿也。大国之卿三命,受王命而为君佐,国之治乱与有责焉。卒之者,重之,且以尊君也。程子曰:'时不请命,故卒不书官,不与其为卿也。称公子,以公子故使为卿也。'是也。益师者,众氏之始也。诸侯世国,大夫不世官。卿世,则臣柄国而公室卑矣。书之,抑以为戒也。"

按:《春秋》记鲁国臣僚卒共三十二人,益师为其始。《直解》认为,《春秋》所载臣卒,其臣均为卿职。按照王法,诸侯国卿职都应是周天子正式任命,使其辅佐国君;国史记其卒,既显示其对国家的重要性,也体现着对王命的尊重。但公子益师并未受王命,只是因其公子身份而被鲁君命为卿。因此,《春秋》记"公子益师卒",应有批评之意,即不认同其卿职,故记卒不称"大夫"而称"公子"。换言之,此经含有诸侯国卿职必须由天子任命的垂教之义。公子益师的后人成为世袭大夫,称众氏。《直解》认为,根据王法,诸侯国君可以世袭职位,所有大夫则不能世袭官职,卿为大夫之长,同样不能世袭。如果卿职可以世袭,一定会形成卿把持政权、公室衰微的局面。孔子倡导尊君,反对大夫专政,公子益师是《春秋》所载形成后世卿大夫世袭家族的第一人,故圣人特记其卒,以提醒后世君主引以为戒。也就是说,不允许卿大夫世袭官职,是为君之道的一个重要层面。这就是此经隐含的圣人垂教之义。

《春秋》隐公三年:"春王二月己巳,日有食之。"

《直解》:"己巳,二月朔也。不书朔,史失之也。日月共行于天而各有道,岁凡十二会,会而东西同度,南北同道,则月掩日而食。不言月掩日,止书'日有食之'者,抑阴而存阳也。日食必书,教人君以恐惧修省之道也。克谨天戒,则虽有象而无其应;弗克畏天,灾咎之来必矣。"

按:《直解》首先认定日食是一种"月掩日"的自然现象。清人对此早已有正确理解。其次，《直解》认为圣人不书作“月掩日”而书作“日有食之”，是为了体现“抑阴而存阳”。在天，日为阳，月为阴。在地，君为阳，臣为阴。天上的日食在地上的感应，就应是大臣专权遮蔽了君主之光。圣人倡导尊君抑臣，故记日食不书“月掩日”，意在存君主威严，抑臣僚志气。最后，《直解》认为，《春秋》有“日食必书”的原则，圣人意在“教人君以恐惧修省之道”。所谓“恐惧”，是指君主必须对上天心存敬畏。就“天子”一词而言，君主是上天之子，父爱子，子也必须遵从父命。就“天王”一词而言，君主是上天授命之王；天可以授命，也可以收回成命而改授他人。因此，君主必须敬畏上天。天不会说话，天象就是天意的表达。君主遵天，就是通过天象获知天意。所谓“修省”，就是通过反省而改正自己的某些行为。如日食为臣掩君之象，君主遇日食，就应反省自己哪些方面可能会导致大臣专权，从而改正。其他天象亦然。君主重视天意而随时修正自己的行为，上天之象就会自然消失，地上就不会形成相应的祸乱；君主不敬畏上天，不随时修正自身，就会有从天而降的灾祸。这就是《春秋》记日食所体现的圣人垂教之义。“月掩日”既然是自然现象，与君主行为有何关系呢？《直解》认为，圣人不过是借日食垂教后世君主一种为君之道，不必深究二者之间的关系。与此相类似的另一种儒家理论是“神道设教”。圣人未必相信鬼神的存在，但却主张民众重视祭祀，因为祭祀可以教育民众遵守许多规矩，故圣人借鬼神说事。明白了这一点，就可以明白许多古人的道理，而不必纠缠于孔子是有神论者，还是无神论者。《直解》所释不论是否符合《春秋》本意，但作者是懂圣人的。

《春秋》隐公四年二月：“戊申，卫州吁弑其君完。”

《直解》：“弑逆大恶，圣人所不忍言，然而必书之者，定乱贼之罪名，欲以行天讨而戒万世也。凡得其罪名者书名；不得其名者，在当国者书国，众则书人；公子之亲则书公子，世子则书世子；大夫书氏，不氏，因旧史也。既定乱贼之罪名，且著其由来之异，盖儆君父以自修，使随事以慎其微也。”

按：此经所载为《春秋》第一次弑君事件，卫国的公子州吁杀死了哥哥卫桓公完。《直解》认为，圣人尊君父，对发生的弑君弑父事件深感痛心，本不忍说出此事。但《春秋》又记载了很多弑君弑父事件，说明圣人要借此明确谁是弑君父的乱臣贼子，代表上天惩罚他们，并告诫后人且切不可犯弑逆之罪。《直解》归纳了《春秋》所载弑君事件的称谓原则：谁弑君主就书谁。《直解》认为，《春秋》如此书写，内含着圣人垂教后世君主“自修”并“慎其微”之意。在这里，《直解》实际上是把三《传》特别是《左传》对弑君事件的记述当成了《春秋》内容的一部分。仅凭《春秋》,是无从知道每次弑君父事件的具体发生原因即“由来之异”的。而《左传》却多有较为详尽的解说,且往往侧重于君主自身的问题。如此次州吁弑君,《左传》追述到卫庄公娶夫人,因其过分宠爱嬖人之子州吁,又不听大臣石碏的劝谏,导致州吁骄横,最终发展到杀死同父异母的哥哥。据《左传》所述,州吁虽然有罪,但卫庄公对此事件发生也有不可推卸的责任。必须依据《左传》,才能理解《直解》所释《春秋》“儆君父”之意。对齐襄公、陈灵公、晋灵公等君主被弑,《左传》都重在记述被弑者的责任。《直解》认为,通过《左传》记载的那些被弑君主的缺点,后世君主可以自我对照而“自修”,即改变自己的行为并且举一反三,任何事情都谨慎对待细微之处,以免出现纰漏,就可以避免杀身之祸。这就是圣人记载弑君事件的垂教之义。实际上,就是教育君主吸取历史教训。

《春秋》隐公四年:“秋,翚帅师会宋公、陈侯、蔡人、卫人伐郑。”

《直解》:“公辞宋矣,翚帅师而会宋,是要君使党贼也,是好人之为贼也,是将敢于自为贼也。方命主兵,无所忌惮,钟巫之祸兆矣。再序四国,盖于党贼者有余恶焉。”

按:据《左传》载,卫州吁弑君自立之后,为得到其他诸侯国的承认,主动表示愿意帮助宋国伐郑。去年,宋穆公去世,把君位传给了侄子殇公,并强迫儿子公子冯出居郑国。宋殇公即位后担心公子冯在郑人支持下回国争位,乐意伐郑以除掉公子冯。宋殇公请求鲁国出兵相助,但遭到鲁隐公拒绝。此时,担任卿职的公子翚请求出兵,隐公没有答应,但他仍然坚持帅师助宋。因州吁被认为是弑君之贼,四国与其共同伐郑,也就等于承认他是卫国君主,故《直解》认定他们是“党贼”,即与弑君之贼结为一党。在此认识的基础上,《直解》开始深入分析:公子翚违背君命助宋,是要挟鲁隐公“党贼”,表明他欣赏弑君之贼,也说明他有做弑君之贼的潜质。公子翚初受命做军队统帅,即敢于无所忌惮地违背君命,已经显露出将来弑君的征兆。《左传》载,鲁隐公十一年:“十一月,公祭钟巫,齐(斋)于社圃,馆于寪氏。壬辰,羽父(公子翚)使贼弑公于寪氏。”这就是《直解》所谓“钟巫之祸”。于《春秋》隐公十年:“夏,翚帅师会齐人、郑人伐宋。”《直解》再次阐释:“再书‘翚帅师’,恶之也。权臣执兵柄则君危。”就是说,圣人两次写下“翚帅师”,体现出他对此事的憎恶。因为权臣又掌军队,君主就会有危险。换言之,圣人是借此告诫后世君主,切不可让权臣再掌军队。这是君主必须坚持的一项原则。

《春秋》隐公四年:“冬十有二月,卫人立晋。”

《直解》:“杀州吁者,石碏也,则迎晋者,亦碏也。乃不同碏于‘尹氏立王子朝'而书'卫人',明非碏之私也;不同晋于齐小白之'入于齐'而书'卫人'之立,明非晋之争也。州吁讨而众望在晋;称'人'者,见碏之从众、晋之得众也。然众可以讨贼而不可以立君,晋可以为君而不可以立于众。国承之父也,命出之王也;卫人不请于王而擅置其君,晋利国人之奉己而专有其国,皆非也。人可立君,则生事以邀功,市恩以窃国,阶之乱矣。特书'立',以止乱也。"

按:据《左传》,州吁弑君自立,所作所为不得民心,已经退休的大夫石碏设计杀死了州吁,卫人迎回逃亡邢国的公子晋立为君,是为宣公。《直解》认为,主谋杀死州吁者是石碏,主持迎立公子晋者也应是石碏。《春秋》昭公二十三年载"尹氏立王子朝",圣人是在暗示尹氏是为私利;此经不书石碏而书作"卫人",圣人是在暗示石碏迎立公子晋并非出于私心。《春秋》庄公九年载"齐小白入于齐",圣人是在暗示小白有意争夺君位,此经书作"卫人立晋",圣人是在暗示公子晋并无主动争夺君位之心。此经书作"卫人",可见石碏迎立公子晋是顺应民众愿望,以及公子晋的确获得了民众的拥戴。州吁作为弑君之贼受到应有惩罚之后,公子晋已是众望所归。也就是说,卫国民众、石碏、公子晋在此事件中都不是出于私心。但是,《直解》又认为,圣人特别用"立"字,是有深意的。按照王法,诸侯国君之位必须满足两个条件,一是君父传位之命,二是天子的正式任命。因此,卫国民众可以诛讨弑君之贼,却不能自主拥立国君;公子晋作为贤者可以继承君位,却不可以接受民众的拥立。民众不请求天子而立君,公子晋未受君命而接受拥立,都是违背王法的行为。为何民众不可以拥立自己喜欢者作君主呢?《直解》认为,一旦民众可以自主立君,一方面会有人故意"生事以邀功",即拥立不当立者以求以后的拥立之功,另一方面也会有本无继承君位资格者通过讨好民众而窃取君位。这两点都可能引发政治动乱。《直解》认为,圣人记此事特用"立"字,就是垂教后世君主一定要坚持君位传承原则,以免发生动乱。《直解》对此经的详尽解读主要是采纳了公、谷二《传》所释"立者,不宜立也"的《春秋》用字原则。另外,关于民众不可立君之说,实际上是在强调国家是君主的国家,而不是民众的国家,民众只有听命于君主的义务,而没有选择君主的权利。这是君主制时代的基础政治理论。

《春秋》隐公五年:"螟。"

《直解》:"虫食苗心曰螟。国以民为本,民以食为天。书之,使人君畏天灾、重民命、戒逸欲、启忧勤也。齐履谦曰:'《春秋》所书有灾有异,害及于民之谓灾,物反其常之谓异,二者鲁皆备书,诸国唯异则书。盖灾则事止一国,异则理关天下也。'"

按:此经所载为鲁国发生了虫灾。虫灾伤害庄稼,欠收影响农民生活,灾荒可能导致社会不稳定,社会动荡危及君主统治。为维护统治,君主应该采取措施。《直解》认为,圣人记载灾害,意在教育后世君主:君主对天灾必须重视,心存畏惧,认识到它既是天意的体现,也关系到现实社会的稳定;君主必须关心民众生活,"四海困穷,天禄永终";君主在灾害发生时,应克制欲望,减少消费,尽可能减轻民众负担;君主应该有忧患意识,应该勤于理政,及时处理各种问题,将灾害损失降低到最小程度。《春秋》隐公八年:"螟。"《直解》再作阐释:"频灾频书者,臣当频言之,君当频知之也。君恶闻灾,则臣以灾为讳。讳言灾,谄也;恶闻灾,慢也,民何赖焉?民为邦本,本伤,国从之矣。"也就是说,圣人通过屡次书灾的方式,垂教后世君主切不可厌恶听天灾报告,必须把它提到关系国家存亡的高度去认识,去应对。

自《公羊传》首释《春秋》灾异,董仲舒发展为天人感应理论,灾异学说的目标就是用天意限制君主的行为。灾异学说虽然在汉代曾被广泛应用,在后世也一直发生作用,但明眼人很容易看穿这是蒙骗君主的把戏,故唐宋以后的学者很少再阐释发挥《春秋》灾异理论。《直解》中则有较多对《春秋》所载灾异的阐释,大概与其教科书性质有关。皇帝即使看穿此类把戏,也会谅解作者的良苦用心,虽然是借题发挥,毕竟也是真心维护君主国家长治久安的体现。

《春秋》文公九年春:"夫人姜氏如齐。"

《直解》:"夫人,出姜也。前书'逆妇姜',讥公失礼也。此书'夫人',正其名也。'如齐',归宁也。常事何以书?夫人生恶及视,而公嬖敬嬴生倭,夺嫡之机兆矣。其归宁,盖有故焉。《春秋》欲以礼已乱,特于此正其名。"

《春秋》文公九年:"三月,夫人姜氏至自齐。"

《直解》:"夫人与君一体,出入必告庙。其行非礼,以不至见罪。归宁而至,正也,然亦在常事不书之例。出姜书'至',盖以明小君之重,责公嬖敬嬴以阶乱也。吕大圭曰:'录叔姬之归,为归于酅起也;录出姜之至,为归于齐起也,圣人之微意也。'"

按:《春秋》记鲁君夫人回娘家看望父母并又记其回国者,仅此文公夫人出姜一例。《直解》认为其中含有圣人深意。《春秋》文公三年:"夏,逆妇姜于齐。"未书谁去迎娶,未称夫人,也没有书作"逆女",此经也为特例。《直解》认同《谷梁传》所说"成礼于齐",这就是所谓"讥公失礼",即圣人批评鲁文公违背了正常的婚礼程序。《直解》认为,出姜正常"归宁",属于常事,《春秋》有"常事不书"原则,圣人破例记载此事,意在为出姜正夫人之名。即前经只书"逆妇姜",此经则明确其为夫人。出姜为夫人,所生公子恶及公子视就是嫡子。据《左传》文公十八年载,文公宠爱次妃敬嬴,敬嬴生公子倭。次妃所生为庶子。有嫡子在,庶子没有继承君位的资格。但若庶子之母受宠,君主就有可能废嫡立庶。废嫡立庶不符合君位传承原则,会导致动乱。文公死后,公子遂主持拥立公子倭,是为宣公,同时杀死了已经继承君位的公子恶及同母弟公子视。《直解》认为,圣人在此强调出姜是夫人,意在垂教后世君主不要过分宠爱夫人以外的女人,避免发生夺嫡之祸。所谓"以礼已乱",意为一切按照礼制行事,就可以避免祸乱发生。《直解》认为,夫人与君主地位相同,出入国境,都应向宗庙祖先报告,《春秋》也记载"如某"和"至自某"。只有桓公夫人文姜多次出国"如齐",《春秋》均未载"夫人姜氏至自齐",圣人意在暗示其违背礼制。此次出姜"如齐"和"至自齐"都属于常事,圣人破例书"至",也是意在"责公嬖敬嬴以阶乱"。总之,垂教后世君主以夫人为重,不要因宠爱其他女人引起后来庶子争位,从而导致兄弟相残,政治动荡,就是《直解》所释经义。

《春秋》宣公八年六月:"壬午,犹绎,万入去籥。"

《直解》:"绎者,祭之明日宾尸也。礼:大夫卒,当祭则不告,终事而闻则不绎。不告者,尽肃敬之心于庙;不绎者,全始终之恩于臣。犹者,可已而不已也。万者,舞之总名。籥者,文舞也;去籥以示变也。仲遂,贼也,本宜即诛,然未正其罪而身为国卿,则当为之废绎以全君臣之义。夫臣之事君以忠,君之使臣以礼。不废君命,之死靡他,忠之盛节也;敬待大臣,荣生哀死,礼之善物也。有疾不复,教臣以忠;卿卒不绎,教君以礼。虽恶其人,不可不明其道。"

按:与此经相连的上两条经文是:"夏六月,公子遂如齐,至黄乃复。辛巳,有事于大庙。仲遂卒于垂。"仲遂即公子遂,时为鲁国正卿。有事,祭祖之事。宾尸,以尸为主宾。尸,祭祀时坐神位象征祖先享用祭祀者。公子遂出使齐国,途中生病而返。鲁宣公主持宗庙祭祀,获知公子遂去世消息。次日,宾尸之绎祭正常举行,只是取消了音乐。《直解》认为,关于此事的礼制是:君主祭祖时有大臣去世,其家人不要去报告,以免影响君主祭祖时的肃敬之心;君主在祭祀结束后得知消息,应取消第二天的绎祭。《直解》采用《公》《谷》所释认为,圣人用"犹"字,体现着对文公"可已而不已"的批评,即应取消绎祭却又变通举行。《直解》采用《论语》所载孔子之言认为,正确的君臣关系是:臣以忠事君,君以礼使臣。以礼使臣的具体内涵是:平常要敬待大臣,即表现出应有的尊重;使其生有荣,即让他们享受到应有的尊贵地位;大臣死,君主有哀痛之情,使君对臣的恩遇全始全终。宣公没有取消绎祭,也就是未做到以礼使臣。《直解》认为,虽然公子遂有杀嫡立庶的大恶,本应受到诛讨,既然用他做了正卿,君主就应以正卿之礼待他。圣人虽然憎恶公子遂,但仍然如此书写以明君主待臣之道以垂教后世。

《春秋》宣公九年:“陈杀其大夫泄冶。”

《直解》:“凡称国以杀大夫,皆罪专杀也。而专杀之中又有异焉。如申侯、里克则有罪,而杀之不以其罪也。泄冶则无罪也,陈灵与孔宁、仪行父宣淫于朝,泄冶进谏,盖其职耳。幸而听,所全大矣;不幸而死,是死于忠也。书之,以见杀谏臣者必有弑君亡国之祸,非仅明冶之无罪已也。”

按:所谓“称国以杀大夫”,是指《春秋》记外诸侯国杀大夫只称国名者,如此经称“陈”,“称国”与“称人”(书作‘某人’)是对应词。“罪专杀”,意为圣人以杀大夫的国君为有罪。因大夫是天子任命的,若认为大夫有罪,诸侯国君可以报告天子请求处理,若不请示则杀大夫,就是“专杀”,“专杀”侵犯王权,即有罪。《直解》释《春秋》此例与公、谷二《传》相近。《直解》认为,“称国”“罪专杀”者中又有区别。《春秋》僖公十年:“晋杀其大夫里克。”《春秋》襄公二年:“楚杀其大夫公子申。”里克和公子申本身有罪;此经所记泄冶则完全无罪,只因给君主提正确意见而被杀,泄冶是正直的忠臣。《直解》认为,《春秋》记载此事,体现着圣人垂教后世君主切不可杀谏臣之义。如陈灵公杀泄冶,明年五月“癸巳,陈夏征舒弑其君平国”,后年十月“丁亥,楚子入陈”。“弑君亡国之祸”,源于灵公杀谏臣泄冶。

《春秋》昭公二十二年:“王室乱。”

《直解》:“纪事必指其实,未举事而言‘王室乱’,特笔也。《春秋》之作以尊王也,故衰周虽仅守府,而恒随事以维王迹,至失道之极,存亡所系,则即事不足以维之,因先揭其乱,以明拨乱之道也。‘王室’犹云王家,家实兆乱,不得泛言京师也。王以正天下为职,而天下以家为本。景王有弟不能容,晚节则宠庶蔑嫡。一身瞑目,二子角立,衅自内作,党自外分。刘、单所守者礼律之正,然猛无宠则威不足使天下;尹氏所托者先王之命,而朝不正则义无以服人。干戈相向,延及五载。倘非天眷有周,正者卒胜,几不祀矣。彼颓、带事虽类此,然颓乱于惠王二年,带乱于襄王十有六年,惠、襄名位久定,颓、带猝发一时耳,故彼尚未言‘乱’,而此特书‘乱’也。人君知此义,必克己以修身,父父子子而家道正,正家而天下定矣。”

按:周景王有嫡子猛、匄,但更喜欢长庶子朝。此年四月,“天王崩”,景王没有明确王位继承人。周王室的世袭大族刘氏、单氏据王位传承原则拥立王子猛,另一世袭大族尹氏则拥立王子朝，并称有“先王之命”，兄弟争位形成二王并立。不久，“王子猛卒”，刘、单又拥立其同母弟王子匄，是为敬王。二王之争持续五年，许多王族成员被杀，因战争而死者更不知有多少。最后，王子朝失败逃亡楚国，“王室乱”结束。《直解》认为，周惠王和周襄王时代也出现过兄弟争位导致王室动荡，但圣人都没有书作“王室乱”，此经特书“王室乱”，圣人一定含有深意。天下是王者的天下，王者具有使天下人走向正道的责任。王家为国之根本，王家不宁，则国必乱。《春秋》襄公三十年五月：“天王杀其弟佞夫。”《左传》：“书曰：‘天王杀其弟佞夫’，罪在王也。”佞夫是周景王同母兄弟，有人欲杀景王而拥立佞夫，但佞夫本人并不知道，事情败露，景王杀佞夫。这是《直解》所说“景王有弟不能容”。“晚节则宠庶蔑嫡”，指景王宠王子朝而轻视王子猛与王子匄。《直解》认为景王不能容弟，又未能正确处理嫡子与庶子的关系，说明缺乏维系家庭和谐的能力。不能治家，故导致“王室乱”。《直解》认为，圣人如此书写，就是要垂教后世君主“正家”。“正家”必须做好两点：一是自己身正，克制自己的欲望，一切按规矩办事；二是确立家庭成员的各自地位，父子之间、兄弟之间、嫡庶之间，关系明确，地位有别，都不能超越身份地位做事，“正家而天下定矣”。

《春秋》哀公六年：“齐阳生入于齐。齐陈乞弑其君荼。”

《直解》：“阳生系齐，以长宜立也，然君命立荼矣，故不书公子，恶争国也。陈乞召之，宜无难者，书入，逆辞也。虽宜立，立之之道则逆也。据《传》，阳生使朱毛弑荼，何以归狱于乞？盖乞志窃国，故逐高、国而图废立，所以专威柄而为攘夺之阶也。其始阿景公意而立荼，今又外迎君而立阳生，则荼之死决矣。特乞不欲显任其事，待阳生而加之刃耳。不然，阳生一亡公子，身之定否尚难自必，况敢轻行弑逆，不畏乞讨乎？《春秋》推见至隐，以乞首恶，杜乱源也，又以见立幼之害也。家国无衅，谁能乘之？君之废立，权臣之资也。景公爱荼，陈乞顺之而立荼，景公亦以为爱荼也，而适以弑荼。荼弑，阳生立，而齐遂终为陈氏有矣，可惧哉！”

按：据《左传》，齐景公正夫人生子而死，晚年宠爱幼子荼，病重期间，使国夏、高张立荼为继承人。景公去世后，陈乞挑拨离间，驱逐国、高，迎立逃亡在鲁的公子阳生，是为悼公。悼公派朱毛杀死荼。《直解》详尽分析经文：一、经称“齐阳生”，圣人是认定阳生年长应继承君位。在此，《直解》是认同了《左传》所说“无嫡立长”的君位传承原则，与《公羊传》所说无嫡立贵不同。二、经书“阳生”而未书作“公子阳生”，体现着圣人反对兄弟争夺君位。《直解》认为，《春秋》记外诸侯国公子回国，凡称“公子”者，都是在暗示此公子是为争夺君位。公之子而不称“公子”含有贬义。三、"人"为"逆辞"，逆则不顺，即凡书"人"者皆不当人。阳生虽应继承君位，但父亲已指定荼，阳生就应遵君父之命尊荼为君，与其争位则为逆。故圣人用"人"字。四、经书"陈乞弑其君"，但弑君者实为阳生所命朱毛。圣人是认定陈乞才是荼被弑的实际责任人。所谓"《春秋》推见至隐"，是说圣人透过现象看到了本质。《直解》认为，圣人如此书写此事，有垂教后世君主不要立幼子为君之意。景公立幼子荼为君，似是喜欢他，实则害了他，且由此导致陈氏篡国。后世君主切切以此为戒。

综上所述，据《直解》所释，圣人垂教后世君主要敬畏上天，通过灾异领会天意，随时修正自己的行为，身正为为君之本；君主应勤政爱民，及时处理政务，关心民众生活；君主应处理好家庭问题；君主应按照君位传承制度确立继承人，不要因爱而立幼君；君主应尊重大臣，不要杀谏臣，但也要防止臣僚专权，防止他们结党营私，更要随时注意其细微动向，预防篡弑之祸。

三、《直解》释《春秋》为臣之道

国家是君主的国家，但君主必须依靠臣僚才能实施对国家的统治。臣僚一方面是君主的左膀右臂，另一方面也是危害君主的潜在敌人，弑君、篡位，一般是大臣所为。如何正确处理君臣关系，一直是君主制时代的最重要理论问题之一，也是几乎所有《春秋》学著作都会讨论的问题。一般来说，孔子所说"臣事君以忠，君使臣以礼"，是大家共同认可的君臣关系的基本原则，但具体如何实践，则需要根据现实情况去把握。因弑君、篡位是对君主的最大威胁，故诛讨乱臣贼子也就成为最重要的《春秋》大义之一。为避免乱臣贼子的出现，最有效的办法自然是加强对臣僚的控制，充分限制其主动权。既要忠心为君主服务，又不能影响君主的权威，这是《春秋》学者共同认可的为臣之道。尊王的主体是臣僚，都与为臣之道有关。《汇纂》及其他《春秋》学著作对圣人倡导的为臣之道也都有较多阐释。故本部分只选择《直解》中有特点的一些内容予以解读，不求全面。

> 《春秋》隐公四年："九月，卫人杀州吁于濮。"
>
> 《直解》："州吁自立而斥其名，正其为贼也。称'人'，众辞也。杀之者石碏而书'人'，明非碏之私讨而人皆欲讨，亦夫人之所得讨也。公羊子曰：'称人者，讨贼之辞。'是也。定大恶之名，严党贼之罪，予讨贼之义，广讨贼之途，贼始无所容矣，故曰'《春秋》成而乱臣贼子惧'。州吁二月弑君，而四国连兵欲定其位，故久然后能杀之。濮，陈地，陈亦有助焉。其党贼也罪之，其助讨也予之，是非之公也。后此，宋求万于陈，鲁求庆父

于莒，皆责赂而后与，今陈不匿贼取赂，犹知畏义焉耳。”

按：《直解》详尽阐释经文。第一，按照《公》《谷》所释《春秋》称谓原则，记君主称爵，记大夫称名。州吁弑君自立，已做七个月的卫侯。《春秋》称“州吁”而不称“君”或“卫侯”，是圣人明确认定州吁是弑君之贼，而不承认其为卫侯。第二，主持杀死州吁者是石碏，《春秋》不书“石碏”而书作“卫人”，“人”是众人之意。圣人如此书写，一是暗示石碏杀州吁不是出于私心，而是代表了众意，也就是说，州吁弑君，违背众意，众人皆欲弑贼。二是强调，对弑君之贼，人人可以诛讨，即使他已经做了国君。《直解》认为，圣人如此书写，包含了全面的讨贼之义：明定弑君者之罪名，使其无可推卸，必受王法惩罚；严格判定帮助弑君者有罪，也必须受王法制裁（此点见下文）；明确讨贼为义举，讨贼者应受褒扬；人人可讨贼，弑君之贼就无路可逃。因此，孟子说：“《春秋》成而乱臣贼子惧。”第三，《春秋》载：“秋，翚帅师会宋公、陈侯、蔡人、卫人伐郑。”圣人意在认定四国承认州吁的卫侯地位，也就是帮助弑君之贼，也就是贼党，贼党也应受王法惩罚。第四，经文书“濮”，濮是陈地，圣人之意是赞成也就是褒扬陈人帮助卫国捉住州吁。陈侯参加伐郑之役，圣人则认定其为贼党。由此可见，圣人的是非标准是严格的，判定对错是公平的。第五，《春秋》庄公十二年：“秋八月甲午，宋万弑其君捷及其大夫仇牧。”“冬十月，宋万出奔陈。”《左传》载：宋人“亦请南宫万于陈，以赂。陈人使妇人饮之酒，而以犀革裹之”。陈国因收取贿赂才帮助宋国捉住弑君之贼。《春秋》闵公二年：“公子庆父出奔莒。”《左传》载：鲁人“以赂求共仲（庆父），莒人归之”。莒国因收取贿赂才驱逐弑君之贼公子庆父。相比之下，陈人帮助卫人杀死州吁，《左传》并无取赂之文，说明陈人还算畏惧正义。总之，《直解》认为，这条经文中体现着诛讨弑君之贼各方面的原则。这些原则的垂教之义是：后世臣子切不可以做弑君者，也不能为弑君者提供任何帮助，并且应无条件地诛讨弑君者，或者帮助别人诛讨弑君者。这是使“乱臣贼子惧”的具体内涵，是为臣者必须懂得的道理。

《春秋》隐公十一年：“冬十有一月壬辰，公薨。”

《直解》：“公薨必地；不地，变也，其地有不可言者焉。志弑也，不直书弑者，不忍彰也；以不地见弑者，不忍没也。然以不地见弑，究未知谁弑之也。曰：‘属辞比事，《春秋》教也。’桓薨于齐而夫人孙齐，则齐侯杀之而夫人与乎弑也。子般卒而庆父如齐，则庆父弑之也。闵薨而夫人孙邾、庆父奔莒，则夫人与庆父同弑之也。子卒而仲遂、得臣、行父如齐，三人共弑之而仲遂其首恶也。隐薨而桓即位，则桓弑之耳，翚谋弑而归狱于桓，桓为首焉耳。不言弑而弑可知，不言谁弑而谁弑可知，故曰‘《春秋》之志微而彰'。不书葬者,贼不讨不葬,所以责臣子也。讨贼之义广之于人,而臣子之责尤重。葬尤子之专责,故继故不书即位。贼未讨,故不书葬也。"

按:《直解》在三《传》基础上阐释此经。第一,《春秋》有记鲁君去世书薨于某地的原则(公、谷二《传》均有此说)。此经不书公薨于某地,内含着发生了变故即非正常死亡之意,《谷梁传》:"公薨不地,故也。隐之,不忍言也。"圣人作为鲁国臣子,不忍心说出君主被害于某地。第二,《春秋》记外诸侯被弑书作"弑其君",此经所载为隐公被弑之事,《春秋》没有书作"弑君",是因为圣人对本国发生弑君事件深感痛心,不忍心直书其事。但是,圣人也不忍心完全隐没此事,让弑君者逍遥法外,故用不书公薨于某地的方式隐含此事真相。第三,至于谁是真正的弑君者,可以通过"属辞比事"即联系上下文的方式找出答案。如桓公十八年书"夏四月丙子,公薨于齐",庄公元年书"三月,夫人孙于齐",可知桓公被齐侯所杀,而夫人文姜参与了弑君。再如庄公三十二年书"冬十月己未,子般卒",接着又书"公子庆父如齐",可知庆父是弑君者。又如闵公二年书"秋八月辛丑,公薨",接着书"九月,夫人姜氏孙于邾","公子庆父出奔莒",可知是夫人哀姜和庆父共同杀死了闵公。还如文公十八年书"冬十月,子卒",前文书"秋,公子遂、叔孙得臣如齐",后书"季孙行父如齐",可知三人共同害死了"子",而以公子遂为首犯。在此经之后,桓公元年书:"春王正月,公即位",可知是桓公杀死了隐公。因为,公、谷二《传》都认为《春秋》有"继弑君不言即位"的原则,圣人以此体现继位者的不忍之意;《谷梁传》说:"继故而言即位,则是与闻乎弑也。"第四,据《左传》载,具体杀害隐公者是公子翚,圣人何以用书"公即位"的方式认定桓公是弑君者呢?因为杀隐公的真正主谋是桓公。若无桓公许可,公子翚未必敢杀害隐公。经文不用"弑"字,但可知"公薨"是被弑;经文未书弑君者,但可以找到弑君者。这就是《左传》所说《春秋》之志微而彰,表面隐晦微婉,实际含意明显。第五,《春秋》有记君主薨(卒)、葬的原则,但圣人只记了隐公之薨,并无"葬我君隐公"之文,《公羊传》释曰:"何以不书葬?隐之也。何隐尔?弑也。弑则何以不书葬?君弑,贼不讨,不书葬,以为无臣子也。"就是说,凡君主被弑,若弑君之贼没有受到惩罚,《春秋》则不记被弑者之葬。因为,为君主举行葬礼,是臣僚和君之子的责任。弑君者未得到惩罚,则是臣僚及君之子都没有尽到责任,也就都不是合格臣子。圣人用不书被弑君主之葬的方式,暗示臣子都不合格。因此,此经垂教后世之义是:臣子必须为被弑君父报仇,诛讨乱臣贼子。

《春秋》桓公二年:"春王正月,宋督弑其君与夷及其大夫孔父。"

《直解》:"宋自与夷立,屡举伐郑,必欲除冯,是安忍也。十年十一战,是阻兵也。督乘民怨弑之以立冯。鲁为望国,宋作王宾,允、翚、冯、督相继交发人伦之变,甚矣。孔父,名也。刘敞曰'君前臣名',是也。及,累也。君弑而臣与其难,唯孔父、荀息、仇牧三臣书'及'。孔父先死,亦蒙弑文之下,盖以其能与君为存亡也。倘三臣不死,则能讨贼者必三臣也,故贼必欲翦之也。"

按:《直解》首先据《左传》所载认定宋殇公与夷不是好君主,但也同时认定华督是弑君之贼,孔父"能与君为存亡"是忠臣。《直解》认为,《春秋》用"及"字,暗示被杀臣僚是受君主连累而死,也就是为保护君主而死。《春秋》记此类事用"及"字者共三条,所载孔父、荀息、仇牧,都是圣人有意褒扬者。关于这一点,详尽论述见第三章第二节。《直解》认为,三人的共同特点是:当君主有难时,他们都能舍生护主;若君主被弑,他们也一定是能够诛讨乱臣贼子者,故乱贼首先将他们杀死。这是圣人褒扬三人的原因,也是圣人为后世为臣者树立的典范。

《春秋》庄公十九年:"秋,公子结媵陈人之妇于鄄,遂及齐侯、宋公盟。"

《直解》:"陈人之妇,盖陈侯为其世子娶妇也。鄄,卫地。程子曰:'鄄之巨室嫁女于陈,公子结以其庶女媵之。'是也。媵小事,结私行,不宜书,以遂事书也。遂有二:诸侯之遂,继事之辞;大夫之遂,生事之辞。诸侯之初事、继事,一也,以是非为功罪也。大夫则初事出于君命,其功罪不系于己,至于遂,则生事邀功,虽功亦罪矣。结媵于鄄,齐侯、宋公在焉,不遣使归报,矫命而与盟,虽意在安国,然非礼矣。以卿而媵微者之女,以臣而抗大国之君,以欺而启疆埸之祸,故深罪之。"

按:《左传》没有对这条经文作说明,故后人对此事的各种说法,都是猜测之辞。《公羊传》解说此经,首次提出《春秋》有"大夫无遂事"的原则,但同时又认为:"聘礼,大夫受命不受辞,出境,有可以安社稷、利国家者,则专之可也。"就是说,圣人虽然在整体上反对臣僚专权,但也赞成在特殊情况下臣僚为了国家利益发挥主观能动性,故认为圣人用"遂"字含有褒扬公子结之意。后人阐释经义,也多从"遂"字上做文章。《直解》采用程颐说,认为公子结是送自己的庶女为鄄地巨室之女做陪嫁,这是公子结的私事,也是小事,《春秋》记此,完全是为了后事。《直解》认为,《春秋》用"遂"字有两义:记国君用"遂"字,意为前后两事相继,因君主有权决定做某事,圣人用"遂"字不含褒贬,只是评价君主所做之事的对错,有功或是有罪;记大夫用"遂"字,意为因前事生出后事,因大夫没有决定做某事的权力,前事是奉君命,事之对错属于君主,有功或有罪均与本人无关,但后事是大夫自主决定的,决定本身属于专权,侵犯了君主的决定权,不论事情的对错,专权就是罪,即使事情有功也不能抵消专权之罪。也就是说,《春秋》记大夫用“遂”字,都含有批评大夫专权之意。《直解》认为,公子结身为卿职亲自送贱者之女陪嫁,有失尊贵身份;身为鲁国之臣,却与齐、宋之君结盟,是对外国君主的不尊重;假托鲁君与齐、宋结盟,若二国追究,将引起鲁与齐、宋的矛盾,甚至导致战争。以上三点,就是圣人用“遂”字暗含的批评公子结的具体内容,也就是圣人垂教后世的为臣原则。

《春秋》宣公八年:“夏六月,公子遂如齐,至黄乃复。”

《直解》:“如齐者,君命聘齐也。乃者继事之辞而有专意。盖至黄有疾,遂因自反。于何知之?于卒于垂知之。夫大夫受命,虽死犹以尸将命,岂疾而可复乎?昭二十三年‘公如晋,有疾乃复’,公自行也,故书疾,臣不可以疾而弃君命,故不书疾,垂训远矣。”

按:《左传》未解说此经。《直解》通过分析经文予以阐释。第一,《春秋》记鲁国大夫出境均书作“如某”。此经书“如齐”,《直解》认为公子遂也是奉宣公之命聘齐。这是圣人明确了公子遂的职责。第二,《直解》认为“乃”字有两方面的含义,一是引起另一事,即由“如齐”转为“复”;二是含有“专意”,即公子遂之“复”是自作主张,未得君命。这是圣人明确了公子遂有弃君命之罪。第三,与下一条经文“仲遂卒于垂”相联系,可以推知公子遂是因生病而“复”。《直解》认为,大夫奉君命做某事,即使死亡,别人也应抬着他的尸体直到完成君主交给的任务。公子遂“如齐”途中生病,完全不能作为“弃君命”而“复”的理由。第四,《春秋》昭公二十三年书“公如晋,有疾乃复”,因昭公是君主,有权决定“如”或者“复”,“有疾”可以作为昭公“乃复”的充足理由,故圣人明书“有疾”。公子遂作为大夫,无权决定“复”,因“有疾”而“弃君命”就是有罪,故圣人在此不书“有疾”,以此认定公子遂“乃复”是“弃君命”之罪。“臣不可以疾而弃君命”,就是圣人的垂教之义。病死也不可“弃君命”,其他更无“弃君命”的理由。《直解》认为,圣人制定的这条为臣原则,意义极为深远,为臣者永远应该遵循。

《春秋》成公十三年:“秋七月,公至自伐秦。”

《直解》:“以伐秦告庙,盖当时几不知朝王之当重,而以伐秦为重矣。夫书如不书朝,著其慢也,所以正事君之义;以如为本事,伐为继事,严其防也,所以存尊君之礼;以伐秦致,诛其意也,所以明忠臣之诚。一事而三致意焉,维大伦以诏后世,其旨远矣。”

按:与此经相关的前两条经文是:“三月,公如京师。”“夏五月,公自京师遂会晋侯、齐侯、宋公、卫侯、郑伯、曹伯、邾人、滕人伐秦。”三条经文所记为同一件事，《直解》综合分析三条经文。根据《左传》所说，鲁君从境外回国需告庙，即向祖先神主报平安；告庙，《春秋》书“至自某”。《直解》认为，鲁成公此次出境实做二事：“如京师”和“伐秦”。经书“至自伐秦”，说明成公是以“伐秦”之事报告祖先，而没有向祖先说“如京师”之事。《直解》认为，“如京师”是朝王，“伐秦”是听命于霸主晋国，二事相较，“如京师”更为重要。鲁成公以“伐秦”为重，是不知孰轻孰重。圣人据实直书，可见成公不知朝王为重之义。圣人对成公的批评，有以下三点。第一，“如京师”即是朝天子，圣人只书“如”而不书“朝”，意在显示鲁成公“慢”，即不重视朝天子。诸侯是天子之臣，朝天子是尊君、听从君命，这才是为臣之道。圣人以此垂教后世为臣者须如此“事君”。第二，《春秋》先书“如”，后书“遂”，是以朝王为成公此行之“本事”，即主要事情，以“伐秦”为“继事”，即后续顺便之事。据《左传》载，成公此行实际上主要是为“伐秦”，“如京师”不过是顺便朝王。“自京师遂会”，说明其他诸侯都在京师，京师实是晋人安排的各国军队会合地点。《直解》认为，圣人如此书写，意在强调朝王才是正事，尊君才是正礼，垂教后世为臣者必须记住这一点，切不可违背。第三，圣人明书“公至自伐秦”，体现着对鲁成公怠慢于朝王的批评，属于“诛意”，即思想批判，以此垂教后世为臣者在思想上必须树立忠君观念，忠君必须有诚意。《直解》认为，圣人就此一事，内含了“事君之义”“尊君之礼”“忠君之诚”三项大义，以此维系君臣关系，垂教后世为臣者应该如何对待君主，意义深远。

《春秋》襄公二十五年：“夏五月乙亥，齐崔杼弑其君光。”

《直解》：“齐庄乘父病笃而攘位，当膺王诛。然杼固导庄为篡者也，庄固杼之君也。即庄侮大陵小，乱杼之室，亦唯王治其罪，杼恶得而毙之？故书‘弑其君’以正其罪。至州绰等死难而不录者，盖以其死差足偿其从君于昏之责，安得与赴义者比？”

按：据《左传》襄公十九年载，齐灵公正夫人无子，庶子以公子光为长，立为太子。灵公晚年废太子光，改立公子牙为太子。灵公病重，崔杼暗中接回公子光，乘灵公病危之际，使其再立光为太子。灵公去世，光即位，是为庄公，杀公子牙及其支持者。庄公在位期间，支持晋国叛臣栾盈并伐晋，是为“侮大”，伐卫、袭莒，是为“陵小”。《左传》襄公二十五年载，齐庄公与崔杼之妻通奸，并侮辱崔杼。崔杼设计骗庄公至其家，杀之。庄公的护卫亲信州绰等战死。《直解》在此基础上阐释此经。齐庄公乘父病危篡位，应受王法惩处。但崔杼既已帮助他篡位，他就是崔杼的君主。尽管齐庄公在位期间“侮大陵小”，破坏崔杼的家庭，但这些罪状，只有天子才有权处置,崔杼作为臣僚没有权力处理君主问题。因此,圣人书作"崔杼弑其君",就是判定崔杼是弑君之贼。圣人的垂教之义是:即使君主不好,为臣者也不得弑君。《直解》认为,州绰等人为庄公报仇战死,《春秋》不予记载,体现着圣人是用他们"从君于昏"的罪责抵消了为君而死的功劳。也就是说,圣人垂教后世为臣者不得"从君于昏",即不能听从君主的昏命。对此,《直解》未再作阐释,大概是因为这个问题实在不好说,君主之命,臣僚有选择听或不听的权力吗?《春秋》定公十一年:"春,宋公之弟辰及仲佗、石彄、公子地自陈入于萧以叛。"《直解》认为圣人隐含的"君臣之义"是:"君虽不君,臣不可以不臣,如是而后天下之为君臣者定。"就是说,即使君主不遵为君之道行事,为臣者也不得违背为臣之道,这样的臣才是合格者。此释也可作为阐释"崔杼弑其君光"的结论。

综上所述,《直解》释《春秋》中隐含的重要为臣原则大致如下:为臣者必须真诚尊重君主,践行各种尊君的礼节;必须忠于君主,听命于君主,即使重病甚至死亡,也必须完成君主交给的任务;绝对不能专权,自作主张;当君主有难时,为臣者必须用生命保护君主;若遇上不好的君主,为臣者不可"从君于昏",但更不可做有违臣道之事,不能有弑君之意;为臣者绝对不可弑君,也不可为弑君者提供任何帮助;若君主被弑,为臣者有为君主报仇的责任,必须诛讨乱臣贼子及其党羽。

四、《直解》释《春秋》社会教化

不论何时何地的政治理论,最终都要落地到对社会的管理。管理的目标,无非是社会稳定有序,管理的对象自然是民众。管理就是制定规则,并强制民众遵守规则。这些规则在先秦时代统称为礼,后世学者也沿用这种说法。礼实际上分为两大类,一是强制人们遵守的法律,二是倡导人们遵守的道德。道德的普及教育,古人称为教化。教化者,通过教而化其民也。化者,变也。教化就是通过教育使民众按照规则制定者的要求改变行为,标准在本质上是守秩序。民众守秩序,社会就安定,统治就稳定,君主就幸福。故教化历来属于政治理论的范畴。《直解》中这方面的直接阐释不多,但也有一些内容可以归入此类。限于篇幅,只选择几节明显与教化有关者予以解读。

《春秋》隐公七年:"秋,公伐邾。"

《直解》:"《左氏》曰:秋,宋及郑平。七月庚申,盟于宿。公伐邾,为宋讨也,邾、郑伐宋故也。郑既输平,曷为为宋伐邾?宋及郑平矣,于是伐邾以怀宋。渝蔑之盟有所不顾,则前此之输平亦何为也哉?人无信不立,为人伐人,附强凌弱,残己附庸,信义两失矣。"

按:《直解》据《左传》所载史事评说"公伐邾",认为《春秋》有批评鲁隐公"信义两失"之意。宋、邾相距不远,宋大邾小,"宋人取邾田"。邾人请援于郑,鲁隐公五年九月,"邾人、郑人伐宋",攻至宋国都外城。宋人至鲁求救,隐公怒其使者不以实告,拒绝出兵,双方关系破裂。隐公六年春,"郑人来输平",消释前嫌,重归于好,盖有共同对付宋国之意。七年秋,"宋及郑平。七月庚申,盟于宿"。鲁盖担心郑助宋伐鲁报怨,隐公亲自帅师伐邾,邾曾伐宋,隐公欲借此讨好宋国。此为经传所载"公伐邾"起因之大概。《直解》认为,隐公元年"三月,公及邾仪父盟于蔑",隐公伐邾是背盟弃信;邾小鲁大,鲁伐邾是"凌弱",为讨好强宋是"附强";邾是鲁的附庸国,鲁为别人而伤害邾,已经不对,且对鲁国而言,邾并未得罪,无故伐邾,完全不讲道理,是为不义。《直解》如此评说,自然是认定这就是经义,就是圣人欲垂教后世者。为人必须守信,"人无信不立";做人须正直,不能"附强凌弱";做人要讲正义,依据道理行事。这三点基本上属于社会教化的内容。

《春秋》隐公十年:"春王二月,公会齐侯、郑伯于中丘。"

《直解》:"防之会,《左》云'谋伐宋',此之会,《左》云'为师期',伐宋实成于公。揆厥所由,赂故也。未输平则党宋,既输平则党郑,郑不归所输则又党宋,既归所输则又党郑。以是知利能移人之心也,能败人之信也,能乱人之国也。"

按:《直解》在经传所载隐公年间鲁与宋、郑关系变化的基础上解说经义。《春秋》隐公元年:"九月,及宋人盟于宿。"《左传》:"惠公之季年,败宋师于黄。公立而求成焉。九月,及宋人盟于宿,始通也。"隐公四年《传》:"公及宋公为会,将寻宿之盟。"《直解》认为在此期间隐公"党宋",即与宋勾结为党。六年经:"郑人来输平。"输,从《公》《谷》所载经文,二《传》释输为堕,以"输平"为关系破裂;《左传》所载经文为"渝",以"渝平"为"更成",即由敌对变为友好。《直解》则取《公》《谷》之经,用《左传》之意:"输,纳也。平者,前有不平,今则释而平之也。"释输为纳,是认为郑人此次表示把祊地送给鲁国,郑人有以地求好之意。此说本之胡安国《春秋传》:"郑输平于鲁,盖以利相结,离宋、鲁之党也。夫平可也,以利平则不可。如以义,虽兴师毒众,而圣人与焉,谓是以杀止杀也。如以利,虽解怨释事,而圣人惧焉,谓是以乱易乱也。"①《直解》认为此事后鲁隐公因利而"党郑"。宋、郑宿怨,"党郑"即以宋为敌。七年经:"公伐邾。"《左传》说"为宋讨"。《直解》认为,由于郑人没有兑现送祊地的承诺,鲁人怨郑,故"又党宋"。八年经:"三月,郑伯使宛来归

①转引自《直解》隐公六年"郑人来输平"条。

祊。庚寅,我入祊。"《直解》认为,鲁隐公为此"又党郑",其表现为伐宋。九年经:"冬,公会齐侯于祊。"《左传》:"谋伐宋也。"此次鲁、齐会中丘,《左传》载:"癸丑,盟于邓,为师期。"与此相连的下条经文是:"夏,翚帅师会齐人、郑人伐宋。"《直解》认为,圣人记载十年间鲁与宋、郑关系的变化,充分体现着一个利字,关系好或坏,都取决于是否有利,而不论谁是谁非。《直解》认为,由此可见,利可以改变人的思想观念,可以使人不守信誉而失去立身之本,甚至能使国家陷于混乱。总之,唯利是图,危害极大。这就是圣人的垂教之义。

《春秋》桓公二年:"三月,公会齐侯、陈侯、郑伯于稷,以成宋乱。"

《直解》:"为赂故,立华氏也。会必有故,不书故者,故已明也。稷与澶渊之会书故,故未明也。稷疑于讨督,澶渊疑于讨般也。国莫弱于无礼,人莫恶于无耻,祸莫惨于欲利,悲莫痛于心死。聚天下之诸侯,受赂而共立贼,贪利蔑礼至于此,尚为有耻乎?弑其君,取其君之财以赂诸侯,而皆得立焉,其谁不劝弑?天下之祸靡所止矣。"

按:此年正月,宋国的华督杀死了宋殇公。三月,四国诸侯会于宋都附近的稷地,主题应是讨论如何解决宋国的弑君问题,也就是平定宋乱,实际上是给宋国的弑君者华督施加压力。宋殇公在位期间,"十年十一战",九战发生在宋、郑之间,主要原因是宋殇公想除掉公子冯,而郑庄公支持公子冯回国争位。因此,郑庄公一定是华督的支持者。因事不关己,齐、鲁、陈也未必真心诛讨宋国的弑君者。故当华督提出愿出财买平安时,四国诸侯顺水推舟,承认了华督所立公子冯的宋君地位,也承认了华督的宋国执政地位。于是,平定宋乱的结果是成就宋乱。《直解》释"成宋乱"为"立华氏",似乎"立华氏"就是四国诸侯的既定目标。《直解》认为,《春秋》记诸侯相会之事很多,但说明相会原因者只有两次,其中都含有深意。《春秋》襄公三十年:"晋人、齐人、宋人、卫人、郑人、曹人、莒人、邾人、薛人、杞人、小邾人会于澶渊,宋灾故。"《直解》认为,此年"夏四月,蔡世子般弑其君固",澶渊之会书"宋灾故",圣人是在强调此会并不是为了诛讨弑君之贼公子般。同样,稷之会书"成宋乱",圣人是在强调此会也不是为诛讨弑君之贼华督。《直解》认为,帮助其他诸侯国诛讨弑君之贼,是诸侯国之间交往的基本礼节。宋国发生弑君之事,四国不仅没有诛华督,反而承认了弑君者的合法地位,实际上是为弑君之贼提供帮助,严重违背了诸侯国之间的交往礼节。同时,四国"立华氏",是因接受了贿赂。君子重义轻利,四国诸侯贪利而不顾道义,做事丧失了人格。做人要有荣辱观念,以合乎礼义为荣,以违背礼义为耻,四国诸侯违礼贪利,是完全不知羞耻之徒。圣人如此书写,就是垂教后人:做人要知荣辱,做事不能贪利,应依礼而行,见义而为。

《春秋》文公十一年："春，楚子伐麇。"

《直解》："厥貉之会，宋、陈、郑以大国公侯受役于楚。麇，微国也，麇子独耻之而逃，盖不屈于无礼也。且麇子岂不知逃之必伐，伐则遂灭乎？乃一败于防渚，再迫于锡穴，终不求成于楚，盖效死以殉义也。《春秋》以是非为荣辱，不以成败为功罪，故不书麇子之逃，而特著楚之伐以恶之。"

按：《左传》文公十年载：秋，"陈侯、郑伯会楚子于息。冬，遂及蔡侯会于厥貉，将以伐宋。"宋人主动请服，宋公"乃逆楚子，劳且听命"。"厥貉之会，麇子逃归。十一年春，楚子伐麇。成大心败麇师于防渚，至于锡穴。"《直解》据此阐释经文，在大国公侯均已屈服于楚时，麇子坚决不参加厥貉之会，圣人对此有褒扬之意。《春秋》僖公五年："秋八月，诸侯盟于首止。郑伯逃归不盟。"襄公七年："十有二月，公会晋侯……。陈侯逃归。"《直解》认为，《春秋》记诸侯用"逃"字，均含有贬义："逃者，匹夫之行，贱之也。"《春秋》不书麇子之逃，体现着圣人对麇子的评价。楚人准备伐宋，既违背天王之命，也不符合诸侯国交往原则，属于"无礼"行为。麇子不参加厥貉之会是坚持正义，不屈服于"无礼"者的淫威。为了坚持正义，麇子甘冒受伐灭国的风险。圣人对此极为欣赏，认定其"逃"有坚持正义之荣，而无"匹夫之行"之耻；麇国虽因此遭受重大损失，但圣人不以成败评定其有功或有罪，而且有褒扬其"以身殉义"之意。也就是说，圣人不书"麇子之逃"的垂教之义是：做人应该坚持正义原则，以坚持正义为荣，以违背正义为耻，特殊情况下可"以身殉义"，只要坚持正义，做事成败并不重要。

综上所述，《直解》所释圣人垂教后世教化民众的主要原则有：做人要守信，"人无信不立"；做人要正直，不能"附强凌弱"；做人不能唯利是图，贪利既害人也害己；做人要坚持正义，不做非义之事，甚至可以"以身殉义"；做人要有正确的荣辱观，以合乎正义为荣，以违背正义为耻，无羞耻心是世间大恶之源；做事应以是非为准绳，而不以成败为目标。

五、《直解》释《春秋》家庭伦理

家庭是社会的基本单位，维护家庭的和谐稳定，是所有社会制度的共同问题。没有大部分家庭的相对和谐稳定，就一定没有社会的稳定和政治的稳定。这就是中国古人为何特别重视家庭伦理问题的原因。在农业文明时代，通过稳定家庭而达到稳定社会的目的，是中国人的智慧。所谓家庭伦理，主要是指家庭成员之间的关系问题，实际上也就是家庭成员的地位问题。明确各自的地位，关系问题也自然迎刃而解。农业时代的家庭是以男主人为中心的稳定结构，其中最重要的关系自然是夫妻关系、父子关系，其次是兄弟关系、祖孙关系等。《直解》在这方面阐释的不是很多，大部分从属于政治理论，故本部分仍只是选择几段较有特色的经义阐释予以解读。

《春秋》隐公七年夏："齐侯使其弟年来聘。"

《直解》："今君之兄弟、先君之子，称公子者其常也，书兄及弟，皆变文也。有讥其私者，有责其薄者，有美其贤者，考于事而可见矣。胡安国曰：'年者，齐僖同母弟也。僖公私之，宠爱异于他弟，施及其子，犹与嫡等，襄公绌之，遂成篡弑之祸。圣人于年来聘，特变文书弟以示贬焉。'是也。所恶于私者，恶其偏而教之正也。偏薄则怨，偏厚则骄。骄则多欲，欲而不继，终归于怨，怨乃乱也。仁人之于兄弟，绝偏系之私，笃友恭之义，以礼定分，人伦正，祸乱息矣。"

按：《左传》庄公八年："（齐）僖公之母弟曰夷仲年，生公孙无知，有宠于僖公，衣服礼秩如适（嫡）。襄公绌之。二人（连称、管至父）因之以作乱。"经："冬十有一月癸未，齐无知弑其君诸儿（襄公）。"《直解》依据这段记载，吸取胡安国的观点，阐释此经。称公子是由先君而言，称兄弟是由今君而言。《直解》认为，《春秋》凡书"兄"或"弟"，都是圣人特笔，借此或褒或贬，由《传》文所载可知圣人褒贬之意。《直解》引胡安国说，认定此经书"弟"含有贬义。齐僖公偏爱弟弟，又宠其子无知，最终导致公孙无知弑其君，圣人因此批评僖公处理兄弟关系不当。《直解》在此基础上进一步阐释：圣人批评僖公偏颇，意在教育后人要妥善处理兄弟关系。偏颇有两种，一是过薄，即待兄弟不好，没有尽到责任，使其有怨心；二是过厚，即待兄弟过好，当过好不能继续时，也会生怨心。怨心变成行动就是乱。此为圣人"所恶之偏"。君子处理兄弟关系的原则是：哥哥真诚友爱弟弟，弟弟真诚尊敬哥哥，是为义；各自按照自己身份做事，既不逾制，也无亏欠，是为礼。兄弟均遵礼行义，则关系正常，关系正常，则不生祸乱。此为圣人之"教之正"，也就是垂教后世之义。

《春秋》桓公十八年："春王正月，公会齐侯于泺。公与夫人姜氏遂如齐。"

《直解》："黄盟未几遽战于奚，奚战未几遽为此会，如齐何为哉？会而遂如，夫人之志也。狎齐侯而偕夫人以来会，纵夫人而随齐侯以如齐，书'公与夫人'者，顺之之辞，彼欲而此从之也。不闲有家而身从之，祸之至也必矣。会曰'公会'，如曰'公如'，究祸本也。"

按：桓公与夫人文姜正月去齐国，四月"公薨于齐"，三《传》均以为文姜与哥哥齐襄公通奸,因被桓公发觉,故将桓公杀死。《直解》在此基础上阐释此经。去年经:“春正月丙辰,公会齐侯、纪侯盟于黄。”“夏五月丙午,及齐师战于奚。”《直解》认为,根据此时的齐鲁关系看,鲁桓公此时没有与齐襄公相会并随其去齐国的理由。圣人先书“会”,后书“遂”,是在显示鲁桓公如齐是“夫人之志”,即按照文姜的意愿来“会”并“如齐”。两国诸侯相会,鲁桓公带夫人参加,在正常情况下是对齐襄公的不尊重;夫人要求随齐襄公去齐国,桓公满足其要求,是对夫人的放纵。圣人书“公与夫人”,意在显示桓公“顺之”,文姜有何要求,桓公都会顺从。圣人如此书写的深层含义是:桓公如此顺从夫人,违背了《左传》所载申繻之言:“女有家,男有室,不相渎也。”不仅没有对文姜刻意防范,甚至顺其意而“如齐”,这是酿成杀身之祸的根源。圣人的垂教之义应是:男人必须有自己的原则,不能一切顺从夫人;男人对妻子必须有防范意识,以免其惹事给自己招灾。

《春秋》庄公四年:“春王二月,夫人姜氏享齐侯于祝丘。”

《直解》:“前会于禚,齐地;此享于祝丘,鲁地。会与享,皆非夫人之礼。享则礼愈厚,祝丘则地愈近,而廉耻荡然矣。会而又享,假诸侯之礼为鸟兽之行,故不得不详其事以罪之也。”

按:齐襄公与鲁桓公夫人文姜为兄妹,若在今天,兄妹相见属于正常。春秋时各异姓诸侯之间联姻非常普遍,鲁君多与齐、宋之女结婚,夫人与别国诸侯为兄妹者应也属常见。但《春秋》载鲁夫人与外诸侯相会者只有文姜。特别是桓公遇害后,《春秋》数记文姜与齐襄公相会,在《春秋》中也为仅见。若非有意选择,鲁国史官的记录的确有些特殊。如此看来,孔子有选择地抄录鲁史,甚至有所改作而修《春秋》,也是极有可能的。《直解》认为,《春秋》庄公二年载:“冬十有二月,夫人姜氏会齐侯于禚。”此次又“享齐侯于祝丘”,相见地点更近,礼仪更为隆重。作为女人,本来没有与其他男人相会之礼,圣人如此书写,无疑是要充分显示文姜不知廉耻,假借诸侯相见之礼而作“鸟兽之行”。圣人以此显示文姜之罪,无非是要告诉后人:女人在结婚之后,切不可与其他男人约会通奸。

《春秋》庄公四年:“冬,公及齐人狩于禚。”

《直解》:“非礼也。蒐狩有地,不越境也,况齐乎?况及齐侯乎?夫齐仇无时可通。然主王姬,犹天子命之也;会于禚,享于祝丘,则夫人为之。今则公与齐侯狩矣,与仇通莫重乎与齐狩也。故齐侯称人而公书‘及’,以著其罪。”

按:鲁桓公在齐国被杀,齐襄公就是鲁庄公的杀父仇人。《直解》以此为基础阐释此经。作为诸侯国君，可以打猎娱乐，但狩猎地必须在国内；鲁庄公去齐国境打猎，本身已违背礼制。打猎是娱乐活动，齐襄公是杀父仇人，与杀父仇人一起娱乐，更违背了杀父之仇“无时可通”的做人原则。这个原则由《公羊传》首释，其内涵是：父亲被杀，儿子有为父报仇的责任，即使条件限制，难以杀死害父者，也永远不能与杀父仇人有任何交往。鲁庄公不仅与杀父仇人交往，而且与其一起娱乐，还像是一个人吗？《直解》认为，庄公于元年因王姬嫁齐曾与齐人交往，还可以说是迫于天子之命；“会于禚”“享于祝丘”是文姜所为，庄公还可以不承担责任；此次亲自陪齐襄公打猎，庄公之罪不可释。《谷梁传》认为《春秋》有“及者内为志”的用字原则，即凡记鲁君与外诸侯国交往用“及”字者，都是在显示此事出于鲁人意愿。《直解》认为，此经用“及”字，显示着此次狩猎出自鲁庄公的意愿；主动提出与杀父仇人一起娱乐，其罪更重。圣人著庄公有罪，无疑是在垂教后人：永远不能与杀父仇人交往，更不能与其一起娱乐。

《春秋》庄公二十二年：“冬，公如齐纳币。”

《直解》：“婚礼六，而纳征、亲迎为重。纳征为契之成，亲迎则事之终也。纳币即纳征也，逆女即亲迎也。盖图婚仇女于是成矣，深著庄之不孝也。纳币，大夫之事而庄亲之，非礼也。《春秋》以训万世，因不孝以教孝，因非礼以明礼也。且庄与孟任割臂为盟，许为夫人，生子般焉。虽始合不正，而夫人、世子皆具矣。复求婚，新间旧也，是以有子般之祸。”

按：关于这条经文，《直解》认为有三层内涵。第一，批评庄公不孝。齐襄公是杀父仇人，鲁庄公“纳币”定婚者是齐襄公之女，是与杀父仇人之女定婚，意味着忘记了杀父之仇，忘记杀父之仇就是不孝。这里暗含着不娶仇人之女为妻的垂教之义。第二，批评庄公违礼。作为诸侯国君，纳币应使大夫，亲自“纳币”，违背礼制。在上述两点基础上，《直解》表述了一条重要的圣人作《春秋》旨意：圣人作《春秋》的目的是欲垂教万世，所载各种不孝行为，都是为了教后人知不孝而为孝；所载各种违礼行为，都是为了教后人知礼制内容而遵守。此与前文所说“恶其偏而教之正”是一致的。以此类推，《春秋》记载的所有内容，都可以推阐出圣人垂教之义。没有推出者，是对圣人之意没有领会到位；所释有出入，是对圣人之意的理解出现了偏差。《直解》所述是否符合圣人本意无从求证，实际上这是阐释《春秋》的方法，也就是所谓“因事明义”。历代《春秋》学者多有使用这种方法者，但鲜有对其方法做如此明确表述者。第三，批评庄公“新间旧”。据《左传》庄公三十二年载：“初，公筑台，临党氏，见孟任，从之。闭。而以夫人言，许之，割臂盟公。生子般焉。”庄公即位时十三岁，孟任或是第一位妻子。庄公答应以孟任为夫人，孟任所生公子般即为名正言顺的太子。《直解》认为，既有夫人，又有太子，庄公又求婚于齐，必因“新”而废“旧”。娶齐女为夫人，意味着废孟任；若齐女生子，其与公子般，谁更具有继承君位的资格？《直解》认为，庄公此举，是后来公子般被杀的根源。圣人批评庄公，无疑是教育后世男人不要喜新厌旧，另娶夫人，以免家庭产生矛盾。

《春秋》庄公三十年：“八月癸亥，葬纪叔姬。”

《直解》：“纪亡矣，叔姬之卒、葬也皆系之纪，见叔姬之全乎为纪妇也。纪季以酅入齐矣，曰‘葬纪叔姬’，见纪季之不失为纪臣也。表苦节之贞妇，悯亡国之孤臣，《春秋》之劝善周矣。”

按：《直解》认为此经含有对纪叔姬和纪季的表彰之意。叔姬早年作为陪嫁随姐姐伯姬嫁纪侯，庄公四年，“纪侯大去其国”，叔姬随纪侯逃亡，纪侯去世，叔姬作为遗孀随纪季居于酅。《直解》认为，《春秋》去年书：“冬十有二月，纪叔姬卒。”此年又书“葬纪叔姬”，两处都在“叔姬”前冠以“纪”，圣人意在显示叔姬是全始全终的纪人之妇，其中体现着对这位为丈夫苦守节操的贞妇的表彰。在纪国灭亡之前，纪侯之弟纪季携酅邑投齐，使其祖宗之祀得以不绝。圣人书“葬纪叔姬”，意在显示纪季在为叔姬举办葬礼时仍然未忘故国，体现着对这位“亡国孤臣”的同情，也就是表彰。《直解》认为，《春秋》如此书写，体现着圣人劝人向善之意的周备。也就是说，《春秋》所褒，均为劝人向善；《春秋》所贬，均为惩恶，惩恶的目的仍然是劝人向善。圣人表彰纪季，意在垂教后世为臣者忠于祖国；圣人表彰纪叔姬，意在垂教后世为人妇者不要失节，终生忠于丈夫。

《春秋》哀公二年：“晋赵鞅帅师纳卫世子蒯聩于戚。”

《直解》：“赵鞅怨卫助荀、士，未有以报。卫人立聩之子辄，因纳聩以争国。书‘鞅帅师’，著其志在乱卫也。聩仍书‘世子’，正名也。聩罪未白而奔，灵公后欲立郢，郢辞，遂止，则聩犹与国未绝也。但既奔矣，父未命复，父死之谓何？又因以为利乎？且今之立者，即聩子也，而必争之，不父矣。父虽不父，子不可以不子，辄辞立而迎父可也。今纳于戚而不得入，是拒父也。《公》《谷》以为尊祖，非也。虽祖命立辄，辄岂无父之人哉！而拒之，灭天理矣。况辄之立也，只以郢辞立而言‘亡人之子辄在’，国人因而立之耳，岂祖命哉！”

按：据《左传》载，鲁定公十四年，卫国世子蒯聩因看不惯继母——卫灵公夫人南子的淫乱，准备刺杀她。事情败露，南子向卫灵公哭诉，蒯聩逃亡宋国。卫灵公欲立庶子郢为太子，公子郢拒绝。此年四月，卫灵公去世，南子主张由公子郢继承君位。公子郢认为应由蒯聩之子辄继立，南子及众大夫接受建议，拥立公孙辄，是为卫出公。在这一时期，晋国私家之争进入白热化阶段，范氏（士）、中行氏（荀）公开与赵氏等开战。齐国一直暗中与晋争霸，故支持范氏、中行氏与晋执政赵氏对抗。卫国经常参与齐国伐晋。赵鞅用武力护送蒯聩至卫国戚地，欲驱逐卫出公，打破齐、卫联盟。此为史事。

《直解》大致以此为基础阐释经意。《直解》首先认定《春秋》书“鞅帅师”是在显示“其志在乱卫”，“乱卫”自然是非正义。《直解》认为，经称“世子”，是圣人为蒯聩“正名”，即承认他是卫国君位的合法继承人。因为灵公曾确立蒯聩为世子，虽曾欲立公子郢，但公子郢没有接受，那么蒯聩的世子资格依然有效。但灵公生前并未答应其回国复世子位，现在乘父亲去世回国争君位，是借父亲之死谋私利，故蒯聩不孝。也就是说，当父亲去世，孝子应奔丧尽哀，而不是争自己的利益。同时，现在的卫君是自己的儿子，蒯聩与儿子争君位，也违背做父亲的原则，即父亲不应与儿子争利益。对公孙辄而言，“父虽不父，子不可以不子”，即使父亲不好，儿子也不能违背做儿子的原则。这一点，与“君虽不君，臣不可以不臣”是一致的。公孙辄此时应该辞君位而迎父，才是孝子行为。公孙辄公然以武力拒父回国，显然也是不孝。最后，《直解》批评《公》《谷》所释公孙辄可以因有祖父之命而不听父亲之命是不对的。第一，即使有祖父之命，儿子也不能抗拒父亲，抗拒父亲是“灭天理”。第二，公孙辄之立，也并非卫灵公所命。总之，据《直解》所释，此经的垂教之义是：儿子绝对不能违背父亲，“父虽不父，子不可以不子”，违背父亲就是“灭天理”；与父亲有冲突，儿子必须退让；父亲去世，儿子应奔丧尽哀，而不能考虑个人利益；作为父亲，也不应与儿子争利益。

综上所述，圣人垂教后世的家庭伦理原则有如下数端：男人在成婚过程中应严格遵循礼制，不卑不亢；丈夫不能喜新厌旧，娶后妻而废前妻；丈夫要有自己的原则，不能一切听命于妻子；丈夫对妻子应有防范意识，以免惹事招灾。妻子应听命于丈夫，终生忠于丈夫，丈夫去世也不改嫁；妻子不能与其他男人私会，更不能有通奸行为。父亲应疼爱儿子，不与儿子争利。儿子必须听命于父亲，绝对不能违背父命，“父虽不父，子不可以不子”，违背父命就是“灭天理”；若与父亲产生冲突，儿子必须退让；父亲去世，儿子必须奔丧尽哀，不能考虑个人利益；儿子不能在父丧期间图婚；若父亲遇害，儿子必须尽力为父报仇，力有不能，也永远不能与杀父仇人交往，更不能娶仇女为妻，或与仇人一起娱乐。兄弟之间应严格遵循“兄友弟恭”原则，既不能过薄，也不宜过厚，严守本分，不逾礼制。

就整体而言，《直解》所释《春秋》之义并没有太多超出前人的内容。在方法上，既采用“因事明义”的方法，也多用《公》《谷》所释之例，充分体现着事、例并重的主流《春秋》学特征。自公、谷二《传》视《春秋》为政治理论教科书，所释经义已基本构建出较为完整的政治理论体系。[①] 后世《春秋》学者再做阐释，关于大义内容，也只能查漏补缺。虽然因时代不同，作者的背景不同，侧重点有所变化，但大义体系并无多少改变。《直解》作为御用教材，更重视政治理论的各个方面，故阐释大义较一般《春秋》学者为多。《直解》可以说是最简明的《春秋传》。没有大量引文，没有繁琐的分析考证，没有细枝末节的讨论，没有纠缠不清的解说，是为简。不论是《春秋》之事，还是各种例，或者是义，《直解》的表述都非常明确，且思路清晰，行文流畅，使人一目了然，是为明。这种简明特点，是其他《春秋》学著作都不具备的。

第三节　郝懿行《春秋说略》与《春秋比》

郝懿行(1755—1823)，字恂九，号兰皋，山东栖霞人。清嘉庆四年(1799)进士，补户部江南司主事。无意仕途进取，浮沉郎署二十四年，一官未迁。郝懿行潜心著述四十年，"学问渊博，经术湛深，嘉庆年间海内推重"[②]，留下著作数十种，遍及四部，其后人辑为《郝氏遗书》。郝懿行的《春秋》学著作有两种：《春秋说略》与《春秋比》。1986 年秋，我奉命点校二书。2010 年，二书作为《郝懿行集》的组成部分，由齐鲁书社出版。本文即据此本。

《春秋说略》十二卷。"是编自壬子(1792)初脱稿，越明年以内艰废业。逮乙卯(1795)岁复加订正，增以十例，为第二稿。今年(嘉庆十年乙丑，1805)秋读胶西法氏《春秋取义测》，因检是编，重加校定，为第三稿。"[③]经过十四年间的三易其稿，郝懿行自己对这部著作比较满意："前二十年著有《春秋说略》，其时未治汉学，但主于诠释经文，及经中前后自有比例，持以铨衡三《传》是非，不失毫厘。虽复拘迂，亦自谓不刊之作。"[④]由此可知：第一，"未治汉学"，《春秋说略》解经鲜有考证与辨析；第二，"主于诠释经文"，《春秋说略》少有节外生枝之敝；第三，"经中前后自有比例"，《春秋说略》重在以经解经，强调所释能够贯通全经；第四，"铨衡三《传》是非"，《春秋说略》既不全信三《传》，也不全否三《传》，以自己理解的"是非"取舍三《传》。显然，《春秋说略》属于清代主流《春秋》学的范畴。

如果对三《传》及其他重要《春秋》学著作不太熟悉，初读《春秋说略》，可能有

---

①详参晁岳佩《春秋三传义例研究》下编《春秋大义》，线装书局，2011 年版。

②《郝氏遗书》，清嘉庆至光绪栖霞郝氏刻本，卷首清光绪七年(1881)上谕。

③《春秋说略·自叙二》，见《郝懿行集》，齐鲁书社，2010 年版。

④《晒书堂文集》卷二，见《郝懿行集》，齐鲁书社，2010 年版。

不知所云之感。历代解《春秋》者,或以义例为主,或以史事为主,或事、例并举,但一般都会采用征引、归纳、分析、引申等方法围绕经文予以论证。《春秋说略》则不然,既不讨论史事或书例,也不详析经义,多数是对经文作简略说明,不作论证,而其中却包含着许多对前人的继承或批评。以郝懿行对《春秋》第一条经文的解说为例:

元年春王正月。元年,君之始年也。(按:此为《公羊传》原文。)春,周春也。(按:以"春"为周历之春,旨在否定胡安国《春秋传》所谓《春秋》"以夏时冠周月"。)王,周王也。周之正月,夏之十一月也。表年于鲁,鲁史也。(按:从以鲁君纪年的角度肯定《春秋》的鲁史性质,自然是主张应从史事层面理解《春秋》之义,也暗含着对以字句褒贬理解《春秋》的否定。)系正于王,王周也。(按:把"正月"前"王"字理解为圣人仍是以周天子为天下之王,旨在否定董仲舒、何休等所谓"以《春秋》当新王"和以孔子为"素王"的说法。)元年必举正月,谨始也。(按:此为《谷梁传》原文。)不书即位何也?不行即位之礼,史故不书。(按:此用杜预说。从鲁国史官记事的角度理解《春秋》何以不书"公即位",自然也就否定了《公羊传》所释孔子意在褒扬隐公、《谷梁传》所释孔子意在批评隐公,以及由此引申出来的《春秋》大义。)○惠公之终不见于经,隐公不书即位,其义概不可知。《传》曰"摄也",非也。摄则不称公,称公则非摄。(按:此为对《左传》说法的否定。)

对这种非常简略的解经方式,郝懿行在《春秋说略·自叙一》中作了说明:"《春秋》难说也。立乎定、哀以指隐、桓,隐、桓远矣;立乎今日以指定、哀,定、哀又远矣。古有说者,《左氏》以事,《公》《谷》以义,胡氏以文。说以事者博,说以义者约,说以文者繁。其敝也,博而驳,约而胶,文而蔽。然则奚从?皆可从也。古之说者多矣,就其善者亦宜然也。或事同而文异,或文同而义殊,或孤立而无援,或比肩而有耦,或显义达情,或微文见义,此皆可说者也。不以日月说,不以名爵说,不以书王不书王、称天不称天说。凡所说者,质而已,非有文也。事者有说者也则不说,义者有说者也无多说,经所无者不能说也,经所有者不具说,蕲明大义而止,犹未知当否也。凡说之敝,驳而不博,胶而无约,蔽而不文。乾隆壬子孟夏晦日,郝懿行自叙。"由此可知,取四《传》之长而避其短,有意避免与前人所释重复,且说事说义力求简洁,是郝懿行写作此书的既定方针,也是以"说略"名书的原因。解说质简,是《春秋说略》的鲜明特点。

郝懿行对《春秋》学的认识集中体现在《春秋说略·例言》,故本文主要解读其所谓"十例"。

一曰《春秋》不敢褒贬天王。天王者,天下之共主,臣子之君父也。

春秋之时,诸侯强,大夫僭,陪臣干政,于是孔子修《春秋》,书王法,道名分,上以尊天子,达王事焉。今曰王不称天,文乃是贬,是身自为僭,何以责天下之僭乎?故愚以为说《春秋》者明臣子之义、广忠孝之心,当自不敢褒贬天王始。

按:《春秋》记周天子,绝大多数称"天王",少数称"王",只有一处称"天子",当属讹误。何休于《春秋》庄公元年"王使荣叔来锡桓公命"下注曰:"不言天王者,桓行实恶,而乃追锡之,元悖天道,故云尔。"这是第一次认定《春秋》称"王"即所谓"王不称天"含有贬义。郝懿行认为,孔子作《春秋》的宗旨是尊天子,批评诸侯、大夫、陪臣不守王法。若谓《春秋》有批评天子之意,则是说圣人自己就不守王法,这肯定不是圣人本意。他认为,圣人作《春秋》,就是要垂教后世臣子忠君孝亲,凡认为《春秋》有褒贬天王之意者,均不合圣人本意。为君之道,是许多学者阐释《春秋》大义的重要内容,推求圣人对周天子的褒贬,是重要途径之一。郝懿行否定这一点,是更加强调了《春秋》的尊王尊君性质,而把圣人的垂教对象固定为臣子。这或者反映着一个真诚圣人信徒且真诚忠君者的理念。

二曰说《春秋》者不得妄生褒贬。《春秋》圣人之书,简易明白,广大精微,义具言中,情余文外。读书承学之士不过依文求义粗通大旨而已,于圣人之心盖不可以道里计也。今自说《春秋》者张大其辞,如云"一字之褒逾于华衮之赠,片言之贬过于萧斧之诛"。然则《春秋》本简易,说者自以艰深淆之耳。且所谓褒贬者,《左》有《左》之例,《公》有《公》之例,《谷》有《谷》之例,胡又有胡之例,而此诸家之例又断断不能相通。我不识《春秋》一句之文,何故有如许不能相通之例。且彼所谓例者,非自孔子口授而笔传也,直以其意造为之耳。朱子譬之命格,是人所作,非从天下,斯乃通人之论。愚以为《春秋》无褒贬,说《春秋》者有之耳。《春秋》直书其事,褒贬自见。如书"天王使宰咺来归惠公仲子之赗",直著秋七月有此事而已。此事不须传说,可知为非礼之事,便是圣人所以垂教处,更不须问此一句中何字是褒贬。

按:自《公羊传》《谷梁传》形成以来,通过归纳分析经文,表述许多所谓《春秋》例,假定为孔子作《春秋》的写作原则,然后通过分析经文与例的合与不合,推导出圣人或褒或贬之意,再进一步阐释圣人的垂教之义,此为绝大部分《春秋》学者共同采用的方法。对《春秋》理解的歧异,往往是由于所谓例的不同。郝懿行明确指出,各家所述各种例,都不能证明是孔子手定,不过是后人"有意造为之",强加给了圣人。例是虚假的,由例推导出来的圣人褒贬之意自然也是虚假的,故郝懿行说

“《春秋》无褒贬”。如此理解《春秋》学，无疑等于否定了绝大多数《春秋》学者及其著作。虽然宋代已有几位学者对所谓《春秋》例及其褒贬之意进行过批评，特别是朱熹也曾明确表示不相信，但否定得如此彻底，表述得如此清晰，郝懿行是第一人。其实，郝懿行并非真正否定《春秋》有褒贬，因为这等于否定了《春秋》的经书性质，其中也没有了谁也不敢否定的圣人垂教之义。郝懿行只是否定以例释褒贬，而主张据《春秋》所载之事推导圣人的褒贬之意。“《春秋》直书其事，褒贬自见”，此说也源于朱熹。郝懿行认为经文所载之事已明确反映着是否合乎礼义，并由此可见圣人垂教后世之义，无需分文析字以求褒贬。显然，这是继承了《左传》学者因事明义的解经方法。

> 三曰说《春秋》者好于经所无处寻褒贬。《春秋》皆实录也，其多一字少一字皆事实如此，不得不然，非夫圣人意为增减也。如书“公及邾仪父盟于蔑”，此实公及，不得不称公也。又书“及宋人盟于蔑”，此实非公及，不得称公也。据事直书，何等明白。又如书爵、书人，皆实录也，书爵者君，书人者大夫，（自注：“按：书爵是君，书人是大夫，独至执诸侯则谓不系于称爵称人，当更详之。”）何等明白。今自说者曰“不称公者，没公也”，又曰“此君也，贬人之”。夫君也可贬而人之，然则人也亦可褒而君之乎？本有公者既可削而没之，然则本无公者亦可增而有之乎？如书“诸侯盟于扈”，亦可变而书“公及诸侯盟于扈”乎？以无为有，以虚为实，何以为《春秋》？

按：郝懿行认定《春秋》为实录信史，与皮锡瑞在《春秋通论》中所谓《春秋》只是“借事明义”的说法完全不同。“实录”是史官所作，孔子只是有选择地抄出一部分；“借事明义”则是说孔子作《春秋》并不重视史事是否完备、正确，只是借此蕴含某种义理。以《春秋》为“实录”，无需分析字词；以《春秋》为“借事明义”，则一定要详析字词，且做许多推论，“于经所无处寻褒贬”。《公羊传》《谷梁传》及后世许多以例解《春秋》者虽未明确表述《春秋》“借事明义”的性质，但实际上都是据此解经。郝懿行说这些学者是“以无为有，以虚为实”，的确指出了他们的共同特征，反问也非常有力，与一些《左传》学者的观点非常接近。《春秋》是实录信史，圣人只是从旧史中抄出一些可以垂教后世的内容，而非全部改写。郝懿行对《春秋》性质的整体认知，内含着他以史解经的思路与方法。

> 四曰《春秋》多阙文。昔人云，今之《春秋》非皆圣人亲笔，盖传授递更，失其真者或多矣。《左氏》经文近古，乃自《传》中抽出者；《公》《谷》

二经初皆口授，未书竹帛，是以阙误颇多。王安石不喜《春秋》，诋为“断烂朝报”，正谓此耳。然其脱文误字，以义推之，今皆大略可见。如桓之篇“春正月”无“王”，不书秋冬，又如“寔来”“及处父盟”之类是也。今自说《春秋》者好于阙文求褒贬，正月无“王”，不书秋冬，则以为削之；“寔来”“及处父盟”，则以为贬之。夫阙文，圣经之不幸也，然文虽阙而义可寻，不幸之中犹有幸焉。至于汩之于传说，淆之以褒贬，一若阙误为圣人有意为之者，支离破碎，穿凿附会，此则圣经真不幸也已！

按：先秦文献的主要载体是竹木简，且读书人很少，传抄过程中产生错误在所难免。西汉末年的刘向父子奉命第一次大规模整理古籍，从保存下来的几篇《叙录》可见，几乎每一部古书都存在篇章错乱、讹误百出的问题，我们今天看到的，就是刘氏父子整理后形成的定本。在此大背景下，《春秋》存在文字错误，或脱、或衍、或错，都是有可能的。但司马迁说：孔子“至于为《春秋》，笔则笔，削则削，游、夏之徒不能赞一辞”①。若把笔、削理解为孔子挑选鲁史旧文，或抄或不抄，问题则比较简单，学者们可以只研究圣人何以抄出了这些内容。若把笔、削理解为孔子全面改写鲁国旧史，每一字都有特定含义，子夏等高材弟子都难助一字之定，那么研究《春秋》就必须逐字推敲，认真领会圣人之意。《公》《谷》就是这样做的，后世凡以义例说《春秋》者莫不如此。于是，《春秋》绝对不存在文字错误，凡难以理解处，都是圣人有意为之，疑经就是大逆不道。而凡主张用“因事明义”方法解《春秋》，不相信义例褒贬说者，都认为《春秋》有缺文，难以理解者皆定为缺文，认为对此应该存疑待考。《春秋》桓公十八年中，有十四年“正月”前不书“王”字，且四年、七年无秋冬两季经文。缺文，还是圣人为贬低桓公有意为之，成为两派学者争论的焦点。郝懿行主张“因事明义”，也赞成缺文说，且激烈批评义例说者利用缺文解经“支离破碎，穿凿附会”，损害了对圣经的正常理解，是千古罪人。也就是说，凡把缺文看作孔子笔削而推论其褒贬者，皆非圣人之意。

五曰《春秋》经文当从《左氏》。《左氏》记事近古，似非凿空为之者，其于经文亦较完善，且《公》《谷》二经与《左氏》异者不过人名、地名之类，非大义所关。朱子刻四经文字于漳郡，《春秋》经一从《左氏》，盖以此与？然其间不无脱误，赖《公》《谷》二经而明者亦有矣。今断以经从《左氏》，《左氏》阙误乃从《公》《谷》。如“纪子帛”“吴入郢”之类，是皆异文不可读者也。“单伯送王姬”以“逆”为“送”；“次于聂北”作“曹伯”，“城邢”又

①《史记·孔子世家》。

作“曹师”;“会于承筐”称“叔仲彭生”,“伐邾”又称“叔彭生”,是皆异文不可通者也。上书“齐高固来逆叔姬”,下书“子叔姬”,是阙文无其义者也。诸如此类,参用《公》《谷》以订阙误。其三经并误或俱阙,无从考证,则一仍其旧。

按:关于“《春秋》经文当从《左氏》”,并参用《公》《谷》以订其误的观点,自宋代以来,大部分学者都是如此,清代专治二《传》者除外。郝懿行对这个问题的看法似有可议之处。一是第四例说“《左氏》经文近古,乃自《传》中抽出者”。刘歆建议为《左传》立博士,今文学者说“《左氏》不传《春秋》”,说明当时的《左传》中没有完整经文。杜预作《春秋经传集解》“分经之年与《传》之年相符”,可知此前《春秋》和《左传》仍分别传世。所谓“自《传》中抽出者”,没有根据。二是“吴入郢”,郝懿行认为:“入国例皆称国,此以都举,疑误。《公》《谷》二经并作‘楚’。”[①]此说或不确。阮元《公羊传》校勘记云:“《唐石经》诸本同《左氏》,‘楚’作‘郢’。”[②]可知《公羊传》所载经文本也作“郢”,当是《谷梁传》所载经文误,后人也鲜有从者。《春秋》三《传》所载经文有一些不同,《公羊传》所释“讥世卿”“讥二名”等《春秋》大义,出自经文之异。郝懿行主张“经文当从《左氏》”,也主要是为了否定《公羊传》的此类阐释。

六曰《左氏》深于经,以其言褒贬少也。先儒谓《左氏》史学,《公》《谷》经学,窃谓不然。《春秋》,圣人之笔,意思平厚,安得每书一字即有许多褒贬?《公》《谷》说经乃字字求褒贬,夫字字求褒贬乃经生险薄之习,非圣人意也。《左氏》则异是,但叙本事,令人读之褒贬自见,往往得圣人浑厚之旨,唯其间传闻异辞,是非多谬。如“称族尊君命”“舍族尊夫人”之类,支离妄说;“称君君无道,称臣臣之罪”之类,谬戾背经,此则其敝也。其曰“《春秋》之称微而显,志而晦,婉而成章,尽而不污,惩恶而劝善”,此言亦非《公》《谷》所及。《公》《谷》之意往往综核名实及寻文究义,妄生褒讥,卒至名实颠倒,樊然淆乱,此说经求深之过也。故愚以为《左氏》为史而经明,《公》《谷》为经而经蔽。昔张大亨以《春秋》义问苏氏轼,轼答书云:“《春秋》,儒者本务,然此书有妙用,学者罕能领会,多求之绳约中,乃近法家者流,苛细缴绕,竟亦何用。唯左丘明识其用,终不肯尽言,微见端兆,欲使学者自求之。”(原注:“见苏籀《双溪集》。”)苏氏此

①《春秋说略》定公四年,见《郝懿行集》,齐鲁书社,2010年版。
②《春秋公羊传注疏》卷二十五校勘记,《十三经注疏》,中华书局影印本,1980年版。

言近得其实。

按:关于三《传》与《春秋》的关系,西汉末年刘歆认为《左传》解经"优于《公》《谷》",当时的今文学者认为"《左氏》不传《春秋》"。东汉末的郑玄则认为三《传》均为解《春秋》之书,无所谓优劣。晋杜预作《春秋经传集解》,完全明确了《左传》的解《春秋》性质。唐陆淳等提出"《左氏》长于事,《公》《谷》长于义"的观点,得到宋代以后学者的普遍认同,综合三《传》参以己意以释《春秋》的方法成为主流。郝懿行认为,《左传》不仅以史见长,解经义也优于《公》《谷》,"往往得圣人浑厚之旨","为史而经明";《公》《谷》杜撰许多例解《春秋》,结果是"为经而经蔽","名实颠倒,樊然淆乱。此说经求深之过也"。也就是说,不论是说史事,还是解经义,《公》《谷》都不如《左传》,解《春秋》必以《左传》为本。谓《公》《谷》说经之弊源于"求深之过",真正是一语中的,凡以义例解《春秋》者皆然。但若无此"过",《春秋》暗含的圣人垂教之义便会黯然失色。郝氏认为《左传》"得圣人浑厚之旨",却没有予以论证,《春秋说略》中明确释圣人之旨的地方也不多。这是许多《左传》学者的共同问题,虽强调"因事明义",却说不出《左传》所明之义有哪些地方超过了《公》《谷》。最后,郝懿行说《左传》记事有"传闻异辞"不可信之处,解经"是非多谬",违背圣人之意,是继承了啖、赵、陆以来的共识。

七曰说《春秋》者好缘传生义,不顾经文,及说不去,则宁屈经而伸传,终不肯舍传而从经。如赵盾、许止之事,按之经文书法本无可疑,为说曰"盾亡不越竟""止坐不尝药",遂令千载而下都欲解免二贼,此尤害义伤教之显然者,而经生家犹谓传未可废。夫传至悖理害经而犹谓未可废,然则经顾可废乎?《春秋》诛乱贼,此犹圣人垂世翼教之大端。今按三《传》往往故入人罪,轻出人罪。如"盗杀卫侯之兄",本不知孰谁,而必实其人曰齐豹也。郑伯髡顽书卒,而必证其事曰弑也。夫弑而书卒是巨奸漏网矣,豹而书盗得不令鬼哭含冤乎?窃谓说经当一以经为主,传与经合则知其必可信也,传与经违则知其不可从也。以此求之,三《传》孰为得失,必有能辨之者。范武子曰:"传以通经为主,经以必当为理,三《传》殊说,择善而从,既不俱当,庸得不并舍以求宗,据理以通经?"又曰:"虽我之所是,理未全当,安可以得当之难而自绝于希通哉!"此言可为治经者法。

按:《春秋》经文极为简略,若无三《传》解说,或与《竹书纪年》相近剩下残篇断简,或早已失传,至多也是"流水账簿""断烂朝报"。《左传》以事解《春秋》,《公》《谷》以义解《春秋》,不论合与不合,客观上都丰富了《春秋》的内涵。从这个角度说,三《传》无一可废。但郝懿行作为圣人的忠实信徒,只相信孔子所作之经,凡与经不合者,一律视为不可信,只信他所认为与经相合者。自范宁、啖、赵、陆,直至清人崔东壁,都作如此主张。凡疑经者,都被视为大逆不道。这也是《春秋说略》最重要的原则之一,对三《传》"择善而从"。自宋至清的多数主流《春秋》学者都坚持这一原则,所谓"弃传从经""舍传求经""以经证经"等说法实际上都与此一致。但是,何为"善",何为"合于经",每位学者都有自己的理解,故虽主张、方法一致,但对三《传》的取舍又各不相同。圣人不能复生,谁也不能定其对错。郝懿行"一以经为主"而释经,至少减少了大量的节外生枝。一方面主张兼采三《传》,一方面又主张不能尽信三《传》,这是清代主流《春秋》学的典型特征。

八曰《春秋》刑书也。刑书之例一成不移,故法必行而人知畏。今自《春秋》之例朝令夕更,既云"君弑,贼不讨,不书葬",而蔡景公书葬又云"君子辞也";大夫盟诸侯既云"大夫伉",而诸侯之大夫盟袁侨又曰"大夫张也";"及宋人盟"则曰微者,"及齐高傒盟"则又曰公也。然则《春秋》一万八千言,徒供舞文之吏颠倒是非播弄口舌耳,恶足为圣人垂教之书乎?三《传》之中,《左氏》例差减,《公》《谷》则繁矣,胡氏又加繁,然轻重任情,纷更百出,所谓法令滋章者也。近日方望溪乃有《春秋解》,自以为颇得其要领,然蒙意观之,其于新旧诸例过而存者尚多矣。故愚以为治《春秋》者当如汉高帝三章约法,不当如狙公赋茅朝三暮四。

按:凡以例解《春秋》者,莫不假定孔子作《春秋》时设定了许多书法原则,但孔子并未对此作过说明。《春秋》本身除鲁史特征很明显外,也确能归纳出一些共同之处,如记外诸侯卒、葬,而不记外大夫卒、葬;记大规模会盟,先书鲁人,再书王室代表,再书齐、晋、楚霸主,再书宋公,再书陈、蔡、卫、郑等,再书曹、滕、莒、邾等,如此之类虽有例可循,却难以理解其中隐含的圣人垂教之义。为发掘圣人垂教之义,各家又都假定了许多特殊原则,详见本书第三章、第四章,及晁岳佩《春秋三传义例研究》上编。正如郝懿行所说,其中有许多例不能相通,而又没有办法考证其对错。更有甚者,同一家所设之例也不能贯通全经,于是有了"变例"说,"变"的结果,是自相矛盾。如《公羊传》《谷梁传》都说外盟不书日、内盟书日,但又说"桓之盟不日",有桓盟书日者,则又说"美之"或"危之"。于是记盟书日与否,全无一定之规,其中的内涵,则全凭自己的理解。郝懿行说如同"舞文之吏颠倒是非播弄口舌",确不为过。郝懿行并不否认《春秋》有例,但他认为归纳出的例应如法律条文,"一成不移",也就是贯通全经而无滞碍。作者在《春秋说略》中的确表述了一些这样的例。从理论上说,这种主张无疑是正确的。主张例要贯通全经,反对所谓"正例”“变例”，郝懿行并非全面否定以例解经。

> 九曰《春秋》圣人义理之书，本不待传而明，如必待传而明则是《春秋》不足于经也，且圣人著经时宁知后世有传乎？经待传而明者十之一，不待传而明者十之九，其因传而汩者十之五六矣。如“郑弃其师”“梁亡”之类，是必待传而明者也。上书“狄入卫”，下书“诸侯救邢”，则知入卫之后祸又及邢矣；上书“戍郑虎牢”，下书“楚公子贞救郑”，则知戍郑之邑所以难郑矣。如此之类，是不待传而明者也。经言“晋人、秦人伐郑”，传言“晋侯、秦伯”；经言“齐、宋、江、黄盟贯”，传言诸侯皆来；至吴、楚称人则为进之，齐、晋称人又为贬之。如此之类，是经因传而汩者也。以此求之，思过半矣。

按：郝懿行虽然主张解《春秋》应因事明义，反对妄生褒贬，但他仍然认为《春秋》是“圣人义理之书”，而非一般史书。因此，《春秋说略》只是解说经文，对经文所载之事并不多作叙述，由此与《左传》学者区别开来。以“义理”为主，本质上仍属于《公》《谷》一派。至于说《春秋》“不待传而明者十之九”，则明显有强词夺理之嫌。若无三《传》，《春秋》所载之事以及所谓“义理”，都是“明”不了的。因此，《春秋说略》实际上仍是依据三《传》解经。第九例与第七例所谓“说经当一以经为主”是一致的。“一以经为主”释《春秋》义理，其结果必然是凭主观臆测取舍三《传》并推论义理，这是代圣人立言的典型模式。

> 十曰属辞比事，《春秋》教也。何谓比事？事同相比，事异相比。如救邢、救徐，皆先“次”后“救”；“公孙敖及诸侯之大夫救徐”“叔孙豹及诸侯之大夫盟陈袁侨”；“及齐大夫盟于蔇”“及晋大夫盟于扈”，是皆事同相比，其义自明者也。如正月书“公在楚”，其在齐、晋则不书公在齐、晋；正月书“公在乾侯”，其居郓则不书公在郓；僖公之不雨以月举，文公之不雨以时举，是皆事异相比，其义自见者也。何谓属辞？辞同相属，辞异相属。上书“宋人执郑祭仲”，下书“突归于郑”，则知突挈乎仲矣；上书“戎侵曹”，下书“赤归于曹”，则知赤挈乎戎矣。如此之类，辞同相属者也。上书“会于垂”，下书“壁假许田”，则知为赂郑矣；上书“会于平州”，下书“取济西田”，则知为赂齐矣，如此之类，辞异相属者也。虽然，治《春秋》者属辞之教易明，比事之类难通，通于其义，则可以断天下之疑，成天下之务。故曰治世莫近于《春秋》。乾隆乙卯五月二十一日。

按：“属辞比事，《春秋》教也”，是《礼记·经解》所载孔子之言。“属辞”，一般理解为连缀文辞，即遣词造句；"比事"，即把历史事件按照一定顺序排列起来。《礼记·经解》的本意，应是说《春秋》可以教给人们写史的方法。郝懿行认为，这也是研究《春秋》的基本方法。从郝氏所举例证看，他所谓"属辞"，是指联系上下文分析经义的方法；所谓"比事"，是指综合全经比较同类事件分析经义的方法。如"'及齐大夫盟于蔇''及晋大夫盟于扈'，是皆事同相比，其义自明者也"，是说这两条经文所记事件相同，用辞也相同，均未有主语，可知《春秋》记此类事件凡不书"公"者，参与结盟者皆非鲁君，凡用避讳、笔削等理由说实是鲁君者，皆不合经意。"如正月书'公在楚'，其在齐、晋则不书公在齐、晋，…… 是皆事异相比，其义自见者也。"是说鲁襄公在过年期间曾被楚人扣留，《春秋》书作"公在楚"，但鲁昭公也曾在齐地、晋地过年，《春秋》并未书作"公在齐"或"公在晋"，可知两事的性质不同，圣人用不同的记事方式，体现着内外有别，以齐、晋为"中国"，以楚为外邦。"上书'宋人执郑祭仲'，下书'突归于郑'，则知突挈乎仲矣；上书'戎侵曹'，下书'赤归于曹'，则知赤挈乎戎矣。如此之类，辞同相属者也。"是说两事上下文用辞皆相同，内容也应该相同。郑国祭仲被宋人扣押，宋人迫使其废郑昭公忽，立郑厉公突，三《传》对此有大致相同的记载。关于"赤归于曹"，三《传》均无解说。郝氏认为，《春秋》记两事用辞相同，可知赤也是在戎族的帮助下回国继承君位的。总之，郝懿行认为，研究《春秋》必须将其视为一个有机整体，用比较、联系的方法综合研究，就可以不依赖三《传》，也能明白经义。不仅如此，若能熟练使用这种方法，还可以解决天下任何疑难问题，这才是圣人最重要的垂教之义。其他学者也有提倡用"属辞比事"的方法研究《春秋》者，但都没有上升到这样的高度，也没有如此清晰的理解和表述。但是，这种方法在本质上属于由此及彼的推论，其结论也未必完全可信。如"赤归于曹"与"突归于郑"是否为同类事件，并无其他证据。这种方法，本质上仍然是以例解经。

"十例"是郝懿行对《春秋》学的整体理解与把握，也是《春秋说略》的撰写主旨，其中不乏精辟之见与精彩表述，整体上体现出一种求实的治学态度和对圣经的忠诚信仰。但是，郝懿行也同其他主张用"因事明义"方法解说《春秋》者一样，虽然一再强调圣人的垂教之义，却往往不能根据史事阐释出来，或不能说明所释义例与圣人的确切关系，更无法超出《公》《谷》所释圣人垂教之义。在《春秋说略》中，郝懿行为避免与前人有太多重复，既没有对史事稍为详细的说明，也没有过多阐释《春秋》大义，只是在三《传》及后世学者的基础上简单解说经文。略则略矣，但也有其义不明之嫌。《春秋说略》明确释义之处不多，略举三例以见其概。

《春秋》隐公元年："秋七月，天王使宰咺来归惠公仲子之赗。"《说略》："仲子者何？或曰惠公妾，或曰惠公母，（原注：据僖公成风之例。）不知也。赗者，以车马助丧纪也。孰为赗？兼赗也。若非兼赗，则不须言惠公也。天王之尊下赗诸侯妾，非礼可知。宰，官；咺，名也。宰周公则书爵，宰咺、宰纠则书名，不知也。《公羊》以宰为宰士，近是。或曰书名，孔子贬之，非也。天王则无贬，于其宰焉，则贬之何？《春秋》书爵书名，各从其实，非褒贬所在也。"周天子赗诸侯妾不符合礼制，为此经垂教之义。

《春秋》庄公十二年："春王三月，纪叔姬归于酅。"《说略》："纪侯去国，叔姬从。至是，纪侯卒，始归酅。国亡矣，犹不忘故主之宗庙尔。明妇人夫死归宗非其正道，著叔姬之节为千古风也。"倡导寡妇守节，为此经垂教之义。

《春秋》庄公八年："秋，师还。"《说略》："未有言'师还'者，此其言之何？亲仇雠，围同姓，剿民力，逾三时而后还，故特文以见义。凡君将不称师，重君也。春次郎，夏围郕，秋还，皆称师，师众也。不称公，非公也。"不能与杀父仇人共事，不能助人伐同姓之国，不应过分使用民力，为此经垂教之义。

由此三例可见，郝懿行解说《春秋》一扫前人各种例，也没有节外生枝，但所释经义则都似曾相识。这也是清代众多主流《春秋》学著作的共同特点。虽然在某些问题的认识上各有超越前人之处，就经义而言，经过三《传》和其注疏及宋元明大量《春秋》学著作的阐释，几乎已无余蕴，很难再生新义。可以说，即使没有清朝灭亡，主流《春秋》学也已接近终点，自然会衰微而走至消亡。

郝懿行严厉批评三《传》所释《春秋》例各不相通，学者们借此妄生褒贬，但他自己也认为《春秋》有例，只不过更强调所释之例应可贯通全经。为了说明"经中前后自有比例"，并证明《春秋说略》所持之例不谬，郝懿行又撰《春秋比》二卷。其《自叙》云：

汉人重经术，其引经决事辄谓之比，陈宠明习法律撰《辞讼比》，奏除汉法溢于《甫刑》者为《决事比》，应劭有《春秋断狱决事比例》。推是而言，武帝重《公羊》，宜有《公羊决事比》，宣帝好《谷梁》，宜有《谷梁决事比》。盖比者，例也，立文于此，取则于彼。今懿行治《春秋》而有《春秋比》，亦因于古也。然酷吏杜、张往往依托经义，济其深文，以法律为《诗》《书》，《公》《谷》二家几不免为后儒发冢。而懿行之治《春秋》也，刺取前后经文，分别部居，方以类聚，或事同相比，或事异相比，其不在异同之列，无与为比，则当在阙疑。居尝持论，彼《决事比》依经断狱，或不能无失，未必非通人之蔽。此《春秋比》以经证经，经义赖以发明，未必非千虑之一也。往者望溪方氏《春秋比事》一书，经生家或不道，今取其便于省记，为芟其繁复，订其舛讹，放汉人重经之例，题其篇曰《春秋比》。嘉庆己巳三月，栖霞郝懿行自叙。

汉代的《决事比》之类，是用《公羊传》或《谷梁传》所释经义作为法律依据，判定现实人或事的是非对错,属于利用《春秋》大义。《春秋比》则是排比经文,便于归纳《春秋》例即写作原则,而例是为释义服务的。二者名相近而实不同。

《春秋比》立七十七个类目,有些类目实际上又有小类,如鲁君即位、薨、葬,虽为一类而实有三个小类,故总计类目在一百个左右。每个类目下按时间排列相关经文,不作任何说明,任凭读者去归纳各种例。《春秋比》实际上是为《春秋说略》服务的,郝懿行自己对例的认定已表述于彼书之中。《春秋比》分类细并具体,同类经文按时间排列在一起,若真正研治《春秋》学,实不失为一本便于检索的工具书。但《郝氏遗书》本中的《春秋比》存在很多错误,读者可以利用《郝懿行集》中的点校本。

综上所述,郝懿行认定《春秋》是孔子所作的"义理之书",其中隐含着以忠君、孝亲为核心的圣人垂教之义。郝懿行全面否定用字句褒贬的方法解《春秋》,否定三《传》所释的许多《春秋》例,在主流《春秋》学著作中是较为少见的。郝懿行既强调因事明义,也重视《春秋》比例,仍属于清代主流《春秋》学事、例并重的研究方法。纪晓岚对《春秋说略》曾有很高评价:"吾览《春秋》无虑百数十家,唯兹能划尽千秋藤葛。"①。郝懿行认为《春秋》经文当据《左传》所载,参考二家,视《春秋》为实录信史,承认《春秋》有缺文,主张解释《春秋》应主要依靠《左传》,故《春秋说略》释经较为平实。《春秋说略》释经义过简,应是不足之处。《春秋比》虽然只是分类排比经文,但对治《春秋》者而言,也是方便实用的工具书。

①《春秋说略・自叙二》,见《郝懿行集》,齐鲁书社,2010年版。

第二章　清代《春秋》左氏学研究

在清代《春秋》学领域，最能体现清代学术特点，对当时及后世学术发展影响最大者，莫过于《左传》学研究取得的成就。关于春秋时代的历史、地理、天文、制度、文字等，都有成就很高、影响很大的专门著作，开启着近代的学科建设。批评杜预成为不少清代《左传》学者的主攻方向，且成绩斐然。以史解《春秋》，因事明义，是清代《左传》学者的共同特点。与《公羊传》学者的论战，在一些《左传》学者的著作中都有体现。本人既不具备全面研究清代《左传》学成就的功力，也没有时间这样做，故只选择了以史解《春秋》的代表作——毛奇龄《春秋毛氏传》，以述史及考地著称的顾栋高《春秋大事表》，以文字、考证功力见长的章太炎《春秋左传读》，及章氏批评刘逢禄的二书。三人都是大师级学者，简单评述他们的《春秋》学著作，或可见清代《左传》学之大概。

第一节　毛奇龄《春秋毛氏传》

毛奇龄(1623—1713)，字大可，浙江萧山人，世称西河先生。毛奇龄早年参与抗清，后来又服务于清廷。他恃才傲物，争强好胜，当时与后世对毛奇龄都颇有微辞。其实，毛奇龄应否服务于清廷，恐怕至今也是难以判定是非的问题。学术上轻易否定古人，与时人也多有争辩，且用辞过当，喜标新立异，观点也不无偏颇之处，或是学术界对毛奇龄评价不高的主要原因。《四库全书总目》著录毛奇龄的著作达六十余种，且多有新见，说明其学术成就是空前的，后人恐也难以企及。

毛奇龄的《春秋》学著作主要是《春秋毛氏传》。就我所读解读《春秋》的著作而言，除三《传》外，似乎少有超过该书者。解说平实，少有穿凿，视野开阔，颇多新意，是该书的显著特点。毛奇龄堪称大师级学者。当然，由于喜欢标新立异，书中观点也多有偏颇或武断之处，聪明反被聪明误。该书作为传体，在形式上也是逐年逐条解说经文。全书分为三十六卷。解读《春秋》，每个学者都会有自己的独特理解。这样的理解，往往在《春秋传》的前半部分集中表达，后半部分则往往稍略，《春秋毛氏传》也是如此，后面有不少不加解说的“无传之经”。下面分三个部分，对该书所反映的毛奇龄的《春秋》学予以论述。

一、毛奇龄对《春秋》学的整体认识

《春秋毛氏传》的卷首是一篇五千字左右的文章，集中反映着毛奇龄对《春秋》学的整体认识，以及该书的研究方法和主要内容，是把握作者思路并理解该书的钥匙。

毛奇龄认为《春秋》是旧史之名："《春秋》者，鲁史之名也。古凡史官记事，必先立年、时、月、日，而后书事于其下，谓之纪年（原注：晋后出书有《竹书纪年》，即此名）①，故每岁所书四时必备。然而只名《春秋》者，春可以该夏，秋可以该冬也。"《竹书纪年》是晋时整理《汲冢书》者对魏国史书所定书名，毛奇龄用以证明古史书"谓之纪年"，不确。但毛氏对《春秋》书名的理解非常质朴，认定《春秋》就是鲁史之名，并无深意。毛奇龄还对贾逵、贺道养等人用"善善恶恶"或阴阳学说解释《春秋》之名进行了批评，认为都是"曲为之说"。对《春秋》书名之意的认定，是解读《春秋》的重要基础。

毛奇龄认为孔子是利用旧史修《春秋》："第《春秋》立名不始夫子，在夫子未修前早有是名。……孟子曰：'《诗》亡然后《春秋》作'，此夫子《春秋》也；'鲁之《春秋》'，此《鲁春秋》也。"《公羊传》首先有"不修《春秋》"的概念，即认定今本《春秋》是孔子在"不修《春秋》"的基础上修定的。但《公羊传》并不强调二者的区别，所释书法原则及大义，都以孔子作《春秋》为基点。毛奇龄引孟子之言证明"夫子《春秋》"与《鲁春秋》的区别，实际上并不符合孟子本意。《孟子》中共有四节论及《春秋》的文字，综合看，孟子并无区别二者之意。② 真正将二者区分开来者是晋杜预，所谓"经承旧史"，就是强调孔子在鲁国旧史的基础上修成了《春秋》，赋予了新意。《鲁春秋》之名，还见于《左传》昭公二年和《礼记·坊记》。毛奇龄区分二者，实暗承了杜预。强调二者区别的意义在于：承认《春秋》是以《鲁春秋》为基础，就等于强调《春秋》的内容是鲁国历史，那么研究《春秋》就必须以研究历史为基础；强调孔子对《鲁春秋》进行了"修"即改作，就等于强调《春秋》是圣人垂教后世的经典，那么研究《春秋》大义就是《春秋》学的指归。因此，史事和大义，就是《春秋毛氏传》的基本研究内容。

毛奇龄认为旧史有简书、策书之分，简书为《春秋》，策书为《左传》："按《周礼》'内史读四方之书事'，谓书四方之事而读于王前，此记事也；若'外史掌四方之志'，……谓标志其名而列作题目以告于四方，故又曰'外史掌书名达于四方'。其

---

①下面引文中括号内的文字均为原书所注，不再另出注。

②详参晁岳佩《孟子春秋说分析》，《山东师范大学学报》1999 年第 4 期。后收入《经史散论》，山东大学出版社，2007 年版。

所为'记',即《春秋》之《传》也;所为'志',即《春秋经》也。……特'志'简而'记'烦。简则书之于简,谓之简书。简者,简也,以竹为之,但写一行字者。烦则书之于策,谓之策书。《聘礼》所云'百名书于策',谓百字以上皆书之。虽犹是竹牒木板所为,而单策为简,联简为策。策者,册也。……是以夫子修《春秋》第修简书,而左丘明作《传》则取策书而修之。"毛奇龄把古代史书区分为"志"和"记",是对《周礼》原文的曲解;把"记"推定为简书,把"志"推定为策书,没有过硬的证据,"简"与"策"在先秦文献中并无明确区别;把《春秋》推定为据简书所修,把《左传》推定为据策书所修,更没有根据。关于这一点,学术界早有定论:毛奇龄关于简书与策书的区分是不成立的。尽管如此,毛奇龄的这种区分却是《春秋毛氏传》的重要基础。第一,既然简书和策书都是古代史官所记,其内容自然都是可信的历史。虽然经过了孔子和左丘明的"修",但《春秋》和《左传》的基本内容并不会改变,依然是史书的性质。因此,研究《春秋》和《左传》,必须首先从历史的角度。也就是说,解读《春秋》,首先应解读史事。第二,毛奇龄在该书桓公十五年"郑伯突出奔蔡"和宣公二年"晋赵盾弑其君夷皋"条下,对简书与策书的关系作了反复说明,基本结论是:"孔子所修者,简书也;左氏之所修者,则策书也。简者书其目,而策书则详记其事。"也就是说,《左传》的内容正是为解说《春秋》所载事目而被史官记录下来的。换言之,只有《左传》才是为解《春秋》而作的。因此,研究《春秋》只能依靠《左传》。正是基于这种认识,《春秋毛氏传》的主要内容就是依据《左传》论述或讨论《春秋》所载史事,与其他以《公》《谷》为主或兼采三《传》的《春秋》学著作明确区别开来。

毛奇龄把《春秋》内容分为二十二门。据何休说,西汉景帝年间参与把《公羊传》"著于竹帛"的胡毋生已有解经"条例",何休撰"文谥例",晋杜预撰《春秋释例》,唐陆淳撰《春秋集传释例》。凡说例者,都是把《春秋》中文字相同或内容相类者排列在一起,从中归纳圣人作《春秋》的各种书法原则,进而分析圣人的褒或贬,最终达到阐释《春秋》大义即圣人垂教后世的各种原则的目标。毛奇龄也对《春秋》内容进行了分类:

诚以《春秋》记事原有门部,而作志者则因门为题,就事立志,谓之签题,不谓之纲领。盖纲领必概括其事,而取其要领以为文;签题则但志其门名,而必藉按策以见其事,不相侔也(宋人以纲目拟《春秋》,非是)。大抵《春秋》门部见于旧史官记事法式有二十二门:改元(十二公元年)、即位(十二公即位)、生子(桓六年"子同生")、立君(隐四年"卫人立晋")、朝聘(朝、来朝、聘、来聘、归脤、锡命)、盟会(会、盟、来盟、莅盟、不盟、逃盟、遇、胥命、平、成)、侵伐(侵、伐、克、入、围、袭、取、戍、救、帅师、乞师、取师、弃师、战、次、追、降、败、败绩、溃、获、师还、归俘、献捷)、迁灭

(迁、灭、歼、堕、亡)、昏觌(纳币、逆女、逆妇、求妇、归、送、致女、来媵、妇至、觌)、享唁(享、唁)、丧葬(崩、薨、卒、葬、会葬、归丧、奔丧、赗、赙、含、襚、求金、锡命)、祭祀(烝、尝、禘、郊、社、望、雩、作主、有事、大事、朝庙、告朔、视朔、绎、从祀、献、万)、蒐狩(蒐、狩、观、焚、观社、大阅)、兴作(立宫、筑台、作门观、丹楹、刻桷、屋坏、毁台、新厩、筑城、城郛、浚渠、筑囿)、甲兵(治甲兵、作丘甲、作三军、舍中军)、田赋(税亩、用田赋、求车、假田、取田、归田)、丰凶(有年、饥、告籴、无麦苗、无麦禾)、灾祥(日食、螟、螽、蝝、雨雪、雷电、震、雹、星陨、大水、无冰、灾、火、蜮、蜚、多麋、眚、不雨、沙鹿崩、山崩、旱、地震、星孛、六鹢退飞、陨霜杀菽、陨霜不杀草、鸜鹆来巢、获麟)、出国(如、孙、出奔、出、大去)、入国(至、入、纳、归、来归、复归、来、来奔、逃归)、盗弑(盗杀、盗、弑、杀)、刑戮(杀、刺、戕、放、执、归、用、释、畀、肆眚)。

与前人相比,毛奇龄对《春秋》内容的分类有同有异。实际上,每个学者的分类都带有自己的特点,否则就没有重新划分的必要。不同的分类,反映着学者们对《春秋》的不同理解。毛奇龄分类与前人的异同并不十分重要,重要的是他对这种分类的说明。

第一,前人不论如何分类,首先都承认这些内容是孔子所书,分类的目的是方便归纳分析圣人对某一问题的态度,以及圣人记载这些内容的深层内涵。毛奇龄则认为,他做的分类是"旧史官记事法式",即古代史官的记事范围及其原则,简书和策书的内容都是这种"记事法式"的体现。也就是说,这种"旧史官记事法式"和孔子没有关系。《春秋》是据简书而修,其内容及分类都是古代史官所定,据此研究孔子的垂教之义,是没有道理的。

第二,前人之所以对《春秋》内容进行分类,主要是为了归纳《春秋》书法,即记事原则、用字原则、称谓原则、书时书地原则等。毛奇龄则强调《春秋》的所有内容都是史官所记之事的签题,欲详知此事,只能依据修策书而成的《左传》。这些签题本身并没有种种所谓书法原则。毛奇龄举例说,《春秋》多次书"公如晋",两次书"公伐邾",用辞完全相同,但事情实各不相同。如果用书法原则即相同记载应有相同内涵的方式解读这样的经文,结论肯定是错误的:"向使无策书,则此《春秋》者,不过一门部名目,曰朝耳、会盟耳、侵伐而迁灭之耳,何曾有一事可究竟言之?而谓此名目中有微词,凡书国、书爵、书名、书氏皆有义例,岂非梦梦?"毛奇龄还举《春秋》记"卒",记载许多人去世都用"卒"字,其实有被杀者、自然死亡者、缢死者、烧死者、饿死者、狂死者、自哭死者等等,岂能根据一个"卒"字尽知?以简书、策书说为基础,毛奇龄完全否定了以往《春秋》学研究中的称谓原则、用字原则。

毛奇龄全盘否定以往《春秋》学研究中的"义例"说:

但《春秋》义例不一,无一是处。大抵此白彼墨,前三后四,必不能画一。而前人相传科指又极其庞赜，如所云二类（天灾、人事）、三体（正例、变例、非例）、五情（一、微而显，二、志而晦，三、婉而成章，四、尽而不污，五、惩恶而劝善）、五始（一、元年，二、春，三、王，四、正月，五、公即位）、六辅（公辅天子、卿辅公、大夫辅卿、士辅大夫、京师辅君、诸夏辅京师）、七缺（一、夫道缺，二、妻道缺，三、父道缺，四、子道缺，五、君道缺，六、臣道缺，七、周公礼缺）、九旨（一、故宋，二、新周，三、新王，四、所见异词，五、所闻异词，六、所传闻异词，七、内其国，八、内诸夏，九、外夷狄）。诸所流衍，皆猥劣不足道。若孔《疏》所云"称凡五十，其别四十有九"，"《释例》四十部，无凡者十五"，则专指左氏所据典礼与杜氏所释之数为言，并非通例。其余年、时、月、日与国、氏、人、名、天王、天子，种种陋义，则前此注《春秋》者已痛辟之。以为一爻可错诸卦，一字不能成一义，晋、唐以后早已不屑置喙者。唯三《传》引例犹尚有参变，余论见诸《疏》义。而胡氏概以武断施之，拗曲揉直，仍袭从前年、时、月、日、国、氏、人、名诸陋义，而深文其间，觝经传正旨而勦力就我，使明明大文，一经锻炼便成冤狱。究之一挂百漏，五戈十盾，至词穷理诎，遇有事同而文不合者，则曰"见闻不妨各致"；有事不同而文同者，则又曰"美刺不嫌同辞"。于是周章蔑略了无定准，而《春秋》亡矣。

毛奇龄在此所批"义例""陋义"，几乎概括了此前《春秋》学研究中的所有重要内容。"义例"说的主旨是通过假定《春秋》之例以释其义，本质是一种研究《春秋》的方法，由《公羊传》首创，被几乎所有的《春秋》学者或全部或有选择的采用。董仲舒、何休是"义例"说的发扬推广者，杜预、孔颖达是借用者，陆淳至胡安国等是变通继承者。毛奇龄通过批评他们全盘否定"义例"说，等于完全否定前人对《春秋》大义的阐释。按照这种理解，一部《春秋》学史就成为"满纸荒唐言"，完全是痴人说梦，盲人摸象，没有了任何价值。如果《春秋》就是鲁国国史，其中并没有圣人赋予的内涵，我们就必须承认毛奇龄对"义例"说的批评是有道理的。但即使如此，我们仍不应该全盘否定"义例"说的价值。因为正是由于《公羊传》创立"义例"说，阐释出大量的《春秋》大义，《春秋》学才首先成为汉代的显学，儒家经典才被认定为政治理论基础，孔子才被尊为圣人。更重要的是，自汉代以来，用"义例"说阐释出来的《春秋》大义，就是政治理论的源泉，就是设立或改进政治制度的理念基础。甚至可以说，不理解用"义例"说阐释出来的《春秋》大义，就不能真正理解两千多年的政治理论和政治制度。这是毛奇龄没有认识到的问题。

毛奇龄反对用传统"义例"说解《春秋》，但并非否定《春秋》有例。他根据自己的理解归纳出"四例"：

第一是"礼例"。"谓《春秋》二十二门皆典礼也。晋韩宣子观《鲁春秋》曰：'周礼尽在鲁矣。'言《春秋》一书以礼为例。故《左传》于隐七年书名例云：诸侯策告,谓之礼经。而杜《注》与孔《疏》皆云发凡起例,悉本周制。所谓礼经,即《春秋》例也。故孔《疏》又云:合典法者即在褒例,违礼度者即在贬例。凡所褒贬皆据礼以断,并不在字句之间。……故读《春秋》者但据礼以定笔削,而夫子所为褒、所为贬,概可见也,此非书人、书字所得溷也。"《左传》隐公七年"谓之礼经",意为谓之常礼。杜预把"五十凡"说成"礼经",认为是"周公所制典礼",不符合《传》文本意。[①] 毛奇龄引文不确切,以《周礼》为据也不当。毛奇龄进一步认为《春秋》所载全部为周礼,都属于吉、凶、军、宾、嘉五礼的内容,则更是曲解了《传》意。当然,礼的外延极广,把《春秋》所载均视为礼的范畴也可以,只不过不必以"礼经"说为据。毛奇龄"礼例"说的真正意义,仍是否定旧"义例"说。礼为制度,非一字、一称所能反映。合礼者就是圣人所褒,违礼者就是圣人所贬。圣人褒贬的标准是礼,褒贬的方法是因礼见义。因此,凡离开礼制以一字一称说褒贬者均不符合圣人之意。基于这种理解,《春秋毛氏传》中有大量关于礼制内容的讨论。

第二是"事例"。"则以二十二门、一千八百余条无非事也。……是以孟子论《春秋》特开一例曰:'其事则齐桓、晋文。'谓就事而计其寡多,较其大小轻重,而是非可验。"《春秋》所载全部为"事",这是谁也无法否认的。礼也需体现于事,故"事例"与"礼例"并行不悖。《春秋》所载之"事"均为往事,也就是历史,故"事例"说的实质是认定《春秋》为史书。孔子作《春秋》意在垂教,所书之事均含有褒贬,但褒贬之意皆见于事之对错,而不是体现于字句之间。在此理解的基础上,《春秋毛氏传》解经均以解说史事为主,对孔子褒贬之意的阐释也多是"因事见义"。

第三是"文例"。"则史文之法也。孟子曰'其文则史'。大凡史官记事,从列国来者谓之赴告,从本国登者谓之记注,而合而成为策书,则谓之文。第文有文法,……史官记事另有法式,名为文法,亦名为书法,而统以文字概之。"不论是"礼",还是"事",都必须用文字加以表述,文字表述必有一定规范,这种规范就是文法。《春秋》是史书,其文法也就是"史文之法",这就是所谓"文例"。历来玄之又玄的所谓"《春秋》笔法""《春秋》书法""《春秋》义例",在毛奇龄这里变得非常简单,不过是史官记事行文之法而已。既然《春秋》经文是史官按照一定法则写的记事文字,其中自然没有难以理解的内容,读《春秋》就是读史书。按照这种理解,《春秋毛氏传》把前人归纳的记事、用字、称谓、书时书地等例,一律认定为史书"文例"。

第四是"义例"。"则直统贯乎礼与事与文之间,天下有礼与事与文而无义者乎?董仲舒云:为人君父者不可不通《春秋》之义。杜氏《序》云:文约则义微。诚

---

①详参晁岳佩《杜预礼经说驳议》,《山东师范大学学报》1996 年第 2 期。后收入《经史散论》,山东大学出版社,2007 年版。

以事与礼与文莫不有义。义者,意也,亦旨也,即予夺、进退、褒讥、美刺之微旨也。是以礼有违合,事有善恶,文有隐显,而褒讥、美刺皆得以直行其间。孟子曰'其义则丘窃取之矣',盖取此例矣。"①毛奇龄全面否定了传统"义例"说,但他本人仍认定《春秋》有义例,并且无法更换另一个词取代旧称。孔子作《春秋》,是毛奇龄不能否认的;孔子是圣人,故《春秋》有大义,也是毛奇龄不能否认的。因此,毛奇龄解读《春秋》,也必须解读其中的义。与前人不同之处在于,前人往往据记事、称谓、用字、书时书地等例推导圣人之义,毛奇龄则认为圣人之义体现于"礼与事与文之间"。《春秋》所载,合于礼者,事之善者,体现着圣人之褒;违于礼者,事之恶者,体现着圣人之贬。这就是毛奇龄所谓"义例"的本质。《春秋》本身看不出褒贬之意,所谓褒贬反映着解读《春秋》者对《春秋》所载之事是否违礼及善恶性质的认定。毛奇龄所谓圣人之义,本质上是自己的看法。毛奇龄的义例说,仍然是"代圣人立言"。其实,自杜预、孔颖达始,此后凡以《左传》为主解《春秋》者,大致都是这种主张,即所谓"因事明义""因事见义"。本质上,这种研究《春秋》的方法,就是史学家对历史的评说,只是他们把这种评说认定为经义,也是一种代圣人立言的方式。

最后,毛奇龄对《春秋》何以始于隐公和孔子作《春秋》之年表述了自己的看法。他认为:"《春秋》,鲁史也。或隐以前亡其书则不修,隐以后有其书则修之;或隐以前有其书而不必修则不修,隐以后有其书而当修则修之。此非明白了义乎?"《春秋》始于隐公的问题,自《公羊传》说:"《春秋》何以始乎隐?祖之所逮闻也。所见异辞,所闻异辞,所传闻异辞。"后世《春秋》学者有许多讨论,无非都想据此阐释圣人的深意。毛奇龄全部否定了此类讨论。所谓"孔子作《春秋》之年"的问题,实际上是讨论《春秋》何以终于哀公十四年。毛奇龄认为司马迁的哀公六年说、《左传》学者的哀公十一年说、《公羊传》学者的哀公十四年说,"总是揣摸之言,不足据者"。但实际上他仍然采用了《公羊传》学者"获麟作书"或谓"感麟而作"的说法,他只是不认同《公羊传》学者的过度解读。《公羊传》说:"何以终乎哀之十四年?备矣。"就是说,《春秋》至此,圣人垂教后世之义已经构成完备体系,无需续作。汉代纬书又提出孔子此时"受端门之命"而作《春秋》,"两汉儒者多言之。(董仲舒《对策》有'孔子作《春秋》,是素王之文'语,郑康成《六艺论》云:'孔子西狩获麟自号素王,为后世受命之君制明王之法。')夫获麟作书本属不幸,而反以为夫子受命之符瑞,无稽之言,吾不取焉。"毛奇龄认为,孔子因获麟事件伤感而作《春秋》,并

①本篇据《皇清经解》本《春秋毛氏传》写成,但该本有脱漏。"义例"一节取《四库全书》文渊阁本增补。

绝笔于此,另外也别无深意。

总括上述,可将毛奇龄对《春秋》学的基本认识表述如下:《春秋》是孔子据鲁国旧史简书所修,《左传》是左丘明据旧史策书所作,故解《春秋》必须依据《左传》。《春秋》是史书,有自己的记事行文原则,但没有前人的所谓"义例"。《春秋》的内容是礼与事,故解读《春秋》主要是述其事、论其礼。孔子修《春秋》之义隐含于事与礼,善者褒之,恶者贬之,褒贬之理即为义,字句之间并无所谓大义。

二、毛奇龄对《春秋》三《传》的批评

唐代中期以前,《春秋》学研究是以三《传》分派,即所谓各守家法。陆淳著成三书,标志着《春秋》学转变为以三《传》为基础的综合研究。对三《传》的态度以及取舍,反映着不同学者对《春秋》的不同认识。凡主采《公羊传》《谷梁传》者,都强调孔子"作"《春秋》,研究方法以释例为主,阐释大义是首要目标。凡主采《左传》者,都强调孔子"修"《春秋》,研究方法以解事为主,"因事明义""因事见义"。毛奇龄认定《春秋》为孔子"修策书"而成,《左传》为左丘明"修简书"而成,自然属于后者。在《春秋毛氏传》中,对《公羊传》《谷梁传》的具体批评很少,是因为毛奇龄认为二《传》不值得批驳;对《左传》批评较多,是因为毛奇龄认为"策书"有散落,左丘明以己意释《春秋》多误。《春秋毛氏传》释《春秋》主采《左传》,详见后文。这一部分主要论述毛奇龄对三《传》的批评。

《春秋》昭公二十二年:"秋,刘子、单子以王猛入于王城。"

《毛氏传》:"按:王城即郏鄏,武王迁九鼎于此,周公营以为都者,其地在河南。经又书'天王入于成周',即下都,周公营以迁殷顽民者,其地在洛阳。自平王东迁,历十二王而至景王,皆居王城,未尝居成周也。唯敬王以子朝之乱,其徒党多踞王城,因徙居成周,经二十六年'入成周'是也。其时以王城在成周之西,而敬王、子朝并立称王,故苌弘以地震之故告刘文公谓'西王受震,东王必克',盖亦就二王言之,并无有以王城为西周、成周为东周者。至显王二年,韩、赵分周为二国,名东、西周,于是始有东、西二周之名。故曰:春秋以前称西周者,丰镐也;称东周者,郏鄏也。战国以后称西周者,王城也;称东周者,成周也。今《公羊》忽曰:'王城者,西周也。其言入何?篡也。'详其意,谓成周本京师地,周东迁旧居也,王猛欲以王城篡京师,故经不书'西周'而书'王城',恐二京师也。是既以平王东迁世居成周,反以王城为篡居已属梦梦,且此时从未有东、西周之名。即周桓居王城,皆称河南桓公,并无称西周公者。其称西周,自韩、

赵分国始，而《公羊》及之。则意公羊本战国后人，习见赧王以前世居成周，妄疑春秋诸王皆以成周为王居，并不知东、西二名实起于战国之末，遂名王城曰西周（成周曰东周，见后《公羊传》）。且以王城为篡居之地，此皆秦汉人所言，得毋公羊、谷梁正秦汉间人乎？如是而欲与《春秋》策书争是非，得乎？”

按：关于《公羊传》和《谷梁传》的作者，历来认为是传自孔子弟子子夏，即为战国初人。这是《公》《谷》学者认定其说传自孔子的重要证据。毛奇龄对《公羊传》“王城者，西周也”一语进行分析，经过考证，认定《公羊传》作者既不清楚春秋时期历代周王皆居王城，也不知道东周、西周之称实起于战国之末，由此断定《公羊传》作者是“秦汉间人”。这段考证非常有说服力，发前人所未发。其实，《公羊传》中有很多汉代才有的观念，如“大一统”等，其作者应该是汉人。《公羊传》于景帝年间“著于竹帛”，实际上也就是其著作年代。当然，对此还有待详细论证。毛奇龄认为《谷梁传》晚于《公羊传》，故认定《谷梁传》的作者也是“秦汉间人”。其实，《谷梁传》中明显有汉武帝以后才有的观念，如昭公十九年《传》反映的国家选官用人理论，一定是“察举”“征辟”时代的产物①，著作年代也必更在其后。毛奇龄既然认定《左传》是根据春秋时代的原始材料即“策书”所修，而《公羊传》和《谷梁传》不过是“秦汉间人”的道听途说，自然是认定解说《春秋》只能依据《左传》，《公》《谷》不能与其“争是非”。

《春秋》成公十五年：“三月乙巳，仲婴齐卒。”

《毛氏传》：“仲婴齐者，襄仲之子，公孙归父之弟也。宣十八年逐东门氏，归父走之齐，而婴齐无与，至是卒，以大夫礼葬，而书之于册。其不称‘公孙’而称‘仲’者，以襄仲卒时，宣公赐襄仲氏‘仲’（赐以己字），经于宣八年书曰‘仲遂卒于垂’是也。《公羊》解《春秋》不顾前经，因不晓婴齐氏‘仲’之故，乃造为说曰：‘曷谓仲婴齐，为兄后也。为兄后则曷谓之仲婴齐？为人后者为之子也。为其子则称仲何？孙以王父字为氏也。’而于是以兄为父，以父为祖，丧生伦，乱昭穆，灭理伤教，由《春秋》始矣。夫归父奔齐，并未绝嗣，原不必为后。即欲为后，而大夫继爵不继统，亦并无有弟为兄子、子无父孙之理。盖以继统言，则僖兄为子，闵弟为父。何则？以君臣也；君臣即父子也。以继爵言，则臧宣叔以庶子武仲为后，及武仲出奔，则反以嫡兄臧为为后，然而兄不父弟，为不祖叔，何则？以继爵也。

①详参晁岳佩《春秋三传要义解读·葬许悼公》，国家图书馆出版社，2008年版。

继爵,非继统也。今以兄弟为父子,则为无父;以大夫而继统系,则为无君。无父无君,总谓之大逆。而乃以大逆之事在经传所本无者,而《公羊》造之,杜氏引之,后人且从而遵之、据之。乱臣贼子不绝于《春秋》而反兴于后,此之解《春秋》者不亦怪哉?"

按:公子遂为鲁庄公之子,以排行称"仲遂",以谥号称"襄仲",以居处称"东门氏"。因拥立宣公有功,为鲁国正卿,与三桓有矛盾。公子遂去世,其子公孙归父继职执政。宣公末年,君臣欲除三桓,归父聘晋求助。宣公突然去世,季孙行父(文子)发难,驱逐东门氏,归父于归国途中奔齐。不久,鲁人怀念公子遂曾有功于国,使归父弟婴齐袭父职为卿。《春秋》载"仲婴齐卒",即此人。按照公之子称公子、公子之子称公孙的原则,婴齐应称公孙婴齐。《春秋》书作"仲婴齐",实为避重名而作的变通。宣公弟叔肸之子称公孙婴齐,此时也为鲁卿,数见于《春秋》。史官为将二人区别开来,因公子遂称仲遂,故称其子为仲婴齐。三桓均以排行立氏,称仲婴齐也符合惯例。也就是说,《春秋》称"仲婴齐"并没有深刻内涵。

《公羊传》则认为,圣人称"仲婴齐",是在暗示婴齐是其兄归父的继承人。归父袭职于父,婴齐袭职于兄;凡袭职者皆等同于父子,即所谓"为人后者为之子",婴齐则等同于归父之子。圣人书作"仲婴齐",体现着"孙以王父字为氏"的原则。就是说,公之子称公子,公子之子称公孙,公孙之子必须单独立氏,与公子公孙区别开来。公孙之子立氏的原则,是以爷爷的字为氏。《公羊传》认为,公子遂被称为"仲遂""襄仲",是以"仲"为字,婴齐称"仲",是以公子遂之字为氏。婴齐既以兄为父,自然也就是以父为祖,称"仲",就是"以王父字为氏"。"仲"是排行称谓,《公羊传》理解为公子遂之字,已是误解,据此所作的推论都是不成立的。但《公羊传》阐释出来的"为人后者为之子",在后世被认定为圣人垂教的原则,不论是在皇族,还是在民间,都得到了广泛认同并遵循。这个原则的内涵是:不论甲和乙本来是什么关系,一旦甲被确立为乙的继承人,甲就获得了乙的财产继承权及其他一切作为儿子的权利,同时也就必须承担作为乙子的一切义务,同时甲也没有了对原来家庭的权利和义务。这就是所谓的"义子"原则。

毛奇龄不认同这种原则,于《春秋》宣公八年夏六月"辛巳,有事于大庙。仲遂卒于垂"下说:"近代吴俗多有以弟继兄,后呼兄嫂为父母者,此败伦伤化之极,而长洲汪氏且复引《公羊》邪说以为之据。嗟乎!六经从此扫地矣,是不可以不辨。"毛奇龄认为,"仲"是公子遂之字,因宣公感激公子遂,于其去世时以其字赐氏为"仲",经书"仲遂卒于垂"可证。《春秋》书"仲婴齐",也可见"仲"为已赐之氏。也就是说,《公羊传》从"孙以王父字为氏"的角度解释"仲"字,是不能成立的。据此阐释出来的"为人后者为之子"的《春秋》大义也是不存在的。毛奇龄认为,《公羊传》在此混淆了"继统"与"继爵"的差别。所谓"继统",就是一统(或白,或黑,或赤)之中的前后相继,是指君位传承关系。凡君位相承者,不论以前是什么关系,一旦继承君位,就相当于先君之子。现实中的君臣关系,相当于父子关系。宗庙中安排神主的昭穆之序,先君与后君也体现为父子关系。毛奇龄举鲁僖公与闵公的关系为证。僖虽为兄,但后闵为君,形成了现实中的闵君僖臣关系,君臣即为父子,在宗庙昭穆之序中也是如此。所谓"继爵",是指世袭卿大夫之家的爵位传承关系。因卿大夫之家本无统系可言,先后承位者并非君臣关系,故弟承兄位者,也不必改为父子关系。也就是说,"为人后者为之子",只适用于一统之中的君位传承,不适用于卿大夫之家,更不适用于普通百姓之家。毛奇龄认为,《公羊传》所释曲解了圣人之意,并且造成了恶劣的历史影响,必须批驳清算。

其实,毛奇龄在此对《公羊传》的批评并无多少可取之处。况且,"为人后者为之子"的原则既然获得了后世的广泛认同并遵循,说明它适应农业时代的理论需求,使非血缘关系家庭有了一条可以接受的理论依据,以保证家庭和睦,是有积极意义的。至于是否圣人之意,本来也不太重要。毛奇龄所释,也很难说符合圣人之意。毛氏以"仲"为宣公所赐氏,同样属于臆说;以"继统"理解兄弟异昭穆,远不如《汇纂》所说(见第一章第一节)。

《春秋》隐公三年:"夏四月辛卯,尹氏卒。"("尹",《左传》作"君"。)

《毛氏传》:"《左氏》以尹氏为君氏,即隐公之母声子也。隐以居摄,不敢从正君之礼,遂亦不敢备礼于其母,故不书薨,不书葬,不赴告、祔庙,而称为君氏。其尹字,则传写脱误也。夫'子以母贵',母亦以子贵,隐既称公,则公之为母自有常称,未有创名为君氏者。以惠为君耶?则先君名'君'已非名例;以隐为君耶?则据言不敢从正君之礼,而反称'君',且称君,则何有于君母而不称夫人?如以声子为君耶?则俨然小君,而又何靳乎书薨、书葬与赴告、祔庙?况明明经文而改文释经,例所最禁。若《公羊》欲如字解经而不识本事,乃曰:此周之尹氏。夫周之尹氏,则鲁何得书?曰'讥世卿也'。夫春秋世卿,其来已久,此自周制,安所用讥?且未有书其卒以为讥者也。且亦何得书此也?乃又曰:鲁隐奔平王之丧,尹氏为王作丧主,故其卒来赴,而鲁史书之。《谷梁》亦遂袭其说,两《传》相同。

夫平王之崩甫在经文,其崩在是年之春三月壬戌,而夏四月辛卯即尹氏卒。计王与尹氏,其崩、卒相距只二十八日。则此二十八日中,毋论隐公不奔丧,即奔,自东鲁至成周,此时尚未能达也;即达,亦尹氏随卒,必不能为王作丧主也。况《春秋》一十二公，并未闻有奔王丧、会王葬者。凡经传恒例，公出必书，岂有奔丧、会葬诸大事，而公出、公入不一书者？如以为常礼不书，则在文九年葬周襄王，遣叔孙得臣如京师，而经特书之。是遣送尚书，况亲往也？且隐不奔丧，则在经与传尤明言之者，经于春三月书'天王崩'，夏四月书'尹氏卒'，而于秋则复书'武氏子来求赙'。亦唯周以天王之崩赴告于鲁，而鲁漫然无一应，不唯不亲往，并不遣卿大夫往，故来求赙。向使公奔丧，则赙之矣；赙之，不再求矣。故杜氏《注》曰：'鲁不共奉王丧，致令有求。'是公不奔丧。考之，凡经传，与是经是传，各各有据。而《公》《谷》注经而悖经，且造为伪事以实之，无兄而盗嫂，不入国而交大夫。而胡氏又从而和之曰：'《公羊》有所承。'夫胡氏不过欲藉《公羊》奔丧之说以文己'亲往'之例，而不知圣经具在，不于经是承而谁承也？

然则何尹氏？曰：此郑大夫尹氏也。郑大夫尹氏，则鲁何以书？曰：据左氏十一年《传》曰：隐公之为公子也，曾与郑战于狐壤，而公被获焉。郑人囚公于尹氏。尹氏者，郑大夫也。公乃赂尹氏，而祷于尹氏所主之神曰钟巫。遂与尹氏偕奔，归而立钟巫而祀之。其后，公以祭钟巫出，馆于𫇭氏，而遂被弑。此十一年'公薨'传也。是此一尹氏，而公之患难存亡系焉。其德尹氏也，则必以客卿而引厕之内卿之列。既厕内卿列，则不问其为郑大夫、为鲁大夫，而必以内卿大夫之礼临其丧。既以内卿大夫之礼临其丧，则君亲视敛，自必书卒。况公以尹氏止，以尹氏归，以尹氏生，而其后见弑，一若与尹氏之死有相关者。公不以祭钟巫弑乎？初因求尹氏而并求尹氏之神，既与尹氏归而并祀尹氏之神于鲁。虽感神乎，实所以报尹氏也。故钟巫之祀虽为鲁立，而仍存尹氏，以为此尹氏之主，必出宫而后祭之。乃不幸尹氏既死，独身出祭，且不馆尹氏而馆之他氏，以致仓皇之际罹此大害。向使尹氏尚在，则主祭有人，未必亲出。即或亲出，而馆于其家，纵有不测，尹氏必有以卫之，而惜乎其卒之也。此固作《春秋》者所为溯往事而伤心者也。故曰：此郑大夫也，此《春秋》之微意也。事也，亦义也。"

按：《春秋》所载卒者是"尹氏"，还是"君氏"，属于异文，二者究竟孰是，无从校定。《左传》作"君氏"，认定为隐公生母声子。就一般而言，《左传》所载《春秋》经文较《公》《谷》所载可信，所释之事更较《公》《谷》所释有据，这是绝大部分学者的共识。但就此经而言，《左传》所载实有令人生疑之处。以"君氏"称国君生母，没有其他例证。《公》《谷》学者也多以此批评《左传》不可信。毛奇龄采《公羊传》

"子以母贵，母以子贵"之说，认为隐公既以为君，其母应称夫人，《左传》"创名为君氏"，不合常理。况且，"君"字不论指隐公、惠公、声子，都不宜称"君氏"。此说有理。或者春秋时代确有此称，只是缺少其他例证。

《公羊传》认定"尹氏"为周王室大夫，《谷梁传》从之。毛奇龄提出两点质疑。一是《春秋》经传均不见鲁君奔天子丧、会天子葬的记载，故"尹氏"不可能是代表周天子接待鲁隐公者。毛奇龄据此年秋经文"武氏子来求赙"，断定无隐公奔丧之事；证据可谓有力。二是"天王崩"和"尹氏卒"之间只有二十八日，周大夫"尹氏"没有"为王作丧主"的时间。毛奇龄关于"尹氏"不是周大夫的论证也有很强的说服力。若此说成立，那么《公羊传》据此经阐释出来的《春秋》"讥世卿"之义便纯属子虚乌有。

毛奇龄认为"尹氏"就是《左传》所载曾帮助鲁隐公脱困的郑大夫，并详引两处《传》文为证，也言之成理。但毛说也显然存在不足。所谓隐公"德尹氏，则必以客卿而引厕之内卿之列"，完全没有证据。所谓若"尹氏"不死，隐公未必遇害，并由此推阐"《春秋》微意"，更属臆说。毛奇龄说"尹氏"为郑大夫，虽有些道理，但也只是猜测之辞，究无实据，后人也无采信者。

《春秋》定公元年："春王三月，晋人执宋仲几于京师。"(《左》《公》《谷》皆以"春王"作一节，"三月"以下又一节，误矣。今校经文本改正。)

《毛氏传》："'春王'连'三月'为文，此是旧例，以正月、二月无事，至三月始有事而书之。无有以'春王'二字为文，'三月'又为文者。三《传》本皆截'春王'二字，以为定公不能正其始，故无正月。则自隐三年始，凡'春王二月''春王三月'，有'春王'而无'正月'者，皆宜截断二字另作节矣。且其所云'无正月'者，非谓'春王'下无'正月'二字，谓全无'春王正月'四字也。《春秋》十二公，凡元年必有'正月'，以新君改元，无事亦书，故隐、庄、闵、僖四公不书'即位'，且无他事可书，亦必空书'春王正月'四字，而此独无有，故曰'无正月'。则定公此时尚未为君，虽昭公之丧已至坏隤，而公子宋未先入，仍不知新君为谁，而谓定公此时得空书'正月'乎？当正始乎？若谓定公为意如所立即不正始，则宣公为东门襄仲所立，独正始而书'正月'何也？总之，昭公死非其所，定公立不以正，在夫子直书其事而其义自在。如必以此为狡狯，则按之全经而无一验者，与其不验而废其说，何如按经而存其义之为得当也？"

按：今本三《传》所载经文本条均分为两条："春王"；"三月，晋人执宋仲几于京师"。《公羊传》于"春王"下释曰："定何以无正月？正月者，正即位也。定无正月者,即位后也。即位何以后?昭公在外,得入不得入,未可知也。曷为未可知?在季氏也。定、哀多微辞;主人习其读而问其传,则未知己之有罪焉尔。"《春秋》十二公,除定公外,各公元年皆书"春王正月"。《公羊传》认为,这是圣人用"正月"显示此君即位之正,即此君即位符合君位传承原则,是合法君主。定公元年只书"春王"而不书"正月",属于特殊情况:定公于正月尚未即位。昭公自二十五年"孙于齐",于三十二年十二月"薨于乾侯",其灵柩能否回国安葬尚不确定,因为决定权在季孙隐(《左》作"意")如手里。也就是说,圣人在此书"春王"而不书"正月",意在暗示季孙氏专权,昭公灵柩能否回国,都由他决定。臣僚专权就是犯罪;圣人以这种方式暗示季孙隐如有罪。《公羊传》认为,圣人的这种书写方式属于"微辞",即隐微之辞,即使季孙隐如当时读到这条记载,甚至询问解释者,也不会明白其中蕴含的孔子罪己之意(何休释"主人"为定公,误)。也就是说,圣人如此书写,还含有避免遭受打击报复之意。此处的"微辞",就是"微言大义"中"微言"说的源头。

《谷梁传》于"春王"下释曰:"不言正月,定无正也。定无正何也?昭公之终,非正终也。定之始,非正始也。昭无正终,故定无正始。"所谓"不言正月,定无正也",实际上是暗袭了《公羊传》所谓"正月者,正即位也"。圣人于各公元年书"正月"是为显示其君位之正,定公元年不书"正月",自然显示定公君位不正,即不符合君位传承制度。《谷梁传》认为,昭公"薨于乾侯",属于非正常死亡,定公继承君位起始即属不正。言外之意是,君位传承必须秉承先君之命;昭公死在外地,定公继承君位必非昭公所命,故属于不正。

《左传》对"春王"无解,杜预《注》:"公之始年而不书正月,公即位在六月故。"杜预虽然正确解释了《春秋》不书"正月"的原因,但实际上也承认了"春王"为一条,且不书"正月"是圣人有意为之。

毛奇龄所谓"三《传》本皆截'春王'二字,以为定公不得正其始",故无"正月",实际上只是针对《公》《谷》的批评,因《左传》所载经文也是如此,故捎带及之。毛奇龄从三个方面对此予以批评:第一,《春秋》书"春王正月""春王三月"有许多条,若按照《公》《谷》的理解,是否也应该都从"春王"断句?答案显然是否定的。第二,按照《春秋》通例,各公元年必书"春王正月",作为新君改元纪年的标志;因此时由谁继承君位尚未确定,新君改元纪年的问题尚存悬疑,故此时不必书"正月"。第三,如果说不书"正月"是因定公由季孙拥立而得位不正,那么宣公是由公子遂拥立,与此情况相同,宣公元年何以书"春王正月"?毛奇龄认为,"春王"和"三月"为一条,是史书旧例,只因正月、二月无事,故记第一件事书作"春王三月"。毛奇龄还认为,《春秋》昭公三十二年"十有二月己未,公薨于乾侯";定公元年"夏六月癸亥,公之丧至自乾侯。戊辰,公即位",已明确体现出"昭公死非其所,定公立不以正”,这就是圣人欲告诉后人者,教后世君主以此为鉴,“夫子直书其事而其义自在”,不必截断经文而曲为之说。毛奇龄对“春王三月”的理解可谓独具慧眼,发现了历代学者都没有注意的经文割裂问题。至今,杨伯峻《春秋左传注》所载经文仍断此条为二,说明毛说没有受到重视。

笔者在写《春秋三传要义解读》时,尚未读《春秋毛氏传》,但也得出与毛氏相同的结论,只是论证有所不同。《左传》:“元年春,王正月辛巳,晋魏舒合诸侯之大夫于狄泉,将以城成周。……乃执仲己以归。三月,归诸京师。”从《左传》叙事可以看出,作者看到的《春秋》不存在“春王”一条经文。换言之,在《左传》成书时,《春秋》的这条经文未被割裂。《春秋》于各公元年均书“春王正月”,此年未书,《公羊传》由此认定是圣人有意为之,故断“春王”为句以释圣人之意。于是一条经文变成了两条。《谷梁传》成书在《公羊传》流行之后,此条也继承了《公羊传》。《左传》因缺少《公》《谷》那样的释义方式,被认定为“不传《春秋》”。《左传》学者如服虔、贾逵、马融、郑玄等,为争《左传》传经地位,都努力证明《左传》中也有《公》《谷》所释《春秋》之义,故解《左传》均有引《公》《谷》者,但效果并不理想。杜预仍是沿着这样的思路。故此时的《左传》学者并不否定《公羊传》的解经正统地位。杜预著《春秋经传集解》,“分经之年与传之年相符”,说明当时仍然经传分别单行,他参考已被广泛认同的《公羊传》所载经文,故《左传》所载经文也有这样的割裂。①总之,毛奇龄批评《公》《谷》并认定“春王”和“三月”本是一条,无疑是正确的。

《春秋》襄公四年:“夏,叔孙豹如晋。”

《毛氏传》:“此不知何事如晋,《左氏》以为报知武子之聘。夫荀罃来聘在元年冬,迄今已四年矣。中间孟献子会晋于戚,又为晋城虎牢,又公亲如晋,及归又如晋会鸡泽,又叔孙穆子为晋盟诸大夫,岂有至此未报聘者?况《左氏》于‘荀罃来聘’下明曰:‘凡诸侯即位,小国朝之,大国聘焉。’荀罃之来,大国聘也;公之如晋,小国朝也。夫朝即报聘矣。《左氏》自为例而自叛之如此。吾但知有经而不知有传,夫然后夫子之《春秋》见焉。然则经之没于传也不既多乎?”

按:毛奇龄列举经传所载鲁君如晋、鲁臣参加晋人主持的活动,认为“叔孙豹如晋”不知为何事,而不相信《左传》所说“报知武子之聘也”,由此得出《左传》也不可尽信的结论。也就是说,解读孔子《春秋》,也不可全据《左传》。其实,《左传》所释此事未必有误。

①详参晁岳佩《春秋三传要义解读》中的“春王三月”,国家图书馆出版社,2008 年版。

第一，尽管在三年多的时间里鲁国君臣与晋多有交往，实无专门报聘的记载。毛奇龄把鲁襄公如晋看作报知罃之聘，是不对的。大夫往见曰聘，君主往见曰朝。凡朝，都是小国君主讨好大国之举，例无大国君主报朝者。凡聘，都是大夫往见他国君主，属于对等的友好交往，根据礼尚往来的原则，他国大夫也要回聘以报。《左传》中多有报聘记载，但绝无以朝报聘者。朝和聘是不同规格的交往。

第二，毛奇龄所谓"公之如晋，小国朝也"，是误读了《传》文。《左传》襄公元年："冬，卫子叔、晋知武子来聘，礼也。凡诸侯即位，小国朝之，大国聘焉，以继好、结信、谋事、补缺，礼之大者也。"是说有某国君主即位，大国来聘，小国来朝，是当时诸侯国之间交往的重要礼节。所谓大国来聘，指"卫侯使公孙剽来聘。晋侯使荀罃来聘"；所谓小国来朝，是指上一条经文："邾子来朝。"这是对鲁襄公即位的朝聘。毛奇龄把襄公三年的"公如晋"理解为"小国来朝"，明显是错误的。"小国来朝"是指其他小国君主来朝见即位新君，而不是即位新君往朝其他大国。"公如晋，始朝也"，是因襄公在位期间共五次朝晋，这是第一次，而不是作为即位新君的往朝。"公如晋"是为朝见晋悼公，而非报知罃之聘。

第三，自晋悼公即位以来，加强了与中原诸侯国的友好交往，鲁国也增多了与晋国的联系。正如孟献子所说："以敝邑介在东表，密迩仇雠，寡君将君是望，敢不稽首?"鲁人为抗强齐，也有意讨好晋国。朝聘是重要讨好方式。朝意味着臣服，聘意味着贡献财物礼品。从这个角度说，"叔孙豹如晋"，正是近期讨好晋国的一个例证，或以报知罃之聘为借口。

当然，我们在这里重点讨论的应是毛奇龄对《左传》的态度。在《春秋毛氏传》卷首，毛奇龄在充分强调《左传》价值的同时，也指出其对解经的不足：一是因"策书缺落"，"左氏以己意补之，即与经悖"，如此条；二是未能正确理解孔子《春秋》之意，"故文、宣以后，夫子所责唯晋、楚，而《左氏》特取晋事而铺张之：祁奚举贤，魏绛戮仆，作人求善，表章无剩。以至晋悼之恶，三出而制于楚者，反称'三驾而楚不能与争'。甚至借仲尼之言以褒晋大夫宣孟忠良，不绝于口。究之定、哀以后，纯记赵简子之事为赵史，而世固未之察也。"毛奇龄认为，《左传》于中期以后记晋、楚事多，是因作者拥有的材料"但得晋、楚二史"。此说有识。但在整体上，毛奇龄对《左传》所载不可尽信的批评不够有力。

综上所述，毛奇龄对待三《传》的基本态度是：《左传》所据为"策书"，"策书"是为释"简书"而作，故解《春秋》只能依据《左传》。但由于"策书"有缺落，左丘明或编造材料，或解以己意，故所释也不可尽信。公、谷为"秦、汉间人"，所释多为道听途说，基本没有可信之处，所释"陋例"更为穿凿附会。毛奇龄对三《传》的看法决定了他解说《春秋》的方法和方向。

三、毛奇龄对礼制、史事的精彩考证

毛奇龄认定《春秋》所载无非礼制，无非史事，故多从礼或事的角度解说《春秋》。毛奇龄是大学问家，知识渊博，且善于发现问题，又有非凡的分析、考辨与论说能力，故《春秋毛氏传》中有许多精彩或给人以启示的礼制、史事考证。兹举几例以见大概。

《春秋》桓公八年："祭伯来，遂逆王后于纪。"

《毛氏传》："此王后，桓王后也。桓之八年当桓王之一十六年。岂有天子立一十六年而始娶后者？此必再娶可知也。第《公羊》曰'诸侯一娶九女'，又曰'诸侯不再娶'。考之三《礼》，并无其文，唯《白虎通》《王度记》皆曰'天子、诸侯一娶九女'，亦曰'天子、诸侯不再娶'，此本袭《公羊》之说而加'天子'于其上者。如是，则此年逆后在三《传》诸家皆宜有初娶、再娶之辨。而自杜氏、何氏、范氏及孔氏诸《疏》，皆顺文解义，依回蒙溷，并不敢道及一字。

"及观襄十二年灵王求后于齐，齐问晏桓子以答婚之词，至十五年而刘夏随单靖公至齐逆后，考其年，则灵王十四年也。十四年娶后与十六年娶后，皆非初娶。况《史·世家》云：'周惠王崩，子襄王立。襄王母早死，其后母曰惠后，生叔带，有宠于惠王，而襄王畏之。'夫'后母'非再娶乎？(《左传》襄王称惠后曰'先后'，适子称后母'先后'，明非媵姒继室者。)且襄王以翟师伐郑，有德翟氏，遂立翟女为王后。夫后可再立，即再娶也。何也？襄王曾娶姜任矣，翟女非姪娣，必非在宫而升立之者(《周语》：'无以翟女间姜任。'谓有姪娣在也)。

"若诸侯再娶，尤复多有。庄元年齐襄娶王姬，十一年齐小白又娶王姬，皆非初娶。如曰'诸侯不再娶'，则王室虽卑，岂有越祖制而甘媵侯国之理？若昭二年晋平公娶齐女少姜，是时晋平已一十八年矣，其所娶者或异姓之媵(古诸侯娶女，异姓为媵，如晋将嫁女于吴，齐侯使析僖女媵之类)，或同姓姪娣，而待年于国(同姓以姪娣从，其幼者待年于国，如'叔姬归于纪'类)，皆未可知。何也？以当时曰'非伉俪'可疑也。至三年齐请继室于晋，晋平复娶之，其答请继词有云：'寡君不能独任其社稷之事，未有伉俪，若惠顾敝邑，抚有晋国，赐之内主。'则明是再娶为夫人之语。

"予尝疑隐公居摄一事，谓惠公元妃孟子早卒，重娶宋武公仲女为夫人，此即是适，故桓为适子，而隐以长庶居摄，此是典例。乃胡氏痛诋，谓

‘以妾为妻，以庶为适，三纲沦，九法斁，人望绝’，责隐、责惠、责天王，无所不至。予间引庄公再娶孟任、立子般事以解之，以为桓公与子般，隐公与闵、僖，两两相似，而季友立子般而见褒，隐公让桓公而见贬，颇为不平。既而念子般之事尚有未合（惠公元妃孟子死，庄公夫人哀姜未死，则桓为适，子般尚非适也），惟是诸侯可再娶，再娶即适，适则其子可为储。千年之疑，一旦顿释。

“夫天子、诸侯既无成礼，其‘不再娶’一语，又未尝杂见于三《礼》之文，所藉《春秋》一书周礼尽在，而乃遍考之，而必无其事，则其言诞矣。先仲氏曰：善解经者，当以传解经，不当以经解传。予谓善解经者，当以经解经，并不当以传解经。夫传尚不可解经，而况于儒说？则吾得援《春秋》礼例而独断之曰天子、诸侯皆再娶，岂为过也？”

按：《春秋》庄公十九年：“秋，公子结媵陈人之妇于鄄，遂及齐侯、宋公盟。”《公羊传》：“媵者何？诸侯娶一国，则二国往媵之，以姪娣从。姪者何？兄之子也。娣者何？弟也。诸侯一聘九女，诸侯不再娶。”《公羊传》根据经文中的一个“媵”字阐释出了《春秋》关于诸侯婚制的原则。按照这种原则，诸侯一次娶九女，此后不再迎娶夫人。不论此说是否符合《春秋》本意，但所释媵制成为权威说法，也是后世陪嫁制度的理论源头。“诸侯不再娶”作为《春秋》大义，即圣人垂教君主的婚制原则，也得到了广泛的认同，后世皇帝也鲜有另娶皇后者。历代《春秋》学者也无人对此提出异议。

毛奇龄则认为此说不合于周礼，周礼允许天子、诸侯再娶。毛奇龄在此所说周礼，既非今本《周礼》，也非《仪礼》《礼记》，他认为周礼散亡，只保存在《春秋》之中。他在此所指《春秋》，实包括《左传》（详说见下文）。因此，他遍考《春秋》和《左传》，指出周桓王、周灵王、周惠王、周襄王、齐襄公、齐桓公、晋平公、鲁惠公、鲁庄公都曾“再娶”，说明这是符合周礼的，当时并无“天子、诸侯不再娶”的规定。毛奇龄指出，“诸侯不再娶”是《公羊传》独有的说法，并不见于其他礼书，《白虎通》《王度记》所谓“天子、诸侯不再娶”，不过是袭用《公羊传》又加“天子”而已。毛奇龄的这段考证非常精彩，充分证明了春秋时期没有“天子、诸侯不再娶”的原则，此原则不过是《公羊传》的一家之言而已。

但是，毛奇龄的考证和结论也不无可议之处。第一，他说孟任是庄公“再娶”，此说不对。《左传》用一个“初”字记载庄公娶孟任之事，属于历史追述。庄公答应立孟任为夫人，孟任才从了庄公。据此，此事应在庄公正式娶夫人之前。庄公二十四年娶哀姜，时已三十七岁，此前定有夫人，当是孟任。孟任或死或废，《左传》未载。据此，哀姜属于“再娶”。第二，“天子、诸侯不再娶”，不论是否合于周礼，得到后世普遍认同,是有道理的。这个原则在本质上是为君位传承原则服务的。“立适以长不以贤,立子以贵不以长”,嫡长子继承制的核心是首先明确嫡子有继承君位的优先权。因此,明确谁是嫡子是最重要的。若天子、诸侯一生只娶一位王后或夫人,其生子即为嫡子,若“再娶”或三娶,则所生皆为嫡子,选择君位继承人就会增加很多麻烦,同时也为兄弟争夺君位留下了空间。《公羊传》表述的嫡长子继承制和“诸侯不再娶”,都是为避免君位传承出问题而设计的,而君位传承出问题历代都有,所以它得到了普遍认同。按照毛奇龄的结论:“唯是诸侯可再娶,则再娶即嫡,则其子可为储。”虽然这是春秋时期的普遍现象,若作为原则行之后世,君位传承还会出更多的问题。毛奇龄的结论可视为优秀科研成果,但未必适合作政治理论。研究《春秋》,阐释出可以操作的政治理论才是终极目标。

《春秋》闵公二年:“夏五月乙酉,吉禘于庄公。”

《毛氏传》:“吉禘者,丧毕既吉,所以致新主,祧远主,合食太祖而审谛昭穆之祭也,本谓之袷祭。然以合食言则谓之袷,而以谛亲言则谓之禘。盖天子七庙,自祢、祖、曾、高而上,复有高祖之父、高祖之祖二庙,《祭法》称为二祧,以昭穆之祧从此二庙始也。其所祧之主则另有迁庙藏之。《曾子问》所谓‘七庙无虚主,别有迁庙主可备出载’是也。诸侯五庙亦然。故先君新主将入祢庙,则必祧昭于上,而后可附穆于下。因之合六庙之主升食太祖以审谛所亲,谓之吉禘。但丧毕即吉,必在二十五月之后(二期裕一月)。今庄公以三十二年八月薨,至此年五月止二十二月,故《传》以速讥之。

“杜氏以‘于庄公’谓别立庄庙,此袭《公羊》无据之言。而胡氏谓‘禘是禘所自出’,则误以五年之禘为丧毕之禘;又谓‘四时之禘为礼文错失’,则又误以礿禘之禘乱吉禘之禘。殊不知禘名有三,毋容溷也。且周礼散亡,三《礼》皆后起之书,不足深据。乃陋儒无学,反有执三《礼》以绳《春秋》者。如鲁有吉禘,明是周礼,胡氏必强引《礼运》孔子曰‘鲁之郊禘,非礼也’一语,谓鲁不宜禘;又引《祭统》云:‘成王以周公为有勋劳于天下,赐鲁重祭。’似乎鲁之有禘因赐而得之。则襄十六年《传》晋人答穆叔有云‘以寡人之未禘祀’,谓晋悼初薨,斯时尚未吉禘也,是晋亦有禘。孔子身作《春秋》,未闻曰‘晋之吉禘,非礼也’何与?是岂唐叔封晋,亦有勋劳,成王曾赐之与?周末儒者窃引夫子及游、夏之徒杂说成《礼》,原有茫然不经读《春秋》者。胡氏既传《春秋》,则当通《春秋》全经全传而备观之,而亦茫然不一读何也?……禘礼有三:禘所自出,则唯王有之,鲁亦有之；吉禘、祫禘，则不唯鲁有之，凡列国诸侯皆有之。此核之《春秋》，旁证之三《传》及《论语》诸书而皦然者。故曰‘周礼尽在鲁’，此周礼也。”

按：关于禘、祫为一为二，历代《春秋》学者及清代专门治礼者讨论很多，但似乎一直没有定论。宋胡安国引《礼记·礼运》及《祭统》之言，即鲁之郊、禘为成王特赐之说，得到大部分学者认同。毛奇龄通过考《左传》，指出晋也有禘祭，因此否定禘祭为鲁国特权说。另外，毛奇龄认为禘祭分三种，但考证明显不足，没有很强的说服力，且似有强词夺理之嫌。不过，毛奇龄为强调己说，认为“三《礼》皆后起之书，不足深据”，是“周末儒者”窃引杂说而成，并且反对“执三《礼》以绳《春秋》”，颇能给人以启发。

毛奇龄说“周礼散亡”，这是“礼坏乐崩”说的延续，符合传统观点。其实，历史上是否真正形成过如后人所设想的有完整体系的周礼，因周初原始文献传世太少，难以确切证明。故论述周礼者，往往引三《礼》为据，是无可奈何之举。毛奇龄认为三《礼》“不足深据”，也是非常有道理的。毛奇龄认为三《礼》为“周末儒者”所作，“周末儒者”当指战国时人。其实，三《礼》的成书应该更晚。毛奇龄认为不能据三《礼》研究《春秋》礼制，实为有识之见。三《礼》应该是后人在先秦文献基础上，增加大量主观意见而作成的，用它论定春秋时代礼制的正确与否，显然是本末倒置。

毛奇龄根据《左传》昭公二年所载韩宣子所谓“周礼尽在鲁矣”一语，或者也受杜预所谓“凡例皆周公所制旧典礼经”的影响，认定《春秋》（实指《左传》）所载就是周礼，则明显难以成立。所谓周礼，应指周人之礼，按照传统的说法，应是文、武、周公制定的一套制度。而春秋时代被认为是礼坏乐崩的时代，《左传》所载应是礼坏乐崩的证据，怎能说这就是周礼呢？毛说难通。但是，如果撇开周礼说，毛奇龄的意见还是可取的。不受三《礼》约束，客观归纳《春秋》《左传》相关礼制记载，或可得出内容相当丰富的春秋时代的礼制。它不一定是周礼，但肯定也不是汉礼。这是毛奇龄给我们的启示。

《春秋》僖公二十六年（春）：“齐人侵我西鄙。公追齐师至酅，弗及。”

《毛氏传》：“齐、鲁自长勺、乘丘诸战后，相安至今，此何以突见侵伐？尝以经考之：齐桓卒时，宋师纳孝公，而鲁曾兴师以距之，以孝公之弟公子潘其后继孝公为昭公者，本娶鲁女为妻，故鲁争立之，前十八年经书‘师救齐’者是也。至是孝公来修怨，而公追逐之。酅者，齐地，盖逐之出境也。诸传不顾经，因不识见侵之由，第于书‘人’书‘师’哓哓置辨。夫‘齐人’者，齐大夫也；‘齐师’者，齐大夫所帅之师总称也。此见予隐元年传，条例甚明。自陋者创为'人寡称人''人众称师'之说,则此既称'人'又称'师',多寡杂出,为不可通。于是《谷梁》谓'人本微者,而以我能追故称师以大之',而胡氏又谓'齐先以少诱我故称人,既而伏其众以邀我故称师'。殊不知《春秋》书法,'人''师'并见者甚多,并无义例。前二十二年'宋人及楚人战于泓,宋师败绩',后二十八年'晋侯及楚人战于城濮,楚师败绩',此岂战时人少、败时人反多耶?抑岂战时以少诱之、败时反以多邀之耶?何悖诞至此!"

按:毛奇龄这段《传》文讨论了两个问题,论述都很精彩。第一,齐人为何伐鲁?毛奇龄纯粹从历史的角度予以分析。在齐桓公即位初年,因鲁人支持鲁女所生公子纠与公子小白争位,故齐、鲁之间有长勺、乘丘诸战事。自齐桓公称霸之后,鲁庄公、僖公都不断参加其主持的会盟征伐,在三十余年间,齐、鲁间未有战事。齐桓公于鲁僖公十七年去世,诸公子皆求立,因兄弟争位,齐国政局长期不稳。《春秋》文公十四年:"齐公子商人弑其君舍。"《左传》:"子叔姬妃齐昭公,生舍。"毛奇龄据此说公子潘(即齐昭公)"本娶鲁女为妻",故鲁人在齐诸公子争位时支持公子潘,当宋人按照齐桓公遗愿武力护送公子昭(即齐孝公)回国继位而伐齐时,鲁师救齐,旨在阻止公子昭,为公子潘继承君位创造条件。毛奇龄认为,此次"齐人侵我西鄙",仍是上述事件的延续,"孝公来修怨",即报复鲁人对其回国继位的阻挠。此说虽无直接材料证明,但毛奇龄的分析却合情合理,虽属推论,却也有很强的说服力。前人未有及此者。

第二,经文既称"齐人",又称"齐师",有无深刻内涵?毛奇龄首先认定,《春秋》称"人"、称"师"在本质上没有区别,都是指大夫所帅之师,然后对"人""师"义例说进行批评。毛奇龄所谓"陋者"创为此说,实指《公羊传》。《春秋》隐公五年:"秋,卫师入郕。"(郕,《公》作盛)《公羊传》:"曷为或言率师,或不言率师?将尊师众,称某率师;将尊师少,称将;将卑师众,称师;将卑师少,称人;君将不言率师,书其重者也。"这是把《春秋》记载军队的称谓归纳为四种方式,并界定每种称谓之间的区别。这就是所谓例,即《春秋》书法原则。《谷梁传》:"将卑师众曰师。"明显是袭用了《公羊传》。于此条经文下,《谷梁传》释曰:"人,微者也;侵,浅事也。公之追之,非正也。至嶲(《左》作'酅'),急辞也。弗及者,弗与也。可以及而不敢及也。其侵也曰人,其追也曰师,以公之弗及,大之也。弗及,内辞也。"其意为,首先,《春秋》首称"齐人",说明"将卑师少",帅师者地位卑微;《春秋》用"侵"字,"苞人民,驱牛马曰侵"(见隐五年《传》),说明是小规模骚扰。圣人如此书写,意在暗示鲁僖公追之"非正"。也就是说,此事属于边境小摩擦,圣人不主张国君亲自帅师参与。此为《春秋》垂教后世之义。其次,《春秋》书"至嶲",表明僖公心情急迫;书

“弗及”，实是说不敢与齐人战，本可以追及而不敢追及。圣人意在批评僖公怯敌。又次，《春秋》记“侵”称“人”，记“追”称“师”，圣人意在放大此事，突出僖公追敌之功，以此体现对本国君主的尊重。同时，本是不敢追，却说成是没有追上，“弗及”属于“内辞”，即为国君讳耻之辞。毛奇龄还引了胡安国《春秋传》在《公》《谷》基础上对此经的解说。最后，毛奇龄考《春秋》既称“人”又称“师”的相关经文，指出与谷、胡之《传》不合，证明“《春秋》书法，‘人’‘师’并见者甚多，并无义例”。毛奇龄的这节考证也很有说服力。若此说成立，诸《传》据此所阐释的《春秋》大义全部归零。

《春秋》成公元年：“三月，作丘甲。”

《毛氏传》：“前断道之盟，晋侯以齐侯不至，邀卫伐齐。时宣公与盟，而又使公孙归父求好于晋，齐实怨之。至是，将伐我，而我为预备，因作丘甲。《传》所谓臧宣叔令‘修赋、缮完’，正谓修此兵赋也。但‘丘甲’不可解，在诸书俱无明文，唯杜氏引《周礼》并《司马法》作解，似乎可据，然犹有未合者。

“据《周礼》：‘九夫为井，四井为邑，四邑为丘，四丘为甸。’则丘者十六井，甸者六十四井也。而《司马法》则云：‘四邑为丘，丘出戎马一匹，牛三头；四丘为甸，甸出长毂一乘，戎马四匹，牛十二头，甲士三人，步卒七十二人，戈楯备具。’谓之乘马之法。今鲁以用兵之故，增益兵赋，以一甸所赋之车责之一丘，故曰‘丘甲’。则无论国家增赋必正多加少，若以四丘之车而责之一丘，则四倍加赋，定无是理。乃即《司马法》，而《周礼·小司徒注》所引与此不同，彼以百井为成，成出革车一乘，甲士十人，徒卒二十人。其出车之井与甲士、徒卒数俱不合。且此《司马法》者非他，即齐景公时司马田穰苴所著书也。穰苴变齐法，改管仲内政，并非周制，且其人在昭、定之间，成公此时尚未有此法也。况出车与出甲截然不同。

“古赋车之法不传，其散见诸书者，大抵乡遂赋人，都鄙赋车，而甲楯诸器则皆官制而官给之。如《周礼》司甲、司兵，当出军时皆颁自司马，名曰授兵。及其还军，则仍收之官，名曰受兵输。凡弓矢戈楯皆如之。则是车是车，甲是甲。《春秋》凡出车名曰赋车，成二年《传》‘群臣赋舆’、襄二十五年《传》‘赋车兵’是也。出甲谓之授甲、受甲，昭二十年‘陈桓子授甲’、闵二年传‘狄入卫’，‘卫人受甲者皆曰使鹤’是也。未有出车而可名出甲者。自《春秋》之季，将变车战，晋魏舒毁车而为行；吴以百行为万人，带甲三万；鲁三家将作三军，亦愿毁其乘以作行。兵而行，必带甲。如成十八年晋胥童'率甲八百'以攻郤氏,襄二年楚婴齐'率组甲三百、被练三千'以伐吴,《国语》'吴有水犀之甲三千'。即宋、郑小国,宋景公卒,大尹兴'空泽之士千甲';郑讨西宫之难,子孔'以其甲',与子革、子良之甲相为防守,则其时之崇卒而尚甲为何如者!是以管仲作内政,首修甲兵,其有不足,则使有罪者以犀甲、鞼盾赎罪。而楚蒍掩为司马,使子木赋甲兵,且赋甲楯之数。则是列国用甲,各为定赋。

"而鲁以外备齐难,亦令赋甲,使每丘出甲若干,勒以为制,谓之'丘甲'。盖赋以丘为准,如鲁定田赋,孔子曰'以丘足矣',亦谓丘有十六井,可相准耳。其后鲁各有甲,定十年围郈,'以叔孙氏之甲出于郈门',哀十一年齐师伐我,有'季氏之甲七千',皆以是也。"

按:关于"作丘甲"的具体内容,历来治《春秋》者多有讨论,也多以杜预所引《周礼》及《司马法》为基础,终因材料有缺,论者只能凭主观推论,故难以定论,至今仍是歧说纷纭的难题。毛奇龄此节考证,即为此作。

毛奇龄首先从史事背景入手,认定"作丘甲"是鲁人为御齐难而制定的一项措施,属于加强战备。如此定性,是正确讨论此事的基础。

其次,毛奇龄也以杜预说为基点展开讨论,既说杜解"似乎可据",但又指出"犹有未合者",接着论证杜说的不合理之处,并由此得出自己的结论。一、一次加赋四倍,"定无是理",即不符合一般增赋原则。此为理证。二、现存《司马法》的两段文字说法不同,难以其中一说为准。三、《司马法》成书于鲁昭、定之间,在"作丘甲"之后很久,且属于齐国变法改革,而不是对传统周制的表述,故不可据以解释"作丘甲"。四、甲属于兵器,据《周礼》,兵器皆由官府制作,战时发给战士,战后上交武库。也就是说,战车、牛马、战士皆属于"赋车"范围,是向民间征收的,而甲等兵器由国家制造并供给战士使用,是不必向民间征收的。因此,"作丘甲"与《司马法》所记赋车没有关系。五、"作丘甲"应是鲁国赋甲即向民间征收甲的开始,这是由"春秋之季将变车战"为步兵的大背景决定的。毛奇龄于此收集了《左传》和《国语》中的有关记载,努力证明这个大背景的存在,"则是列国用甲,各为定赋"。六、在上述大背景下,鲁国为了"备齐难,亦令赋甲,使每丘出甲若干",在此之后,赋甲成为定制,称作"丘甲"。也就是说,所谓"作丘甲",就是制定每丘出甲若干的制度。毛奇龄征引《左传》的两条材料,证明鲁国此后三家各有甲士。

最后,毛奇龄顺便对《谷梁传》和胡安国《春秋传》的说法给予了批评,未予征引。

总括毛奇龄的这节考证,可以看出他的思路非常清楚,从背景分析到材料引证,都给人一种有理有据的感觉,基本上没有常受诟病的强词夺理。至于赋甲与赋车是否为二，以及“作丘甲”是否就是规定每丘出甲若干，由于缺少直接证据，恐怕也难以成为定论，但至少这是歧说纷纭中较为合理的一种说法，可以给后人以启示。

《春秋》隐公八年：“冬十有二月，无骇卒。”（“骇”，《谷梁传》作“侅”。）

《毛氏传》：“无骇，鲁大夫，见前。史例：君薨必书；他国君薨，则因其来赴而后书之；若公族大夫，则有卒有不卒；其卒也，有氏有不氏，有月日、不月日，皆鲁史旧文而夫子存之，并无笔削于其间者。如此‘无骇卒’，不冠以氏，与书翚、书柔、书溺例同；但书‘某卒’，与下九年书‘挟卒’例同。乃从来谓不书公子以未赐氏故，则翚、柔、溺、挟岂俱未赐氏者乎？且氏，非尽人可赐也。据《周语》曰：‘帝嘉禹德，赐姓曰姒。’而《正义》谓‘有大功德然后赐氏，否即不赐’。则《春秋》公族亦无几人可赐氏者。况明明弑逆，公然有氏。鲁之东门，始于襄仲，卫之公父，肇自定叔，此是谁赐，而历历称之？且鲁多公族，臧孙、叔仲、公父、子服，未必皆出公赐也。大抵先公之子则为公子，公子之子则为公孙，公孙之子则或从父字，或从父谥，或从官、从邑，而自立为氏。

“故天子赐姓，亦言天子而下唯诸侯有姓，故云赐姓，如鲁姬、齐姜、杞姒、宋子。唯诸侯百世不易，而他皆更氏，则诸侯之不更氏一若天子所赐者。若必真有谁赐，则齐、陈、鲁、卫，有谁赐姓？昭八年《传》谓‘胡公不淫，因赐之姓’。则陈之姓妫，《史·世家》明云‘由舜居妫汭’，而早以为氏，未闻入周始姓妫也。若《晋语》谓‘伯夷，炎帝之后，赐姓曰姜’。则炎帝本姜姓，何待伯夷始赐之？

“至于诸侯赐氏，则亦唯宗卿大夫始得有氏，一如诸侯之赐之者。故鲁桓三子，称为‘三桓’，而公子公孙之后皆得以父字为氏，父字仲庆，则为仲孙；父字叔牙，则为叔孙；父字季友，则为季孙（字有二义：一是加冠之字，如臧氏、展氏是也；一是长幼之字，如仲孙、叔孙是也）。此皆遵旧例而自为更之。若必赐而后有氏，则赐氏必在身后，何以仲孙、叔孙在生前皆得称之？乃自氏而又分之则谓之族，如仲孙之为南宫，叔孙之为公若，季孙之为公父，不一而足。故孔《疏》谓‘合之为族，而分之为氏’，则殊不然。姓分而为氏，氏又分而为族，未闻族反合而氏反分者。高阳一氏而分十六族，晋叔向曰‘肸之宗十一族，唯羊舍氏在而已’，则由姓而氏，由氏而族，遍考历然。今无骇不知为何公之子，何公之孙，而史偶不氏，本是史例，而《左氏》必以‘未赐氏’为言，遂记其赐氏一节以为左证。……《左氏》记事极可据，而一当解经，则十有五六误者，况生千百世后，而尚欲舍经而就我，可乎？”

按：《左传》隐公八年：“无骇卒，羽父请谥与族，公问族于众仲。众仲对曰：‘天子建德，因生以赐姓，胙之土而命之氏。诸侯以字为谥，因以为族。官有世功，则有官族。邑亦如之。’公命以字为展氏。”这节《传》文主要表述命族或称赐族问题。《春秋》称“无骇”，应是称名，未见其为何族，与桓公后记鲁国大夫多称族不同。《左传》作者认为，此人为后世鲁国展氏之祖，其族称为隐公所命。这就带来一个问题：《春秋》中提到的卿大夫族称，如臧孙氏、季孙氏等，是否都是君主所命，或谓君主所赐？如果再深一步，这个问题可以演变为：春秋时期是否存在普遍的诸侯赐族或称赐氏制度？这是一个前人很少深入讨论的大问题。

毛奇龄首先认定，《春秋》书“无骇”，与书“翚”、书“柔”、书“溺”一样，都是鲁史旧文，沿用的也是史书旧例，其中并无孔子笔削之迹。也就是说，这里面没有孔子垂教后世之义。换言之，在此只需讨论史的问题，而无需讨论义。毛奇龄引证《国语》和孔《疏》关于“有大功德然后赐氏”的原则，指出《左传》所载显属有弑君大罪者也称氏，明显与此原则不符。这是从反面论证赐氏制度不成立。毛奇龄认为，《春秋》《左传》所载公族很多，“未必皆出公赐”。也就是说，毛奇龄认为春秋时并无赐氏制度。他认为，公子公孙体现着公族，公孙之子“或从父字，或从父谥，或从官、从邑而自立为氏”，这就是某氏、某族的形成源头。毛氏这种认识等于完全否定了《左传》所谓“诸侯以字为谥，因以为族”的诸侯命族说。

毛奇龄认为，所谓天子赐姓、诸侯赐氏，其实都是人们产生的错觉，并不存在这样的制度。鲁为姬姓，齐为姜姓，陈为妫姓，其姓皆非天子所赐；鲁国三桓皆是以其父之字为氏，也非鲁君所赐。毛奇龄认为，《春秋》书“无骇”本是承袭了旧史记事之例，《左传》作者误以为是因“未赐氏”，故有此节文字，其实是误解。毛奇龄认为，《左传》虽“记事极可据”，但解说经文“十有五六误者”，这是其中之一。且不论毛奇龄对《左传》的解经评价是否正确，就其对赐氏说的考证而言，实有振聋发聩之效。

天子赐姓，诸侯赐氏，在《左传》《国语》中都有显证，且被后人广泛接受，毛说是在挑战。但细思其说，又感觉十分有道理。天下诸侯之姓皆承远祖，而远祖之姓又多与居住地有关，何来天子赐姓？就鲁国称氏大族而言，其氏多与排行或父祖名、字有关，晋国各大族之氏则多用采邑地称，宋国大族也多与父、祖的名、字有关，难道都是国君所赐？《左传》说“诸侯以字为谥，因以为族”，但鲁、晋、宋、郑等国的卿大夫，似乎鲜有字与谥一致者。如文、武、宣、献、成、桓等谥称最多见，但以此为字者极少。更重要的是,《左传》中似乎没有以谥号为族称的私家大族。《左传》此说显然难以凭据,毛奇龄的批评很有道理。有人以"谥"为"氏"之误,或然。当然,《左传》所载隐公命无骇后人为展氏,可能只是一次偶然事件,众仲将其表述为一种制度则是错误的。

按照毛奇龄的结论,我们似乎可以对至今仍有争论的"天子建德,因生以赐姓"给出新的解释:天子分封诸侯时,诸侯生于何姓,则赐以何姓。也就是说,诸侯之姓,其实就是其祖宗之姓,所谓"赐姓",其实是承认其姓。另外,毛奇龄认为各氏俱为"自立",这种说法或仍不到位。如公子遂为东门氏,是因居于东门;三桓后裔称仲、叔、季,是因其始祖的排行,叔仲氏亦然;臧氏则源于始祖之名。此类氏姓,与其说是其自立,不如说是由别人的称谓沿袭而成。如"东门遂",应是当时人对公子遂的另一种称呼,定不是其自称,其后人则因此被称为东门氏。仲孙、叔孙、季孙之氏也应是如此形成的,既非国君所命,也不是"自立为氏"。

综上所述,可见《春秋毛氏传》有以下特点:

第一,认定《春秋》是孔子据史官所作"简书"而修,《左传》是左丘明据史官所作"策书"所修,二者同为史书。

第二,否定前人以"义例"解《春秋》的方法,认为《春秋》之义并不在于字句、称谓及时月日之间。毛奇龄提出《春秋》"四例"说,本质上仍是强调以史解《春秋》。

第三,认定《公羊传》和《谷梁传》为"秦汉间人"作,记事多为道听途说,所释书法多为"陋例",故不值得批驳,旨在强调解《春秋》必据《左传》。

第四,因"策书"有散佚,《左传》中有许多内容为作者造说,也不可尽信,且释经多误,故该书对《左传》也多有批评。

第五,除据《左传》简述《春秋》史事外,该书内容多为对史事和礼制的考证。作者既善于发现问题,又博学多识,思路清楚,故所作考证多有创建,发前人所未发。考证成果是该书最大的贡献。同时,毛奇龄过分追求创新,许多论点也不无可议之处,甚至有一些明显的错误。

另外,本文没有作具体论述的该书特点尚有以下几点:

第一,宋胡安国《春秋传》是毛奇龄在该书中的主要攻击对象,反映着清初大学者们批评宋学的共识。

第二,《毛氏传》中有很多长篇大论的分析考证,与以前的《春秋传》等解经著作有明显区别,实启《春秋》学研究中的考据之风。

第三,《毛氏传》中也有征引贾逵、服虔等汉人观点之处,但多谓其误,作为毛奇龄批评的对象。毛奇龄解《春秋》并不推崇汉学。与此相联系,《毛氏传》对杜《注》、孔《疏》的征引,多数作为正面论述,毛奇龄对他们的批评很少。这个特点,与洪亮吉《春秋左传诂》和章太炎《春秋左传读》明显不同。毛奇龄似乎不太重门派站队。

第四，毛奇龄对史事、礼制的分析考证，大多数属于讨论重大问题，少部分是前人很少论及的新发现，但几乎没有对人名、地名、字词、月日等琐碎考证，与乾嘉时期的许多学者明显不同。

第五，《毛氏传》中基本没有对夷狄问题的讨论，更不阐释《春秋》攘夷之义。这是时代特色。

总之，毛奇龄解《春秋》虽不无可议之处，但就整体而言，毛奇龄无愧于《春秋》学大家之称。

第二节　顾栋高《春秋大事表》

顾栋高（1679—1759），字复初，号震沧，江苏无锡人。康熙六十年（1721）进士，授内阁中书。“雍正癸卯岁蒙恩归田”。《春秋大事表》是其代表作。

一、《春秋大事表》的成书及作者对《春秋》学的理解

顾栋高在《春秋大事表·总叙》中自述成书过程。“十一岁时，先君子静学府君手抄《左传》全本授读，曰：‘此二十一史权舆也，圣人经世之大典于是乎在，小子他日当志之。’”由此可知，《左传》是顾栋高少年时期已接受的家学，其父对《左传》的高度评价必然会对他的《春秋》学研究产生影响。《春秋大事表》的主旨，可谓渊源有自。“蒙恩归田”后，“谢绝势利，乃悉发架上《春秋》诸书读之，知胡氏之《春秋》多有未合圣心处。盖即开章‘春王正月’一条，而其背违者有二：其一谓‘《春秋》以夏时冠周月’，是谓夫子以布衣而擅改时王之正朔也；其一谓不书即位为‘首绌隐公以明大法’，是夫子以鲁臣子而贬黜君父也。其余多以复仇立论，是文定之《春秋》而非夫子之《春秋》。”由此可知，一、顾栋高被免官后始潜心研究《春秋》学，时已四十五岁。二、顾栋高对南宋胡安国的《春秋传》极不满意，认为他释《春秋》违背了圣人垂教后世的尊王尊君主旨，大讲复仇更非圣人之意。这两点在《春秋大事表》中多有体现，批评胡《传》也最多。

“家贫客游，周历燕、齐、宋、鲁、陈、卫、吴、楚、越之墟，所至访求《春秋》地理，足所不至，则询之游人过客、舆夫厮隶，乃始创意为表，为目五十，为卷六十有四。”由此可知，顾栋高在辗转全国各地教书的历程中，不仅没有放弃《春秋》学研究，而且有意识地访求、考察《春秋》地理作为研究《春秋》所载史事的基础。正因如此，有关地理各表以及所附十三张地图，也是《春秋大事表》中价值最高的部分。在游

历过程中,顾栋高有了创作《春秋大事表》之意。该书共五十表,每表一卷,因有些表分若干分卷,如《春秋列国都邑表》有四分卷,分别称卷七之一至卷七之四,故顾栋高说“为卷六十有四”。本文所据为国家图书馆出版社 2009 年出版的《春秋战国史研究文献丛刊》所收清乾隆十二年(1747)锡山顾氏刻本,为《春秋大事表》最早版本,但书中内容顺序与顾栋高自撰《目录》已稍有不同。顾栋高说六十四卷,书中仍分五十卷;《目录》列一百三十一篇叙、论、辩、说、考于五十表后,刻本则置叙于各表之前,论、辩、说、考则分附于相关各表之后。顾栋高在《春秋大事表·凡例》中说:“是编凡为目五十,经始于雍正甲寅,断手于乾隆戊辰,历十五年。”雍正甲寅为十二年(1734)乾隆戊辰为十三年(1748)。由此可知,在该书刻版过程中,作者尚未全部完成书稿,《目录》和《凡例》当是此间所作,故与已经刻好的部分稍有出入。顾栋高在五十六岁时写作此书,完成时已是七十岁老人,此书实为顾栋高一生治学的结晶。《凡例》还说:“余于是编备极苦心,亦藉诸贤之力。氏族、世系、官制三表则辑于华师道,朔闰一表则经始于华生纬而师道订成之,十二图则华半江一人之力。参校不惮再三,则同里沈生岵瞻,及盐城夏生瀛、山阳杨生日炳之力为多。将伯之助,深为铭感,不敢忘也。”该书也含有顾门诸弟子的不少劳动。

用我们今天的标准看,《春秋大事表》显然属于历史学著作,但顾栋高本人是把它作为经学著作来写的,其中充分体现着他对《春秋》学的理解。《春秋大事表》卷首有《春秋纲领》一篇,顾栋高“备列欧阳修、朱熹、郑樵、黄震、吕大圭(积斋)、张自超(彝叹)及母舅华霞峰诸家之说,内容大致都是反对‘一字褒贬’或者抨击所谓义例的,……可以清楚地看出顾氏对《春秋》的理解”①。顾栋高对《春秋》学的理解,更多地反映在《春秋大事表》卷首的《读〈春秋〉偶笔》中。

顾栋高认为,《春秋》是圣人精心制作的经世大典。“如以为有笔无削,则《春秋》竟是一部钞胥,何足以为经世大典乎?”针对有些学者认为孔子作《春秋》多是照抄了鲁国旧史,并无删削修改,顾栋高认定《春秋》是孔子精心制作的“经世大典”,其中隐含着垂教后世的深意。“《春秋》一书,圣人特书以垂戒,为百王法,未有无故而书者也。”在对《春秋》性质的认定上,顾栋高与汉代以来的绝大部分《春秋》学者的认识并无二致。

顾栋高反对以例释经。自《公羊传》开创首先确立《春秋》写作原则,即后人所谓“例”,然后根据“例”阐释圣人对所记人和事的褒或贬,最后根据褒贬确认圣人的垂教后世之义,或称《春秋》大义,这种方法被《谷梁传》及以后的《春秋》学者普遍接受,学者之间的区别往往只是对“例”的不同认定。顾栋高则认为,“看《春秋》

①赵伯雄:《春秋学史》,山东教育出版社,2004 年版,第 635 页。

须先破除一例字”。“二百四十二年君、卿、大夫之贤奸善恶，千态万状，而欲执书名、书字、书族、书爵、书人、书灭、书入，及日、月、时等十数字以概其功罪，为圣人者亦太苦矣，不知下笔时费几许摇头苦吟，窜易数四，然后斟酌定此一字，作《春秋》不亦劳顿乎？如此几同俗吏之引例比律与鲰生之咬文嚼字。圣人心事光明正大，决不如此。《春秋》只须平平看下去，自如冈峦之起伏，世运十年而一变，或数十年而一变，圣人第因其世变而据实书之。”圣人既然不可能设计如此复杂的写作原则，那么一切所谓“例”自然都不合圣人之意，一切由“例”生出的义也都成为空中楼阁。否定《春秋》有“例”，使顾栋高与绝大部分《春秋》学者区别开来。

顾栋高认为应从王道衰微角度读《春秋》。《春秋》只是记载极为简略的史书提纲形式，如何“平平看下去”呢？顾栋高认为：“孔子谓自诸侯出、自大夫出、陪臣执国命，实一部《春秋》之发凡起例。”孔子之言见于《论语·季氏》：“孔子曰：天下有道，则礼乐征伐自天子出；天下无道，则礼乐征伐自诸侯出。自诸侯出，盖十世希不失矣；自大夫出，五世希不失矣；陪臣执国命，三世希不失矣。天下有道，则政不在大夫。天下有道，则庶人不议。”孔子认为，西周时期是“天下有道”的时代，春秋时期是“天下无道”的时代，而且是越来越“无道”，三个阶段依次递变。顾栋高认为，这就是孔子作《春秋》的总原则，读《春秋》者只需把握住这个原则，就可以理解孔子在《春秋》中隐含的大义，而无需从字句中寻求褒贬。因此，顾栋高赞同张自超的说法：“《春秋》非是维王迹，乃著王迹之所以熄。（此言）最得《春秋》之旨。”所谓“王迹”，源出《孟子·离娄下》：“王者之迹熄而诗亡，诗亡然后《春秋》作。”孟子认为《春秋》反映着王道衰落的历史，张自超继承了这种说法，顾栋高认同。按照这种理解，读《春秋》就是要理解王道衰落的过程及其原因。在这个过程中，天子有责任，霸主有责任，各国君主有责任，乱臣贼子要负主要责任。

顾栋高主张读《春秋》需因事见义。“孟子曰：‘孔子惧，作《春秋》。《春秋》天子之事。’盖孔子作《春秋》，天王亦在诛贬之列，然不过直书其事而自见。如隐公不朝聘天王，而王遣使赗惠公之妾；桓公弑其兄，而王追锡桓公命；文姜弑其夫，齐襄淫其妹，而王使鲁主王姬之昏。三纲沦，九法斁，昭然具见，初不必名宰咺、王去天以示贬也。故曰：‘《春秋》，天子之事。’桓、文亦假托其事者，故圣人亦有取焉。然齐桓之一匡、九合可取，而其灭谭、灭遂、降鄣之罪，不得为桓公讳也。晋文之勤王定伯可取，而其召王巡狩、擅执卫侯之罪，不得为文公讳也。盖《春秋》只列各人之供招罪状，未尝判断谓某人应得何罪，某人应丽何条。朱子云：当时只说张三打李四，李四打张三，未尝判定云张三应杖六十，李四应杖四十。”也就是说，《春秋》在整体上体现着“王迹之所以熄”的历史进程，只要把其中的人和事置于此大背景下，对照儒家倡导的各种行为准则，就可以体会出圣人的褒贬之意。从宏观历史的角度读《春秋》,领会圣人的褒贬之意,是顾栋高的特识。把“尊王”定为《春秋》主旨,是绝大部分《春秋》学者的共识;顾栋高认为“著王迹之所以熄”是《春秋》主旨,“天王亦在诛贬之列”,与他们明确区别开来。自朱熹说《春秋》“据事直书,其义自见”,凡主张用因事明义方法解《春秋》者,都强调通过详考《春秋》所载史事以明圣人垂教之义;顾栋高主张通过考查春秋史的演变,确定其中每人对“王迹之所以熄”过程中的责任,领会圣人的褒贬之意。

顾栋高认为《春秋》主旨是垂教后世防微杜渐。顾栋高在《春秋三传异同表》后附《春秋绝笔获麟论》中说:“夫《春秋》为天下无王作。臣弑其君,子弑其父,生人之道绝矣,故不得已而作《春秋》,汲汲乎别嫌明微,正定名分。”他认为,孔子作《春秋》的目的,就是为了重新确立君臣、父子之间的等级名分,使各自的行为准则明确起来,使疑者明,微者显,以此垂教后世。顾栋高在《春秋乱贼表》后附《孔子成春秋而乱臣贼子惧论》中又说:“圣人作《春秋》,盖有防微杜渐之道。…… 圣人尝自发其作《春秋》之旨于《坤卦》之《文言》曰:‘臣弑其君,子弑其父,非一朝一夕之故,其所由来者渐矣。’…… 人君知其渐而豫为之防,则无太阿旁落之患;臣子凛其渐而力为之避,则无功高盖主之疑。此则游、夏不能赞一辞,圣人独断于心而书之于策,以昭天下万世者也。此圣人作《春秋》所为拨乱世而反诸正也。”为后世的人君和臣子确立各自的行为准则,使王道复行于天下万代,是孔子作《春秋》希望达到的理想目标。这就是顾栋高所理解的《春秋》。虽然在理解《春秋》的方法上与其他学者有区别,但顾栋高对《春秋》作用的理解与别人并无不同。

顾栋高认为,《春秋》学为典制之源,关乎国家兴亡。《春秋》大义十分重要,但圣人并没有任何明确表述,需要读者自己领会。一旦阐释有误,就可能产生重大影响。顾栋高在《春秋阙文表叙》中说:“儒者释经,为后王典制所自起,国家善败恒必由之,可不慎哉!…… 如‘纪子伯、莒子盟于密’,本阙文也,习《公》《谷》者遂谓纪本子爵,后因天子将娶于纪,进爵为侯,加封百里,以广孝敬。汉世因之,凡立后,先封其父为侯,进大司马、大将军。封爵之滥自此始。”《春秋》隐公二年《左传》载经:“纪子帛、莒子盟于密。”“帛”,《公》《谷》作“伯”。顾栋高于《春秋三传异同表》引程子曰:“当云‘纪侯、某伯、莒子盟于密’。”即认定此条经文当从《公》《谷》,但又认为有缺文,即“伯”前缺一字。《春秋》桓公二年:“秋七月,杞侯来朝。”“杞”,《公》《谷》作“纪”。何休《注》:“称侯者,天子将娶于纪,与之奉宗庙,传之无穷,重莫大焉,故封之百里。月者,明当尊而不臣,所以广孝敬。”因前经称“纪子”,此经称“纪侯”,故何休有此解,此解实承于两汉间欲因尊皇后而重外戚的《春秋》学者。顾栋高认为,由于因缺文而生出的错误阐释,导致了东汉时期的外戚专权,国家也因此灭亡。《公羊传》和《谷梁传》阐释出来的《春秋》大义基本上都属于政治理论范畴。自汉武帝独尊儒术之后,《春秋》学对汉代的政治理论构建以及各种政治制度的设置都起到了极重要的作用。这些理论和制度影响中国两千多年。顾栋高说"儒者释经,为后王典制所自起,国家善败恒必由之",是真正认识到了《春秋》学的作用,也是关于这一问题的经典表述。明白这一点,才能懂得《春秋》学的本质和意义,才可以研究古代《春秋》学。

顾栋高认为,《春秋》诛讨乱臣贼子,即教后人做忠臣孝子。《孟子·滕文公下》:"世衰道微,邪说暴行有作,臣弑其君者有之,子弑其父者有之。孔子惧,作《春秋》。…… 孔子成《春秋》而乱臣贼子惧。"因此,阐释圣人对乱臣贼子的诛贬,成为《春秋》学研究者的共同目标。顾栋高也是如此。他在《春秋乱贼表叙》中说:"《春秋》弑君二十有五,称人者三,称国者四。三家杂然发传,《左》曰'君无道也',(文十六年),《公羊》曰'称国以弑者,众弑君之辞'(文十八年),《谷梁》曰:'君恶甚矣'(成十八年),其大旨略同。…… 呜呼!三《传》谬矣,啖亦未为得也。夫君父一而已矣。闻有'弑君之贼,人人得而诛之',岂有'暴虐之君,夫人得而弑之'者乎?使欲惩暴君而先宽弑逆之罪,使忍为大恶者俱得有所缘以藉口,是《春秋》教人为篡弑也,乌睹所谓'《春秋》成而乱臣贼子惧'乎?"顾栋高认为三《传》都有归罪于君而为乱臣贼子开脱的内容,与孟子之言不符,也违背了圣人之意。他认为,在君臣关系问题上,圣人主张尊君抑臣,君主可以诛杀有罪的臣民,而臣民不能轻易弑暴虐君主。《春秋》是使乱臣贼子惧,而不是使君主惧。使乱臣贼子惧,目的是防微杜渐,使臣民不敢生乱臣贼子之心。在前引《孔子成春秋而乱臣贼子惧论》之下,顾栋高接着说:"且人而忍推刃于其君父,是人而禽兽也,禽兽焉知惧?惟当夫威权已逼,声势渐成,觊觎初萌,行迹未露,是人禽之界,圣人烛其隐微而大书特书以惕之,俾天下万世之读是编者,人人耻为大恶,而不敢一毫逾臣子之常分,有以寝邪谋而戢异志,此圣人之作《春秋》所为拨乱世而反诸正也。"人人做忠臣孝子,君主之天下自然可以永远和谐稳固。对《春秋》大义如此理解,与乾隆《御撰春秋直解》完全一致。

顾栋高主张为郑庄公翻案。顾栋高认为圣人拨乱反正的方法是警戒后世臣子不敢为恶、不愿为恶,他对有些经文的理解不同于以往的学者。如《春秋》隐公元年:"夏五月,郑伯克段于鄢。"三《传》的解释虽各不相同,但共同之处在于都从儒家倡导的亲亲之道出发,认为《春秋》含有批评郑庄公之意,即郑庄公对待弟弟太过分了,有违亲亲之道。顾栋高不同意三《传》的阐释,在《春秋人物表》后附有《郑庄公论》《郑庄公后论》《郑庄公第三论》,三《论》的主旨完全相同,就是为郑庄公翻案。"论者谓庄公养成段恶,志在欲杀其弟。历千百年无有能平反是狱者,此信传而不信经之过也。愚独谓,庄公之为人狙诈猜忍,无一事不干天讨,独其处段未为过当。”顾氏认为，若非庄公精明强干，及时动手，君位可能会被弟弟夺去。“隐元年书‘郑伯克段于鄢’，称郑伯，举爵为无讥；段不言弟，为削其属籍；书曰克，大郑伯之能戡乱。断以经之书法，而《春秋》君臣之义乃定。”顾氏的解释与三《传》皆不同，他认为此经体现的是君臣之义，而非亲亲之道。顾栋高特别批驳了《谷梁传》的阐释：“夫人臣无将，将则必诛。明其为贼，敌乃可服。亲则非贼，贼则非亲，二者不容并立。见无礼于其君者，逐之如鹰鹯之逐鸟雀，况亲执干戈破城杀将之贼而可纵释不诛以遗后患乎？且其言曰‘甚郑伯之处心积虑成于杀’，独不曰段之处心积虑成于篡乎？释其臣而责其君，为乱贼立一护符，为君父设一箝制。……余谓孔子作《春秋》以讨乱贼，而三《传》不明大义，解经而适以乱经。”顾氏对经义的理解，显然更符合君主专制时代的需要。当亲情遭遇政治时，亲情必须让位于政治，即使是亲兄弟，只要有危害君主之意，就是人人得而诛之的乱臣贼子。《公羊传》也曾经阐释过这样的《春秋》大义：“君亲无将，将而诛焉”；“诛（贼）不得辟兄，《春秋》之义也”。顾栋高为郑庄公做的翻案文章，其间不乏精彩论述，在《春秋》学语境中，所释大义自也言之成理。顾栋高此论主旨与毛奇龄相同，但论证更显周密，议论也更有深度。

通观顾栋高对《春秋》主旨的认定，对《春秋》功用的理解，对《春秋》大义的阐释，虽然在某些方面与前人有所不同，但本质上并无区别，只是某些表述有超越前人之处。顾栋高完全否定《春秋》有例，主张从宏观历史的角度理解《春秋》大义，不仅与主张以例解经的《公》《谷》学者区别开来，与主张事、例并重的主流《春秋》学者不同，而且与其他主张以事解经的《左传》学者也有区别，但在本质上仍属于以事解经、因事明义一派。凡主张以事解经者，必以《左传》为主。顾栋高更是如此，《春秋大事表》据《左传》排比史事，最终目标仍是为了说明经义。

二、五十表及叙、论、辨、说、考的简单评介

顾栋高在《春秋三传异同表叙》中说：“今世之学《春秋》者，微《左氏》则无以见其事之本末。盖丘明为鲁太史，亲见鲁之载籍，如郑书、晋志、夫子未尝笔削之《春秋》，莫不毕览，故其事首尾通贯，学者得因是以考其是非。若公、谷则生稍后，又未仕列于朝，无从见国史，其事出于闾巷所传说，故多脱漏，甚或鄙倍失真。”关于三《传》与《春秋》的关系，顾栋高的看法与毛奇龄相近，但在表述上平和了很多。这是顾栋高编撰《春秋大事表》的认识基础，既明确以《左传》为主，也兼采《公羊传》《谷梁传》及后世各家之说，标准是“关乎天下之故者”，即可以反映历史大趋势的内容。《春秋大事表》是名著，已有很多研究成果，本文不作宽泛论述，只据《总叙》及各表《叙》对该书内容分别简单评介，或对读者有一些具体帮助。

《春秋大事表》首绘《春秋舆图》十三幅，分别为总图、河南图、山东图、山西图、直隶图、陕西图、江南图、湖广图、浙江图、河未徙图、河初徙图、淮水图、江水汉水图。各图“以本朝舆图为准，填写春秋时列国都邑”。各省图之后，详列所属府、州、县，每县注明春秋时期的都、邑名称及距县城的距离。各河图之后，有详尽的文字说明，详列途经各地及转弯的地点和方向。阅读《左传》的最大难点之一是地理问题。这些图把《左传》中见到的所有地名都明确标注在清朝地图上的所属各县，使人一目了然，对读《左传》者实有巨大的帮助，至今仍有价值，本人读后受益颇多。《春秋舆图》为研究春秋史提供了地理坐标。

《春秋时令表》把《春秋》《左传》中能够反映季节气候特点的记载按时间顺序排列起来，并一一加以说明，以证明《春秋》记时用周历。后面又列出《尚书》《毛诗》《周易》《周礼》《礼记》《论语》《孟子》中的相关记载，以资比较。顾栋高辑此表的目的是为了彻底否定胡安国《春秋传》提出的“《春秋》以夏时冠周月”的观点。

《春秋朔闰表》分为四卷，详列二百四十四年(至哀公十六年)每月的朔日、晦日，表中附有对一些问题的说明。后附《春秋通经闰数》和《春秋经传朔晦数》。这大概是顾栋高耗费精力最多的表之一。他在《总叙》中说：“学《春秋》而不知时日，是朝菌不知晦朔也。”《春秋》记时多不记晦朔和闰月，有些问题就不易弄清楚。顾栋高举了这样一个例子。“桓五年‘正月甲戌、己丑，陈侯鲍卒’。《传》曰‘再赴也’。杜谓：‘甲戌，前年十二月廿一日；己丑，此年正月六日。’今考桓四年冬当有闰十二月，甲戌实是正月廿一日，而己丑则二月七日也。是经书正月甲戌不误，第甲戌之下当有阙文，己丑之上并脱‘二月’两字耳。《传》不知而误以为‘再赴’，杜并不知而误以今年之日属之前年，由不置闰故也。”据此，《左传》成书时，《春秋》已有如此阙文。若非编《朔闰表》，这样的问题是难以发现并做出合理解释的。若果真如此，《左传》说因陈国内乱，两次赴告于鲁；《公羊传》说因陈侯患精神病，“甲戌之日亡，己丑之日死而得。君子疑焉，故以二日卒之也。”《谷梁传》大致继承了《公羊传》的说法，并由此认为“《春秋》之义，信以传信，疑以传疑”。这些解释都不可信。晋杜预曾作《春秋长历》，但早已失传。顾栋高编《朔闰表》也是为了恢复《春秋长历》。为了表彰杜预，也为了用《朔闰表》纠正《春秋长历》的错误，顾栋高又辑出一百多条《春秋长历》佚文，先列经文，后列杜《注》、孔《疏》，最后有自己的按语，作《春秋长历拾遗表》。此表与《朔闰表》属姊妹篇。顾氏在《总叙》中说：“列《朔闰》及《长历拾遗》二表，以补杜氏之《长历》，而《春秋》二百四十二年之时日屈指可数。”研究历史，时间是要素之一，《春秋朔闰表》为研究春秋史提供了时间坐标。

《春秋列国疆域表·凡例》云：“止列周王畿及鲁、宋、郑、卫、齐、晋、秦、楚、吴、越十大国，其余小国不可以疆域言，入于《列国存灭表》，内云都在某处，为今之某省某府某县，某年为某所灭，入某国为某邑。庶大小相灌输，有条而不紊云。"《春秋列国疆域表·叙》云："自王畿以下，凡晋、楚诸大国，先区明其本境，以渐及其拓地之疆域，终春秋之世而止。而小国亦还其始封，末云后入某国为某邑。庶前后之疆索瞭如，而废兴之故亦从可概睹矣。"《春秋列国疆域表》客观地反映了列国疆域变迁及其兴衰过程，各国表后均附有案语和论，对此予以综述。最后又附《春秋列国疆域表后叙》《春秋时晋中牟论》《春秋时楚豫章论》《晋公子重耳适诸国论》《春秋时楚地不到湖南论》《〈史记·越勾践世家〉与〈吴越春秋〉〈越绝书〉〈竹书纪年〉所书越事各不同论》。这些论文的水平极高，对现代学者仍有参考价值。《春秋列国爵姓及存灭表》，凡见于《左传》的邦国，均收入。每国分爵、姓、始封、都、存灭五部分作简单介绍，可作为工具书使用。顾栋高本人对《疆域表》也比较满意，在《春秋列国爵姓及存灭表·叙》中说："余既辑春秋疆域，自成周以迄齐、楚、秦、晋凡十一国，而当日之形势如鳞次栉比，犬牙相错，凡行军、用师、出入往来之迂直远近，及筑城戍守之轻重疏密，莫不了然具见。继为原其封爵之所由及其姓氏，与小国之入于某国为某邑。而春秋之列侯始而星罗棋布，继而强兼弱削，究其源流，指掌可数。作而叹曰：封建之裂为郡县，盖不自秦始也。"《疆域表》对读《左传》者有极大帮助。顾栋高从列国疆域的变化中，认识到各国之间争城掠地的残酷性，由此得出了郡县制优于封建制的结论，认识到制度演变的必然性。

《春秋列国地形犬牙交错表》旨在揭示春秋时期各国疆域的错综复杂："有以今之一县而四国错壤者，如山东兖州府之滕县，为滕、薛、郳三国及邾之绞邑；曹州府之范县为齐、晋、鲁、卫四国交错地；河南开封府之封丘为卫之平丘、宋之长丘、郑之虫牢、鲁之黄池。"此表的形式与内容与《春秋舆图》各省后的文字说明相近，只是内容加详。且以范县为例。《春秋舆图》山东省曹州府范县下注："鲁秦在县南二里。晋范在县东三里。齐顾本古顾国，在县东南五十里。齐廪丘在县东南。卫羊角与廪丘相近。"《犬牙相错表》说："范县为晋士会邑，今县东三里有士会墓。后范入齐为邑，孟子自范之齐即此。盖春秋之末，范氏叛晋，齐、卫助之，而范因以入齐耳。据此，则范在齐、卫之间益信。季氏《私考》疑濮州卫地，晋不应以封其大夫，士氏本居随，疑范为随之别名者，非也。又范县东南七十里有廪丘故城，为齐之廪丘邑。又有羊角城，为卫之羊角邑。郓城东北与范县接界，为鲁之高鱼邑。襄二十六年齐乌余以廪丘奔晋，又袭卫羊角，袭鲁高鱼，又取地于宋。明年，晋悉以其地还诸侯。则范县、郓城之境为齐、晋、宋、鲁、卫五国之交界地，最分错。又范县南二里有秦亭，为鲁地。庄三十一年'筑台于秦'，杜注'东平范县西北有秦亭'是也。又范县东南五十里为顾城，为齐地。哀二十一年'公及齐侯盟于顾'，杜注：'顾，齐地。'《诗》云：'韦顾既伐，昆吾夏桀'即此顾也。"这样的地理说明，对读史者极为重要,有豁然开朗之感。若将《春秋舆图》列于此表的各国之前,前面的文字说明可省。顾栋高在《凡例》最后说,由于跨度时间长,且常在千里之外奔走,"故所志干支前后不无颠倒,文义间多重复。欲更删定,程子风衣谓'删去便不畅,不如仍其旧为安,且从前之苦心不容遽没'。感亡友之遗言,附识于此。"整部《春秋大事表》确有一些"文义重复"之处。此表后《附列国地名考异》:"《左传》更有两地、三地、四地同一名者,更有二名同一地者。后学恐致混误,且杜《注》与后人之说或合或分。今汇聚而剖析之,并略附鄙见,庶一览了如指掌。"这部分内容也很有价值。最后附有《春秋时厉、赖为一国论》《齐穆陵辨》两篇论文。顾氏在《总叙》中说:"列《疆域》及《犬牙交错》五表,以补杜氏之《土地名》,而《春秋》一百四十国之地里聚米可图。"

《春秋列国都邑表》与《春秋列国犬牙交错表》相辅相成。《犬牙交错表》以清代行政区划为准,注明春秋时属某国某邑,可以使读者明确春秋列国都邑的准确位置。此表则以春秋列国为准,每表均为都、邑、地三部分,将《左传》中所见地名分系于下,充分利用杜预《注》,说明清代所属某县,由此勾勒出列国版图,与《春秋列国疆域表》形成参照。将三《表》综合研究,可以比较清楚地了解春秋时期的列国地理概况。《春秋列国都邑表叙》主旨论述分封制不可行于后世。顾栋高在此提出一个完全不同于前人的理由。他认为,如刘邦之类的创业皇帝,所用大将"皆出于卖浆、屠狗、庸奴、氓隶间,有如斛律金、王君廓之流不识一字者,即使之为郡县长,无异豺狼之牧斯人,何况世有爵士与国长久哉?此亦世变为之也",就是说,这些不识一字的猛将武夫若在得天下后被封王封侯,爵位世袭,将为害无穷。最后,此表后附《春秋时之滑非今滑县论》《春秋两楚丘辨》《春秋卫莘地为今东昌府莘县论》《秦自穆公始东境至河,宜从〈史记〉,不宜从郑〈诗谱〉论》四篇论文。

《春秋列国山川表》于各国分记山险、水道,附《春秋时秦、晋、周、郑、卫、齐诸东西南北渡河考》《书渡河考后》《〈春秋〉不书河徙论》《春秋时薮泽论》《春秋时海道论》。其中,顾栋高对黄河改道的考证,以及各国渡河处的考证,极有价值。此表可与《春秋舆图》中的河流四图及文字说明综合利用,以了解春秋时的河流概况。《春秋列国地形险要表》分列十国险要地形所在,强调其在战争中的重要性。附《春秋列国不守关塞论》《春秋列国地形口号》,用一百一十三首七言绝句诗概括列国地名,每诗有注予以说明。作者为使后人便于记诵而作。在《春秋大事表》中,地理方面虽然只占六表,实际上有十二卷,《春秋舆图》和《地形口号》不入表,故整体上占全书近三分之一。这是顾栋高用力最多,学术贡献也最大的部分。地理是读《左传》治春秋史的最大难点之一,《春秋大事表》可以提供极大帮助。

《春秋列国官制表》分两部分,一是周、鲁、宋、晋、齐、楚、郑、吴互有之官,二是列国独有之官。每官名下，先列《左传》所载，次列杜《注》所释，终以顾氏按语。此表大致反映出列国所设官职，但对各官职掌考证不多，也没有综述各国官职体系。官制也是读《左传》的难点之一，此间仍有待进一步研究。

《春秋列国姓氏表》首先梳理出二十一个姓，每姓后列此姓邦国，包括蛮夷戎狄，共一百二十四国，其中以姬姓国为最多。然后表列每姓所分之氏，因有些氏不知出自何姓，故专列“有氏无姓”一栏。由此表可清楚看出，《左传》所载之氏，多为姬姓分支，或不明源自何姓者。这些氏，后世均称为姓。此表旨在研究姓氏起源。姓氏是中国传统文化中很有特色的组成部分，对中国人的自我认知起到很大影响。此项研究是有意义的。表后附《春秋大夫无生而赐氏论》，旨在批评胡安国之说。

《春秋卿大夫世系表》分国列叙卿大夫世袭家族，“凡世系相承者俱直下，兄弟平列。有世系可稽而无祖父可承者，上空几格。无系可考者，另列于后，视其本族有某公时人，略以年代为次”。春秋时各国均有世袭卿大夫家族，初读《左传》者很难理清各自的承袭关系，如晋自赵盾后数世均称赵孟，读者很容易弄错。此表可帮助读者解决这方面的问题。此表《叙》文笔优美，专论国家用人，颇有灼见。周、鲁、齐、郑等国的世袭卿大夫均为君主同姓，晋则多异姓，但结果均为卿大夫专权。“呜呼！先王之立法岂能百世无敝哉！在后之人因其势而去其积甚者可矣。由乎亲亲之义而言之，则展亲睦族为国昆辅，所谓百足之虫至死不僵者，而不能无尾大不掉之弊。由乎选贤之意而言之，则唯贤是择，不拘世类，所谓挹损强宗独操主柄者，而亦有枝叶衰落之患。”故顾栋高认为，不论是同姓，还是异姓，卿大夫都不应该世袭职位。

《春秋刑赏表》从经文中归纳关于君主对臣僚的赏罚材料。刑分为五类：杀、内讳杀曰刺、执、放、奔，赏只录周天子来锡公命三条。此表旨在体现《春秋》大义，故对每条经文的说明，多采录传统《春秋》学者之言，实多以例解《春秋》者。顾栋高在此表《叙》中强调，赏罚是君主驾驭臣僚的主要手段，一旦失当，国家就会出大问题。他认为，《春秋》记载的赏罚，多为失当之举，体现着王道衰落的原因。换言之，圣人在此多有批评君主之意，垂教后世君主必须善持赏罚之柄。“惟明天子振兴于上，诸侯佐天子以大明黜陟，天下正，则一国莫不敢不出于正。大夫佐诸侯以振饬纪纲，一国正，则家臣、陪隶无有敢逾越犯分者。呜呼！此孔子《春秋》之所为作也。”顾栋高认为，教育明天子用公正的赏罚驾驭臣僚，臣僚管理民众，实现天下太平，就是圣人作《春秋》的目的。

《春秋田赋军旅表》以鲁国初税亩、作丘甲、作三军、舍中军、用田赋为主，附郑偏伍、晋州兵、楚乘广、吴乘车射御、晋毁车崇卒、郑丘赋、越句卒。因《春秋》《左传》记财政、军政内容都很少，故此表明显单薄。且上述内容，内涵皆不清晰，颇多争议,顾氏只是引一家之说,附以按语。末附《丘甲、田赋论》,对成元年"作丘甲"、哀十二年"用田赋"进行了讨论。顾栋高在此表《叙》中认为,鲁国的这些措施,本质上都是聚敛,"其始不过欲加赋以足用,益兵以备敌",结果却导致大夫专权、归恶名于君主,鲁国也因此衰落。此论卓然有见,足破所有论其积极意义者。

《春秋》没有用到"礼"字。《左传》在评说人物或事件时常用"礼也""非礼也"作为是非判断,且记述了许多礼制和先贤关于礼的言论。《谷梁传》也较多用礼阐释经文。自汉代以来的《春秋》学,其主旨是阐释圣人垂教后世的各种原则,与先秦所谓礼多有重合,故以礼解《春秋》也成为一种方式。宋张大亨撰《春秋五礼例宗》七卷,"因取《春秋》事迹,分吉、凶、军、宾、嘉五礼,依类别记,各为总论。义例赅贯,而无诸家拘例之失。"[①]顾栋高辑五礼表当有所借鉴。

《春秋吉礼表》分郊、禘、大雩、常祀、不告朔、宫庙、即位、公至八部分,均先书经文,注以《左传》及后世诸家说。附《先师高紫超先生复舅氏书》,顾栋高加案语云:"十二公或书即位,或不书即位,皆据实而书。"是其关于"公即位"问题的结论。《春秋三传禘、祫说》《书春秋禘、祫说后》《鲁无文王庙论》《辨四明万氏兄弟论禘之失》《论万氏季野论禘之失》《禘祭感生帝说》《书陈止斋春秋郊、禘说后》,主旨均为说明禘、祫相同,批评前人禘、祫有别的观点。

《春秋凶礼表》分十部分:天王崩、葬,公薨,未成君卒,公葬,归赗、含及奔丧、会葬,外诸侯卒、葬,内大夫卒,外大夫卒、葬,内女卒、葬。在此表《叙》中,顾栋高认为:第一,通过此表可以看出,"例之断断不可以释经也","世儒多以例释《春秋》,吾不知所为例者,将圣人自言之乎?抑出于后儒之揣测也?是不以凡例释《春秋》,而直以《春秋》释凡例,而经旨益晦"。第二,此表清晰反映出三纲被破坏,"春秋之世,有诸侯不奔天子之丧,不会天王之葬,而擅自盟会及郊祀,又大国受小国之奔丧、会葬,而未尝以礼报者,而君臣之道阙。有居丧而纳币,衰绖而从戎,祔庙而逆祀,而父子之伦丧。有以妾匹嫡,天王归赗,列国会葬,下及僖、宣、襄、昭四妾母薨称夫人,葬称小君,而夫妇之道苦。圣人于百五十年间,一书之,再书之,垂戒深切著明矣。"这就是所谓因事明义。后附《〈春秋〉文十二年"子叔姬卒"论》,旨在批评《左传》所记之事不可信。《〈春秋〉文十六年"毁泉台"论》,旨在批评《公羊传》所释经义不可从。《〈春秋〉哀八年"葬陈哀公"论》,旨在批评《春秋》不记灭国君主之葬的说法。《〈春秋〉定十五年"姒氏卒"论》,旨在强调此经意在暗示强臣专权,故哀公之母卒不书夫人,葬不称小君。《〈春秋〉桓、庄二公不书大夫卒论》,旨在强调孔子作《春秋》,于不同阶段采用不同的评判标准。此说缺少证据,与以例

①《四库全书总目・经部・春秋类・春秋五礼例宗》。

解《春秋》者的推论相同。

《春秋宾礼表》上下二卷，共分二十三题：公朝，列国来朝，列国旅见，朝不于庙及受世子朝，公如列国，天王来聘，聘周，聘列国，列国来聘，外裔来聘，来聘及盟，特会，内大夫特会诸侯，内大夫特会大夫，参会，外特会、三会，特盟，外诸侯特盟，参盟，公与大夫盟，内大夫盟诸侯，遇，胥命。顾栋高在此表《叙》中说："昔者，先王为宾礼以亲邦国，制为朝觐、聘问、会同、盟誓之礼，所以协邦交、明上下、崇体统、息纷争也。"在这种认识的基础上，顾氏认为，《春秋》所记宾礼的内容，清楚地反映着王道衰落的过程。其实，所谓"先王为宾礼"，实是一个无法证实的假设。前提已虚，所谓《春秋》揭示王道衰落之义也难以凭信。这是《春秋大事表》许多篇章的共同问题，即所谓"先王之道"只是一个假设，顾氏并不能予以证明。

《春秋》不载外诸侯国军政，所记鲁国这方面的内容也很少。顾栋高"综蒐狩之见于经者，并大阅、治兵与乞师、献捷、归俘都为一编"，辑《春秋军礼表》，只得二十条经文，既嫌名不符实，更难以体现"鲁之递衰非一日之故"。

《春秋嘉礼表》分四题：王后、王姬、逆夫人、内女，分别录其经文。顾氏认为，这些内容体现着圣人垂教后世的婚姻原则，"圣人之为天下后世虑，岂不深切著明也哉！"其实，如果只是根据这些经文，不读三《传》及后人解说，完全看不出圣人的垂教之义。表后附《〈春秋〉"讥不亲迎"论》，旨在批评《公羊传》于隐公二年所释经义。顾氏认为其说不合圣人之旨，圣人并不主张君主亲迎夫人。此表后又有《春秋五礼源流口号》，共四十四首七言绝句。顾氏在《总叙》中说："郊、禘、社、雩，崩、薨、卒、葬，蒐、田、大阅，会、盟、聘、享，逆女、纳币，杂然繁伙，列吉、凶、宾、军、嘉五礼表，以纪《春秋》天子、诸侯礼仪上陵下僭之情形。"顾栋高编《春秋五礼表》，旨在说明春秋时代的王道衰落，礼坏乐崩，圣人借此垂教后世君主恢复王道，重建礼制。此说没有太多新意，但却为后人研究春秋礼制奠定了基础。

《春秋王迹拾遗表》"自《春秋》始年迄于获麟，列王朝之事之散见经传者都为一编。于鲁《春秋》之内得二百四十二年之周史，亦吾夫子之志也"。此表于每年列鲁公、周王纪年以及周王室执政者，《春秋》《左传》所载与周有关之事附注于下。顾栋高认为，这些内容体现着王室衰落的过程，"呜呼！以文、武、成、康维持巩固之天下而陵夷衰微至此，岂一朝一夕之故哉！"

《春秋鲁政下逮表》始自僖公元年，止于哀公二十年，每年首列鲁公纪年及执政者，经传所载权臣之事附注于下。表后案语云："阅年一百九十三，鲁之执政共十一人，季氏凡六人，叔孙氏二人，孟孙氏一人，东门氏一人，中间阳虎执政在定之六、七、八，仅三年尔，旋出奔，政柄复归季氏，当定之九年。"此表旨在揭示鲁国政权的下移过程。顾栋高在《叙》中感叹："愚观昭公乾侯之事，而知三家之所以蔓延不可制者，非独三家之罪，亦鲁之群公有以自取之也。何则？国家之患莫大乎世卿，然相沿已久，不可骤革。”顾氏认为，未能及时遏制权臣，是鲁国衰落的根本原因。表后附《〈春秋〉“子野卒”论》，旨在否定《左传》“毁也”（因过度悲伤致衰弱而死）和《谷梁传》“日卒，正也”（《春秋》记此事书日，体现着子野属于正常死亡）的说法，顾氏认同清方苞关于子野是被杀的说法，并予以论证。

《春秋晋中军表》始自鲁僖公二十七年，止于悼公四年。每年列鲁公、晋侯纪年及晋中军将姓名，经传所载与中军将相关之事注于下，“晋中军自郤縠至知瑶共十九人”。晋文公初设三军，各军将佐均为卿职，中军将既是军队元帅，也是国家执政，其后虽有四军、五军、三军三行的数量变化，但基本体制没有变化。顾栋高认为，晋国最终为三家瓜分，是权臣世握兵权的结果，“呜呼！考其次第，亦治乱得失之鉴也”。

《春秋楚令尹表》始自鲁庄公四年，而令尹之称见于《左传》始于庄公二十八年，止于鲁哀公二十五年。表后附《春秋楚令尹论》，顾氏认为，“世卿为春秋列国之通弊”，只有楚国官制最善，“楚以令尹当国执政”，令尹均由公子或嗣君担任；各大族“皆公族子孙，世相授受，绝不闻以异姓为之，可以矫齐、晋之弊。然一有罪戾，随即诛死，……可以矫鲁、卫、宋之弊”。又附《楚子囊城郢论》，主旨是批评后人论子囊主张修郢城为非者，顾栋高认为“子囊之城郢正是社稷之至计”，金兵攻破汴梁可证明此论。至于子囊之孙囊瓦城郢而有“吴入郢”之事，责任在其失掉人心“而昭王轻弃国本”，并非城郢之过。这两个结论都很有新意，且具说服力。

宋国“执政不拘一官，孔父以大司马，华督以太宰，华元以右师，向戌以左师，乐喜以司城，与晋、楚又异。辑《春秋宋执政表》”。此表列叙宋历代执政者十五人。

《春秋郑国执政表》列叙十五人。顾栋高于此表《叙》中指出，郑处晋、楚两大国之间，在争霸期间处境艰难，因经常首鼠两端“而能国威不挫，民力不疲”，“其术常出于顽钝无耻、卑污忍垢，民鲜罹战斗之苦而有征赋之扰，其时国势亦赖以少安”。但是，顾氏对郑人的描述实有过当之处。“投骨于地，就而食之，摇尾乞怜者，郑之谓也。”“昼伏夜行，窃食盆盎，常惧人觉者，郑之谓也。”释晋、楚无端交伐郑国之罪不问，却将无辜郑人仅求平安的含辱忍垢譬之犬鼠，实在不是公正之论。顾氏将宋人譬之狂犬，也是如此。顾氏认为齐、晋作为霸主大有功于那个时代，故对不能坚事齐、晋的宋、郑有此恶评。《王迹拾遗表》《宋执政表》《郑执政表》等，顾栋高对上述各表虽有不同的主题表达，但客观上大致理清了各国执政者的时间与顺序，对读《左传》者还是很有帮助的。

《春秋齐楚争盟表》始自鲁庄公十三年“齐侯、宋人、陈人、蔡人、邾人会于北杏”，止于鲁僖公十七年“齐侯小白卒”，每年列叙相关经文，实以齐桓公为主，楚事较少。在此表《叙》中，顾栋高主要解释了“齐桓攘楚之功十分不及晋文之一”的原因。他认为，第一，当时北方戎狄方炽，齐桓主要关注北方，对楚只求其不危及周王室而已；第二，“且管仲佐桓公图伯以来，以大义服人，未尝交兵与诸侯一战，其意以爱养民力、勤恤诸侯为事，故仲尼许其仁，为其不劳民力以战攻也”。此见也为前人所未及。

《春秋宋楚争盟表》始自鲁僖公十八年，止于二十四年，只有六年，列叙相关经文。顾栋高于此表《叙》中重点批评了宋襄公不自量力，轻用民力，又不能乘险择利，导致军败身伤。并将其与齐桓、晋文进行了比较。表后附《〈春秋〉于齐、晋外尤加意于宋论》，顾氏认为，《春秋》记宋事相对较多，其中有“圣人特笔志贬”，有“圣人特笔志褒”。圣人重宋，是因“宋居天下要枢，晋、楚之所视以为强弱”。其实，宋、鲁相距不远，交往较多，鲁史官记宋事较别国为多，是正常的，未必有如许深意。

《春秋晋楚争盟表》始自鲁僖公二十四年，止于鲁昭公十六年，计一百零四年，末《附晋伯余烬》，录四条经文。顾栋高在此表《叙》中重点是对前人批评晋文公的一些说法作解释，主旨是为晋文公辩护。表后附《〈春秋〉“楚人、秦人、巴人灭庸”论》，顾栋高认为，圣人记载此事，“实著楚之交深党固，横行无忌，将有问鼎之渐，关乎天下之故而书之也”。庸“界连秦陇，楚得其地，则势益西北逼近周、晋”，“灭庸以塞晋之前，结秦而挠晋之后，斯不待陆浑兴师而早知其有窥觎周鼎之志矣”。“读《春秋》者贵合数十年之事以徐考其时势，不当就一句内执文法以求褒贬；宜合天下而通观大势，不当就一国内拘传事以断其是非”。从天下大势的角度分析楚合秦、巴灭庸，顾氏确有史学大家的视野高度。《春秋时楚始终以蔡为门户论》，主旨是从地理的角度论蔡对楚的重要性，“故读《春秋》者必熟晓地理而后可知《春秋》之兵法，而后可知圣人之书法”。《晋悼公论》主旨是论晋悼公八年之中九合诸侯以服郑，魏绛和戎和知莹戍虎牢的重要性。

《春秋吴晋争盟表》起自鲁成公七年，止于鲁哀公十三年，共录十五条经文。顾栋高在此表《叙》中主要讨论了晋拉拢吴人以制楚，后果却是吴人与晋争霸于黄池。顾氏认为：“晋欲制楚则不得不用吴，吴之所以横不可制者，咎在晋君失政，六卿各擅强权，不复以诸侯为事，失不在用吴也。”“自古资邻国之兵以集事，鲜有不被其患者，而能自强则无之。”顾氏总结的历史教训，似乎也包括了明清之际的史事。

《春秋齐晋争盟表》始自鲁昭公二十六年，止于鲁哀公五年，共录九条经文，意在反映齐景公与晋争霸的过程。顾栋高在此表《叙》中认为，“夫以齐之强承桓公之余烈，又当晋、楚俱衰之后，因利乘便”，本可以代晋主盟，但由于其内不能正国，外不能主持正义,“与晋争强,卒与晋同毙。呜呼! 亦可悲矣”。其实,春秋末年,争霸已不是各大国的目标,齐景公也未必真有做中原霸主之意。此表显得勉强。

《春秋秦晋交兵表》始自鲁僖公十五年,止于襄公二十六年,录经传所载秦、晋交兵之事。在此表《叙》中,顾栋高重点讨论了殽函在秦、晋之争中的重要性。“考春秋之世,秦、晋七十年之战伐以争殽函,而秦之所以终不得逞者以不得殽函”。顾氏认为,由于晋拥有殽函之险,使秦不能“越大河以东一步”,才使周王室“得以支持四百年”。“使三晋不分,以其全力制秦,秦终不敢东出”,便不会有秦并天下以行其暴政之事。与多数古代史学家一样,顾栋高也没有为秦的统一唱赞歌,而是视之为历史灾难。

《春秋晋楚交兵表》始自鲁僖公二十八年,止于定公四年。在此表《叙》中,顾栋高指出:“春秋时晋楚之大战三:曰城濮,曰邲,曰鄢陵。其余偏师凡十余遇,非晋避楚,则楚避晋,未尝连兵苦战,如秦晋、吴越之相报复无已也。”究其原因有二:一是晋、楚并不相邻,没有实际的边界之争,所争只是对郑、宋等国的控制权;二是双方“兴师必连大众,乞师于诸侯,动必数月而后集事”。双方的三次大战,“战则动关天下之向背,城濮胜而天下诸侯翕然从晋,邲胜而天下诸侯翕然从楚”,都带有两大集团决战的性质。只有史学大家,才有这种史识。

《春秋吴楚交兵表》始自鲁宣公八年,止于哀公十五年。在此表《叙》中,顾栋高着重指出,吴地水乡,吴人习于水战,与晋联络,至与晋争霸于黄池,始终依赖水路,“是知吴不能一日废舟楫之用也”。但楚处长江上游,吴处下游,不可用舟楫与楚争,故长期依附于楚。自申公巫臣教吴人车战,吴与楚争则专走陆路,不仅使楚人“一岁七奔命”,且终于攻入楚国都城。“呜呼! 古之善战者,常因地以制宜,随时以适变。吴舍舟用车而卒破楚,晋毁车用卒而能胜翟,至战国而赵武灵王胡服骑射,后世遂用为长技,而车战且成古法不可用。唐房琯一用之而败,明孙传庭再用之而亦败矣。古今之世变,岂可一律论哉!”表后附《春秋吴楚柏举之战论》,旨在从地理角度分析吴楚之战的形势及过程,指出“当日楚之失计在速战,尤在楚昭轻弃国本”,吴人大胜多有幸运成分。《春秋蔡侯以吴师入郢论》,旨在论吴入郢全凭蔡为之向导。“余深考当日地里,知吴之入郢,全凭蔡为之乡导。”“读《春秋》者不知《春秋》之地里,则不得当日之事势;不得当日之事势,则无以见圣人之书法。”

《春秋吴越交兵表》始自鲁昭公五年,止于哀公二十二年,共录经传记载十二条。在此表《叙》中,顾栋高主要表达了对越灭吴之事的感叹。“吴之亡,以骄淫黩武,耽乐忘祸,轻用民力,驰骋于数千里之外,虽微越,吴亦必亡。”“非越之能灭吴,吴自灭耳。呜呼! 古今存亡之理,虽曰天命,岂非人事。”“以吴之强而越摧之如拉朽,岂不哀哉!”顾氏在此没有表达对勾践成功的赞赏。

《春秋齐鲁交兵表》始自鲁桓公十年，止于哀公二十四年。在此表《叙》中，顾栋高主要强调了两点。第一，齐桓公称霸对中原地区的意义，他引用孔子之言："管仲相桓公，霸诸侯，一匡天下，民到于今受其赐。微管仲，吾其被发左衽矣。"第二，自齐桓公去世后，鲁国一直受齐国欺负，一旦霸主稍弱，齐必侵鲁伐鲁，鲁人不得不依靠晋国、依靠楚国，最后依靠吴国，借外力与齐国抗衡。我也曾得出这种结论，当时未知与先贤暗合。①

《春秋鲁邾莒交兵表》实为两部分：鲁、邾交兵与鲁、莒交兵。《春秋》是鲁史，记鲁事远较别国为多，记交兵次数也多，是那个时代邻国之间多有战事的缩影。故顾栋高于此表《叙》中又大发封建不如郡县之感叹。"呜呼！余观春秋之世，而知封建之为祸烈也。鲁与邾、莒，僻处一隅，非有关于天下之故。然鲁虐邾、莒，莒灭向、灭鄫，邾灭须句、灭鄅，而其后皆为鲁所吞并。最后'以邾子益来'，几亡邾矣，赖吴、越而得复。中间杖桓、文之霸扶持，绵延二百余年，迭相攻伐，而斯民之涂炭亦甚矣。""呜呼！以邾、莒之密迩于鲁而得终春秋之世不亡者，以大国林立环视而莫敢先动，然其民之死于战争已不可胜数。故欲复周初方伯、连帅兴师讨伐之制，不若易后世郡县寓内守令迭更之制，虽有残暴不轨为生民害者，驰一尺符则虐焰顿息，孰与夫兴师讨罪有抗拒之祸、甲兵之惨哉！"顾栋高在全书反复表达了主张统一的政治理念，这是最重要的理由。

《春秋宋郑交兵表》始自鲁隐公四年，止于哀公十五年。顾栋高在此表《叙》中说："吾统观《春秋》宋、郑之故，而知天下不可以一日而无伯也。《春秋》二百四十二年之中，宋、郑凡四十九交战。然其局凡三变。"顾氏认为，"统计伯功之始终，始于齐桓之北杏，讫于晋昭之平丘，首尾凡百四十有八年。每当伯功之息，则宋、郑首发难。"圣人备书其事，体现着对霸主的肯定："圣人思王不得，已而更思伯，其亦有见于此乎！"顾栋高在《总叙》中说："霸统兴而王道绝，周室夷为列国；霸统绝而诸侯散，列国淆为战争。列争盟凡五，交兵凡七，以纪春秋盛衰，始终矜诈尚力强弱吞并之世变。"上述十二表反映着作者对春秋战争史的研究成果，视野广阔，议论宏大。

《春秋城筑表》分城、筑两部分分录《春秋》所载鲁国修城及建台、囿的相关经文。顾栋高认为："凡城之志，无论时不时皆讥。台、囿之筑，耽细娱而忘国计，其失更不待言。庄公忘父仇不报而一年三筑台，昭、定当权臣窃国而筑郎囿、蛇渊囿，此真下愚不移，无足与论得失之数矣。"顾氏认为，"国家用民之力，岁不过三日"，鲁

①详参晁岳佩《春秋时期齐鲁关系变化述论》，载《山东社会科学》1989 年第 5 期。后收入《经史散论》，山东大学出版社，2007 年版。

国城筑超过此制，故《春秋》讥之，此为圣人垂教之义。把一国之君定为“下愚”，似乎只有顾栋高如此说。

《春秋四裔表》分戎、狄、东夷、南蛮四部分。戎又分列戎（戎州己氏之戎）、北戎（山戎、无终）、允姓之戎、扬拒泉皋伊洛之戎、蛮氏（一名茅戎，一名戎蛮子）、犬戎、骊戎；狄又分列赤狄、白狄、长狄；东夷又分列淮夷、介、莱、根牟；南蛮又分列卢戎、群蛮、百濮、巴。《左传》记戎、狄之事颇多，称谓杂乱，读者很难区别其支派。顾栋高辑此表予以区分，对读《左传》者有很大帮助。在此表《叙》中，顾氏既概述了各分支的演变，又大致指明其居住区域，是极有价值的春秋时期少数民族概说。如对允姓之戎的概述：“其在瓜州者曰允姓之戎，远莫知其所居，秦、晋迁于中国则曰陆浑之戎，今为河南府嵩县，又曰阴戎，又曰九州戎，又曰小戎，晋惠公母家，《传》谓‘小戎子生夷吾’。逮惠公归自秦，而诱以来处之陆浑，世役于晋。亦曰姜戎，佐晋败秦师于殽，自后无役不从，亦数与会盟。以其处晋阴地，谓之阴戎。昭十七年陆浑贰于楚，晋荀吴灭之，其余服属于晋者谓之九州戎。”如此清晰的概述，对后人的深入研究奠定了很好的基础。表后附《赤狄白狄论》，论狄之分支及其盛衰。“春秋之世，有赤狄、白狄，又有长狄。长狄兄弟三人，无种类。而赤狄、白狄种类最繁。案经传所见，赤狄之种有六：曰东山皋落氏，曰廧咎如，曰潞氏，曰甲氏，曰留吁，曰铎辰。白狄之种有三：曰鲜虞，曰肥，曰鼓。”“综而计之，庄公三十二年而狄伐邢。暴横中国更三十有四年而狄有乱，赤狄、白狄始分。又三十有五年，而赤狄潞氏灭于晋。又六十有五年，而晋灭肥。又十年，而晋灭鼓。白狄止存鲜虞。首尾百四十有四年之间，盛衰强弱之故岂不较然也哉！”这是一篇极有价值的狄族概述。《戎狄书子论》，主旨是论戎狄君主被称为子：“余尝疑之，其爵非先王之所赐，亦非时王别命以土，直以戎狄各居一方，桀骜难制，大国请于王而命之。”此说未必然。戎狄君主被称为子，既未必属于五等爵的称谓，更未必曾受周天子之命，盖为中原诸侯国对其酋长所使用的一个称谓而已。《范为士会封邑考》，主旨论范本为狄地，鲁宣公十五年晋人灭潞氏之后始属晋，两年后为士会封邑，其后士氏世世称范氏。

《春秋天文表》分日食、星变两部分，前者三十六条，后者四条。在此表《叙》中，顾栋高认为，《春秋》记日食，反映出当时历法上的一些问题：日食或不在朔日，或误置闰月。顾氏认为，这是周王历法未被随时修正的结果，“自武王革殷，至春秋时又已数百年，周衰失政，世无明天子，莫能修正历法”。这是基于三代“历法必更大备”，“特其法不传于后”的认识，是迷信先王所致。

《春秋五行表》录《春秋》所记灾异，分九题：地震，山崩，水灾，雷电霜雪冰雹，不雨，无麦苗、饥，虫孽，物异，火灾。在此表《叙》中，顾栋高认为，灾异体现着天道，对人君有警示意义，圣人书之以垂教后世。“呜呼！其要归于责人事以回天变，故详书灾异而不列其事应，以示吉凶无常，人君侧身修省，无日敢即怠荒之意，垂教可谓至矣。”这是古老的《春秋》灾异说，与神道设教相类。《春秋》记灾异，圣人意在垂教“人君侧身修省”，董仲舒已有类似表述。

《春秋三传异同表》，顾栋高在此表《叙》中首先指出三《传》及《注》对《春秋》的解释多有歧异，使后人无所适从，“今择三《传》之各异及《注》之发明者并表而出之，其有三《传》俱不可通而后儒以意臆断者，亦附列其间，…… 犹有未惬，则间附鄙见。”顾氏于《总叙》中说：“三《传》各执一说，党枯护朽，此是彼非，使学者茫然歧路，靡所适从，列《三传异同表》，酌以义理，衷于一是，以祛后日说经雷同偏枯之弊。”自唐啖助等人以来，对三《传》任意取舍，断以己意，成为解说《春秋》的统一模式。顾氏于此表也是如此。表后附《〈春秋〉绝笔获麟论》，主旨是批评前人所谓“圣人感麟而作”和“《春秋》文成致麟”的说法。顾氏认为：“盖《春秋》之经，因是年请讨陈恒之不行而绝笔也。”齐国发生陈恒弑君事件，孔子请求鲁哀公出兵伐齐，哀公没有答应，孔子“于是喟然太息曰：已矣，无为复望矣。遂辍简废业。而是春适有‘西狩获麟’一事，《春秋》遂以是终焉”。此说虽较前人平实，但也难为定论。孔子抄鲁史作《春秋》，“西狩获麟”当是鲁史所载最后一条，而不是此前孔子已经作了《春秋》。《〈春秋〉入国灭国论》，主旨是讨论《春秋》用“入”字和用“灭”字的区别。《公羊传》认为，攻击别国，虽入其国都，但不久撤出，并不占有其土地，圣人记此类战事用“入”字，若占有其土地和人民，则用“灭”字。三《传》对入、灭、迁等字都有不同的解释。《公羊传》对“入”字的解释得到较多的认同。顾栋高认为，圣人用入、灭、迁都是指亡人之国，“此各就其实事书之尔，无他义也。固守力屈而就毙则书灭，空虚无备而直入则书入，空其地、易其民、毁其宗庙则书迁，均为贬绝之甚辞，而要非轻重之所在”。其实，顾氏的解释也未必合乎《春秋》本意。顾栋高一再强调反对以例解《春秋》，但在具体解读经文时，有时也会用例，此文就是例证。

《春秋阙文表》十一题：日食阙书日、朔凡十，又疑误三；外诸侯卒阙书名凡十；时、月、日阙误凡二十八；王不称天凡六，误称天子一；夫人姓氏阙文凡四；杀大夫阙书名凡四；秦、郑、晋伐国阙书人字凡三；盟会阙文凡五；外诸侯名谥、国名阙误凡五；侵、战、围、灭、入、救阙文衍文凡九；另有补遗若干条。顾栋高在此表《叙》中说，此表内容主要是集前人所认定的阙文，“凡百有余条，俾学者于此不复强求其可通，则于诸儒支离穿凿之论亦扫除过半矣”。自三《传》始，对表中所列所谓阙误就有许多不同解说，特别是以例解《春秋》者更多于此类经文阐释圣人垂教之义，真可谓歧说纷纭。顾氏将其视为阙文，的确可破除许多穿凿之说。但有些地方是否属于阙误，实在难以断定。表后附《〈春秋〉俱系孔子修成以后阙误论》，“案孔氏颖达曰:《春秋》阙文有二:有史本阙,圣人因而不改者;有系修成后始阙者。愚谓史阙而圣人因之,无是理也。孔子修《春秋》垂训百世,必择其善可为法、恶可为戒者书之。若前史有阙,宜并削而不录,此何关于劝惩而重书之以惑误来世?故知皆修成以后阙也。"此为该文主旨,实属推论。

《春秋齐纪、郑许、宋曹吞灭表》分三部分:齐灭纪始末,"案:自桓五年'齐侯、郑伯如纪',至庄四年'纪侯大去其国',凡十有七年";郑灭许始末,"案:自隐十一年'郑人许',至定六年'灭许',凡二百零八年";宋灭曹始末,"案:自僖十五年'宋人伐曹',至哀八年,'宋公入曹',凡一百五十九年"。(上三节引文均为表中案语)在此表《叙》末,顾栋高再次感叹:"呜呼!曹、许之亡当伯事之已息,而纪之亡当伯事之未兴。天下之不可一日无伯,此非其明效大验也哉!"这种感叹的前提是:天下不可一日无君,最好有明天子掌控天下;在无明王时代,退而求其次,有霸主暂时控制天下,也可减少各诸侯国之间的战争。一言以蔽之,无政府状态是可怕的。顾氏认为,这就是圣人垂教之义。

《春秋乱贼表》分三部分:弑君、出君、叛,每部分又分若干类。顾栋高在此表《叙》中,主要批评了三《传》及后世学者为乱贼开脱而归恶于君主的观点,已见前文。表后附《孔子成〈春秋〉而乱臣贼子惧论》,主旨是说明孟子为什么说"孔子成《春秋》而乱臣贼子惧",主要观点已见前文。《〈春秋〉逐君以自奔为文论》,顾栋高认为,凡君主出奔,一定是被臣子逼迫,圣人不书逐君者之名,而书作:"某侯出奔某",意在警示后世君主要"发愤自强"。这是顾氏对《春秋》大义的新阐释。《许世子止弑其君论》,主旨是批评《公》《谷》及后世学者所谓圣人有赦免许世子止之意的观点,认为《左传》已明确其为弑君者。《孔子请讨陈恒论》,主旨是论证孔子请哀公出兵伐齐以讨伐陈恒弑君的合理性与可行性。其文甚辩,但毕竟都是假设和推论。

《春秋左传兵谋表》把《左传》所记战争中的谋略归纳为十二类:息民训卒,知彼知己,设守要害,亟肆疲敌,持重不战,毁军设覆,先声夺人,先入致死,攻暇必克,乱敌耳目,乘其不备,要其归路。每类下举战例。顾栋高在此表《叙》末谈到辑此表的目的:"俾知儒者胸中当具有武事,匪徒侈文雅章句之业而已。"此谓《春秋》学也可以培养军事家。对研究战争史者,此表应有价值。

《春秋左传引据〈诗〉〈书〉〈易〉三经表》分三部分:《易》《诗》《尚书》。顾栋高在此表《叙》中认为,《左传》"所载赋《诗》凡二十五,引《书》据义二十二,言《易》十有七",可见"当时经学昌明"。此说恐未必然。春秋时人未必把它们视为经。经学是汉武帝以后才有的专门学术。表后附《左氏引经不及〈周官〉〈仪礼〉论》,主旨是认定《周官》《仪礼》为孔孟所未尝道,《诗》《书》、三《传》所未经见,而忽然出于汉武帝之世，其“为汉之儒者掇拾缀辑无疑，虽其宏纲巨典未尝不稍存一二，而必过信之为周公所作，则过矣”。顾栋高的主要论据是：《左传》载礼之事、礼之言很多，但无一字引及《周官》《仪礼》；孔子、孟子谈及礼制，也与《周官》《仪礼》不同。顾栋高自述十八岁读《周礼》，二十一岁学《仪礼》，“余从事经学五十年，始而信，中而疑，后乃确见为非真”。“五十以后辑《春秋大事表》，凡十四年而卒业，乃始恍然有疑，非特《周礼》为汉儒傅会，即《仪礼》亦未敢信为周公之本文也”。这是顾氏治学五十年的心得。治古文经学的顾栋高能认定《周礼》《仪礼》是汉人所作，实在难能可贵。

《春秋左传杜注正讹表》列举杜预《注》之误，分五部分：杜氏论礼之误，杜氏地里之误，杜氏时日误，杜氏称名之误，杜氏解经传之误。杜预是《左传》学名家，顾栋高也是《左传》学大家。顾氏这样评价杜预：“杜氏之最精且博者，莫如作《长历》以正《春秋》之失闰，作《土地名》以考列国之地理，其学诚绝出古今。至其解经传不无龃龉。”顾栋高大概不会想到，后世对他的评价正与此相近。顾栋高指出杜预在历法和地理方面的错误，是他在这方面确有深入研究，但他所说杜预在解经方面的错误，则未必获得认同。对经义的理解，在经学范畴内，永远没有定论。表后附《〈春秋〉无书字之法论》，主旨是批评以例解《春秋》者所谓称字为褒的说法。顾栋高对方苞“《春秋》无书字之法”的观点做了进一步论证，认定《春秋》记人没有称字者。此说对以例解《春秋》者所释许多大义都有釜底抽薪之效。

《春秋人物表》仿《汉书·古今人表》，将见于《春秋》《左传》的二百四十九人分为十三类：贤臣、纯臣、忠臣、功臣、独行、文学、辞令、佞臣、谗臣、贼臣、乱臣、侠勇、方伎。虽然顾栋高对人物分类颇费一番心思，“俱极矜慎”，但只列人名，终无多少价值。表后附郑庄公三《论》，主旨是为郑庄公翻案，已见前文。《卫石碏论》主旨是感叹石碏以智除奸，“可谓千古一人”，无甚发明。《晋狐偃、赵衰、胥臣论》主旨是通过三人之让，说明“人臣功名之会，莫不败于争而成于让”。《郑烛之武论》主旨是认定烛之武退秦师为错误，属于翻案文章。顾栋高认为烛之武虽然暂时解除了郑患，却因此导致晋、秦不和，使晋不能全力御楚，留下巨大后患，“厥后秦、晋之仇二百年不解，而郑国晋、楚之祸亦二百年不息，牺牲玉帛待于二竟犹不得免，是谁之咎哉？”此说似有失公正。《卫蘧伯玉论》，因《论语》记载孔子曾间接称赞过蘧伯玉，而《左传》襄公十四年则记载蘧伯玉得知孙林父欲逐君后“自近出”，似乎与孔子所称之贤不符，故顾栋高认为《左传》所载不可信。“如果有之，是《春秋》之冯道也，尚安得为伯玉乎哉？夫子作《春秋》，将以严君臣之分，立臣子之防，使为人臣者尽忠不贰以事其君。今以伯玉此举为合道，是使后世之偷禄取容全生苟免者有以藉口，与《春秋》之志违矣。”显然属于推论。

《列国谥法考》主旨是考辨列国谥法的差别。“余遍考春秋之世,通君臣皆有谥者,惟鲁、卫、晋、齐四国为然,然皆卿有谥而大夫无谥,公族世卿有谥而庶姓无谥。其余远国如秦、楚,中夏如宋、郑,则君有谥而臣无谥。至吴、越、徐、莒,则君臣皆无谥。”此说很有价值。鲁、卫、晋、齐皆周初封国;宋是商人后裔,郑晚封而近宋,故受其影响;秦、楚与中原交往很早;吴、越、徐、莒与周文化差距更大。此或是差异原因?

《春秋列女表》将见于《左传》的五十七位女性分为三等:上等节行十二人,中等明哲十一人,下等纵姿不度三十四人。顾栋高在此表《叙》中认为,《春秋》所记女人,都含有对后世的垂教之意。表后附《卫夷姜、晋齐姜辨》,主旨是说《左传》所载不可信。“《左传》:卫宣公烝于夷姜生伋子,晋献公烝于齐姜生太子申生。”顾栋高首先从时间上考证《左传》所记不可信,然后征引《史记》,见与《左传》所记不符。结论是:“窃意夷姜、齐姜皆二君未即位时所娶之适(嫡)夫人,后因宠衰见废,横加之罪,《左氏》因而甚之耳。”此说也有道理,只是证据不足。

通观《春秋大事表》可知,顾栋高是以经学家自居的。他对《春秋》性质的认定,对《春秋》学价值的理解,对《春秋》大义的反复揭示,都可表明他的经学家身份。他以《左传》为主,采用因事明义的方法,说明他属于以事解经一派。自杜预以来,主张以事解经者的共同认识是:圣人通过所记之事暗寓垂教后世之义。其基本方法是:一、首先肯定孔子修《春秋》;二、用《左传》所记之事丰富《春秋》经文;三、把自己对这些人和事的评价阐释为圣人所寓;四、把评价标准确定为圣人垂教之义。如果抽去孔子作《春秋》这个前提,一切都还原为他们对《春秋》的理解。从本质上说,他们所释《春秋》之义,就是其对《春秋》所记史事的价值理解,《春秋》之义就是史评。所以,这些学者的实际身份多为史学家。由于双重身份的纠结,常常使他们对经义的阐释显得与经文没有多少关系。顾栋高的《春秋大事表》也是如此,虽然是从经学的角度著述,后人却将其归为史学。《春秋大事表》在纯经学领域,所释《春秋》大义,并无多少超越前人之处。

作为史学著作,《春秋大事表》的贡献是多方面的。第一,资料分类收集。《春秋大事表》共五十表,有些表又分若干类,每类多排列经传注疏及其他学者的研究成果,整体上形成了一个内容丰富的资料库,每一类实际上都是一个研究专题。《春秋大事表》为后人继续深入研究提供了极大的资料便利。第二,《春秋》日历。《朔闰表》四卷,实际上是编制了一部二百四十四年的日历,为历史事件发生的时间提供了依据。这是极为耗时费力却对历史研究有重要帮助的工作。第三,历史地理。关于这方面,共有五表十二卷,加上卷首的《春秋舆图》及其说明,占全书近三分之一。从宏观上,勾勒出了春秋时期的邦国分布、山川地形、交通状况;从微观上，每一个地名都标注了在清朝地图中的确切位置。对历史事件发生的地点给予了清晰的说明。第四，历史事件。《争盟表》《交兵表》等共十二表，对争霸时代的重大历史事件以及列国之间的争城掠地都勾勒出了大致轮廓，为后人继续研究提供了课题和资料。第五，观点。全书共有叙、说、论、考、辨一百三十一篇，几乎每篇都是有理有据的学术论文，其中许多观点都极有价值，有些观点则可以供后人继续讨论。其他如对《周礼》《仪礼》成书年代的论定等，也是重要贡献。

顾栋高是史学大家。第一，文章写得有气势，有理有据，观点明确，逻辑性强。第二，视野开阔，既有对整个春秋时代的宏观把握，也有清晰的空间概念，还有征引后世史事的参照。第三，提出了一些前人未发又很值得后人继续研究的课题，有些问题至今仍然有人研究。

第三节　章太炎《春秋左传读》

章太炎（1869—1936），原名炳麟，后改名绛，字枚叔，一作梅叔，号太炎，世称太炎先生，浙江余杭人。章太炎是举世公认的学术大师，著述等身，桃李满天下，至今仍有一些知名学者以为其再传或三传弟子为荣；章太炎又是近代鼓吹排满革命的先驱者，其思想也对当世产生了重要影响。本文不能全面评述太炎先生，仅就其《春秋》学著作《春秋左传读》作简要评述，以其《春秋左传读叙录》和《驳箴膏肓评》附焉。①

章太炎在《春秋左传读叙录・序》中对《春秋左传读》的著述形式及作者旨趣作了介绍："《春秋左传读》者，章炳麟著也。初名《杂记》，以所见辄录，不随经文编次，效臧氏《经义杂记》而为之也。后更曰《读》，取发疑正读为义也。盖籀书为读，紬其大义曰读，紬其微言亦曰读。《左氏》古字古言，沈、惠、马、李诸君子既宣之矣，然贾生训故，确见《新书》，而太史公与贾嘉通书，《世家》《列传》诸所改字，又皆本贾生。可知刘子政呻吟《左氏》（见《论衡》），又分《国语》（见《艺文志》）。寔先其子为古学，故《说苑》《新序》《列女传》三书，孤文犆字，多有存者。惠氏稍稍及之，犹有不莬，故微言当紬，一矣。左氏既作《内传》，复有《左氏微》说其义例，今虽亡逸，曾、吴、铎、虞、荀、贾、三张（谓张北平、张子高、张长子）之言，时有可见，皆能理董疑义，闿圛雅言。故《说苑》述吴氏之说'元年'，可以见《左氏》有慎始也；《檀弓》述曾氏之说丧礼，可以见天子诸侯非卒哭除服也。而近儒如洪稚存、李次白，劣能征引贾、服（按：劣字疑误），臧伯辰虽上扳子骏，亦直捃摭其义，鲜所发明。夫

①此三书均见《章太炎全集》，上海人民出版社，2014 年版。

《左氏》古义最微，非极引周、秦、西汉先师之说，则其术不崇；非极为论难辨析，则其义不明。故以浅露分别之词，申深迂优雅之旨，斯其道也。大义当紬，二矣。紬微言，紬大义，故谓之《春秋左传读》云。”

章太炎著书喜用僻字，此书亦然。查《古代汉语词典》，紬有二义：一作引，二作缀集。“紬绎”条解作“理出头绪”。由此可知，所谓“紬微言，紬大义”，就是广泛征引“周、秦、西汉先师”关于《左传》的各种解说，理出《左传》“微言”“大义”的头绪。是为《春秋左传读》的主旨。“微言”源于《公羊传》定公元年提到的“微辞”，本意是孔子记当代事，出于避讳而使用了微婉隐晦之辞。后世《公》《谷》学者多据此解《春秋》。也有学者认为“微言”是指孔子未写进《春秋》的内容，只是通过口耳相传，至《公羊传》、董仲舒、何休才把此类“微言”表述了出来。前者把《春秋》经文认作“微言”，故需作深度解读，深至超出经文本身；“微言”在此实代表着一种阐释内涵的解经方式。后者则是把公羊、董、何之说直接理解为圣人之言，孔子的“微言”至汉代变成了明言；“微言”在此实为扩大孔子学说的外延。《公羊传》和《谷梁传》虽曾提及“《春秋》之义”，尚不多见。《春秋繁露》中则经常出现“《春秋》之义”“《春秋》大义”等。《汉书》载大臣奏章或皇帝诏令，其中多有“《春秋》之义曰”“《春秋》大义曰”。此后，《春秋》有“大义”，成为《春秋》学者们的共识。义者，理也。所谓“《春秋》大义”，一般是指《春秋》中包含的各种道理、各种原则，也就是所谓圣人欲以垂教后世者。章太炎所说的“微言”“大义”似乎异于是，仅指《左传》而言，这一点完全不同于前人。章氏所谓“微言”，是指后人未明的《左传》字词，故引“贾生训故”及刘向著作中的“孤文犆字”以明之。章氏所谓“大义”，是指早已亡佚的《左氏微》所说《左传》“义例”，故广引“周、秦、西汉先师之说”，并“极为论难辨析”以明之。之所以广引“周、秦、西汉先师之说”，是因为章太炎对杜预及后人解说《左传》不满意，故该书中多有对杜预的批评。章氏引“周、秦、西汉先师之说”，及东汉诸家，往往称其字或称其官以示尊重，唯引杜预著作直称“杜预”或“预”，一次不用“元凯”，可见章氏对杜预的态度。换言之，《春秋左传读》在一定意义上是为驳杜预而作。批驳杜预，是清代许多《左传》研究者的共识。

该书“初名《杂记》，以所见辄录，不随经文编次”，共分九卷，笔记体裁。2014年上海人民出版社出版的《章太炎全集》，其中由姜义华校点编次的《春秋左传读》，“为尊重章氏本人意愿，给读者检阅提供方便，全部条目俱根据经、传次序，先经后传，依照年月重新编次。《左传读》原分九卷，今按十二公分作十二篇。每题之下，分别注明时间，经文注明所系之年，传文兼注所系之月。各条之末，仍注明原卷次。"此本大有功于章氏，确实极有利于读者研究利用。本文即据此本①，对该书分三方面予以简单评介。

一、章太炎释《春秋》之义

《春秋左传读》是章太炎的早期著作。二十几岁的章太炎尚是正统的经学家，释《左传》"微言""大义"，最终目标仍然是为准确理解《春秋》中的圣人垂教后世之义。《隐公篇·郑伯克段》条末，章太炎表述了他对《春秋》的基本认识："乌乎！《春秋》为万王准则，固非专为汉作，而于汉事固有独切者，犹之《易》道弥纶千古，而《临卦》著八月之象，则因文王之时，纣为无道，故为殷家著兴衰之戒，以见周改殷正之数。（见郑氏《易注》）然则殷末作《易》则以开周，周末作《春秋》则以开汉，无足怪也。玄圣制法，斯不疑矣。"孔子作《春秋》制大义以俟后圣说，源自《公羊传》，汉代的公羊派学者则将其具体化为圣人为汉制法。《左传》中没有孔子作《春秋》以垂教后世之义，更没有圣人为汉制法之说。刘歆以后的《左传》学者为了对抗今文学家关于"《左氏》不传《春秋》"的说法，纷纷努力从《左传》中挖掘《公》《谷》所释《春秋》之义，贾逵、马融、服虔、郑玄等做的都是这种工作，目标也都是为《左传》争传《春秋》的正统地位，至杜预、孔颖达才最终实现了这一目标。《春秋》有垂教大义的说法，也得到了《左传》学者的普遍认同。章太炎说"《春秋》为万王准则"，"周末作《春秋》以开汉"，认定《春秋》"为玄圣制法"，反映着他对《春秋》性质的基本认识，也是对传统《春秋》学的继承。

> 《隐公篇·立素王之法》："贾侍中《春秋序》：'孔子览史记，就是非之说，立素王之法。'麟案：侍中之说，本于太傅。《过秦下》云：'诸侯起于匹夫，以利会，非有素王之行也。'是说匹夫而有圣德者为素王也。董胶西《对策》云：'孔子作《春秋》，先正王而系以万事，见素王之文焉。'是《公羊》说亦同。《庄子·天道》云：'以此处上，帝王天子之德也；以此处下，玄圣素王之道也。'庄子诋诃圣人，谯议儒学，而犹不敢削素王之名，是知孔子所自号，明矣。（《家语》述太史子余之言，乃王肃伪造，不足据。）《说苑·君道》：'孔子曰：夏道不亡，商德不作；商德不亡，周德不作；周德不亡，《春秋》不作。《春秋》作，而后君子知周道亡也。'然则夫子于此又何让焉？而杜预以欺天拟之。子曰：'罪我者，其唯《春秋》乎！'正为预辈言之也。"

①引文偶有标点改动。后文引《春秋左传读叙录》和《驳箴膏肓评》亦然。

按:《庄子·天道》是以虚静无为为天道,能遵天道者,在上可为有德之帝王,在下可为玄圣素王,即无冕之王。虚静无为既是天道,也是王道。这是庄子之意。庄子在此所谓"素王",决非孔子,而是对遵天道者的泛称。章氏误读。贾谊所谓"素王",具体所指不详,但由章氏引文看,所指也非孔子。首先以孔子为"素王"者是董仲舒,其后贾逵、郑玄、注《孟子》之赵岐,都接受了这种说法。杜预《春秋经传集解·序》:"子路欲使门人为臣,孔子以为欺天。而谓仲尼素王,丘明素臣,又非通论也。"杜预不赞成以孔子为素王的说法。章太炎此条主旨是批评杜预,也就是认同孔子为素王、为万世立法之说。而此说实创于《公羊》学者。章氏著此书之时,康有为正在著《孔子改制考》,其中对孔子"素王"说大加发挥,为自己的变法改制制造理论依据。章氏是在做学问,康氏是在谋政治;章氏认为《左传》学者首倡"素王"说,康氏则认为是《公羊》家言,但结论却是一致的。由上述两例可以看出,章太炎虽是坚定的《左传》学者,但在涉及《春秋》之义时,也并不排斥《公羊》学者的说法,故该书中也有一些对《公羊传》《谷梁传》《春秋繁露》的征引。

> 《隐公篇·未王命故不书爵》:"隐元年:'未王命,故不书爵。'案:《谷梁传》亦云:'其不言邾子何也?邾之上古微,未爵命于周也。'此皆释经文也。经义则《谷梁》未审何如,《左氏》则当同《公羊》托王之说矣。盖'不书即位,摄也',托义于称王而未一统,犹文、武未灭纣时也。'未王命,故不书爵',托义于王者未削平天下,不得爵命诸侯,犹文、武有三分天下之二而未尝封建也。文则在周王,意则在托王也。"

按:《春秋》隐公元年:"三月,公及邾仪父盟于蔑。"章氏所引为左、谷二《传》对这条经文的解说。《左传》认为,此经称"仪父"而未称"邾子",是因为邾国国君此时尚未得到周王室的正式封爵之命;无爵,故不书爵。这是从鲁国史官记事的角度解说这条经文的称谓问题。《左传》认为,邾国后来追随齐桓公称霸,其君才得到周王室的正式封爵,故《春秋》记其事称"邾子"。"子"为所受之爵。《谷梁传》认为,此经不称"邾子",是因为邾国自古以来很小,其君一直没有得到周王室的封爵之命。这是从历史的角度作解,但同样认为此经是因其无爵而不称"邾子"。章太炎没有解读《传》文,只是指出左、谷二《传》所释经文的相同点。

下面是阐释经义。解读经文是理解经文的表层含义,阐释经义,即阐释圣人写作此经的垂教之义,才是理解经文的深层含义;这是《公》《谷》学者常用的解经思路。章太炎在此正是沿用这种思路。他认为,《左传》所释,也内含着与《公羊》学者所释相同的《春秋》"托王"之义。《公羊传》:"仪父者何?邾娄之君也。何以名?字也。曷为称字?褒之也。曷为褒之?为其与公盟也。与公盟者众矣,曷为独褒乎此？因其可褒而褒之。此其为可褒奈何？渐进也。”《公羊传》认为，《春秋》称“仪父”为称字，称字含有褒义，圣人在此隐含着褒扬邾娄之君最先与鲁隐公结盟之意。何休注：“《春秋》王鲁，记隐公以为始受命王，因仪父先与隐公盟，可假以见褒赏之法。……渐者，物事之端，先见之辞；去恶就善曰进。譬若隐公受命而王，诸侯有倡始先归之者，当进而封之以率其后。”“《春秋》王鲁”，是说《春秋》记事以鲁为主，圣人实际上是托鲁君为天下之王。鲁君本不是王，圣人视鲁君为王只是假托，借此阐述王法，垂教后世。这就是所谓“托王”之义。以鲁君为王，隐公作为《春秋》所记第一代鲁君，自然就是始受命王。邾娄之君最先归服王者，圣人称其字，体现着王者对他应该奖赏。这是《公羊》学者的理解，《左传》学者极少表示认同。

但章太炎认为，据《左传》所释，《春秋》也有“托王”之义，他举两例以证明。一是《春秋》隐公元年：“春王正月。”《左传》释曰：“不书即位，摄也。”章太炎认为，《左传》的深层含义是：《春秋》“托王”于鲁，以鲁隐公为始受命王，因新王虽已受命但旧王依然在位，新王实际上尚不是真正的王，因没有践即位之礼，只是摄行王事，故《春秋》于此不记“公即位”。也就是说，《左传》所释，内含着《春秋》“托王”之义。二是此《传》：“未王命，故不书爵。”章太炎认为，《左传》的深层含义是：作为假想中的始受命王，此时的鲁隐公尚未统一天下，也没有封邦建国的权力，不能授爵于诸侯，故《春秋》记邾君“不书爵”，以此暗示《春秋》“托王”之义。章太炎认为，《春秋》所记王、天王，在文字层面上表现为周王，但实际所指是圣人理想中的假托之王。也就是说，不论是假托的始受命王，还是文字表面的周天子，实际上都是圣人托以表述王法的工具。如果单独拿出这节文字，我们几乎不能相信会出自《左传》学大家章太炎之手，与刘逢禄、康有为的观点实难区分开来。由此可见，早年的章太炎，曾深受今文经学的影响，对《春秋》的认知，表现为一个纯粹的经学家。

《庄公篇·纪季以酅入于齐》：“庄三年经：‘秋，纪季以酅入于齐。’刘子骏注：‘纪季以酅奔齐，不言叛，不能专酅也。’贾侍中同。贾又曰：‘纪季不能兄弟同心以守国，乃背兄归仇，书以讥之。’麟案：纪季能存酅，固贤于并酅不能存而身为仇雠之臣虏者，然而功少谊亏，不可为训。哀七年《传》言：‘成子以茅叛。’据成子豫知邾必见灭，先据茅不受君命，及鲁既入邾，卒能请救于吴，以存社稷。其功大于存酅而不能存纪者，且但以茅拒命，未尝去事仇敌，而《传》犹以‘叛’书，盖义深君父，虽使有巨烈伟业可以掩罪论赏者，而先有据邑自专之事，则必以‘叛’书之。犹之书盾、止之‘弑’，非加极刑于盾、止，书以示君臣父子之法耳。四年《传》言：‘纪侯不能下齐，以与纪季。'则是年以酅入齐，亦必出于纪侯之命，故言'不能专酅'也。若无君命，虽有存酅之功，犹当书'叛'也。有兄命，犹为背兄者，不如共守之合道也。以能存酅，故书字见褒，以不能同心守国，故不讳以酅入齐，以见讥。左氏之义，褒贬俱尽，非若《公羊》美而不知恶也。"

按：庄公元年，齐迁纪国三邑；三年，纪侯之弟纪季携酅邑投奔齐国；四年，"纪侯大去其国"，纪国灭亡。《春秋》是鲁史，在这一阶段，鲁、纪关系亲密，故史官记此事较详。《左传》对经文作简单解说，没有对事件及人物作评价。《公羊传》解此经云："纪季者何？纪侯之弟也。何以不名？贤也。何贤乎纪季？服罪也。其服罪奈何？鲁子曰：请后五庙以存姑姊妹。"《公羊传》认为，此经中的"季"为表字，《春秋》记人凡用表字者，都体现着圣人认定此人为贤者。纪季之贤表现在两个方面：一是承认纪国先祖对齐国犯过罪，此时愿服罪降齐；二是请求齐人允许他在酅邑立纪君五世宗庙，以延续对祖先的祭祀。这完全是根据经文中的一个"季"字推论出来的，既无史实依据，也未必符合经文本意。后世凡认为此经有褒扬纪季之意者，均源于此。

章太炎引刘歆注，认为"入于齐"应是纪季叛国，圣人之所以没有用"叛"字，是纪季此举实为奉纪侯之命。贾逵在此基础上进一步解释说：圣人虽然没有用"叛"字，但仍然书作"纪季以酅入于齐"，体现着圣人对纪季的批评。因为纪季本应与哥哥共守社稷，与国家共存亡，现在却"背兄归仇"，故圣人讥之。章太炎又引《左传》哀公七年载"成子以茅叛"，认为《左传》"义深于君父"，书"叛""以示君臣父子之法"。章太炎认为，刘歆、贾逵对此经的解读，是采用了"左氏之义"。所谓"以能存酅，故书字以褒"，章太炎实际上是暗取《公羊传》所释之例。由此条可见；第一，章太炎解《春秋》关注的仍是圣人在经文中隐含的垂教后世之义，"君臣父子之法"。第二，章太炎释《春秋》之义，并不排斥《公羊传》。第三，章太炎把刘歆、贾逵之言认作《左传》所释《春秋》之义。第四，章太炎已有自觉的古文经学意识，认为"《左氏》之义"优于《公羊》。

《昭公篇·"鲁文"至"假人"》："昭三十二年：'鲁文公薨，而东门遂杀适立庶，鲁君于是乎失国，政在季氏，于此君也四公矣。民不知君，何以得国？是以为君慎器与名，不可以假人。'麟案：此谓讨贼宜速也。盖迟之又久，则人心已解，而政反归之矣。《韩非子·说林上》曰：'鲁季孙新弑其君，吴起仕焉。（春秋以来，仕于乱国者，习为常事，非助弑君者也。）或谓起曰："夫死者，始死而血，已血而衄，已衄而灰，已灰而土，反其土也，无可为者矣。今季孙乃始血，其毋乃未可知也？"吴起因去之晋。'（恐为季孙所累也。)是起以或说为然也,则即起说,可以释《左氏》矣。盖死者始血,则忠义之士尚思报复,至及衄、及灰、及土,而遂无可为矣。鲁宣时,遂初弑逆,血衄未寒,而无乘时讨贼者,以至政逮私家。至昭公时,则灰土久矣,无可为矣。起说亦本孔子。《大戴礼·少间》:'子曰:所谓失政者,疆蓌未亏,人民未变,鬼神未亡,水土未絪,酒者犹酒,(此句旧在"血者犹血"下,今审定文义,移于此)糟者犹糟,实者犹实,玉者犹玉,血者犹血,优以继愖,政出自家门,此之谓失政也。非天是反,人自反。臣故曰:君无言情于臣,君无假人器,君无假人名。'此一节,即此《传》之义,而自来不得其解。盖'血'即《韩非子》之'血','玉'即'衄'之假借字也。酒也,糟也,实也,(指谓簠、簋、笾、豆诸器之实)谓初死时之祭奠也。'血犹血,衄犹衄',则未至'已衄而灰、已灰而土'也。酒犹酒,糟犹糟,实犹实,则祭奠犹未撤也。于时事尚可为,而为君者优游愖乐,无志讨贼,则政遂失而出于家门矣。此圣人《春秋》大义,左氏传之吴起,虽非其人,而言则能发明经旨矣。"

按:这节文字颇为费解,试解之。章太炎首引为《左传》所载晋大夫史墨答赵简子之言,意在说明鲁昭公被逐死在外地,为何鲁人"服于季氏",且"诸侯与之"。章太炎认为,史墨之言,"谓讨贼宜速",即君主一旦发现有危害其统治者,应立即采取行动"讨贼",一旦贼人成势,君主"失政",局面将难以挽回。如鲁公子遂在文公末年杀嫡立庶,因鲁君未及时"讨贼"而导致"政在季氏",鲁君失去对国家的控制权,再也收不回来。章太炎认为,这就是《左传》所表达的《春秋》大义。史墨意在从历史的角度说明君主"慎器与名,不可以假人",认为鲁君对"失国"负有责任;章太炎将史墨之意理解为"讨贼宜速",属于引申。在此基础上,章太炎将其理解为《左传》之义,又上升为《春秋》大义,应该说有过度引申之嫌。

然后,章太炎征引《韩非子·说林上》所载的一个故事,认为故事中的吴起"以或说为然",即同意此人的观点,那么此人的观点即可视为吴起的观点;据陆德明《经典释文》载,吴起是《左传》的传人,那么吴起的这个观点应是来自《左传》,即可用此观点"释《左氏》"。章太炎进一步认为,吴起这个源于《左传》的观点"亦本孔子",故引《大戴礼记·少间》所述孔子之言为证。最后,章太炎得出结论:当君主被弑初期,国家的一切还没有多大变化,若继立者果断讨贼为先君复仇,则可消灭贼势于萌芽之中,国家仍为君主统治的常态。若继立者"无志讨贼",只顾"优游愖乐",那么贼势就会继续发展,最终导致君主失权,政出私家之门。这就是《春秋》大义,也就是圣人垂教后世君主的政治原则;此义是由左氏承自孔子,又将其传给吴起,由吴起说出来。

由这节文字可以看出：第一，章太炎的确博学多识，征引繁富。第二，章太炎研究《春秋》大义，关注的仍然是如何更好为君主统治服务的问题，与历代《春秋》学者在目标上是一致的。第三，章太炎对此义的证明，有难以服人之处。首先，《左传》所载史墨之言未必就是《左传》作者所理解的《春秋》大义。其次，史墨本意是认为君主应该"慎器与名，不可以假人"，即君主不应把权力下放给臣僚，谓"此谓讨贼宜速也"，有过分解读之嫌。再次，以"或说"为"起说"，由此认定此观点源自左氏，实属牵强。又次，把《大戴礼记》所载孔子之言认定为"即此《传》之义"，缺少根据。最后，章太炎所谓"此圣人《春秋》大义"，却没有说明此"大义"与哪条《春秋》经文有关，以及经文如何体现了这样的"大义"。如此解说《春秋》大义，似有离《春秋》文本太远之嫌。

二、章太炎对文字、制度等的考证

章太炎是俞樾的入室弟子，以考据见长。他研治《春秋》的终极目标虽然是阐释大义，但在具体研究中却表现出以考据见长的特点，《春秋左传读》尤其如此，绝大多数条目属于文字、制度、事件等考证。试举几例。

> 《隐公篇·摄也》："隐元年：'不书即位，摄也。'何、郑之相驳，麟已有申。刘逢禄谓此乃刘歆、王莽托为周公居摄之说以增《左氏》，则试以讨莽者之言证之。案：《汉书·翟方进传》云：'王莽居摄，义心恶之，乃谓姊子上蔡陈丰曰："新都侯摄天子位，号令天下，故择宗室幼稚者以为孺子，依托周公辅成王之义，且以观望，必代汉家，其渐可见。欲举兵西诛不当摄者，选宗室子孙辅而立之。"'夫翟丞相，治《左氏》者也，而义即其子也。乃其言以王莽为不当摄，则周公当摄可知，则隐公当摄亦可知。《左氏》家忠义之士固有其说，岂子骏所增饰哉？郑君《发墨守》则云：'隐为摄位，周公为摄政，虽俱相幼君，摄政与摄位异也。'此又过为鉥析。夫周公固云'朕复子明辟'矣，可云非摄位乎？荀子谓：'武王崩，成王幼，周公屏成王而及武王。'此大贤之传言，而刘逢禄《书序述闻》又以为奸言。乌乎！圣人之行权，岂后人所能知哉！苟以乱贼藉口而议之，则伊尹放大甲，亦为董卓、桓温辈所藉口，乃独不以为奸言何耶？"

按：此条旨在反驳刘逢禄对《左传》的批评。刘逢禄认为《左传》中的解经语、"君子曰"和"凡例"均为刘歆伪撰，另有详述。《春秋》隐公元年书"春王正月"，未书"公即位"，《左传》解释说："不书即位，摄也。"即鲁隐公是奉年幼的弟弟公子允（后来的桓公）为君，只是暂时代其执掌国政，没有举行即位仪式，故鲁国史官未记其即位。这是解经语,刘逢禄认为是刘歆为帮助王莽“托为周公居摄之说以增《左氏》”,即属于刘歆增窜。章太炎为驳刘逢禄之说,从三个方面考证“摄政”不是刘歆伪窜。第一,征引《汉书·翟方进传》所载翟义之言。认为翟义作为“治《左氏》者”方进之子,反对王莽摄政,体现着《左传》之义:周公当摄,鲁隐公当摄。《左氏》家固有摄政之说,可知非刘歆增窜。第二,征引郑玄《发墨守》,批评其关于“摄政与摄位异”的观点,认为周公实际上也是“摄位”,与鲁隐公同,并引《尚书》为证,以此说明鲁隐公摄位之举不错,也就是《左传》所释《春秋》之义不错。第三,征引《荀子》之言,再证周公摄政之事属实,批评刘逢禄在《书序述闻》中将其认为“奸言”,是不懂“圣人之行权”,即在特殊情况下,圣人是不拘泥于常规而主张用权宜之计的。也就是说,周公在成王年幼时摄政为“行权”,孔子继承周公遗志,也赞成鲁隐公在弟弟年幼时摄政,《左传》所释符合圣人之意,故不是刘歆伪托之辞。章太炎认为,因为王莽、董卓、桓温等曾利用“摄政”说而专权,就怀疑《左传》所释《春秋》之义,是不懂“圣人之行权”。在此条下,又有《摄也(补)》,章太炎广征博引,用数千字再证周公摄位之事,以此强调《左传》所释《春秋》之义不误,且必非刘歆所伪。章太炎的目的是批驳魏源,但内容则是对周公摄政之事的考证。这种考证是有价值的,至今仍有学者讨论此事,但所用资料已很难超越章氏。

> 《隐公篇·公矢鱼于棠》:“隐五年经称:‘公矢鱼于棠。’朱子曰:‘据《传》“则君(今本作公)不射”,是以弓矢射之。’引‘汉武射蛟江中’为证。王伯厚亦引《淮南》射鱼,谓《左氏》陈鱼之说非。麟案:矢之训陈,旧矣。射亦得训陈。《礼记·射义》:‘射者,绎也。’《周礼·春官·龟人》:‘地龟曰绎属。’《释鱼》作‘仰者谢’,众家本《尔雅》作‘射’。是绎、射通。《尔雅》《诗毛传》并云:‘绎,陈也。’然则不射即不绎,不绎即不陈,正谏陈鱼也。且《公》《谷》经‘矢’皆作‘观’,即《左传》所谓陈鱼而观之也,与‘以弓矢射’何涉乎?惠定宇以‘射’为‘射牲’,恐亦未塙。”

按:《春秋》隐公五年:“春,公矢鱼于棠。”“矢”,《公羊传》《谷梁传》所载经文作“观”。《左传》记述了臧僖伯(即公子彄)对鲁僖公的长篇批评,其中有:“皮革、齿牙、骨角、毛羽不登于器,鸟兽之肉不登于俎,则公不射,古之制也。”最后又说:“(隐公)遂往,陈鱼而观之。僖伯称疾不从。”朱熹根据“公则不射”,认为“射”“是以弓矢射之”。也就是说,他认为经文中的“矢鱼”就是用弓箭射鱼。按照这种理解,《左传》所谓“陈鱼而观之”,即鲁隐公去看打鱼者将打上来的鱼排列在一起是不对的;《公》《谷》载经文作“观”更是错误。杨伯峻《春秋左传注》列举多家从朱之说。章太炎在此以训诂方法批驳此说。因为“矢”为箭,箭可以有“射”义。他征引《礼记·射义》《周礼·春官》《尔雅·射鱼》,认为"绎、射通",即"射"可训为"绎"。他又引《尔雅》《诗毛传》:"绎,陈也。"即"绎"可训为"陈"。于是:矢训射,射训绎,绎训陈;矢可训陈。"矢鱼"即"陈鱼",《左传》所释不误,朱熹的理解有误。词义训释,是章太炎的长项。

《隐公篇·以三军军其前》:"隐五年:'郑祭足、原繁、泄驾以三军军其前,使曼伯与子元潜军军其后。'案:《说文》:'军,圜围也。'《广雅·释言》:'军,围也。'《疏证》曰:'《吕氏春秋·明理篇》注:"气围绕曰周币,有似军营相围守,故曰晕也。"《淮南子·览冥训》注:"运,读连围之围。"运者,军也。将有军事相围守,则月运出也。军、运、围,古声并相近。'(以上《广雅疏证》)然则'军其前''军其后'者,围守其前、围守其后也。"

按:章太炎引证《说文》《广雅》及《疏证》,以"围"释此处"军"字,当为不易之论。

《僖公篇·不慎》:"僖五年:'初,晋侯使士蒍为二公子筑蒲与屈,不慎。'《晋世家》作:'初,献公使士蒍为二公子筑蒲、筑屈,弗就。'此史公以'就'训'慎'也。案:《贾子·道术》:'僶勉就善谓之慎。'是'慎'古谊训'就'也。《释诂》:'就,成也。'《诗·周南·樛木》:'福履成之。'《传》《说文》皆云:'成,就也。'此'就'之训也。《释诂》:'慎,诚也。'《礼记·中庸》:'诚者,自成也。'又云:'诚者,非自成己而已也,所以成物也。'是'慎'训'诚',即训'成'。故《大雅·桑柔》:'考慎其相。'《笺》直云:'慎,成也。'故史公以'就'训'慎',言筑城不成也。《传》下句云:'置薪焉。'明是不成城,而但为藩篱耳。若以为不谨慎,则筑土不坚乃可云尔,今'置薪',岂直不谨慎已哉?下文'又何慎焉''焉用慎',言'又何成焉''焉用成'也。直重耳逾垣、夷吾守屈,则当时已就城也。据《道术篇》,知此训是《训故》旧文,史公承用之也。"

按:章氏所引为《左传》僖公五年文,杜预《注》释"慎"为"不谨慎",意为不重视。此条旨在纠正杜预之误。章太炎首引《史记》,可知司马迁是以"就"释"慎"。又引贾谊说,证明"慎"训"就"为司马迁之前之古义。又引《尔雅》《诗毛传》《说文》《礼记》《诗郑笺》等,证明"就"训"成","慎"也可直接训"成"。最后,章太炎又引《左传》与此相连和相关的下文,证明杜预训"慎"为"不谨慎"不准确,"慎"训"成"则语意贯通。章太炎的此条考释引证繁富,思路清晰,丝丝入扣,令人心服口服,结论自然服人。此类考释在该书中比比皆是,可见未至而立之年的章太炎已具非凡的学术功底。

《桓公篇·其能久乎》："桓二年：'今晋，甸侯也，而建国，本既弱矣，其能久乎？'按：此'久'，与它言'久'者稍别。《说文》引《周礼》曰：'久诸墙以观其桡。'今《考工·庐人》'久'作'灸'，《注》云：'犹柱也。'然则'久'者，支柱之义。言'本既弱矣'，其能支柱所建之国乎？即末大必折之义。襄十八年云：'君固无勇，而又闻是，弗能久矣。'亦谓弗能支也。"

按：章太炎在此释"久"为"支柱"，似乎也有根据，但"支柱"仍需解为"支撑"，且"支撑"仍需理解为"支撑久"，语意方顺畅。窃以为，章太炎的此处转释似乎没有意义，"久"用常义足矣。此类考释在该书中也占一定比重。

三、章太炎对杜预的批评

杜预是真正的《左传》功臣。一方面，他为《左传》争得解说《春秋》的正统地位；另一方面，他对《左传》的注释给读者提供了极大帮助。但杜预也会犯错误，也有认识上的不足之处，也有知识上的欠缺部分。清代是中国古代学术发展的顶峰，学者们对以往的学术成果要全面清算。长期居于《左传》研究顶端地位的杜预，自然也成为清代学者攻击的目标。今文学者攻击杜预所构建的《春秋》左氏学体系不符合《春秋》本意，且降低了圣人作《春秋》垂教后世的地位。《左传》研究者则往往从汉学的角度，批评杜预的注释背离了汉代学者的古义，且各自都找出一些杜预注释中的错误，在整体上把《左传》研究提升到一个新的高度。纠正杜《注》的错误，是洪亮吉《春秋左传诂》的目标，也是章太炎《春秋左传读》的重要目标。前文已涉及这个问题，本节再集中解读三条章太炎对杜预的批评。

《桓公篇·宋华父督见孔父之妻于路》："桓元年：'宋华父督见孔父之妻于路，目逆而送之，曰："美而艳。"'服子慎注：'目者，极视，精不转也。'案：《列女传》说华孟姬事云：'车奔姬堕，使侍御者舒帏以自障蔽，曰："妾闻野处则帏裳拥蔽，所以正心一意，自敛制也。"颂曰："孟姬好礼，执节甚公，避嫌远别，终不野容。"'考郑注《系辞》'野容诲淫'谓：'饰其容而见于外，曰野。'《列女传》正同此谊。孔父妻出于路，而得为华父所见，且得极视不转，是未闻野容之说也。《列女传·颂》作于子骏，故取其谊以驳孔父妻。杜预并责孔父，则苛。东方朔曰：'孔父为詹事。'案：汉皇后置詹事，中长秋以下诸官官皆属焉。成帝省詹事，官并属大长秋，则二职相近。柳下惠为大长秋，取其贞洁。孔父为詹事，其能整饬宫闱必矣。

其妻偶一失礼,未足为孔父病也。”

按:此条首引为《左传》桓公元年文 。《春秋》桓公二年:“春,王正月戊申,宋督弑其君与夷及其大夫孔父。”杜预《注》:“称督以弑,罪在督也。孔父称名者,内不能治其闺门,外取怨于民,身死而祸及其君。”《左传》作者认为,《春秋》记弑君事件有“称君,君无道;称臣,臣之罪”的原则。杜预据此认为此经显示华督有弑君之罪,弑君之罪可诛。杜预认为,《春秋》称“孔父”是称名,之所以不称其字“嘉”,体现着圣人对孔父也有批评之意。圣人批评孔父有两点:一是“内不能治其闺门”,指孔父妻为夫招祸。《左传》桓公元年冬:“宋华父督见孔父之妻于路,目逆而送之,曰:‘美而艳。’二年春,宋督攻孔氏,杀孔父而取其妻。公怒,督惧,遂弑殇公。”杜预认为,宋国发生的弑君事件,起于孔父妻在外面招蜂引蝶,由于行为不检点,才引起华督“目逆而送之”,最后导致丈夫被杀,君主被弑。而孔父妻的行为不检点,是由于孔父对妻子约束不严所致。对妻子未严加约束,即“不能治其闺门”。二是“外取怨于民”,指孔父帮助殇公连年发起战争。《左传》载:“宋殇公立,十年十一战,民不堪命。孔父嘉为司马,督为太宰,故因民之不堪命,先宣言曰:‘司马则然。’已杀孔父而弑殇公。召庄公于郑而立之,以亲郑。”杜预以为孔父作为司马,是宋国最高军事长官,于“十年十一战,民不堪命”有不可推卸的责任,是谓“取怨于民”。杜预认为,上述两点是孔父本人被杀并连累君主被弑的原因,故圣人称名以贬之。

杜预《注》的确有问题。第一,杜预以为“孔父”为名,“嘉”为其字,是错误的。《左传》明确提及“孔氏”,是“孔”本为字,后人以其字为氏,而非名。“父”为美称,与华督称“华父督”同,“父”更非名。“嘉”应是其名。且孔父为孔子六世祖,也可知其后人以“孔”为氏。杜预这个错误,可能与《公羊传》有关。《公羊传》认为,“孔父”是字。《公羊传》认为,《春秋》有记大夫贤者称字的原则。圣人称其字,是认定孔父为贤者。杜预根据《左传》所载,认为孔父并不是贤者,圣人不会用称字的方式认定其贤。也就是说,杜预实际上认同《公羊传》所释《春秋》有贤者称字的原则。正是在此基础上,杜预和《公羊传》的理解不同,但同样是错误。

第二,杜预对孔父妻的要求过于苛刻。《左传》作者没有记述孔父妻有何不检点的行为,华督“目逆而送之”,并惊叹其美艳,然后杀其夫而“取其妻”,只能说明华督是色狼、是恶棍,并不能说明孔父妻有过错,美艳不是过错。根据后人的理解,杜预的思路大概是这样的:作为女人,孔父妻不应在外抛头露面,出门不应过分修饰打扮,遇到男人应主动躲避。如果做到这样,华督可能就没有“目逆而送之”的机会。华督有了这个机会,只能说明孔父妻不是一个贤淑的女人。在这里,受害者反而成为杜预谴责的对象。杜预又把孔父妻的所谓“过错”转嫁到丈夫身上,似乎孔父之死是家规不严所致，属于罪有应得。孔父真的比窦娥还冤。

第三，杜预认为孔父“取怨于民”导致“身死而祸及其君”，也是不对的。据《左传》隐公三年载，宋宣公临死前把君位传给弟弟穆公，而没有传给儿子与夷。穆公临死前把君位传给了与夷，而没有传给儿子公子冯，并嘱托大司马孔父拥戴殇公，以报兄长的知遇之恩。孔父说：“群臣愿奉冯也。”他希望公子冯继承君位，显然并不喜欢与夷。穆公坚持己见，甚至驱逐公子冯去郑国居住。殇公既已为君，孔父当然只能做他的臣僚。“殇公立，十年十一战”，有九战是与郑国打仗。《左传》隐公四年载：“宋殇公之即位也，公子冯出奔郑。郑人欲纳之。及卫州吁立，将修先君之怨于郑，而求宠于诸侯，以和其民。使告于宋曰：‘君若伐郑，以除君害，君为主，敝邑以赋与陈、蔡从，则卫国之愿也。’宋人许之。”据此可知，公子冯确有回国争夺君位之意。也就是说，连年战争“取怨于民”，是宋殇公的责任，孔父作为司马参与或领导战争是必须的，但只是奉君命行事，未必有发起战争除掉有好感的公子冯之意。华督把连年战争的责任推给孔父，不过是欲杀死孔父的借口，而非事实。杜预批评孔父“取怨于民”，客观上是采用了华督的说法。杜预的一系列错误，根源是他要解说经文中隐含的圣人褒贬之意，若把此经认定为史书，这些错误都可以避免。

章太炎此条主要批评杜预第二点错误，即孔父“内不能治其闺门”。章太炎首引服《注》，谓“目”有“极视不转”之意。再引《列女传》所述华孟姬故事。据刘向所述，华孟姬是贞节女人。《颂》谓“避嫌远别，终不野容”，对华孟姬似乎没有批评之意。章太炎则认为刘向是指其“野容”，“孔父妻出于路，而得为华父所见，且得极视不转，是未闻野容之说也”。也就是说，他也认为孔父妻有行为不检点之处，与杜预说相同。但是，章太炎又认为杜预不应为此苛责孔父。他引东方朔之言“孔父为詹事”，考证汉代之詹事相当于春秋时期柳下惠曾经任职的大长秋。柳下惠是因“贞洁”担任大长秋，孔父也应是因“贞洁”担任詹事。孔父是“贞洁”之人，也必能严治家事。至于其妻偶一失礼，不足以证明孔父“内不能治其闺门”，杜预对孔父的批评属于苛责。尽管章太炎此条对杜预的批评也存在一些问题，如对刘向《颂》的理解不准确，对“孔父为詹事”的认定证据不足，但有意批评杜预则是明确的。

《宣公篇·公如齐》：“宣十年《经》：‘公如齐。’《传》：‘公如齐，奔丧。’刘子骏注：‘不书奔丧，讳过也。’贾侍中、许惠卿同。预《释例》驳之曰：‘凡公所出，朝聘、奔丧、葬，皆正（按：“正”字衍文）书“如”，不言其事,[①]此《春秋》之常。刘、贾、许云云,于聘例既不宜独生此义,又讳过之意,欲依成十年"公如晋",所讳在于不书晋侯葬,亦复不同也。'麟案:奔丧非朝聘比。朝聘,故敌国之礼;奔丧,则诸侯唯为天子而已,臣子之礼也。即会葬,比于奔丧,亦尚为轻。诸侯于邻国同好,苟适在其国,或偶过其境,容得躬自会葬。若奔丧,则非于天子至尊斩衰将事者,未有行之者也。苟于甥舅姊妹之等尊同得服其服者,适在其国,亦当就位行礼。若在己国,则未有擅离守土而奔丧者也。是故,奔丧必为天子也。'如齐'奔丧,则是京师齐也,则是为齐臣子也。其事既关于君臣大义,则自较朝聘、会葬为重。使直书惩过,固不得以'书如,不书事'之常例准之矣。[②] 大圣人未尝不有直书之意,而以讳过为尤急,则又削奔丧不书。在常人则以为常例,而大儒则知其意有转变矣。董生云:'辞不能及,皆在于指。见其指者,不任其辞。不任其辞,然后可与适道矣。'此治《公羊》《左氏》者,皆所当知也。"

按:鲁宣公是在齐人支持下夺取君位的,即位后一直与齐国保持亲密关系。前九年,鲁宣公三次"如齐",即朝见齐侯,一"会齐侯于平州",一"会齐侯伐莱"。十年春,"公如齐"。齐人对鲁宣公的殷勤感到满意,归还了鲁宣公贿赂齐国的"济西田"。四月"己巳,齐侯元(惠公)卒"。"公如齐",《左传》:"公如齐奔丧。"正月"如齐"为朝齐,四月"如齐"为"奔丧",《左传》所载可信。杜预为《传》作注:"公亲奔丧,非礼也。公出,朝会、奔丧、会葬,皆书如,不言其事,史之常也。"鲁君参加会盟、征伐,《春秋》一般书作"公会";鲁君到某国去,《春秋》均书作"公如某",如"公如齐""公如晋""公如楚",不记为何事而去,实际是去朝见。"公如"实际上是"公朝"的避讳说法。杜预说这是"史之常",本质上是把《春秋》看作史书,讳朝书"如"是鲁国史官的记事原则。也就是说,这些都是鲁国旧史原文,孔子作《春秋》"经承旧史",对这些记载未作修改。换言之,这些记载中没有圣人隐含的垂教后世之义。

章太炎对杜预的批评主要是针对这一点。章太炎引刘歆《注》,认为《春秋》只书"公如齐"而不书"奔丧",圣人含有"讳过"之意。所谓"讳过",就是有意避讳鲁宣公的过失。换言之,《春秋》有为鲁君"讳过"的原则,圣人认为奔齐惠公之丧是鲁宣公之"过",故有意避而不书。这是从孔子作《春秋》以垂教后世的角度理解此

①此句原标点为:"朝聘、奔丧、葬,皆正书。如不言其事。"误。

②此句原标点为:"固不得以书,如不书,事之常例准之矣。"误。按:此书中还有一些标点错误,如第800页:《公羊传》曰:"王者无外,此其言出,何不能乎?母也。"当作:《公羊传》曰:"王者无外。此其言出何?不能乎母也。"在标点本《春秋》学文献中,此类标点错误所在多有。读者需注意。

经,认为其中含有圣人关于诸侯国君不相互奔丧的原则。贾逵、许慎的观点相同。章太炎又引杜预《春秋释例》对上述观点的批评。杜预认为,“书如不言其事”是《春秋》记鲁君出国的通例,刘、贾、许等人独于此生“讳过”之义,违背了通例。《春秋》成公十年五月“丙午,晋侯獳(景公)卒”,“秋七月,公如晋”。《左传》:“秋,公如晋。晋人止公,使送葬。……冬,葬晋景公。公送葬,诸侯莫在。鲁人辱之,故不书,讳之也。”杜预《注》:“亲吊,非礼。”“讳不书晋葬也。”杜预认为,此处《左传》所说“讳”,是指《春秋》因避讳送葬耻辱而未书“葬晋景公”,并不是讳鲁成公亲自吊丧之事。刘、贾、许等人若援引此例,也是未明二者之间的区别。章太炎并不否认杜预所说通例,但认为此经特殊,杜预不应以通例释之。所谓特殊,是说此经所记是鲁宣公奔丧之事。奔丧不同于朝聘,也不同于会葬。因为朝聘是同等诸侯国之间的交往礼节,故无可讳之处。诸侯国君之间虽不应亲自会葬,但参加其葬礼也不是太大的过错,故《春秋》也可以不讳。奔丧则是只有服斩衰者才有此礼,即儿子为父亲奔丧,臣为君奔丧,诸侯为天子奔丧。鲁宣公为齐惠公奔丧,等于视齐惠公为天子,自己是其臣。这是有关君臣之义的重大失误,故《春秋》一定要为鲁宣公讳。在此,以书“如”通例释之,则是不解圣人之意。因此,杜预以为此处无讳是“常人”之见,刘歆等看到其中的“讳过”之意才是“大儒”。

最后,章太炎引董仲舒之言,认为研究《春秋》重在理解其义旨,而不应过分胶执于文辞本身。言下之意是,杜预没有把握住这种研究方法,故有上述失误。在此条中,章太炎似乎成为纯正的经学家,杜预似乎是不懂经学的史学家。这是从经学角度对杜预的批评。

四、《春秋左传读叙录》

此书为专门驳刘逢禄《左氏春秋考证》而作,其《序》云:“及刘逢禄,本《左氏》不传《春秋》之说,谓条例皆子骏所窜入,授受皆子骏所构造,著《左氏春秋考证》及《箴膏肓评》,自申其说。彼其摘发同异,盗憎主人。诸所驳难,散在《读》中。……先因逢禄《考证》订其得失,以为《叙录》,著于左方。”《左氏春秋考证》由两部分组成,一是对《左传》本身的考证,二是征引他书对有关《左传》作者、传授等问题的考证。章太炎所说“诸所驳难,散见《读》中”,主要指前者,此书则是对后者的全面批驳。每条先列刘氏所引原文,然后引刘氏考证,最后以“驳曰”批评刘氏,并申述自己的观点。因双方论证多是围绕原书展开,故焦点多是对原书的解读。

在《春秋左传读》中,章太炎尚多引《公羊传》或董仲舒说以批评杜预,似乎门派意识尚不强烈。至此书,章太炎对刘逢禄、《公羊传》、董仲舒、何休都有激烈批评,也偶尔提及廖平、康有为,说明章氏此时已有较强的门派意识。如驳刘逢禄关于《汉书·艺文志》所载"《春秋古经》十二篇",刘逢禄认为,"《古经》十二篇,盖刘歆以秘府古文书之,而小变博士所习"。章太炎征引《汉志》有关经传篇数相异的记载,认为篇目相异不能作为判断真伪的依据。章氏又指出《公羊》家往往因经文篇数而穿凿附会的弊端,"逢禄因之,妄疑古经伪造。所谓俗儒鄙夫,蔽所希闻,以古文为乡壁虚造不可知之书也。"在这里,章太炎已明确以古文派学者自居。又如驳刘逢禄关于《左氏春秋》的问题,章氏在详征博引以驳刘说后感叹:"而逢禄守其蓬心,诬污往哲,欲以卷石蔽遮泰山。逢禄复死,今欲起斯朽骸,往反征诘,又不可得。后之君子,庶其无盲!"在这里,章太炎之言已有有失厚道之嫌。下面解读两条章太炎对刘逢禄的具体批驳:

古之王者,世有史官,左史记言,右史记事,事为《春秋》,言为《尚书》,帝王靡不同之。周室既微,载籍残缺。仲尼思存先圣之业,以鲁周公之国,礼文备物,史官有法,故与左丘明观其史记。丘明论本事而作《传》,明夫子不以空言说经也。《春秋》所贬损大人,当世君臣有威权势力,其事实皆形于《传》。是以隐其书而不宣,所以免时难也。及末世口说流行,故有公羊、谷梁、邹、夹之传。四家之中,《公羊》《谷梁》立于学官,邹氏无师,夹氏未有书。

刘曰:《左氏》记事,在获麟后五十年。丘明果与夫子同时观鲁史,史公何不列于弟子?"论本事而作《传》",何史公不名为《传》而曰《春秋》?且如鄫季姬、鲁单伯、子叔姬事,何失实也?经所不及者,独详志之,又何说也?经本不待事而著。夫子曰:"其义则丘窃取之矣。"何《左氏》所述君子之论乖异也?

驳曰:《传》称"悼之四年"者,或左氏寿考,如子夏为魏文侯师;或"悼"字乃弟子所改,俱不可知。左氏与孔子同时,而未尝委质列籍,故《弟子传》不见。且弟子名籍亦有异同,如《弟子传》云"孔子之所严事:于周则老子,于卫蘧伯玉"云云,而《文翁图》又以蘧伯玉在七十子中;《弟子传》无林放,而《文翁图》又有之。不得因《弟子传》不列,辄云蘧、林无所见闻于孔氏也。不名为《传》,名为《左氏春秋》者,《左氏春秋》犹云《毛诗》《齐诗》《鲁诗》《韩诗》,非谓孔子删定之《诗》而外,复有《毛诗》《齐诗》《鲁诗》《韩诗》,如《折杨》《皇荂》之流也。鄫季姬等,《公羊》自失实,转谓《左氏》失实乎?详经所不及者,或穷其源委,或言有可采,事有可观,无非为经义之旁证。观裴松之之注《国志》,本传不列其名,而引以相稽者,多矣。《左氏》说经,岂有异是?经固重义,若谓不待事而著,则何不空设条例，对置甲乙，以极其所欲言？而必取已成之事，加减损益？如削趾适履者之所为，既诬古人，又不能与意密合。今取《春秋经》以校《六典》《唐律》，其科条之疏密为何如邪？述君子者多乖异，谓其乖异于孔子乎，将乖异于《公羊》也？孔子之旨本待《传》见，未尝自言，何以知其乖异？若乖异于他经，论仁言政，《论语》尚数有异同。时有险易，语有进退，岂彼六经悉能斠如画一？若乖异于《公羊》者，则《公羊》又乖异于《谷梁》。庄周称"齐谐"，孟轲称"齐东野人之语"，诈谖诬罔，诡更正文，齐学之所长如此。宜乎《左氏》《谷梁》皆与之乖异也。

按：刘逢禄首引为《汉书·艺文志》文，这是关于左丘明作《左传》以传《春秋》最明确的说法，其中确实存在一些问题。刘逢禄认为《汉书·艺文志》源于刘歆《七略》，这种说法是刘歆编造，故对此提出七点质疑：

第一，孔子作《春秋》止笔于哀公十四年春"西狩获麟"，两年后去世，享年七十三岁。如果左丘明与孔子一起去看鲁国旧史，年龄也应相近。但《左传》记事最后的明确记年是鲁"悼公四年"，此时距哀公十四年已有五十年，左丘明应早已去世。换言之，今本《左传》不出自左丘明，或左丘明没有和孔子一起去看鲁国旧史。

第二，如果左丘明和孔子一起去看鲁国旧史，他应是孔子弟子，但《史记·仲尼弟子列传》中没有左丘明。换言之，左丘明不是孔子弟子，也没有和孔子一起去看鲁国旧史，故也不会得到孔子真传，那么《左传》就不是《春秋》之《传》。

第三，如果左丘明是据鲁国旧史为《春秋》作《传》，其书应称《春秋左氏传》，但在《史记》中，司马迁称其为《左氏春秋》，并不称《春秋传》。换言之，《春秋左氏传》是刘歆所称，其书本名《左氏春秋》并非《春秋》之《传》，即《左氏春秋》不是为传《春秋》而作。

第四，如果左丘明曾和孔子一起去看鲁国旧史，那么《左传》记载鲁事不应失实，但所记鲁人单伯、鄫季姬、子叔姬之事却皆与史实不符。换言之，《左传》并非"论本事而作《传》"之书。

第五，如果说《左传》是"丘明论本事而作《传》"，那么他不应记载大量《春秋》未载之事。换言之，《左传》中的大量无经之《传》说明它不是为传《春秋》而作。

第六，《春秋》重义不重事，理解《春秋》之义需要用例而无需用事，《左传》即使记《春秋》所载之事也没有意义，因为《春秋》之义通过其例已经有明确体现。

第七，如果说左丘明确曾受经于孔子，那么他表述的《春秋》大义应与孔子学说相同，但《左传》所载"君子"之言实际与孔子的理论有很大差别。换言之，左丘明并未受经于仲尼，《左传》所释也不是《春秋》之义。

对刘逢禄的上述质疑，章太炎作了逐条批驳：

第一,时间不能排除左丘明作《左传》的可能性。子夏是孔子弟子,少孔子四十八岁,哀公十四年为二十三岁,至悼公四年为七十三岁。若左丘明与子夏同龄并长寿,此时仍可写《左传》。当然,"悼公"也可能是其弟子们误改。此条批驳不太有力,两种可能性都不大。

第二,左丘明即使不是孔子弟子,同样可以从孔子那里闻知《春秋》大义。章太炎引《文翁图》所载蘧伯玉和林放为证,虽不"在七十子中",同样可以有所"见闻于孔氏"。即左丘明非孔子弟子,仍然可以为《春秋》作《传》。

第三,司马迁称《左氏春秋》而不称《春秋左氏传》,并不意味着不承认《左传》传《春秋》的性质。章太炎引《毛诗》等书名为证。据此,《左氏春秋》书名之义,为左氏所解《春秋》。

第四,关于鄫季姬等人之事,实是《公羊传》所记"失实",刘逢禄反而说《左传》所记"失实",属于"盗憎主人"。此驳有理。凡《公羊传》记事与《左传》相异者,往往后者可信,已早为共识。惜乎章氏未详作论证。当然,文献异载,若无其他证据,也实难证其是非。

第五,无经之传同样可以理解为传《春秋》,"无非为经义之旁证"。章太炎引裴松之《三国志注》为证。此驳有理。《左氏春秋》是以《春秋》为纲所作春秋史,补充大量《春秋》未载之事为应有之义,可以理解为用这种方式传《春秋》。刘逢禄据无经之《传》否定《左传》传《春秋》的性质,是不能成立的。章太炎从"为经义之旁证"的角度解释无经之传,仍然是经学家的观点。

第六,《春秋》之义必须由《春秋》所载之事体现,故《左传》所述史事才是理解《春秋》之义的基础,《公羊传》完全从例的角度释《春秋》之义是不对的。章太炎此节批驳非常精彩。如果孔子作《春秋》真是通过例而体现义,而那些例和义又非常难以把握,何不直接写一本条理清楚的政治理论教科书?如《六典》《唐律》一样,使人容易理解并遵循?《公》《谷》学者以例释义,如同削趾适履,阐释者非常痛苦,其结论又与经文若即若离。这种方法歪曲了孔子本意,圣人不可能写这种后人费劲猜测的经典。但是,作为经学家的章太炎,仍然必须承认《春秋》"重义"。他批驳刘逢禄,旨在反对以例释义,强调解《春秋》应该以事解义。也就是说,《左传》才是《春秋》正传。在这里,章太炎有意无意地忽略了一个问题:《春秋》既然"重义",圣人为何不写一本政治理论教科书,"以极其所欲言",何必用复杂史事去体现?如果同时对以例解《春秋》和以事解《春秋》者提出这样的问题,实质上意味着经学的终结。

第七,《左传》所述"君子"之论"多乖异",这种"乖异"是应该的、正确的。章太炎此点批驳也非常精彩。他首先抓住了刘逢禄观点的关键处:"君子"之论究竟与谁“乖异”。如果刘氏所指是与孔子学说“乖异”，那么刘逢禄所指孔子学说是什么？如果说《论语》最能反映孔子学说，但《论语》所载孔子之言在“论仁言政”等方面也存在差异，刘氏所谓“乖异”表现在哪里？如果刘氏所指是《春秋》本意，但孔子完全没有说过《春秋》本意是什么，所谓《春秋》之义都是三《传》阐释出来的，也都未必符合圣人本意。如果刘氏所指是六经，但六经所反映的孔子思想也有许多不一致的地方。总之，孔子学说是一个庞大的思想体系，因时间不同、形势不同、语言环境不同，圣人也会有不同的理论表述。《左传》中的“君子”之论与此处的孔子学说不合，但可能吻合于彼处，怎能说是“乖异”？如果说刘氏所指是《公羊传》所释《春秋》之义，那么《谷梁传》也有许多与其不同。三《传》同为解《春秋》之义的不同学派，其间存在差别是必然的，无需以此证彼之“乖异”。况且，《公羊传》的作者是当时的齐人，而齐学“所长”就是“诈谖诬罔，诡更正文”，所释《春秋》之义岂可凭信？左、谷二《传》与之“乖异”，恰恰说明比《公羊传》所释更为可信。在这里，章太炎的批驳虽然稍有强词夺理之嫌，但所论确有道理。对《春秋》之义的理解，对孔子学说的把握，至今仍是仁者见仁、智者见智的问题。

论曰：郑、贾之学，行乎数百年中遂为诸儒宗，亦徒有以焉尔。（言其比附谶文，陋之也。章怀太子《注》误）桓谭以不善谶流亡，郑兴以逊辞仅免，贾逵能附会文致，最差贵显。世主以此论学，悲矣哉！

刘曰：《谷梁》兴而《公羊》义淆，《左氏》立而《谷梁》亦废。蔚宗为武子之孙，寄慨深矣。

驳曰：以郑、贾同取谶文，未知蔚宗意何如。贾实通谶，郑固未也。贾于纬书，素非所学，藉此以通其道，则诚所谓曲学阿世矣。而谶纬之本，谁为之耶？太史公称“燕、齐怪迂之士”，则齐学实为谶纬之魁，非仲舒、眭孟，谶纬必不淆乱经术。至于举国若狂之世，虽卓拔者犹将自陷，子骏、景伯多不能免。然子骏《七略》，固谓《太公金版玉匮》为近世之书；夏贺良挟甘忠可所诈造《天官历包元太平经》十二卷，而子骏以为不合五经，不可施行，则亦有所去取矣。纬书岂无轶事绪言，而披沙求金，非至精者勿辨，比于《汲冢》《山经》等书，尤为难读。何者？彼为无意之传讹，此则有心之作伪。传讹者可因讹以得实，作伪者乃以伪而掩真。非有善鉴，鲜不眯于黑白矣。若何邵公之用谶纬，百倍康成，则真胶滞不通者也。……自武帝时方士用事，仲舒欲以其术争胜于汉武帝前，乃不惜屈己以就彼。（据《抱朴子·论仙篇》，董仲舒撰《李少君家录》云：“少君有不死之方，而家贫无以市其药物，故出于汉，以假途求其财，道成而去。”世多不信此说。

然刘子政亦尝作金,无怪仲舒)《五行》《符瑞》《求雨》《止雨》诸篇,其术岂异于巫觋?《三代质文》固属人事,文以怪迂之说,则遂为谶纬之萌芽。沟窦既开,后之经师,欲通其道,不得不顺此途径。故侍中所阿之世,非他世也,《公羊》之世也,仲舒之世也。

按:刘逢禄首引为范晔《后汉书·贾逵传》的评论。范晔对东汉经学颇为不满:郑兴、贾逵用谶文比附经义,却成为其后数百年经学大师;贾逵引谶解经,迎合世主而获富贵,桓谭因不信谶而被迫流亡。范晔感叹东汉皇帝如此论学为"可悲",即以善谶为标准选官用人,是不会获长治久安之效的。范晔作的是史评,感叹的是皇帝论学用人的标准。

刘逢禄引此,强调的是文中隐含的对《左传》学者的批评。郑兴、贾逵都是《左传》学大师级人物,却都引谶比附经义,而谶是后世学者公认的垃圾文化,既无学术价值,也无教化功效,只是故弄玄虚以讨好当权者而编造的隐语、歌谣之类;贾逵因引谶而致富贵,是十足的曲学阿世之徒。刘逢禄以为,范晔是范宁之孙,范宁是《春秋谷梁传集解》的作者;范晔的感叹,包含着对《左传》学者的深恶痛绝:郑、贾这样的治经方法,贾逵这种曲学阿世的做人态度,却导致了《谷梁》学的被废弃。由郑、贾的治学和为人,可见《左传》学的本质。由攻击郑兴、贾逵,到否定《左传》的传经性质,是刘逢禄的基本思路。

章太炎的批驳,首先从排除郑兴开始。郑兴的著述没有流传下来,无法证明其是否取谶文解经。对贾逵的曲学阿世,章太炎也表示承认。但是,章太炎认为,刘逢禄以此否定贾逵,继而否定《左传》,是不公平的。

第一,谶纬的起源应追溯至董仲舒。《春秋繁露》中的一些篇章,与巫术几无区别,《三代质文》"遂为谶纬之萌芽"。如果说贾逵引谶解经反映着《左传》学的性质,那么董仲舒作为《公羊》学特级大师,却开启着谶纬学,是否更能反映《公羊》学的性质?《公羊》学的另一位特级大师何休,引谶纬解经百倍于郑玄,刘逢禄又能作何解释?章太炎的此点批驳十分精彩。董仲舒是西汉后期谶纬学的开启者,当为不易之论。董仲舒为了构建符合当时需要的政治理论,重磅推出以例解《春秋》的《公羊传》;《公羊传》被朝廷认可之后,它那种极具主观随意性、以阐释政治理论为指归的解经方式也迅速获得认同,成为其他研究经学者的榜样,故西汉时期的今文经学都带有这种特征。这种方法被进一步扩大应用,就形成了谶纬学,且成为一种影响极大的思潮。自西汉后期至东汉末,除极个别者外,大多数学者都受此影响,"举世若狂",鲜有能免。刘逢禄以此攻击贾逵,的确不公平,因引纬书解经最多者,就今所见,当首推何休。刘逢禄本人的著作中,也经常引纬书为证。康有为的《新学伪经考》和《孔子改制考》,也频引纬书。客观地说,今文经学者引纬书解经者多，古文经学者相对较少。

第二，关于曲学阿世问题。章太炎承认："贾于纬书，素非所学，藉此以通其道，则诚所谓曲学阿世矣。"但他又强调，以谶解经，实为董仲舒开创的入仕之途，"后之经师欲通其道，不得不顺此途径。故侍中所阿之世，非他世也，《公羊》之世也，仲舒之世也。"此说实在精彩。其实，《左传》学者不仅效仿了《公羊》学者引谶纬解经的方法，而且勉强从本为史书的《左传》中极力挖掘其大义，并希望借此登上仕途，飞黄腾达，也是在效仿《公羊》学者。贾逵如此，郑玄也是如此，他们总是努力强调《左传》中也有类似于《公羊传》所阐释的《春秋》大义，甚至有过之而无不及。他们乐意与《公羊传》比较，就是希望通过研究《左传》也可以获得《公羊》学者那样的利禄。在前条（见该书[1]第 799 – 800 页），章太炎甚至说：如果说贾逵曲学阿世是罪过，那么，"适会其时，谓之曲学阿世，则董仲舒亦阿武帝而兼阿公孙弘者也"。贾逵讨好当时的皇帝是罪过，董仲舒迎合汉武帝之意，甚至讨好以曲学阿世著称的公孙弘，算不算罪过？章太炎还引用了俞正燮《癸巳存稿》中的一节文字，证明为《公羊传》作《注》的何休更是曲学阿世之徒。章太炎关于这个问题的反驳，刘逢禄大概也无法否认。

其实，章太炎在此等于提出了一个极为重要的问题：读书人究竟应该关进书斋做学问，还是应该为现实政治服务？孔子创办私学的初衷就是为国家培养官员后备军，或者说让弟子们通过学习走上做官谋取富贵之路，"学而优则仕"。但是，孔子又再三强调做人应有独立人格，用则进，不用则退，"鸟择木，木岂能择鸟"？故孔子在仕途上失败了。对于入仕和独立人格之间的矛盾问题，后世学者一直没有真正解决。儒家读书人的目标是"学以致用"，即用学到的理论知识为统治者服务，同时也取得光宗耀祖、福妻荫子的富贵。但他们也一直反对曲学阿世，认为应该坚持自己的观点，不要迎合世主之意，宁愿不要富贵，也不能失去人格。于是，学以致用和曲学阿世成为两难选择的矛盾问题：学以致用必须迎合世主之意方可实现自己的理想目标，不曲学阿世可能就做不了官，也就没有了学以致用的机会；过分迎合世主之意，不仅有失去人格的心理痛苦，也会受人诟病。实际上，曲学阿世以求学以致用，才是大部分儒家读书人的选择，区别只在于阿世的程度而已。董仲舒、何休、贾逵都在其中。章太炎很清楚地看到了这一点。

五、《驳箴膏肓评》

何休作《左氏膏肓》，主要是批评《左传》中与他所谓的《春秋》大义不相符的地

①"该书"指《章太炎全集》，上海人民出版社，2014 年版。

方，即"《左氏》为短"，因此认定《左传》如病入膏肓之人，对解《春秋》而言，已无可救药。郑玄作《箴左氏膏肓》，针对何休对《左传》的批评而作出解释，论证《左传》并不违背《春秋》大义，也就是认定《左传》传《春秋》，这是对病入膏肓者的"疗救"。两书均已失传。刘逢禄收集佚文，作《箴膏肓评》，在何休的基础上，个别地方也对何说加以修正，批评郑玄，再申"《左氏》为短"之意，力证"《左氏》不传《春秋》"。章太炎作此书逐条批评刘说。每条以《左传》文立目，首引《膏肓》，再引《箴》，再引《评》，最后以"驳曰"的形式反驳刘说。因何休是从解《春秋》大义的角度批评《左传》，故郑、刘、章也都是围绕《春秋》大义问题进行批评与反批评。所谓《春秋》大义，是指《春秋》中隐含的圣人垂教后世的各种原则，以政治原则为主。古人往往把政治原则概称为礼，故该书讨论的问题绝大多数与礼制有关。下面对此书中的两条予以解读：

庄公篇："鬻拳可谓爱君矣"。

何休《膏肓》曰："人臣谏君，非有死亡之急，而以兵临君，开篡弑之路。《左氏》以为爱君，于义《左氏》为短。"

郑君箴之曰："鬻拳，楚同姓，有不去之恩。"

《评》曰："以兵胁君，较之同姓臣以道去君，孰为知权，必有能辨之者。"

驳曰：孟子言："同姓臣反覆之而不听则易位。"又："伊尹放太甲。"后世贼臣，多效之以行篡弑[①]。若非出经典，亦不免为人驳矣。且鬻拳所谏何事，《传》不明言，何知非杀身亡国之事也？劫之以兵，愈于易位，又能自谓大罪而自刖，以为爱君，诚不妄矣。篡弑者何尝不效此，然而有鬻拳之事，无鬻拳之志则篡弑，凡行权者无不如是矣。人安得知鬻拳为楚同姓者？盖以为鬻熊之后，以鬻为氏也。

按：此条标题为《左传》庄公十九年"君子曰"文。庄公十八年："初，楚武王克权，使斗缗尹之，以叛，围而殺之。迁权于那处，使阎敖尹之。及文王即位，与巴人伐申，而惊其师。巴人叛楚而伐那处，取之，遂门于楚。阎敖游涌而逸，楚子殺之。其族为乱。冬，巴人因之以伐楚。十九年春，楚子御之，大败于津。还，鬻拳弗纳，遂伐黄。败黄师于踖陵。还，及湫，有疾。夏六月庚申，卒。鬻拳葬诸夕室。亦自殺也，而葬于绖皇。初，鬻拳强谏楚子，楚子弗从。临之以兵，惧而從之。鬻拳曰：'吾惧君以兵，罪莫大焉。'遂自刖也。楚人以为大阍，谓之大伯。使其后掌之。君

①原文引号在"弑"后，误。

子曰：'鬻拳可谓爱君矣：谏以自纳于刑，刑犹不忘纳君于善。'"由《左传》所载可知，"君子"认定鬻拳"爱君"，体现于两件事。一是"临之以兵"强谏楚文王，楚文王惧而听从。至于所谏何事，《左传》未载。鬻拳自知"惧君以兵"为大罪，并自刖自惩，说明他有尊重君主之心，强谏也必出自善意。二是闭门不纳楚文王。"弗纳"为何是"爱君"呢？"君子"的思路大概如下：楚文王被巴人打败，是耻辱，若就此入城，在国人面前有损形象。"弗纳"，迫使其再去打仗，直到打了胜仗再回国，可以在国人面前表现为英雄；这可能就是所谓"纳君于善"。

何休认为，鬻拳作为臣僚，用"以兵临君"的方式强谏，违背了为臣原则，并且使后人以此为借口或篡位、或弑君。代表《左传》义理形象的"君子"却把这种行为说成是"爱君"，无疑等于为后世树立了一个贼臣榜样。如果说《左传》在此表述的是《春秋》之义，那么它不如《公羊传》经常阐释的《春秋》倡导忠君之义。《公羊传》虽有以祭仲改易君主为"知权"的《春秋》之义，但何休认为那是有"死亡之急"即面临君死国亡的危急时刻。鬻拳"以兵临君"并非有"死亡之急"，故这种行为不应被认定为"爱君"。

郑玄没有直接反驳何休的说法，大概感到在这个问题上实在难以为"以兵临君"辩护。郑玄找到了另一个为鬻拳辩护的理由：鬻拳与君主同姓，作为同姓之臣，实有与君主共守祖宗基业的责任和义务。即使君主不好，或对自己不公正，同姓之臣也不应辞职弃他而去。因此，在君主实在不像样子的时候，同姓之臣只能采取这种极端措施，强行改变君主的行为，以确保祖宗基业不受损失。在这里，郑玄是认定楚文王曾犯很大的错误，才导致鬻拳强谏。既然鬻拳的行为有合理性，那么"君子"认定其"爱君"就没有错。强行纠正君主错误，也是"爱君"的表现。

刘逢禄直接对郑玄的观点予以评说。他认为，孔子说过"有道则见，无道则隐"的做官原则，但并没有说过臣可以"以兵胁君"。在正常情况下，臣应该无条件听命于君，这是大家都认同的为臣原则。若遇到无道之君，臣可以采取权变行为，即违背常规不听君主错误命令。如果同姓臣在此特殊情况下，应该采取"无道则隐"的方式，既不执行错误命令，也不失为臣原则，不使君主有失威严。若同姓臣"以兵胁君"，迫使君主听命于己，就破坏了君臣之间的尊卑关系，这是错误的权变行为。刘逢禄认为，在"以兵胁君"和"以道去君"之间，大家都知道应该如何选择。换言之，鬻拳"以兵胁君"的行为，明显不是"爱君"行为；郑玄的辩解是不对的，何休的观点没有错。

章太炎首先针对何休的观点予以反驳。他引孟子之言：作为同姓臣，在反复劝谏后君主仍坚持错误的情况下，可以把君主换掉；"伊尹放太甲"可以作为例证。这是孟子提出的为官原则，后世也有以此为借口弑君篡位的乱臣贼子，何以何休不说孟子之言“开篡弑之路”？孟子是亚圣，所作为经典，故世人不敢反驳。《左传》“君子”认为鬻拳“以兵胁君”为“爱君”，并不违背孟子倡导的为官原则，况且“劫之以兵”的行为是保证君位不动，远轻于变易君主的行为，何以不可以认定为“爱君”？何休强调权变行为只适用于“死亡之急”，而《左传》并未详载鬻拳为何事强谏，何以知其“非死亡之急”？鬻拳在“死亡之急”的情况下采用强谏方式而不是更换君主，且自认为强谏为大罪而“自刖”，正是“爱君”观念在特殊情况下的正确权变方式的体现。至于后人有以此为借口而行篡弑者，应该追究乱臣贼子的责任，而不能归罪于《左传》。因此，何休、刘逢禄的观点是不对的。

“君子”认定鬻拳的行为为“爱君”，后世大部分《春秋》学者批评《左传》违背圣人之意。实际上，大家批评“君子”之论，是因为此论影响到君主至高无上的权威地位，而维护君主至高无上的权威地位，才是君主所需要的《春秋》大义，只有阐释出这种《春秋》大义的学者才可以做大官。对君主而言，鬻拳的“爱君”行为，是他们难以接受的。章太炎引孟子之言为鬻拳的行为辩护，为《左传》之义辩护。一方面，他仍然是在臣必须忠君这个原则的基础上讨论问题，仍是经学家的立场。另一方面，他虽然是引孟子之言，并且限制在“同姓臣”的范围内，但他毕竟对传统的忠君原则作了很大的修正：臣不仅可以对君主“临之以兵”，而且可以换掉无道之君。如此理解《春秋》大义，实际上已预示着生来即为君主专制制度服务的《春秋》学即将走向尽头。

> 成公篇：“卫人来媵共姬，礼也。凡诸侯嫁女，同姓媵之，异姓则否。”
>
> 何休《膏肓》曰：“媵不必同姓，所以博异气。今《左传》异姓则否，十年齐人来媵，何以无贬刺之文？《左氏》为短。”
>
> 郑君箴之曰：“礼称纳女于天子云备百姓、博异气，于国君直云备酒浆，不得云百姓，是不博异气也，何得有异姓在其中？齐是大国，今来媵我，得之为荣，不得贬也。”
>
> 《评》曰：“齐人来媵无贬文者，以宋王者之后，托共姬之贤为王后法也。诸侯不得博异气，《左氏》之说然矣。（自注：此条亦伪而有本者）郑又以非礼为荣则不得贬，所谓说之不以其道说也，岂《春秋》之礼乎？”
>
> 驳曰：《左氏》无托王法。若《公羊》既托王于鲁矣，又托王于宋，何其杂也？共姬贤，齐人慕而来媵，得变礼矣，固不仅以大国为荣，郑《箴》似失之浅矣。

按：此条标题为《左传》成公八年文。《春秋》成公八年冬：“卫人来媵。”共姬是鲁宣公女，成公姐妹，又称伯姬，“共”为其夫宋共公之谥。此年夏，“宋公使公孙寿来纳币”，确定伯姬嫁于宋。“卫人来媵”，即卫国送来陪嫁女孩。媵的身份是妾。明年“二月，伯姬归于宋”，即伯姬嫁往宋国。夏，“晋人来媵”。成公十年五月，“齐人来媵”。《左传》作者认为，“卫人来媵”符合礼制，因此表述了他观念中的春秋时代在这方面的礼制：凡诸侯国君之女出嫁，其他同姓诸侯送女孩陪嫁；异姓诸侯国之间则不送。《公羊传》庄公十九年：“诸侯娶一国，则二国往媵之。”春秋时期应确有各诸侯国之间相互媵女的制度。我们如此理解，是从历史学的角度，视媵女为春秋时代曾经存在过的一种制度。如果从经学的角度，认定三《传》都是为解《春秋》而作，《春秋》是圣人垂教后世的经典，那么三《传》所述就是《春秋》之义，也就是圣人垂教后世的原则。从这个角度说，媵女就是圣人倡导的制度，是《春秋》礼制。

何休就是从经学角度批评《左传》的。何休认为，《左传》表述的“异姓则否”，不符合圣人之意。如果圣人确有此意，《春秋》成公十年“齐人来媵”，圣人应有贬刺之文。鲁为姬姓，齐为姜姓。如果圣人反对异姓媵女，那么在这条经文中应隐含对齐人的批评之意。卫、晋为鲁同姓，《春秋》书作“卫人来媵”“晋人来媵”；齐为异姓，《春秋》也书作“齐人来媵”。三条经文表述方式相同，其中隐含的褒贬之意也应相同，可知圣人没有批评齐人之意，也就是没有反对异姓相媵的垂教之义。何休认为，圣人之所以不反对异姓相媵，是因为异姓相媵有利于君主博采异气、繁衍后代。同姓之女，其气相同，异姓即为异气；异姓相媵，君主就可以博采异气。《左传》所说“异姓则否”，反对异姓相媵，就是剥夺了君主博采异气的权利。《春秋》之义是倡导为君主服务；《左传》剥夺君主的权利，故其义“为短”，即不符合圣人之意。应该说，何休的批评逻辑相当严密。但郑玄仍然找出了何说中的漏洞。

郑玄认为，古礼所谓“备百姓，博异气”，即娶多姓女人，供博采异气，仅是指天子而言，诸侯国君没有这样的权利，不能“备百姓”。《左传》所谓“异姓则否”，指的是诸侯国君而不是天子，故没有错。也就是说，何休混淆了天子之礼与诸侯之礼的区别，所以是错误的。对“齐人来媵”何以未体现贬义，郑玄认为，齐是大国，鲁人以得齐人媵女为荣，《春秋》是鲁国史书，故没有贬异姓来媵之意。郑玄以此解经是站在了历史学的角度，用齐鲁关系解说经文内涵，以此答复何休的质疑。

刘逢禄对郑玄关于天子与诸侯之礼有别的说法表示认同，承认《左传》关于“诸侯不得博异气”的观点是正确的，即何休的批评不对。但刘逢禄对此加了一个注：这条《传》文是刘歆伪造加入《左传》的。刘逢禄认为，《左传》中的解经语、凡例、“君子曰”都是刘歆伪窜。这条《传》文属于凡例，所以也是刘歆的伪窜。但刘逢禄同时认为，此文虽是伪窜，但所述经意也是有根据的，符合圣人之意，不能因其伪窜就否定其价值。所以，他对这条伪窜的《传》文也表示赞同。刘逢禄赞同《左传》原文，但不赞同郑玄对经文内涵的解说。他认为，“齐人来媵”之所以不体现贬义，是因为圣人欲借此为后世的王后立法。因为宋君是殷王后裔，圣人在此仍托其为王者。鲁伯姬嫁共公，相当于王后。因为伯姬是《公羊传》所释《春秋》所载贤女，是后世的女人典范，故圣人托其为王后。宋共公既然被托为王者，王者可以"备百姓，博异气"，故"齐人来媵"合乎礼制，故圣人对此没有贬义。这又是一种全新的阐释。在此基础上，刘逢禄批评郑玄从历史学角度所作的解释是不懂经义，忘记了《春秋》是圣人垂教后世的经典，没有阐释出圣人的垂教之义，故完全偏离了《春秋》所隐含的礼制。

章太炎基本认同刘逢禄对郑玄"以非礼为荣则不得贬"的批评，承认"郑《箴》似失之浅"。以史解经就是"浅"。但章太炎并不认同刘逢禄对经文的阐释。他首先指出，《春秋》托鲁为王以制定王法，是《公羊》学者的说法，《左传》学者没有这种解释，"道不同不相为谋"。且不说这种说法对不对，只说《公羊》学者本说《春秋》托鲁为王，现在刘逢禄又说托宋为王。圣人究竟是托鲁，还是托宋？刘逢禄的托王之说既不可信，那么在此基础上对经文所作的阐释自然也不可信。在这里，章太炎大概忘记了在《春秋左传读》中所说"《左氏》则当同《公羊》托王之说"。

章太炎认为，"齐人来媵"，圣人之所以没有隐含贬义，是因为圣人认为此事符合"变礼"。因为齐人也知共姬之贤，为表示对共姬的钦慕，破例来媵。圣人认为此事虽然违背异姓诸侯不相媵的礼制，但可以视为特殊情况下对礼制的合理变通，故不贬。这也是一种新的阐释。但是，所谓"共姬贤"，是《公羊传》的说法，《左传》并无此说，章太炎在此是暗取《公羊》说。另外，《公羊传》说"共姬贤"，是指三十余年后宁愿被烧死也不违礼之事，三《传》均无共姬在年轻时就以贤闻名的说法，章太炎所谓齐人慕贤来媵之说没有根据。

"卫人来媵""齐人来媵"，从《春秋》本身看不出任何内涵。通观何、郑、刘、章之论，虽然争的是对《春秋》之义的理解，但实际上都是在为王者娶王后可以"备百姓，博异气"，也就是可以拥有众多嫔妃，寻找理论根据。这就是《春秋》大义的本质所在：为王者服务。

综上所述，章太炎《春秋左传读》是其早年读《左传》所作笔记编辑而成。其时的章太炎还是正统经学家，希望利用《左传》阐释《春秋》大义，故其中多有引证《公羊传》《谷梁传》、董仲舒、何休等，尚无明确的今古文门派意识。因清代研究《左传》的学者多以批评杜预作为突破口，章太炎也是如此。他希望通过征引贾谊、刘向、刘歆等人对《左传》的解释，阐明《左传》难解之辞、难释之义的古义，以纠正杜预之误。这是《春秋左传读》的主旨，或者说是章太炎当时研读《左传》的主攻方向。章太炎博学多识，有深厚的文字功底和辨析能力，故书中对古字义的考释，对一些具体事件和制度的考证，多有发前人所未发。同时，也不乏难以服人之处。

《春秋左传读叙录》是专为驳刘逢禄《左氏春秋考证》而作,《驳箴膏肓评》全面驳难刘逢禄,二书中的章太炎已是典型的古文经派学者。书中确有很多精彩论述,但也有过当的门派意识之处。

第三章 清代《春秋》公羊学研究

以孔子作《春秋》为基点，以设例为方法，以推寻圣人垂教之义为指归，这是《公羊传》首先开创的《春秋》学研究。《公羊传》所释《春秋》之义几乎包括了农业文明时期即君主专制时代所需要的各种政治理论。董仲舒将其中的“《春秋》大一统”即尊时王之义推荐给汉武帝，开启了“独尊儒术”的经学时代，孔子成为圣人，儒家学说成为政治理论基础，汉代政治理论体系的构建及制度设置，都极大受到《公羊传》的影响，并影响中国两千年，甚至影响了周边国家。时至今日，关于《公羊传》对中国古代政治理论及制度建设影响的研究仍然不够充分。何休应该是参考了董仲舒及其他汉代《公羊》学者的研究成果，所著《春秋公羊解诂》，在例和义两方面都极大丰富了《公羊传》，成为《公羊》学研究领域的里程碑。自汉末至清初，绝大多数《春秋》学者虽然暗袭着《公羊传》设计的《春秋》学研究框架，但也都或多或少地批评《公羊传》，甚至几乎没有人再专门研究它。

《公羊》学在清代复兴，实在是一个奇迹，但也并非无故。为纠空疏之弊，清初学者倡导实学，由实学而汉学，追溯至东汉的郑玄，继续前推至西汉，于是见到了《公羊传》。再前推就看见了先秦诸子及钟鼎铭文，此是后话。庄存与是清代第一个以《公羊传》为基础重新阐释《春秋》大义的大师级学者，虽然仍带有传统主流《春秋》学的痕迹，但力主《公羊传》则是明确的。刘逢禄一方面归纳梳理《公羊传》及何休所释《春秋》义例，同时也提出了许多新见解，以此重建《公羊传》在阐释《春秋》方面的正统地位。另一方面，刘逢禄重拾汉人所说“《左氏》不传《春秋》”的旗帜，力证《左传》中的解经语、五十凡及“君子曰”等为刘歆窜入，同时反驳郑玄对何休的批评。这两点，使刘逢禄成为清代《公羊》学当之无愧的领军人物。康有为为变法而力倡孔子改制说，何休的“张三世”说及董仲舒的“三代质文”说都有可以借鉴之处。康有为极力推崇以《公羊传》、董仲舒及何休为代表的今文经学，在全面否定《左传》解经的基础上，进而全面否定古文经，甚至否定古文字，把《公羊》学推到了极致。《公羊》学在汉代因推动政治进程而成为显学，至清代又因回归政治而走向极致，导致终结。本章只选取这三个人的《春秋》学著作予以论述。其他如孔广森、魏源、陈立、廖平、皮锡瑞等，也都是知名《公羊》学者，只好置之不论。

第一节　庄存与《春秋正辞》

庄存与(1719—1788),字方耕,江苏武进人。乾隆十年(1745)一甲二名进士,官至内阁学士、礼部侍郎。清代常州今文经学派的创始人。庄存与的《春秋》学代表作是《春秋正辞》十一卷,另有《春秋举例》一卷,《春秋要旨》一卷。[①] 后两种可以看作是《春秋正辞》的义例概说,故合并论述。

一、《春秋正辞》:以义例解《春秋》

《春秋》在形式上是鲁国史书。史书就是用文字记载的史事。文字和史事本来是不可分的,文以载事,事以文见。但也并非完全不可分。《左传》以事解《春秋》,《公羊传》和《谷梁传》则是通过分析文字解《春秋》,由此形成《春秋》学研究领域的两大派别:前者重事,后者重例。自唐代啖助等首倡弃传从经,实则是兼取三《传》参以己意以解经,多数是既用《左传》所载之事,也用《公》《谷》所释之例,事、例并举,形成宋代以后的主流《春秋》学。《春秋正辞叙目》开宗明义曰:"存与读赵先生汸《春秋属辞》而善之,辄不自量为檃括其条,正列其义,更名曰'正辞',备遗忘也。"明赵汸《春秋属辞》,旨在释《春秋》义例。《春秋正辞》以此为基础,自然也是以释《春秋》义例为重。

凡释《春秋》义例者,莫不是先明孔子作《春秋》之例,再由例推寻圣人垂教后世之义。《春秋举例》仅八条:

一、"《春秋》贵贱不嫌同号,美恶不嫌同辞"(《公羊》隐七年"滕侯卒"传)。意为:《春秋》中的同一种称谓或用同一字词,既可以理解为圣人贵之、美之,也可以理解为圣人贱之、恶之。

二、"《春秋》辞繁而不杀者,正也"(《公羊》僖二十二年"战泓"传)。意为:圣人据旧史作《春秋》,凡保留繁辞而不删之处,都体现着圣人以此经所记之人为正。

三、"一事而再见者,先目而后凡也"(《公羊》僖五年"盟首戴"传)。意为:两条经文同记一事,凡前条分别列出与会诸侯者,后条则总书"诸侯"。

四、"《春秋》见者不复见也"(《公羊》哀三年"桓、僖宫灾"传)。意为:桓公、僖公之庙本当已毁,此经记其灾,可见哀公为其复立,故《春秋》不再记复立之事。即推论可见之事,《春秋》不复载。

---

①《春秋正辞》十一卷《举例》一卷《要指》一卷,《〈春秋〉研究文献辑刊》影印清乾隆五十八年(1793)刻本,国家图书馆出版社,2014 年版。

五、“《春秋》不待贬绝而罪恶见者,不贬绝以见罪恶也;贬绝然后罪恶见者,贬绝以见罪恶也”(《公羊》昭元年“会虢”传)。意为:凡事件本身已反映出做事者之罪恶,圣人不再用称谓或字词体现对他的贬绝之意,若事件不能反映其罪恶,圣人则用称谓或字词体现对他的贬绝之意以见其罪恶。

六、“择其重者而讥焉”(《公羊》庄四年“狩禚”传)。意为:鲁庄公有多事应讥,圣人只选择其最大的错事表示讥意。

七、“贬必于其重者”(《公羊》僖元年“夫人丧归”传)。意为:《春秋》记桓公夫人之事很多,但仅于此处书作“夫人氏”而不称姜氏,是于最重要处表示贬义。

八、“讥始”“疾始”(《公羊》隐二年、四年传)。意为:对君主过错,《春秋》讥其始事;对各种恶事,《春秋》于首事体现疾狠之意。

由此可见:一、庄存与所谓例,均为假定孔子作《春秋》时预先拟定的写作原则;二、庄存与所举例,均为《公羊传》所释。这两点决定着《春秋正辞》的解经方法及主要依据。实际上,《春秋正辞》用例远超上述八条。

《春秋要旨》一卷,共十九条。从内容看,似乎是庄存与关于《春秋》认知的心得笔记,各条之间没有有机联系,主要是研究《春秋》的方法,也有一些大义概述,似乎没有形成完整体系。“《春秋》以辞成象,以象垂法示天下后世。以圣心之极观其辞,必以圣人之心存之。史不能究,游、夏不能主。是故善说《春秋》者,止诸至圣之法而已矣。”庄存与把《春秋》的辞即文字比作体现《周易》卦象的阴阳爻。他认为读《春秋》应该如分析卦象。分析卦象有各种方法,最终目的是从中找到所问问题的答案。各种例如同分析卦象的方法,最终目的是推寻出《春秋》中隐含的“天地之大义”即“至圣之法”。庄存与认为,研究《春秋》必须用“圣心之极”去体会每一句经文的内涵,即读者必须首先有“圣人之心”,最终领悟到“至圣之法”,用治史的方法不能得到圣人之义。这样的表述可能永远是正确的,但可能永远也无法做到。圣人作《春秋》究竟是摆了一个怎样的卦?此卦的主旨究竟是什么?“圣心之极”“圣人之心”“至圣之法”,这些概念的确切内涵是什么?这些问题都很难说清楚。窃以为,庄存与这段话的本质,无非是说研究《春秋》就是“代圣人立言”,本着光明正大、忠臣孝子之心理解圣人之意。这是庄存与在《春秋要旨》第一条开头表述的研究《春秋》的基本方法。

“《春秋》书天、人、外、内之事,有主书以立教也。然后多连而博贯之,则王道备矣。”在这里,庄存与认定《春秋》中隐含着一套完备的“王道”政治理论体系,也就是“至圣之法”。庄存与认为,《春秋》记载的各类内容,都隐含着“王道”的不同层面,并且各有“主书”,即对这些层面的主旨表达,只要由此及彼,联系贯通,就可以得到完备的“王道”。这节文字虽短,却是《春秋正辞》一书的主旨表述:分类研究是方法，推寻“王道”是目标。

“《春秋》之辞，于所尊则致其严，于所亲则致其爱，于所哀则致其戚，于所痛则致其重，于所善则致其喜，于所贤则致其美，于所危则致其忧，于所贱则致其辨，于所恶则致其尤，于所诛则致其法，于所矜则致其疑，莫不见乎辞。”在庄存与看来，《春秋》经文不仅不干巴，而且充满了丰富的感情色彩，圣人对所记人和事的态度莫不得到了充分体现。这就是庄存与整体上对《春秋》之辞即文字的理解与把握。如此释读《春秋》文字，就是“正辞”；未能如此释读，就是不正，就是偏离了圣人之意。此为《春秋正辞》书名之意。

《春秋正辞》卷十“三月，公会齐侯、陈侯、郑伯于稷，以成宋乱”条：“大罪则绝，其曰公、侯、伯何？义不为公讳，而公为志焉，则无为贬诸侯也。其不曰及，著同恶也。《春秋》诛乱贼，明白未有如此辞者也。”此年“春王正月戊申，宋督弑其君与夷及其大夫孔父”。华督弑君为乱，四国君主不仅没有依据王法诛讨乱贼华督，反而“以成宋乱”，支持弑君之贼，党贼即所谓“大罪”。根据《公羊传》所释，《春秋》有诸侯称爵、大夫称名、微者称人的称谓原则，若君主破例称名，就体现着圣人据王法绝其君位，即废除其国君资格，这就是所谓“大罪则绝”。四国之君支持弑君乱贼，依王法应绝其君位，但圣人于此未书四君之名，仍称“公”、称“侯”、称“伯”。庄存与认为，《春秋》有为本国君主讳过的原则，但支持华督为“大罪”而非小过，故“义不为公讳”，即经书“以成宋乱”显示着鲁桓公有罪，体现着圣人在此是以“义”为准则。根据《公羊传》的理解，《春秋》对外诸侯可显示绝其君位，对周天子及鲁君则只用“讥”，既不能“贬”，更不能“绝”，体现着孔子作为鲁臣的本分。因此，圣人在此既然不能用称名的方式体现绝鲁桓公之君位，四君“同恶”，且此会是“公为志”，即鲁桓公是召集此会支持华督的主谋，故圣人也没有称齐侯、陈侯、郑伯之名。《谷梁传》认为，《春秋》有“及者，内为志”的用字原则，即《春秋》记有鲁人参加的盟会用“及”字者，圣人都是在显示此盟会是按照鲁人意愿举行的。庄存与认为，圣人在此不用“及”字，意在表明四国“同恶”，不必分别首从。庄存与认为，圣人书“以成宋乱”定四国之君为大罪，那么他们支持的华督显然更是“乱贼”，更应被诛讨，圣人用这种方式明确表达了“诛乱贼”之义。庄存与认为，这条经文是最明白表述“诛乱贼”之“辞”。庄存与所谓最“明白”，但若非他如此阐释，恐怕很少有人能“明白”此义。这可以作为庄存与释《春秋》之辞的典型例证。由此可以看出，第一，庄存与是以《公羊传》为基础解读《春秋》，但也偶用《谷梁传》；第二，庄存与释经暗用了许多《公》《谷》所释《春秋》例：《春秋》称谓例、为内讳过例、外诸侯称名绝位例、用字例；第三，庄存与释经的落脚点，是释“诛乱贼”之义。这也是《春秋正辞》的基本特点：方法是用例，目标是释义。

二、《春秋正辞》诸篇评述

《春秋正辞》十一卷，共分九篇。庄存与按照自己对《春秋》的理解，设计出九个大题目，每个大题目下再分若干小题目，按照小题目选择经文，逐年排列，依次进行阐释。每篇首有一节概说性文字，可视为叙目，依次说明各小类主旨，贯串起来，也就是该篇主旨。整体而言，《春秋正辞》属于分类研究《春秋》经文的著作，但所分大类与其他学者均不相同。分类反映着庄存与对《春秋》的整体理解与把握。下面据各篇叙目依次简述其主旨，并选择一两条庄存与的阐释予以解读，以见其解说《春秋》的特点。《春秋正辞·叙目》列叙各篇均作"正某辞"，正文中篇目则省"正"字，今依正文。各篇叙目所列小标题多与正文不符，评述时也分别予以指出。

《奉天辞》第一，此篇集中阐释《春秋》与天有关的记载。篇首叙目列建五始、宗文王、大一统、通三统、备四时、正月日、审天命废兴、察五行祥异、张三世、俟后圣，共十题。"正月日"，正文中作"正日月"。正文缺张三世、俟后圣。

"奉天"者，遵天命也。王者是天下至尊，天下人无敢违逆王命。如何保证王命永远正确呢？上天是永远不会错的，王者只要时时遵天命，就可以不犯错误。何以知天命？庄存与认为，一是效法周文王，周文王是执行天命的典范，周文王制定的法则就是王法的代表。二是审天命、察五行，也就是时时观察并分析天降灾异，因上天的惩罚而改过，因上天的告诫而警醒。对于天下臣民而言，必须懂得"大一统"，即尊王，一切听从现实中的王命。对于王者而言，必须知道天命无常，三统依次更替，若王者违逆天命，上天就会改变主意，授命他姓为王。庄存与认为，《春秋》中与天相关的记载，整体上体现着上述内涵，这是圣人垂教后世帝王的原则。与天相关的经文，莫过于灾异，故察五行祥异类又细分许多小类。释《春秋》灾异，以董仲舒、刘向为最早也最多，故庄存与于此篇多引董仲舒、刘向等人对《春秋》所载灾异的阐释，当然也有自己的新见解。此举一例予以解读。

> "秋八月壬申，御廪灾。"（桓公十有四年）公羊子曰："御廪灾，何以书？记异也。"董仲舒以为：先是，四国共伐鲁，大破之于龙门，百姓伤者未疗，怨咨未复，而君臣俱惰，内怠政事，外侮四邻，非能保守宗庙终其天年者也，故天灾御廪以戒之。刘向以为：御廪，夫人、八妾所舂米之臧以奉宗庙者也。时夫人有淫行，挟逆心，天戒若曰：夫人不可以奉宗庙。桓不悟，与夫人俱会齐，夫人谮桓公于齐侯，齐侯杀桓公。

按：《春秋》载"御廪灾"，是说鲁君所用米仓发生了火灾。《公羊传》认为，《春秋》载此事，圣人是为记灾。至于为什么要记灾，《公羊传》于下条经文"乙亥，尝"

下解释说：御廪刚发生火灾三天，鲁桓公就举行尝祭，应是用灾余之米供奉宗庙，圣人记此有批评鲁桓公对祖先不敬之意。《公羊传》没有从天意的角度阐释此经。

庄存与意在阐释天意，故又征引了董仲舒和刘向的说法。董仲舒认为，"御廪灾"，是上天在告诫鲁桓公必须改变内外政策，否则将不得善终。鲁桓公未明天意，没有改弦更张，故被害于齐国。董仲舒认为圣人记载此事，是为告诫后世君主必须时时顺应天命。刘向认为，"御廪灾"，是上天在告诫鲁桓公应废夫人，现在的夫人不适合敬奉宗庙。鲁桓公未明天意，且和文姜一起去齐国，结果被杀。在该篇阐释《春秋》所记灾异部分，庄存与多引《公羊传》《谷梁传》、董仲舒、刘向等，只是在个别地方有所补充，但经常有上天可畏、君主应慎重对待等感叹。

其实，凡解灾异或祥瑞者，不论说天意如何玄妙，最终都一定要与人事相联系。这也是庄存与阐释"奉天辞"中圣人垂教之义的基本理念，希望后世君主们因担心上天惩罚而勤于政事，关注民生。至于他们本人是否相信这样的天意，其实并不重要。

《天子辞》第二，正文包括王伐、王崩葬、王后、王臣外难、王使、王臣会诸侯、王臣会陪臣、王臣卒葬、王臣私交、王师、王都邑土田、王畿内侯国邑、大夫见天子，共十三题。但该篇首叙目还提到有王守、王出、王居、王入、王世子、王子、王姬、王母弟、王臣内难、王命伐国、朝王、锡命等十二题，不见于正文。就上述小标题可知，庄存与准备把《春秋》中凡与周王室有关的内容都分类予以阐释。

就现有内容看，"天子辞"的主旨是阐释《春秋》内含的"王法"。"《春秋》之义，务全至尊而立人纪焉。"（"王伐"类，"秋，蔡人、卫人、陈人从王伐郑"条。）所谓"务全至尊"，是尽最大努力保证王者的绝对权威和至高无上的地位。所谓"立人纪"，是设立人间的规则，主旨就是顺从王命。"《春秋》何以作乎？法文王也。"（"王崩葬"类，"三月庚戌，天王崩"条。）圣人为后世立法，以效法周文王为主。何谓文王之法？可以概括为两点，一是文王行仁政，二是臣民拥戴文王。所以，在对"蔡人、卫人、陈人从王伐郑"的阐释中，庄存与认为包含着圣人对王者的要求："王躬不可以不省，不可以不重。轻用其民王室危，轻用其身天下危。"王者应重民并自重。重民意味着仁政，自重意味着使臣民尊王。兹举一例予以解读。

> "戎伐凡伯于楚丘以归。"（隐公七年）重王命以重王使，伐国之罪犹且降等焉，故大之也。《春秋》有不可书则辟之，此何以书？孰骄此戎者？我与有责焉耳矣。"于楚丘"，罪其地之主人。"以归"，罪凡伯辱天王之命也，王室之从政者固若此乎？…… 东方之侯有一人起而问此戎者乎？

按：周王室大夫凡伯聘鲁，在返程至楚丘时，遭遇戎族攻击，凡伯做了俘虏。此为《春秋》所载史事。庄存与认为,《春秋》有避讳原则,圣人不避天王之辱而破例记此事,是有意放大此事的意义。凡伯出使,一定是奉王命;凡伯被俘虏,标志着王命没有被完成。王命未被完成,此事比诸侯国之间相互攻伐更严重。也就是说,圣人记此事,重视的不是周王室的一个大夫做了俘虏,而是在强调王命绝对不能落空,这是以"王法"垂教后世。

王命未被完成,谁应该承担责任呢?庄存与认为,应承担责任者有四方。一是鲁国。隐公二年"春,公会戎于潜","秋八月庚辰,公及戎盟于唐"。庄存与在阐释这两条经文时,认为圣人有批评鲁隐公之意:作为"中国"诸侯,对戎狄只需打击,不应该与其"会",更不应与其"盟"。由于鲁隐公助长了戎人的骄气,才发生了戎族伐凡伯之事。二是卫国。楚丘是卫地,凡伯于此被俘,说明卫侯没有尽到保护天子使者的责任。三是凡伯。作为王使,应以完成王命为职责,不拼死抵抗而做了俘虏,由此影响了王命的完成。四是东方各国诸侯。在凡伯被俘以后,各国诸侯都没有为此讨伐戎族,说明他们都已不重视王命。按照"王法",有责任的四方都应受天子处罚。当然,圣人是借此告知后人应该如何对待王命。庄存与对此经的阐释超越了前人,义正辞严,且有理有据。

《内辞》第三,集中阐释《春秋》记载鲁事的相关经文。《春秋》是鲁史,此类内容最多,故分上(卷三)、中(卷四)、下(卷五)三部分。上卷阐释与鲁君及其家庭相关经文,推寻圣人关于为君和家庭伦理的垂教之义。如"九月,纪履緰来逆女。冬十月,伯姬归于纪"条(隐公二年):"何以书?讥不亲迎也。《春秋》录内女之出入,谨夫妇也,厚人伦也,睦异姓也。"又如"杞伯姬来朝其子"条(僖公五年):"命之于室,杞伯失为人君父之道矣;见之于庙,公失所以教人为臣子之道矣。允哉,《春秋》之文之多于道乎!"该卷首叙目列十四题,正文实有十题:公继世、公继故、君薨故葬故、夫人、夫人薨葬、夫人绝、子生、内女、绝夫人逾境。文中缺君薨葬、君孙、子卒、夫人宁等四题。

中卷集中阐释与鲁国制度、外交有关经文,推寻圣人关于治国之道和外交政策方面的垂教之义。如"春正月,公狩于郎"条(桓公四年):"《春秋》之义行则庶土交正,禹之明德也,非圣人,谁能修之?"庄存与认为,圣人记载此事,含有教育后世君主不要贪图娱乐而影响农业生产之意,并引用《左传》"君子曰"感叹圣人的伟大。该卷首叙目列三十三题,正文实有二十题:宗庙、雩、土功、蒐狩、公会诸侯、公遇诸侯、公适诸侯、公以非事举、公将、战、取国邑、入国邑、灭国、公行致地、公行致侵伐、来朝、来聘、来盟、乞师。正文中缺郊、用牲、改制、外臣与会、公会外臣、公次、师、土田、取邑归邑、公行致会、莅盟、师加我、告籴归粟等十三题。

下卷集中阐释与大夫有关的经文,推寻圣人关于君主用人以及为臣原则的垂教之义。如“公子益师卒”条(隐公元年):“见鲁无异姓大夫,则贤贤之义缺矣;见成、襄而下公子无复为大夫,则亲亲之道缺。而世卿害家凶国,为王法所必禁矣。富哉,《春秋》之辞之指乎!”庄存与认为,《春秋》中隐含着圣人用王法否定卿大夫世袭制的垂教后世之义,倡导后世君主用人应以“亲亲”“贤贤”为原则。该卷首叙目列十三题,但正文中实有五题:大夫盟会、大夫将、大夫执、大夫卒、邦贼。缺大夫出疆、大夫会诸侯、大夫私行、公母弟、刺大夫、大夫奔、叛邑、盗等八题。下面举三例予以解读。

> “夏,夫人姜氏如齐。”(庄公十有五年)齐恶尽矣,则何言乎“夫人姜氏如齐”?以齐之有大灾,不可不志其故也。化不时则不生,男女无辨则乱生。此卫所以灭也。或乃以为不害伯。谁为此言者?人道熄矣。君子录桓公之功而伤其无本,谓三纲缺焉。乱男女之别,《春秋》所不忍书也,而不忍不书,若曰:人之无良,我以为君,桓公始伯,其遽忘襄公之祸而又以姑姊妹接之乎?可谓与乱同事矣。盖天灾应是而予之也。《春秋》之志行,天下并兴于贞信,男有分,女有归,民人无偏丧者,父不哭子,兄不哭弟。桓公不谨于礼,而四境之内大痢焉。

按:所谓“齐恶尽矣”,是指当年兄妹乱伦并杀害鲁桓公的齐襄公已死八年。此经所载“夫人姜氏”就是齐襄公之妹文姜。庄存与认为,圣人特记此事,是为表明齐国发生大灾的原因。所谓大灾,是指《春秋》庄公二十年载:“夏,齐大灾。”二事相隔五年,其间有何关系?庄存与解释说:“男女无辨则乱生。”辨者,别也。男有室,女有家,男女授受不亲,是谓有别。文姜作为已嫁之女且丈夫已死,无事又去齐国,齐桓公接待她,就是“男女无辨”,就会导致“乱生”。或有人认为此事并不会影响齐桓公的霸业,因两年前“齐侯、宋人、陈人、蔡人、邾人会于北杏”,已开齐霸之先声。庄存与认为,绝对不可小看此事,因为它标志着“人道熄”,即做人的原则被彻底破坏。圣人在《春秋》中虽多载齐桓功业,但也“伤其无本”。所谓“无本”,是指齐桓公君位不正,即不是受自君父之命;此为《公羊传》所释。齐桓公君位非受自君父,已破坏了“君为臣纲,父为子纲”,此次接待文姜,等于鼓励文姜背叛夫家,又破坏了“夫为妻纲”。圣人在此等于暗示齐桓公“三纲缺焉”。齐桓公是圣人认定的贤者,《春秋》有为贤者讳的原则,对这次乱男女之别的事本可不记,但圣人又不忍心不记。圣人似乎在说:他虽是无良之人,但毕竟已是百姓的君主;齐桓公刚开始创建霸业,难道就已经忘记齐襄公是因何而死的吗?此次接待文姜,也是“乱”道,上天将因此降灾于齐国。所谓“以姑姊妹接之”,庄存与大概不愿细究小事,故用含混之辞。若齐桓公为僖公之子,文姜是其姐妹;若齐桓公为襄公之子,文姜是其姑姑。庄存与进一步阐释说,《春秋》中包含的各种原则都被遵循,将人人都是贞信之人,男女有别,夫妻同寿,年轻人无夭折者,社会一切都祥和有序。齐桓公接待文姜,违背了《春秋》所含礼制,就导致了齐国“大痾”(按:《公羊传》释“灾”为“痾”)。庄存与对此经的解读,真正是前无古人,后无来者,既阐释了圣人垂教后世的家庭伦理原则,又究了“天人之际”。

> “春,陈侯使女叔来聘。”(庄公二十有五年)终《春秋》而一志聘者,中国诸侯唯陈尔。舍陈则无简者乎?曰:郑亦简矣。舍郑则无简者乎?曰:有,皆狄之矣。“陈侯使女叔来聘”何以书?录齐桓之功也。桓公纠合诸侯,谋其不协,玉帛之使盛于中国,不可盛书,书必于其简者。陈,三恪之封也。自我言之,迩与戚不若宋、卫。自陈言之,齐桓没而日役乎楚矣。齐桓主中国,则陈不知有楚患,国家安宁,而志一以奉王事嘉好之使接于我焉。志陈之聘我,则中国诸侯见矣。……言齐桓之力安中国而义睦诸侯也。

按:《春秋》记陈国大夫来聘,仅此一次。庄存与认为,《春秋》有常事不书的原则①,圣人所书,必有深意。圣人记载此事,意在显示齐桓公称霸对当时“中国”之功。庄存与认为,在齐桓公称霸期间,“纠合诸侯,谋其不协”,“中国”诸侯之间相互派使者聘问一定极为频繁,外诸侯国使者聘鲁者一定很多。但《春秋》自庄公十三年至僖公十七年“齐侯小白卒”之间的三十七年间,记“中国”诸侯国来聘者却只有一次。庄存与认为,陈国为大舜之后,与鲁异姓;就地理而言,陈距鲁远于宋、卫;就关系而言,陈疏于宋、卫。在《春秋》中,记鲁与宋、卫多有互聘,记陈聘鲁仅此一次。而在此期间,圣人未记宋、卫之聘,仅记陈来聘,一定是有意选择而记的。在齐桓公主盟期间,陈国长期安宁,没有“楚患”,齐桓公去世后,陈国即一直受楚人驱使。圣人选择这样一个国家,记其来聘,意在表明在齐桓公主盟期间“中国”诸侯间互聘之盛,以此显示齐桓公称霸对“中国”安定的巨大功劳。庄存与认为,陈国来聘,是“奉王事”派出友好使者。所谓“奉王事”,是指遵周天子之命。陈“奉王事”,是因齐桓公倡导尊王。齐桓公倡导尊王,故“中国”诸侯皆“奉王事”,各国之间亲善和睦。庄存与对此经的解读,非常有新意,且言之成理,不为无据。把“陈侯使女叔来聘”置于齐桓公称霸大背景下予以分析,其方法与毛奇龄、顾栋高等以事解经者相近。当然,结论是否可信,读者可自己认定。

---

①《公羊传》桓公四年表述的《春秋》记事原则。

"冬十有一月，晋侯使荀庚来聘。"（成公三年）晋，兄弟之国也，我事之敬矣。敬，不答乎？何逮乎成之篇而后言来聘？向以为常事焉而不书也。"晋侯使荀庚来聘"何以书？抑之也。何抑尔？礼之始失也。偶晋于京师，其甚也。以共京师者共晋，微见乎僖，至成而甚焉，晋侯益骄，非鲁所望也。志晋之聘，见晋之为晋，我之适者而已矣。曷为于此焉始？曰：王使不志矣，而后志晋使。《春秋》之大教也，不可不察。隐、桓之《春秋》志王使聘五焉，成、襄之《春秋》志晋使聘九焉。鲁人之所以荣且喜者，移于晋矣。以共京师者共晋，圣人之所甚惧也。舍隐、桓则志王使也罕，自成而下王使亦绝不见。章疑别微以为民坊，《春秋》之大教也。《春秋》终不使鲁人以待王使者待晋使，绝之若不相见者然，以尊王而抑晋。微，故尊之；僭，故抑之。王聘屡于隐、桓，晋聘屡于成、襄，皆以为非常焉尔。

按"晋侯使荀庚来聘"，是《春秋》所记晋大夫第一次聘鲁。庄存与认为，《春秋》有常事不书原则，此前也有晋大夫来聘，属于诸侯国之间的正常交往，圣人均略而不书。圣人记此，是以此为非正常事件。在《春秋正辞》中，庄存与经常使用这一条《春秋》记事原则，如认为鲁侯参加了周王的葬礼，鲁大夫经常聘周王室，诸侯国之间不断互聘等，以此认定《春秋》所记皆非常事，从而阐释圣人隐含的垂教之义。庄存与认为，圣人记载此事，意在"尊王而抑晋"。这一点实在不易理解，庄存与作出了自己的解释：晋与鲁同姓，为兄弟之国，鲁人一直敬待晋国，晋国不可能没有聘鲁之事，只是圣人都作为"常事"而未予记载。圣人至此记"晋侯使荀庚来聘"，是在显示鲁人从此失礼。所谓失礼，是说鲁人从此以事天子之礼事晋，把晋国当作周王室尊崇。从此"晋侯益骄"。圣人于此记晋人来聘，意在强调晋不过是一普通诸侯国，以此抑制晋侯之骄。"抑晋"是为了"尊王"。于隐、桓之世，《春秋》记载了五次周天子的使者聘鲁，而未记一次晋人来聘，于成、襄之世，《春秋》记晋人来聘九次，而未记一次周使来聘，且自成公以后，《春秋》中完全没有了周使来聘的记载。这种现象说明，圣人对王室衰微感到忧虑，因此用这种方式垂教后世尊王，"以为民坊"，即以此避免后世民众不尊王。庄存与从这条经文中解读出圣人垂教后世的尊王之义，实在是"难能可贵"，其方法与对"陈侯使女叔来聘"的解读相同，其论证也不无道理。凡主张以例解《春秋》者，一般都会排比经文，找出相同点作为例，事同文同者，其义也应相同。"陈侯使女叔来聘"与"晋侯使荀庚来聘"，句式完全相同，庄存与却解读出完全不同的义。由此可见，庄存与与一般主张以例解经者有很大的区别。

《二伯辞》第四，应是集中阐释《春秋》中与齐桓公、晋文公有关的记载。该篇首叙目列五题,正文中实有三题:齐桓盟会、齐桓侵伐、晋文盟会。缺齐桓救患存亡、晋文侵伐战围。而"晋文盟会"下只列一条经文:"夏六月,会王人、晋人、宋人、齐人、陈人、蔡人、秦人盟于翟泉。"庄存与自注:"见《天子辞》下。"查《天子辞》此条,可知主要阐释"何以不书公"以及王子虎称"王人"的内涵,与晋文公基本上没有关系。也就是说,该篇实际上没有阐释与晋文公有关的经文。录与齐桓公有关的经文也只有六条。此篇名实显然不符。从篇首叙文可以看出,庄存与对齐桓公评价颇高,对晋文公则评价较低。他把两人比作"苗莠粟粃",齐桓公是"苗"是"粟",晋文公则是"莠"是"粃"。但是,他也认为齐桓公"未粹",算不上真正合格的诸侯国君。此篇主旨是阐释圣人对二伯的态度。兹解读一例。

"冬十有二月,会齐侯、宋公、陈侯、卫侯、郑伯、许男、曹伯、滑伯、滕子同盟于幽。"(庄公十有六年)未有言同盟者,其言同盟于幽何?齐桓自是为诸侯正也。诸侯之载辞,自齐命之矣。齐主命,则其言同盟何?夺其为正之辞也。若曰:幸为异辞者尔。曷为夺之?有天子存,则诸侯不得主诸侯命也。属有长,连有帅,倅有正,州有伯,辐辏并进,归命天子,王者之政也。连数州之伯、正、长、帅,端拱揖让而听命于一侯,三王之罪人也。主命于是始,故夺之。则何以不书公?圣人以同于此盟者皆大恶也。盖自是礼乐征伐终自诸侯出,天下且见为当然而相率以安之矣。……晋赵盾为新城之盟,《春秋》于是三言同盟,而政始自大夫出矣。

按:《春秋》多次书"同盟",《谷梁传》认为,齐桓公时期的"同盟",体现着"同尊周",晋霸时期的"同盟",体现着"同外楚"。[①] 一为尊王,一为攘夷,俱为褒辞。后世学者也鲜有释"同盟"为贬义者。庄存与则认为,圣人书"同盟",不仅有贬低齐桓公"为三王之罪人"之意,且在暗示与盟诸侯均为"大恶"。因为,所谓"同盟",实是由霸主拟定盟约,然后与同盟者发誓赌咒遵守盟约,实际上等于宣誓听命于霸主。庄存与认为,当时仍是周天子的天下,包括长、帅、正、伯在内的各级诸侯都应听命于天子,现在却听命于一国诸侯,实是对王法的破坏。自此开始,历史进入"礼乐征伐自诸侯出"的"天下无道"时代。这是齐桓公造成的,故圣人用书"同盟"的形式暗示剥夺齐桓公作为"正"的职务,体现着王法对他的惩处。其后,晋国大夫赵盾主持诸侯国结盟,实等于天下诸侯听命于一个大夫,圣人用书"同盟"的方式,暗示历史进入"礼乐征伐自大夫出"的更"无道"的时代,也体现着王法对赵盾的诛讨。不论是否符合《春秋》本意,庄存与的这一段分析不仅很有新意,也有很大的

①分别见于《谷梁传》庄公二十七年及文公十四年。

合理性。齐桓主盟,意味着天下听命于霸主,赵盾主盟,标志着天下听命于大夫。这的确反映出历史的进程。至于圣人是否有贬诛齐桓公和赵盾之意,只有孔子自己知道。不论是前文所释对齐桓公的褒义,还是此文所释对齐桓公的贬义,庄存与的主旨,都是在阐释圣人以尊王之义垂教后世。

《诸夏辞》第五,此篇集中阐释中原诸侯国之间交往与侵伐的有关经文。该篇首叙目列二十四题,正文实有十四题:特盟会、遇、如、胥命、参盟会、合诸侯、大夫与会、大夫会、执诸侯、侵伐、会侵伐、诸侯卒葬、世子、母弟母兄。缺十题:次、诸侯会大夫师、诸侯在大夫盟、大夫会城、执大夫、戍救、未逾年君、疑君、附庸称子、褒封绌爵。在该篇"滕侯卒"条(隐公七年),庄存与明确说:"滕侯、薛侯,《春秋》当新王也;滕子、薛伯,亲周也。《公羊》家识之矣。"即《春秋》称"滕侯""薛侯",是以鲁隐公为始受命王;《春秋》称"滕子""薛伯",是仍按照周王天下之序。所谓"《春秋》当新王",是董仲舒的说法,其内涵是,孔子作《春秋》,相当于创立了一代王法,即《春秋》内含着圣人垂教后世的王法。

因此,庄存与在该篇中仍以推寻王法为主而阐释经文,主旨是阐释经文中隐含的诸侯国君作为天子之臣的行为准则。如"齐侯、郑伯盟于石门"条(隐公三年):"'盟于石门'何以书? 大恶也。东方诸侯莫肯用力于王室,自此始矣。……(圣人)伤其非王命而私为此盟也。……诸侯焉得私自为盟乎?"就是说,圣人告诫后世诸侯不得私自结盟,必须一切听从王命。又如"齐人、卫人、郑人盟于恶曹"条(桓公十一年):"《春秋》恶兵,所尤痛者,糜烂其民而战之也。"就是说,圣人告诫后世统治者不要轻易发动战争。又如"卫侯郑归于卫"条(僖公三十年):"《春秋》之义,用贤治不肖。君者,立于无过之地也。尊为公侯,而身不免于罪,则不可以南面而临其臣民。"就是说,圣人告诫后世诸侯,必须保证自己"无过",一旦犯罪,天子就要夺其爵位。下面再解读一例。

> "夏,齐侯、郑伯如纪。"(桓公五年)外相如不书,此何以书? 非如纪也,袭纪也。饰好貌,怀寇心,庶人犹谓之贼,况诸侯乎! 则何以无贬? 庶人行则人之,此非人所为,不可以称人矣。予以侯、伯之名,庶几其以愧愤死乎! 往不得所欲,事已行矣,行而不得,下得者一等也。

按:"外相如不书",是《公羊传》所释《春秋》记事原则。意思是,《春秋》不记载鲁国以外的各诸侯国之间的人员往来,凡记载者,均属于破例。庄存与认同这条原则,并据此阐释圣人破例记载此事的内涵。关于这条经文,《公羊传》的解释是:"离不言会。"即只有两国君主相见,《春秋》不用"会"字,不书作"某会某"。这是解释《春秋》的用字原则。《谷梁传》没有解释。《左传》的解释是:"欲以袭之,纪人知之。”庄存与解释圣人破例记载此事的原因：“非如纪也，袭纪也。”显然是利用了《左传》的记载。庄存与虽然在该篇叙中说：“《公羊》奥且明矣，不可不学。《谷梁》《左邱》眊乎瞽哉。”对《谷梁传》和《左传》评价很低，但在《春秋正辞》中，庄存与经常引用《谷梁传》所释义或例，引用《左传》所载之事者则多为暗引。庄存与对此经的阐释，就是主要依据《左传》所载之事。

庄存与认为，齐侯、郑伯的行为，在《春秋》中本应被贬。根据《公羊传》所释《春秋》称谓原则，在正常情况下，记诸侯用爵称；若称其名，意味着圣人用王法绝其君位；若称作“某人”，则是在贬低他。按照这一原则，《春秋》记此事应书作“齐人、郑人”。但《春秋》并没有使用贬低二人的称谓。庄存与认为，圣人如此书写，体现着他们的行为已不如一般人的水平，他们已经没有被称作“人”的资格。作为两国君主，打着友好的旗帜，却怀着偷袭纪国的贼心，而且还被纪人识破其真实意图。这样的人，圣人在《春秋》中仍书作“齐侯、郑伯”，意在使他们感到羞愧而死。庄存与对此经的阐释可谓“别具只眼”。但是，圣人作《春秋》时真的要后人如此曲折地猜测经文之意吗？经文本身看不出贬义，原来是要这样的人“以愧愤死”，并垂教后人以此为戒，大概只有庄存与想到了这一层含意。

《外辞》第六，集中阐释与外族相关的经文。该篇首叙目列十六题，正文有六题：楚、戎、狄（一条）、徐（一条）、秦、小国（一条）。缺吴、越、杞、郑、晋、东夷、群舒、淮夷、诸戎、长狄十题。全篇以楚、戎为主。《公羊传》在阐释此类经文时，虽然也认为圣人以“攘夷”之义为主，但也赞许夷狄“向善”，并褒扬楚人主动聘鲁，甚至认为当夷狄的所作所为善于“中国”时，圣人支持“夷狄”。[①] 庄存与似乎没有了这样的理解，他认为圣人对外族持排斥态度。

“春，公会戎于潜”条（隐公二年），庄存与认为，戎族本是鲁国的奴役对象，“周公、鲁公之世，吾与戎未有会也，役之而已”，由于鲁隐公与其会，此年八月又与其盟，助长了戎族的骄气，故导致其多次侵伐“中国”。庄存与认为，圣人记此，有批评鲁隐公之意，反对“中国”与戎族平等交往。

“楚子使椒来聘”条（文公九年），庄存与认为圣人反对鲁国君臣以上宾之礼接待楚国使者，“然则鲁君臣宜奈何？闭关而绝楚使焉可也”。他认为，对危害“中国”的外族，圣人主张闭关不与其交往。这似乎是清朝中后期闭关政策的早期理论依据。

“秦人入鄀”条（文公五年）：“鄀者何？微国也。自我言之，远国也。若此者，于《春秋》皆不书，何言乎‘秦人入鄀’？以秦人之好兵为见乎此，故谨而志之。《春

①详参晁岳佩《春秋三传义例研究》第八章第二节，线装书局，2011年版。

秋》之法，苦民尚恶之，况伤民乎？伤民尚痛之，况杀民乎？民者，《春秋》之所甚爱也；兵者，《春秋》之所甚痛也。舍用兵，则君无所令，臣无所职，民无所习，《春秋》之所甚恶也。于秦、楚、吴、越见之矣。《春秋》详楚、要（约略）吴越而微见秦，二百四十二年之中，志秦也罕矣。自入滑以来，六岁而志兵者七焉。何其详也？可谓亟矣。……兼国二十，开地千里，于是乎见之，而犹未止也，远矣哉。”庄存与似乎认为，圣人记此，不仅意味着已看清楚秦的军国主义性质，而且预料到后来秦人将以武力兼并天下。

庄存与在篇首叙目中列郑、晋于外族，使人难以理解，而正文又无此二目，不知其意如何。《公羊传》曾有圣人认定晋、郑的某些行为如同夷狄的阐释，庄存与盖有取于此，但没有系统阐释经文。《公羊传》有“《春秋》内诸夏而外夷狄”的表述，庄存与设“诸夏辞”和“外辞”，当是据此。“外辞”实以《春秋》“外楚”为主。兹解读一例。

“楚子、蔡侯次于厥貉。”（文公十年）诸侯绝则名，楚子商臣何以不名？商臣之绝于兹十年矣，得一绝焉尔。……蔡侯何以无贬？以爵楚子，则不人蔡侯也。削诸侯而独著蔡侯，不待贬绝而恶见矣。诸侯何以不书？《春秋》之外楚也。会盂则先宋而爵，围宋则主诸侯而人，未尝爵楚而又先之也。厥貉爵楚且先楚，则不可不夺其诸侯之辞也。然则何以见其有诸侯？《春秋》外次不书，必有关于天下之故而后书。楚，外之外也，虽有关于天下之故不书楚之次。不书而书，次非次也，会也。会之而言次，微之也。然则何以削诸侯而独著蔡侯？蔡骤叛中国而坚于亲楚，新城之盟不至，甲午之卒不赴，以蔡为楚之徒也。其为楚之徒奈何？《春秋》有世子弑君，楚商臣、蔡般相望于八十四年之策书，若接迹然，实斯侯之孙且曾孙也，乃其曾祖、王父与商臣比肩而立矣。夫楚之为楚，不知君臣之义、父子之亲、夫妇之别，蔡实亲而习焉，久而不知与之化矣。祸卒见于固与般之世，而蔡人安之若不知，亦与之化矣。则商臣之孽中于蔡深也。……为人之祖若父，莫不欲其子孙之仁且孝，欲其子孙之仁且孝，必以中国之法为其家法。蔡唯楚是亲，则唯楚是师，于是乎其家果与楚同祸。

按：此楚子为楚穆王。《春秋》文公元年：“冬十月丁未，楚世子商臣弑其君頵（《公》《谷》作髡）。”商臣即穆王。庄存与认为，《春秋》有对弑君代立者称名以示绝其君位的书法原则。按照这一原则，此经中的“楚子”应书作“楚商臣”。庄存与认为，《春秋》还有对弑君代立者只称名一次的原则，因商臣之名已见于十年前，故此经书作“楚子”。这是对《春秋》书法原则的解释。这两条原则均源于《公羊传》。

经文“厥”,为《左传》所载,《公羊传》作“屈”。庄存与从《左传》。在此基础上,庄存与对弑君者动机作了分析,认为往往是利益驱动,“苟以为利,则弑之端也”。这一部分没有多少新意,新意在后面。

庄存与认为,“楚子、蔡侯次于厥貉”,实际上是楚穆王主持的天下诸侯大会,圣人不愿意让这样的事件出现在《春秋》上,故削去了其他与会诸侯,这是《春秋》“外楚”的体现。所谓“外楚”,就是把楚国排除在“中国”之外,也就是视为夷狄。为了证明《春秋》“外楚”,庄存与举了两个例子。一是僖公二十一年“秋,宋公、楚子、陈侯等会于盂”,此经虽称“楚子”,却列于“宋公”之下,说明并非“楚子”主会。二是僖公二十七年“冬,楚人、陈侯、蔡侯、郑伯、许男围宋”,此经虽列楚人于首位,却称“楚人”而不称“楚子”。由此可见,《春秋》“未尝爵楚而又先之也”。因此,圣人根据“外楚”原则,厥貉之会虽书“楚子”于先,却削去了其他与会诸侯,如《公羊传》所说“不与夷狄主中国”。为了证明这是一次由楚人主持的诸侯大会,庄存与表述了一条新的《春秋》书法原则:《春秋》记内(鲁)事用“次”字,记外(诸夏)事一般不用“次”字,记外之外(夷狄,即楚)事绝对不用“次”字。此经用“次”字,不符合《春秋》用字原则,可知所谓“次”,实际上是“会”。实“会”而言“次”,体现着圣人对此事的缩小。这是庄存与的新解。

圣人既然削去其他与会诸侯,何以单独保留了蔡侯?庄存与认为,圣人是以此体现“蔡为楚之徒也”,即蔡侯作为“中国”诸侯却已成为楚人的徒弟。“其为楚之徒奈何”?庄存与解释说,鲁文公元年,“楚世子商臣弑其君頵”,八十四年后的鲁襄公三十年:“夏四月,蔡世子般弑其君固”。《春秋》记“世子弑其君”者仅此二例,楚在前为师,蔡在后为徒;这是圣人的有意安排。蔡国为何会发生这样的恶性事件呢?庄存与认为,楚人作为夷狄,本不懂“三纲”,蔡人与其亲近,不知不觉间受其影响,也忘记了“三纲”。圣人记此,就是要教育后人,一定要坚持“中国之法”,不要与夷狄过分亲近而受其影响。在这里,我们似乎看到了清朝后期保守派的影子。庄存与对这条经文的阐释,充分体现着“代圣人立言”的特点。

《禁暴辞》第七,集中阐释《春秋》中关于战争的文字,该篇首叙目列十七题,正文中实有十题:灭国、国亡、失地、入国邑、围国邑、伐国取邑、覆师、用人、国迁、复国存祀。缺七题:迁国邑、降国邑、战、败、诈战、袭、专杀诸侯。从内容看,庄存与所谓“暴”,包括两方面的内容:一是用武力入侵别国,二是战争对本国人民的伤害。所谓“禁暴”,是指圣人用王法对施暴者的诛贬,同时也是对后人的警示。兹解读一例。

“夏,齐人歼于遂。”(庄公十有七年)王法:杀人者死,志乎杀则重,以智计杀人则弥重。遂人馀齐戍，醉而杀之，杀之重者也。而以齐人自歼为文，义遂之人而以为无罪也，齐之君不得讨，死者子孙不得仇，调人有明法焉。……以齐人自歼为文，强遂人之义而立之也。何谓强遂人之义而立之？国之存亡，犹人之死生也。“齐人灭遂”，以遂人为齐人，尽齐人也，则遂之名亡矣。圣人正以王者之法，诸侯擅灭国则诛。……《春秋》别之曰“齐人”，自遂人言之也。其死者实齐人，其致之死者实遂人。遂人以谋杀齐人至于尽，齐之君臣固以为遂人杀之，且以为既柔服于齐之齐人而谋杀人以尽之，正其狱之名告于诸侯。君子作《春秋》以自歼为文，岂曰死者自取乎？罪齐侯自杀其民也。夫齐人，王嘉师也。齐桓前有擅灭国之罪，后有殃民之罪；齐臣之主其役者有陷君于大恶之罪。约其文曰“齐人歼于遂”，而遂人之名立矣，名立则义立，义立而遂人皆杀人而义者也，死者之子孙不得仇也。王者诛灭遂之齐人以谢遂人，诛殃民之君若臣以谢齐人。不学《春秋》，蒙首恶之名不可解，陷死罪之名不可掩，故曰礼义之大宗也，所以禁于未然之前也。

按：《春秋》庄公十三年：“夏六月，齐人灭遂。”庄存与阐释“齐人歼于遂”，处处与“齐人灭遂”相联系。于“齐人歼于遂”下，《左传》载：“遂因氏、领氏、工娄氏、须遂氏馀齐戍，醉而杀之。齐人歼焉。”《公羊传》：“众杀戍者也。”《谷梁传》：“歼者，尽也。然则何为不言遂人？尽齐人也，无遂之辞也。无遂则何为言遂？其犹存遂也。存遂奈何？曰：齐人灭遂，使人戍之，遂之因氏饮戍者酒而杀之，齐人歼焉，此谓狎敌也。”在史事方面，庄存与显然利用了《左传》；在经文分析方面，庄存与明显借鉴了《谷梁传》。庄存与重点阐释此经中隐含的王法，是三《传》都没有提到的。

庄存与认为，圣人书写此经是“以齐人自歼”为文，即齐人似乎不是被别人杀死的，而是齐人自取灭亡。圣人如此书写，实际上相当于用王法对此事所下的判决书。齐人既然是自歼，别人无需为此承担责任，故齐君不得惩处杀人者，死者子孙也不得为父祖报仇，死者白死。在这里，庄存与利用了《周礼》：“凡杀人而义者，不同国。令勿雠，雠之则死。”庄存与似乎不以《周礼》为伪书。庄存与认为，“齐人灭遂”，遂已经亡国，有些遂人因此死亡，遗民则已成为齐人，圣人称“遂”，是在强调用计杀死齐人者不但无罪，而且属于正义行为，因为他们是为国复仇。王法不允许诸侯相灭，故以遂人复仇为正义。那么谁应该为此事承担责任呢？庄存与认为，圣人在此是用王法诛擅自灭国的齐桓公。齐桓公灭遂违背王法，不灭遂，无需齐人去戍；遂不灭，遂人也不会以计杀齐人。这一切，都是齐桓公惹的祸，他的臣子也负有“陷君于大恶”之罪。因此，圣人如此书写，体现着“王者诛灭遂之齐人以谢遂人，诛殃民之君若臣以谢齐人”。庄存与认为，这就是圣人垂教之处：坏事“禁于未然之前"。没有"齐人灭遂",就没有"齐人歼于遂"。庄存与对此经的阐释,有很强的逻辑性,其文甚辩,其理甚正,极有新意。至于是否符合《春秋》本意,读者自可判断。

《诛乱辞》第八,集中阐释与内乱有关的经文,重点是弑君与杀大夫两类。该篇首叙目列题十四,正文实有十一题:弑、篡、诛绝、诸侯出入、纳子、逐世子母弟、杀君世子、杀大夫、大夫奔、大夫归、叛人。缺三题:杀世子、放大夫、盗。就该篇内容看,庄存与所谓"乱",主要是指影响君位以及杀大夫引起政治动乱之事。所谓"诛乱",是指圣人在《春秋》中隐含的对"乱"者的诛贬,以此垂教后世防微杜渐。兹解读三例。

> "戊申,卫州吁弑其君完。"(隐公四年春二月)曷为不称公子? 绝也,程子曰:古者公族死刑则无服。况弑君乎? 故绝之也。此不待贬绝而罪恶见,则其绝之何? 正大法也。《春秋》据乱而作,弑君之狱始于此。斥州吁,书贼辞也。

按:庄存与认为,《春秋》有公之子称公子的原则。州吁是卫庄公之子,《春秋》不称"公子州吁",属于破例,圣人意在体现对州吁的"绝"。在《公羊传》中,"绝"字只适用于外诸侯国君主,意为绝其君位。庄存与认为圣人"绝"州吁,当是断绝其与公族的关系,其后人不得再以公族自居。这是庄存与的新释,扩大了"绝"字适用范围。庄存与认为,据《公羊传》释,《春秋》有"不待贬绝而罪恶见,《春秋》不贬绝以见罪恶"的原则,即史文本身已显示某人之罪恶,圣人在其称谓方面不再用贬绝之辞。"州吁弑其君",弑君之罪已显,圣人仍用不书"公子"的方式以示其"绝",是为了"正大法"。这是《春秋》所载第一次弑君事件,圣人在此特意明确王法对弑君者的诛绝。圣人书州吁之名,就是在明确州吁是弑君之贼,并绝其公族地位。圣人在此经中体现的对弑君者的诛绝之意,就是教育后世君主要防范弑君之贼,更是教育后世臣子不要做弑君之贼。

> "冬十有一月癸未,齐无知弑其君诸儿。"(庄公八年)诸儿戕鲁侯,抗王命,鸟兽之行,恶加于万民,罪乃应诛绝焉。其目无知以弑何? 无知居臣子之节,可以义去,不可以利处,况敢以利夺乎? 是贼而已矣。不称"公孙",绝也。

按:诸儿就是齐襄公。庄存与认为,齐襄公有杀害鲁桓公之罪,有对抗王命之罪(鲁庄公五年:"冬,公会齐人,宋人、陈人、蔡人伐卫",明年"春王正月,王人子突救卫"),有兄妹乱伦之恶行,且对内暴虐其民,圣人应用王法诛绝他。此经称"无知弑其君”，是明确无知为弑君之贼。圣人如此书写，是从诛绝无知立意的。圣人之意是，对待齐襄公这样的坏君主，无知应该坚持原则离他而去，不可贪图利禄做他的臣，更不可为利而夺其君位。就是说，虽然齐襄公不好，无知既然做了他的臣，就必须遵守为臣的原则。杀死不好的齐襄公，同样是弑君之贼。无知为齐庄公之孙，圣人不称其为“公孙”，体现着诛绝之意。就是说，不论君主好坏，凡弑君者皆为贼，这就是圣人通过此经为后世臣子确立的标准。

“春，陈侯之弟招杀陈世子偃师。”（昭公八年）招何以称弟？招不为陈侯之弟，则不能以杀偃师。陈侯以母弟私之，授废立之意焉。招藉君弟之宠，然后杀君嗣之重。爱弟而亲之是也，而私之，而贼之，陈侯失君兄之道矣。……称世子而加之辞曰杀，以偃师不能乎为世子矣，为世子于今几年，而竟以见杀乎？目陈侯，罪陈侯之危其子以危宗庙社稷，而亦恨偃师之危其身以危君父也。君子以此正为人君父、为人臣子者。

按：对这条经文，学者们一般主要阐释圣人对公子招的诛贬之意。庄存与则认为，圣人在此主要是批评陈侯父子。“称陈侯之弟招”，圣人意在揭示陈侯对弟弟的过分宠爱，导致其杀死世子。称“陈侯”，圣人有“罪陈侯”之意。称“世子”，并且用“杀”字，圣人有批评偃师没有做好世子之意。庄存与认为，圣人是在教育后人如何为君，如何为臣。庄存与对圣人之意表述得有些含混，圣人究竟认为陈侯和偃师应该如何做，似乎不太清楚。推寻其意，似乎是要求君主不要过分亲近弟弟，世子应该有威权，有防备叔叔之心及其能力。而这样的话又有违亲亲之道，更有破坏君主家庭关系的嫌疑。《春秋》学是政治理论，一旦被抓住把柄，将是很严重的事情。庄存与的含混表述，或与对现实的顾虑有关。

《传疑辞》第九，篇首叙目列“传疑辞”、“从史文”二标题，正文中只有阙文一个标题，且只释隐公二年“纪子伯莒子盟于密”一条经文：“纪、莒，国也。子，爵也。伯，不知其国，必存其爵，阙文明矣。”是以“伯”为“某伯”之阙文。显然这是没有完成的一篇。一般来说，以例解《春秋》者很少讲阙文和经从旧史的问题，因为前者往往是可借以发挥之处，后者则限制着义例阐释。《谷梁传》认为《春秋》有“信以传信，疑以传疑”的原则，晋杜预有“经从旧史，史承赴告”的表述，庄存与为本篇设计的“传疑辞”和“从史文”二标题，当是对他们的借鉴。如果承认这两个原则，对以例解《春秋》者将是很大的限制，很多义例就很难做出圆满的解释。这可能是庄存与未能完成此篇的主要原因。

通览庄存与《春秋正辞》，有以下几个较为显著的特点。

第一，《春秋正辞》是一部没有完成的著作。《春秋正辞·叙目》署名：“赐进士及第，授光禄大夫、礼部左侍郎加二级，南书房、上书房行走庄存与撰”。由这些官衔可以想到，庄存与应有大量的事务性工作及应酬，未必有多少闲暇时间思考著书立说问题。虽然书稿由其孙辈付印，大概也是庄存与晚年未完之作。作者在《叙目》中首先表明：“存与读赵先生汸《春秋属辞》而善之，辄不自量为檃括其条，正列其义，更名曰‘正辞’，备遗忘也。”仅是“备遗忘”，庄存与或者并没有写成一部著作的打算。因此《春秋正辞》存在不少缺陷。首先，各篇叙目所列标题在正文中多缺，且有不一致的地方。其次，《二伯辞》没有阐释与晋文公相关的经文，《传疑辞》只有一条经文，名实不符。再次，有些经文阐释前后重复。最后，各篇所列经文也不尽合理。

第二，庄存与作为清代主治《春秋》公羊学的第一人，仍受唐代中期以后兼取三《传》以释经风气的影响，既有对《左传》《谷梁传》的明引或暗引，也有对《公羊传》的批评。既与唐代以前严守师法者不同，也与刘逢禄以后的《公羊》学者有所区别。以《周礼》内容为王法，更与康有为不同。

第三，用“王法”释经。孔子在《春秋》中隐含王法以垂教后世，是《公羊》学者比较一致的认识，但全面从“王法”角度阐释《春秋》者并不多见。《奉天辞》释王者法天，王法就是天理。《天子辞》释王法、王道，天子必须遵守王道治理天下。《内辞》释用王法治理一国，国君必须遵从王命。《二伯辞》释方伯必须在王命范围内帮助天子管理辖区内的其他诸侯国。《诸夏辞》释各中原诸侯必须在尊王的前提下相互交往。《外辞》释如何对待外族的王法原则。《禁暴辞》释王法对战争及暴政的禁止。《诛乱辞》释王法对违背王命的国君和大夫的诛绝。依庄存与所释，《春秋》就是一部中央集权制度下的治国大纲。强调《春秋》体现的“王法”，是《春秋正辞》的显著特点，或者也与作者的政治地位有关。

第四，以假定孔子作《春秋》的写作原则为前提，推导圣人对所记人或事的褒与贬，进而推论圣人的垂教之义，这是《公羊传》创立的研治《春秋》的方法，也就是以例解《春秋》。庄存与继承了这种方法。在《春秋正辞》中，庄存与很少阐释《春秋》例，而是在《公羊传》或《谷梁传》所释例的基础上阐释《春秋》大义，释义是庄存与的解经重点。《公羊传》一般是在经文中找出一两个切入点，因例以释义，较少有长篇阐释。《春秋正辞》中则有许多长篇大论，庄存与在释义方面似乎比《公羊传》走得更远。

第五，《春秋正辞》对经文的阐释，讨论的都是重大政治理论问题，基本上没有细枝末叶的繁琐考证。作者视野开阔，逻辑性强，文笔优美流畅，结论有较强的说服力。庄存与无愧于榜眼身份，也无愧于《公羊》学大师称号，足可与《左传》学大师顾栋高、毛奇龄媲美。

第二节　刘逢禄《春秋》学著作六种

刘逢禄(1776—1829),字申受,又字申甫,嘉庆十九年(1814)进士,曾任礼部主事,故或称刘礼部。

庄存与是清代研治《春秋》公羊学的第一位大师级人物,所撰《春秋正辞》主要利用《公羊传》所释《春秋》书法原则,对《春秋》大义做出了自己的阐释。刘逢禄是庄存与的外孙,研治《春秋》学深受庄氏影响,也力主《公羊》学。但他的研究方向与庄存与稍有不同。他也在释例的基础上阐释《春秋》大义,而主攻方向是维护《公羊》学的正统解经地位。

首先,他著《春秋公羊经何氏释例》,对《公羊传》及何休《注》所释《春秋》书法原则第一次做出系统梳理,归纳条理井然,实为《春秋》公羊学大功臣,也奠定了他在学术史上的地位。其次,他著《公羊春秋何氏解诂笺》,虽自称"尊奉何氏",但此书实际上是以批评何休为主,多谓《解诂》"失之",说明刘逢禄虽极力推崇何劭公,但并不迷信。第三,他著《发墨守评》《箴膏肓评》《谷梁废疾申何》,主旨很明确,就是坚持何休对三《传》的评价,反驳郑玄对何休的批评,极力维护《公羊传》的正统解经地位。第四,他著《左氏春秋考证》,用清代通行的考据方法研究所谓《左氏春秋》原本与现行本的区别。刘逢禄第一次明确指出,今本《左传》在西汉末年以前本名《左氏春秋》,所谓《春秋左氏传》的称谓是刘歆所改。这个说法应该是正确的。但他同时认为,今本《左传》中的解经语、"君子曰"、"五十凡"以及凡与《公羊传》所释相左者,均为刘歆所附益,刘歆为了与《公羊传》抗衡,肆意改造《左氏春秋》,使之成为解《春秋》的著作。刘氏的这个结论在学术界掀起了轩然大波,残余影响至今尚存,只是已少有全面坚持者。凭上述几部著作,刘逢禄理所当然地成为清代《春秋》公羊学的领军人物。下面分别予以评介。

一、《春秋公羊经何氏释例》

《春秋公羊经何氏释例》[①]十卷,三十篇。其中,《十四诸侯终始表》上下、《公大夫世系表》基本上纯属于历史,并不主于归纳经例。《秦楚吴进黜表》虽然反映着《公羊传》所释《春秋》对夷狄的称谓例,但在形式上也与历史相近。其余二十六篇才是真正的释例。换言之,刘逢禄把《公羊传》及何休《注》所释《春秋》例分为二十六类:张三世、通三统、内外、时月日、名、褒、讥、贬、诛绝、律意轻重、王鲁、建始、不

①上海古籍出版社,2013 年版。

书、讳、朝聘会盟、崩薨卒葬、公终始、娶归终始、致公、内大夫卒、侵伐战围入灭取邑、地、郊禘、阙疑、主书、灾异。有些类中明确再分小类，如《时月日例》下分《朝例时》《聘例时》《会例时》《君大夫盟例日，小信月，大信时》等五十三小类。个别类本身也包括多项内容，如《侵伐战围入灭取邑例》，就内含了七种《春秋》记载战争的用字例。有些类虽形式上没有细分，但实际上也包括许多具体的例。如《内外例》，仅从《春秋》记外事原则的角度，就有"所传闻世，外小恶不书"、"外逆女不书"、"外大夫不卒"、"外取邑不书"、"外相如不书"、"外异不书"、"外平不书"等。如果统计这些具体的例，该书释例有数百种。如果这些例的确是孔子作《春秋》时精心设定的写作原则，圣人的确非常伟大，呕心沥血为后世著述永远不朽的经典。《春秋》一万八千字，真可谓字字皆有无穷玄机。后生小子理解并掌握这许多例已非常困难，何况还要利用这些例深刻领会圣人在其中隐含无穷的垂教后世之大义，太难了！无怪乎《春秋》公羊学在今天已几近成为绝学。刘逢禄于每例主要是排比材料，无太多发明，无需仔细解读。

《春秋公羊经何氏释例》，每例都分出许多条，每条或首列经文，或只列某公某年；下列《公羊传》文或何休所释例；最后或有刘逢禄所作案语，案语多为补充释例；每类后多有刘逢禄"释曰"，内容多为从整体上阐述此例所蕴含的圣人垂教之义及其意义。"释曰"集中反映着刘逢禄对《春秋》例与义的理解。下面选择几例予以解读。

> 《张三世例》："释曰：《传》曰：'亲亲之杀，尊贤之等，礼所生也。'《春秋》缘礼义以致太平，用《坤》《乾》之义以述殷道，用《夏时》之等以观夏道。等之不著，义将安放？故分十二世以为三等，有见三世，有闻四世，有传闻五世。于所见微其辞，于所闻痛其祸，于所传闻杀其恩。由是辨内外之治，明王化之渐，施详略之文。"

按：《公羊传》于《春秋》隐公元年、桓公二年、哀公十四年三次说到"所见异辞，所闻异辞，所传闻异辞"。意思是：孔子作《春秋》，将春秋时期分为三个阶段：一是"所见"，即孔子生活时代亲眼看到的事情；二是"所闻"，即孔子父亲、祖父生活时代发生的事情，孔子可以从父、祖那里闻知；三是"所传闻"，即孔子曾祖、高祖生活时代发生的事情，孔子可以从父、祖处闻知其传闻。孔子的高祖，应该生活在春秋初年。《公羊传》的这种解释，未必是说孔子是据"所见""所闻""所传闻"作《春秋》，不过是用这种方式将春秋时代分作三个容易理解的时期。《公羊传》如此区分春秋时代，目的是为了解释《春秋》前略后详的现象。所谓"异辞"，据《公羊传》所释，也主要是指《春秋》记事前后有详有略，至于用词方面的差异，《公羊传》并未揭示。

董仲舒对《公羊传》作了很多发挥，对上述表述也是如此："《春秋》分十二世为三等：有见、有闻、有传闻。有见三世，有闻四世，有传闻五世。故哀、定、昭，君子(指孔子)之所见也。襄、成、宣、文，君子之所闻也。僖、闵、庄、桓、隐，君子之所传闻也。所见六十一年，所闻八十五年，所传闻九十六年。于所见微其辞，于所闻痛其祸，于传闻杀其恩，与情俱也。"[①]董仲舒对《公羊传》的引申主要有两点：一是明确了所见、所闻、所传闻三世的具体年代，二是明确孔子作《春秋》带有强烈的情感因素。

"于所见微其辞"，是说孔子在记载自己所见事件时，因权贵人物或其直系亲属仍在，为了避免打击报复，故使用了微婉隐晦之辞。"微辞"一词只在《公羊传》定公元年出现一次："定、哀多微辞，主人习其读而问其传，则未知己之有罪焉尔。"意思是，即使此时的季孙氏看到孔子于《春秋》此年记下"春王"二字，甚至找到学习《春秋》的人作解释，也不会知道孔子在"春王"中有暗示自己专权之意。[②] 何休在《春秋公羊解诂》中注明有五处"微辞"，是否符合《公羊传》本意，无从考知。董仲舒认为孔子"于所见微其辞"，则是说昭、定、哀时期的《春秋》文字均由"微辞"写成。此后，研究《春秋》"微辞"，后世称作"微言"，就成为治《春秋》者的重要工作之一，或者说成为研究《春秋》的一种方法。"微言大义"也因此成为《春秋》公羊学的专用词汇。"于所闻痛其祸"，是说孔子对父、祖时代的君主尚有深厚感情，对君主被弑(主要指文公之子子赤)不忍书具体被弑之日，以此体现其为此深感痛心。"于传闻杀其恩"，是说孔子对曾祖、高祖时代的君主的感情已比较淡薄，故在《春秋》中记载同类事件(主要指庄公之子子般被弑)则书明具体被弑日期："乙未，子般卒。"以此体现降低了恩遇之情。董仲舒对《公羊传》所谓"异辞"的解释，主旨是强调《春秋》中隐含着亲疏有别的圣人垂教之义。这种解释未必符合《公羊传》本意，也与历史事实明显相悖。鲁隐公时期，孔子的先祖还是宋国人，与鲁国君主毫无恩遇可言，孔子本人更谈不上与他们有任何感情。至于记弑君和大夫卒是否书日，当是不同史官所记详略不同，或是早期竹木简上的文字有脱落所致，不可能存在所谓"痛其祸"与"杀其恩"的内涵。

何休在董仲舒的基础上进一步引申："于所传闻之世，见治起于衰乱之中，用心尚粗觕，故内其国而外诸夏，先详内而后治外，录大略小，内小恶书，外小恶不书，大国有大夫，小国略称人，内离会书，外离会不书是也。于所闻之世，见治升平，内诸

①苏舆：《春秋繁露义证·楚庄王》，中华书局，1992年版。

②详参晁岳佩《公羊传解经方法初探》，见《经史散论》，山东大学出版社，2007年版。

夏而外夷狄，书外离会，小国有大夫，宣十二年‘秋，晋侯会狄于欑函’，襄二十三年‘邾娄鼻我来奔’是也。至所见之世，著治太平，夷狄进至于爵，天下远近大小若一，用心尤深而详，故崇仁义，讥二名，晋魏曼多、仲孙何忌是也。”在何休这里，“所见”“所闻”“所传闻”变成了“衰乱”（后人称“据乱”）、“升平”“太平”三世。何休三世说的核心，是说《春秋》相当于一部体现着历史发展进程的王法。这部王法主要包括三个方面，一是内部由乱到治，二是中原诸侯国逐步统一于王治，三是夷狄逐渐归服王化。何休认为，《春秋》对三个方面在三个不同阶段的实施原则都有具体体现。按照这种理解，《春秋》真正是一部体系完整且有永恒价值的政治理论著作。但是，由于三世说过于穿凿，学者们实在难以将它与《春秋》文本联系起来，故自汉至清并没有几个学者用三世说解读《春秋》，甚至历代《春秋》学文献中都极少见到这个词。

刘逢禄将《张三世例》放在本书第一篇，可见他对此例的重视。刘逢禄第一次将何休关于三世说的《注》文集中起来，“释曰”则融合了董仲舒和何休的经典论述，虽然没有作更多的引申，只是引《诗经》和《尚书》作了一些比附说明，但他把这个已经死亡近两千年的学说重新整理出来，以期唤起人们的注意，已足以成为《春秋》公羊学的不朽功臣，何况三世说在稍后的康有为那里又大放异彩，为中国近代思潮提供了有力的传统经学支撑。

> 《时月日例》：“释曰：昔子思之赞《春秋》也，曰‘上律天时’，又曰‘如四时之错行，日月之代明’，是以知圣人之文，天文也。矇者不知日月，童子不知经纬，以之言天，犹扣盘扪烛也。故深于天文者，不惟知其位次度数而已，又能推其薄蚀围亡之故，本于人事而整齐之。故天不言，以三光四时为言，视言相万也；圣人不辨，以时月日为辨，视辨相万也。详略之以理嫌疑。（原注：如内杀大夫、弃归女，以日月别有罪无罪，又以别内外。又如外城例月，别于内城，而缘陵文言诸侯则不月之类。）偏反之以制新义。（原注：如狩乃常事不书，讳致天王以正冬狩。桓四年以于郎讥远，即以‘春，正月’讥不时，则狩制定。复于获麟之春，去正月以改正朔。三者皆以书狩，而实非也。又如夷狄子弑父书日，中国子弑父不书日，许止加弑仍书日以别之之类。）故君子不必亲相与言，以礼乐相示，而感之者意变色动；（原注：如子游感弥牟之属。）《春秋》不待褒讥贬绝，以日月相示，而学之者湛思省悟。（原注：如美泓战书朔，贬内去时日之类是也。）故曰：经世，先王之志。圣人议而勿辨，其言弥微，其旨弥显，使人属辞比事而辨惑崇德，斯善学矣。不善学者或欲屠其赘而悉置之，或不得其说而胶执

之,(原注:如《谷梁》《左氏》及晋以后治《春秋》者皆不免,崔子方《本例》、赵汸《属辞》尤甚。)以其身陷于非圣之法而不之救,是犹童昏而强言围亡薄蚀,与以诏相,反若诋之,其不转于沟壑则幸耳,可不谓大哀乎!"

按:所谓"时月日例",是说《春秋》记事书时(四季)、书月、书日,都有严格规则,是否符合规则,都是作者有意为之。在三《传》中,《左传》只有一条解释《春秋》不书日的问题(隐元年);《公羊传》于《春秋》记卒葬、日食、战争等方面已有很多关于书时、书月、书日问题的解释;《谷梁传》对《春秋》时月日例的解释则几乎涉及记事的所有方面。时月日例是《谷梁传》解经的最大特色,也因此最受后人诟病。何休可能借鉴了《谷梁传》的这种解经方法,而对《春秋》书时、书月、书日原则,按照自己的理解重新作了调整,用在了对《公羊传》的注释中。

根据刘逢禄所辑内容,此篇明显有两个特点:一是此篇为该书分量最重的部分,似乎对《春秋》时月日例的解释比《谷梁传》更多、更具体、更系统;二是何休《注》远超《公羊传》,体现着何休对《公羊》学的发展。自唐代啖、赵、陆之后,时月日例一直受到批评。学者们普遍认为,《春秋》是记事之书,记事件发生的时间是史书必备内容,圣人不可能在书时、书月、书日问题上花费很多心思,让后人无从揣摸其内涵。但刘逢禄认为,《春秋》不是普通的记事史书,而是圣人精心制定的"王法"。他认为,读《春秋》应该像研究天文一样。天不会说话,但人们可以通过观察日月星辰的运行以及四时更替,理解天之言;圣人作《春秋》,有些记事从文字本身看不出区别,但圣人实际上是用书时、书月、书日的不同,体现着对这些事件性质的区别认定,根据对事件性质的认定,就可以理解圣人隐含的垂教之义。下面对刘逢禄原注所举二例试作解读。

"内杀大夫、弃归女,以日月别有罪无罪,又以别内外。"刘逢禄认为,《春秋》有"内杀大夫,有罪不日,无罪日"的原则。就是说,《春秋》记鲁国杀大夫,书具体日期者,是显示被杀者无罪;大夫无罪被杀,则是国君有滥杀大夫之罪。《春秋》记鲁国杀大夫只书某月而不书具体日期者,是显示被杀者有罪;大夫有罪被杀,是在告诫后世臣子们以此为戒。刘逢禄认为,《春秋》有"内女弃归例:有罪时,无罪月"。就是说,《春秋》记鲁君之女嫁后被休弃而返鲁,若只书时而无月、日,是显示此女有罪,被休弃是合理的;若书月,则是显示此女无罪,无罪被休弃,夫家应该承担责任。圣人用这种书时、月、日的区别,暗含了教育后人的行为准则。

又如"外城例月,别于内城,而缘陵文言诸侯则不月"。刘逢禄认为,《春秋》有"内城时,外城月"的原则。就是说,《春秋》记鲁国筑城只书时,记外诸侯国筑城则书月,圣人以此体现内外有别。但僖公十四年"春,诸侯城缘陵",书时而不书月,与记鲁国筑城相同。何休认为,"不月者,文言'诸侯',非内城明矣",即经文明确提到“诸侯”，圣人已明确此非鲁国筑城，故可以不书月。刘逢禄认为，这是圣人书时、月、日原则非常严谨的例证。

刘逢禄认为，《春秋》这种书时、书月、书日的原则，如同优美乐章不用任何语言也能感人至深一样，圣人即使在文字表述上不用褒、讥、贬、绝等方式，也能使读者通过时月日例领悟到圣人的思想。关键在于读者是否善学。善学者可以在经文最隐晦的地方领会到最明显的圣人旨意，而不善学者因为缺少天赋不能领会，或完全否定时月日例，或执着一些不正确的理解。刘逢禄认为，自何休之后，未曾有过善学者，包括此前的《左氏春秋》和《谷梁传》，专门研究《春秋》例的宋人崔子方和明人赵汸，更是如此。以往的《春秋》学者实际上都不懂《春秋》，所释往往自陷于“非圣之法”，即诋毁圣人制定的王法，这些人没有死无葬身之地，实属万幸。换言之，刘逢禄认为，自董、何以后，他是唯一读懂《春秋》的人。

庄存与作《春秋正辞》是因读赵汸《春秋属辞》而“善之”，刘逢禄则认为赵汸“不善学”“尤甚”。显然，他对《春秋》义例的理解，与庄存与也有很大不同。在《春秋》学文献中，我们可以经常看到自以为读懂《春秋》而否定前人的各种说法，却也鲜有如刘逢禄骂所有《春秋》学者未“转于沟壑”为“幸”者。我们由此可以看到《春秋》学领域的门派之争，也可以看到古人对《春秋》的理解有多大的差别。

《褒例》：“释曰：昔者孔子论列春秋列国卿大夫之贤，如卫宁俞、齐晏婴、郑公孙侨之伦，详矣。顾于《春秋》绝少概见，何哉？盖《春秋》垂法万世，不屑屑于一人一事，而诸贤又无殊尤绝异之行，可以为世立教，故别录于诸弟子之记，其慎也如此。是以论王政，则曰‘谨权量，审法度，修废官’，又曰‘兴灭国，继绝世，举逸民’，六者行而王政立矣。《春秋》讥税亩、田赋，谨权量也；改制质文，审法度也；详官制，修废官也；嘉死位，兴灭国也；明氏族，继绝世也；褒贤良，举遗民也。故王者之治，将欲养民兴学，莫先建侯。进邾、宿，封滕、薛，明元功也；崇纪子，广孝也；详桓、文，重牧伯也；宋襄功未逮而有志焉，贵志也；楚庄、秦穆虽贤，仅使之长率族类，相与亲诸华，渐王化，中国之政罔或干焉，辨内外也。将欲兴灭继绝，又莫先辨贤。义动天地，忠贯日月，诚沮金石，贪生恶死之世，未之或尚也，为表三人焉，曰孔父、仇牧、荀息。苞桑社稷，柱石国家，权轻重之义，别尊亲之伦，容悦事君之朝莫之或究也，为表三人焉，曰祭仲、纪季、季友。修明仁义，敝屣千乘，忘身以纾难，显功以揜过，顽懦鄙薄之俗赖以不亡也，为表五人焉，曰蔡季、吴札、卫叔武、曹喜时、邾叔术。贪夫高张，廉贞不名，举世混浊，清士乃见，不滑于物，不撄其宁，其志可则，其行可尊，古之逸民，今未见其匹也，为表一人焉，曰公弟叔肸。呜呼！智名勇功，后世所以开国承家者，其秉礼度义，则相与诟病，以为不祥。而《春秋》所贵乎持世，乃在此不在彼。为上可以知取人，为下可以知勉学矣。今小民有罪，则能以法治之，有善则不能赏，而爵禄所及，未必非有文无行之士。是以贤不肖混淆，而无所惩劝，是宜修《春秋》举贤之制。而唐、宋以来，试士之法以次渐废，则朝廷多伏节死义之臣，而闾巷多砥行立名之士，斯结人心、厚风俗、存纪纲之要道也。"

按：《褒例》排列了刘逢禄认为含有褒扬之意的五十五条《春秋》经文及《公羊传》与何《注》。刘逢禄认为，《春秋》中隐含着系统的"王政"理论，含褒扬之意的经文是"王政"的重要组成部分。

首先，刘逢禄认为《春秋》体现着孔子在《论语》中表述的"王政"大纲："谨权量，审法度，修废官"，"兴灭国，继绝世，举逸民"。《春秋》宣公十五年"初税亩"，哀公十二年"用田赋"，按照《公羊传》的理解，这两条经文都含有对鲁君的"讥"即批评之意。刘逢禄认为这种批评的背后是圣人主张"谨权量"。董仲舒认为朝代更替本质是质、文互变，"一质一文"，周制为"文"，代周为新王的《春秋》制属"质"①。刘逢禄在此没有引经文内容为证，而是直接认定《春秋》改制就是意味着圣人主张"审法度"。《春秋》中出现过几个官职名称，如行人、宰、司城等。刘逢禄据此说《春秋》"详官制"，并认为其中体现着圣人"修废官"之意。《春秋》僖公五年："晋人执虞公。"《公羊传》："虞已灭矣，其言执之何？不与灭也。曷为不与灭？灭者，亡国之善辞也。灭者，上下之同力者也。"昭公二十三年，《公羊传》又说"君死于位曰灭"。按照《公羊传》的理解，孔子主张君主应该与国家共存亡，国破，君主必须战死而后已，对此，圣人在《春秋》中采用"灭"字。这就是刘逢禄所说的"嘉死位"，同时他认为这样的内涵体现着圣人主张"兴灭国"。《春秋》于各国卿大夫多称氏加名，如季孙宿、叔孙豹、赵盾等，大概就是刘逢禄所谓"明氏族"，他认为这些内容体现着圣人的"继绝世"之意。刘逢禄认为《春秋》褒扬了一些贤人，以为其中体现着圣人"举逸民"之意。由上述内容可见，刘逢禄对《春秋》体现"王政"六事的说明，实属牵强。

其次，刘逢禄认为《春秋》体现着圣人倡导分封制的内涵："故王者之治，将欲养民兴学，莫先建侯。"《春秋》隐公元年："三月，公及邾娄仪父盟于眛。"《公羊传》："仪父者何？邾娄之君也。何以名？字也。曷为称字？褒之也。曷为褒之？为其与公盟也。与公盟者众矣，曷为独褒乎此？因其可褒而褒之。此其为可褒奈何？渐进也。"《公羊传》认为，《春秋》称邾君之字，体现着圣人对他的褒扬，这种褒扬内

①董仲舒：《春秋繁露·三代改制质文》。

含着“渐进”原则。何休对“渐进”作解释:“《春秋》王鲁,记隐公以为始受命王。因仪父先与隐公盟,可假以见褒赏之法……譬若隐公受命而王,诸侯有倡始先归之者,当进而封之以率其后。”何休认为,圣人作《春秋》制定王法,假借鲁隐公为始受命王,因邾君是第一个与隐公结盟者 ,相当于首先归服王化的诸侯,受命王者应予以奖赏,故圣人称字以褒之,以此体现天下诸侯归服王化也需要一个渐进过程。隐公八年“宿男卒”,何休的解释与此相近。这就是刘逢禄所谓“进邾、宿”。

《春秋》隐公十一年:“春,滕侯、薛侯来朝。”《公羊传》:“其言朝何? 诸侯来曰朝,大夫来曰聘。其兼言之何? 微国也。”《公羊传》认为,《春秋》记外诸侯来朝,鲜有书同时来朝者,此经书同时来朝,是圣人暗示二人都是“微国”之君。记“微国”之君来朝为什么要“兼言”呢?《公羊传》没有进一步解释,似乎有《春秋》轻视“微国”之意。何休则在“微国”的基础上提出了新的理解:

> 略小国也。称侯者,《春秋》托隐公以为始受命王,滕、薛先朝隐公,故褒之。已于仪父见法,复出滕、薛者,仪父盟功浅,滕、薛朝功大,宿与微者盟(按:隐公元年“九月,及宋人盟于宿”。《公羊传》认为经不书“公”,是鲁国“微者”即地位低于大夫者参加了此盟。何休认为“盟于宿”,宿君也参加了结盟),功尤小。起行之当各有差也。滕序上者,《春秋》变周之文从殷之质,质家亲亲,先封同姓。

何休认为,滕、薛都是“微国”,《春秋》称其君为“侯”,是对大国之君的称谓,体现着王者对首先归顺、来朝诸侯的封赏。这是对未来王者的垂教之义。

《春秋》桓公二年:“秋七月,纪侯来朝。”《公羊传》对此未解。何休《注》曰:“称侯者,天子将娶于纪,与之奉宗庙,传之无穷,重莫大焉,故封之百里。月者,明当尊而不臣,所以广孝敬。盖以为天子得娶庶人女,以其得专封也。”何休认为,《春秋》此前称纪国之君为“纪子”(隐公二年冬:“纪子伯、莒子盟于密。”),此经称“纪侯”,体现着王者对他的加封。因为,桓公八年冬:“祭公来,遂逆王后于纪。”九年:“春,纪季姜归于京师。”天子将娶纪子之女为王后,此女将承担为天子传宗接代并传之无穷的重大责任,故天子应特别重视,应封其丈人“百里”为侯。何休认为,这是圣人垂教后世君主在孝敬父亲的同时也要孝敬丈人,“尊而不臣”。这就是刘逢禄所谓“崇纪子,广孝也”。其实,何休的解释明显受东汉皇帝尊母家、重外戚的影响,既与《春秋》无关,也非《公羊传》之意。《春秋》记载齐桓公、晋文公之事较多,刘逢禄认为,这体现着《春秋》对牧伯的重视。换言之,圣人主张在分封制下加强牧伯建置。

《春秋》僖公二十二年:“十有一月己巳朔,宋公及楚人战于泓,宋师败绩。”《公羊传》认为,《春秋》记战争书日,是暗示此战为“偏战”,即双方军队各据一偏,平等对决。宋弱于楚,宋襄公能坚持“偏战”,圣人褒之。经文书“朔”,《公羊传》认为:“辞繁而不杀者,正也。”即圣人不删旧史中的繁辞“朔”,是为了体现此战之“正”,也就是褒扬宋襄公之正。《公羊传》认为,圣人褒扬宋襄公,是因为“君子大其不鼓不成列,临大事而不忘大礼……以为虽文王之战,亦不过此也”。宋军所以最终失败,是因“有君而无臣”。刘逢禄认为,此经体现着“贵志”,即圣人以宋襄公之“志”为贵,不责其战败。圣人贵宋襄公之“志”,是为后世诸侯立一榜样,倡导都应有君子之“志”。

楚庄王和秦穆公是春秋时期较为著名的贤君。刘逢禄认为,《春秋》对他们在位时秦、楚之事的记载,体现着“辨内外”之义。就是说,二人是贤君,圣人在记其事时仍然体现着夷狄之君不得干预“中国”内政的原则,可以褒扬其与“中国”友好,可以赞许其学习“中国”文化的进步,但不允许他们影响王者对“中国”的治理。这是圣人垂教后世君主的对外原则。

上述为刘逢禄所理解的圣人关于分封制的各种原则。自秦汉以后,极少有政治理论家或其他思想家赞成分封制。郡县制代替分封制是历史的必然,这是共识。《春秋》学者们也基本上没有阐释《春秋》关于分封之义者,没有人认为《春秋》中隐含着圣人主张分封制。刘逢禄可以算是例外。

第三,刘逢禄认为《春秋》中体现着丰富的选贤用人原则,这是实施王政的前提:“将欲兴灭继绝,又莫先辨贤。”刘逢禄认为圣人在《春秋》中树立了四类贤人榜样。

第一类是不惜牺牲生命的忠君者,榜样是孔父、仇牧、荀息。《春秋》桓公二年:“春王正月戊申,宋督弑其君与夷及其大夫孔父。”《公羊传》:“及者何?累也。弑君多矣,舍此无累者乎?曰:有,仇牧、荀息皆累也。舍仇牧、荀息无累者乎?曰:有。有,则此何以书?贤也。何贤乎孔父?孔父可谓义形于色矣。其义形于色奈何?督将弑殇公,孔父生而存,则殇公不可得而弑也。故于是先攻孔父之家。殇公知孔父死,己必死,趋而救之,皆死焉。孔父正色而立于朝,则人莫敢过而致难于其君者,孔父可谓义形于色矣。”《公羊传》认为,《春秋》记君主和臣僚先后被杀而用“及”字者,都体现着臣僚是受君主连累而死,并寓有以死者为贤的内涵。孔父之贤,表现在誓死保卫君主,大义凛然见于颜色的孔父立于朝廷,无人敢冲过去杀害君主。

《春秋》庄公十二年:“秋八月甲午,宋万弑其君接及其大夫仇牧。”《公羊传》:“及者何?累也。弑君多矣,舍此无累者乎?孔父、荀息皆累也。舍孔父、荀息无累者乎?曰:有。有,则此何以书?贤也。何贤乎仇牧?仇牧可谓不畏强御矣。其不畏强御奈何?万尝与(鲁)庄公战,获乎庄公。庄公归,散舍诸宫中。数月,然后归之。归反为大夫于宋。与闵公博,妇人皆在侧。万曰:‘甚矣,鲁侯之淑,鲁侯之美也。天下诸侯宜为君者,唯鲁侯尔。’闵公矜此妇人,妒其言,顾曰:‘此虏也,尔虏焉故,鲁侯之美恶乎至?’万怒,博闵公,绝其脰。仇牧闻君弑,趋而至,遇之于门,手剑而叱之。万臂摋仇牧,碎其首,齿著乎门阖。仇牧可谓不畏强御矣。”《公羊传》也是以经文中的“及”字为切入点认定仇牧为贤。仇牧的贤人标志,是不畏强御。宋万是著名大力士,听说宋闵公被弑,仇牧明知不是宋万的对手,仍赶去为闵公报仇,结果被杀。《公羊传》认为,圣人在此表彰了一个不畏强御为君主报仇的忠臣。

《春秋》僖公十年:“晋里克弑其君卓子及其大夫荀息。”《公羊传》:“及者何?累也。弑君多矣,舍此无累者乎?曰:有,孔父、仇牧皆累也。舍孔父、荀息无累者乎?曰:有。有,则此何以书?贤也。何贤乎荀息?荀息可谓不食其言矣。其不食其言奈何?奚齐、卓子者,骊姬之子也,荀息傅焉。骊姬者,国色也,献公爱之甚,欲立其子,于是杀世子申生。申生者,里克傅之。献公病将死,谓荀息曰:‘士何如则可谓之信矣?’荀息对曰:‘使死者反生,生者不愧乎其言,则可谓信矣。’献公死,奚齐立。里克谓荀息曰:‘君杀正而立不正,废长而立幼,如之何?愿与子虑之。’荀息曰:‘君尝讯臣矣,臣对曰:使死者反生,生者不愧乎其言,则可谓信矣。’里克知其不可与谋,退,弑奚齐。荀息立卓子,里克弑卓子,荀息死之。荀息可谓不食其言矣。”《公羊传》仍然以“及”字为切入点,认为圣人有褒扬荀息之意。圣人以荀息为贤,是因为荀息宁死“不食其言”。按照《公羊传》的理解,圣人在《春秋》中体现着君位传承中的嫡长子继承原则,①反对“杀正而立不正,废长而立幼”。按照这种理解,晋献公的做法是错误的。荀息以死守信,坚持的也是一种错误。但《公羊传》认为,圣人在此经中并未追究献公和荀息的错误,而是把重点放在了表彰荀息执行君命宁死不食言方面。也就是说,当君命与原则冲突时,圣人强调执行君命,君命重于原则。刘逢禄认为,在大家都“贪生恶死”的时代,圣人为后人树立了三个忠君不怕死的形象,让后人学习他们“义形于色”“不畏强御”“不食其言”的以死报君的精神。

第二类是社稷柱石之臣,于国家危亡之时能够挽救危亡。榜样有三人:祭仲、纪季、季友。《春秋》桓公十一年:“九月,宋人执郑祭仲。”《公羊传》:“祭仲者何?郑相也。何以不名?贤也。何贤乎祭仲?以为知权也。其为知权奈何?古者郑国处于留,先郑伯有善于桧公者,通乎夫人以取其国,而迁郑焉,而野留。庄公死,已葬。祭仲将往省于留,途出于宋。宋人执之,谓之曰:‘为我出忽而立突。’祭仲不从其言,则君必死,国必亡。从其言,则君可以生易死,国可以存易亡。少辽缓之,

①详参晁岳佩《春秋三传义例研究》,线装书局,2011 年版,第 263 页。

则突可故出，而忽可故反。是不可得则病，然后有郑国。古人之有权者，祭仲之权是也。权者何？权者，反于经然后有善者也。权之所设，舍死亡无所设。行权有道，自贬损以行权，不害人以行权。杀人以自生，亡人以自存，君子不为也。”祭仲作为郑国执政，受宋人挟迫，答应驱逐已经即位为君的公子忽（昭公），改立宋女所生公子突（厉公），显然是对君主的不忠。但《公羊传》认为，此经中的“仲”是字，《春秋》记大夫的称谓原则是称名，称字则意味着褒扬，即显示此人为贤者。《公羊传》认为，圣人认定祭仲为贤者，是因其“知权”，即懂得权变。在面临君死国亡的紧急关头，祭仲“行权”，接受宋人的条件，挽救了君死国亡的局面，为郑国立下了大功。

《春秋》庄公三年：“秋，纪季以酅入于齐。”《公羊传》：“纪季者何？纪侯之弟也。何以不名？贤也。何贤乎纪季？服罪也。其服罪奈何？鲁子曰：‘请后五庙以存姑姊妹。’”纪国受齐欺凌，纪侯之弟纪季带着酅邑奔齐，明年纪国灭亡。《公羊传》认为此经中的“季”是字，体现着圣人以纪季为贤。纪季贤的特征是“服罪”。所谓“服罪”，据《公羊传》庄公四年所释，是指齐、纪之间有宿怨：齐襄公的九世祖因受当时的纪侯诬陷而被周天子烹杀，圣人赞成齐襄公灭亡纪国为九世祖报仇。纪季认识到本国有罪，主动投降齐国，是为“服罪”。《公羊传》认为，由于纪季的“服罪”，纪侯的先祖得以延续祭祀，即虽亡国而未绝祀。对此，何休作了进一步解释：“纪与齐为仇，不直。齐大纪小，季知必亡，故以酅首服。先祖有罪于齐，请为五庙后以酅共祭祀，存姑姊妹。称字贤之者，以存先祖之功，除出奔之罪，明其知权。”就是说，纪季在亡国绝祀的危急关头，采取了权变之策，以酅入齐，才使对先祖的祭祀得以延续，故圣人以为贤。

《春秋》庄公三十二年：“秋七月癸巳，公子牙卒。”《公羊传》：“何以不称弟？杀也。杀则曷为不言刺？为季子讳杀也。曷为为季子讳杀？季子之遏恶也，不以为国狱，缘季子之心而为之讳。季子之遏恶奈何？庄公病，将死，以病召季子。季子至，而授之以国政，曰：‘寡人即不起此病，吾将焉致乎鲁国？’季子曰：‘般也存，君何忧焉？’公曰：‘庸得若是乎？牙谓我曰：鲁一生一及，君已知之矣。庆父也存。’季子曰：‘夫何敢！是将为乱乎！夫何敢！’俄而牙弑械成。季子和药而饮之，曰：‘公子从吾言而饮此，而必可以无为天下戮笑，必有后乎鲁国。不从吾言，而不饮此，则必为天下戮笑，必无后乎鲁国。’于是从其言而饮之。饮之无傫氏，至乎王堤而死。公子牙今将尔，辞何为与亲弑者同？君亲无将，将而诛焉。然则善之与？曰：然。杀世子、母弟，直称君者，甚之也。季子杀母兄，何善尔？诛不得辟兄，君臣之义也。然则曷为不直诛而酖之？行诛乎兄，隐而逃之，使托若以疾死然，亲亲之道也。”《公羊传》认为，《春秋》有记君主同母弟称“弟”的原则，公子牙是庄公同母弟，此经不称“弟”，即没有书作“公弟牙卒”，是在为季子即公子友讳。《春秋》有

"为贤者讳"的原则,此经为季子讳,就是显示季子是贤者。季子贤的标志是:既杀死公子牙遏制了一次弑君事件的发生,维护了传子不传弟的君位传承原则,又没有公开公子牙将要弑君的行为,且使其后人世为鲁国大夫。前者坚持了君臣之义,后者体现着亲亲之道,故圣人以为贤。刘逢禄认为,一般为臣者往往只知道讨好君主,而在关系到国家命运的危急时刻,也不能"权轻重之义,别尊亲之伦"。圣人树此三人为榜样,可供后世做大臣者学习效仿,到关键时候妥善处理君国大事,做社稷柱石之臣。

第三类是重义轻利的贤人。榜样有五人:蔡季、吴札、卫叔武、曹喜时、邾叔术。《春秋》桓公十七年:"六月丁丑,蔡侯封人卒。秋八月,蔡季自陈归于蔡。癸巳,葬蔡桓侯。"这三条经文相连,同记蔡事,《公羊传》未解。何休《注》:"称字者,蔡侯封人无子,季次当立。封人欲立献舞而疾害季,季辟之陈。封人死,归反奔丧。思慕三年,卒无怨心,故贤而字之。出奔不书者,方以起季奔丧归,故使若非出奔归。不称弟者,见季不受父兄之尊,起宜为天子大夫……称侯者,亦夺臣子辞也。有贤弟而不能任用,反疾害之,而立献舞,国几并于蛮荆。故贤季抑桓,称侯所以起其事。"在上述三条经文中,"葬蔡桓侯"极为特殊。《春秋》记外诸侯的称谓原则是:即位前称世子或公子,即位后称爵,记其卒称名,记其葬称谥号。《春秋》记外诸侯谥,不论其生前爵位为公、为侯、为伯、为子,一律书作"葬某某公"。这是通例。此经何以书"葬蔡桓侯"呢?三《传》均未作解释。"侯"当是"公"字之误。是鲁国史官之误,还是传写致误,无从考知。但何休认为,这是圣人有意为之,意在贬低蔡桓公。圣人贬低蔡桓公,是为了引起后世关注蔡季之贤。关于蔡季,因三《传》无说(《谷梁传》只说其贵),后人也无从详知其人。杨伯峻先生引《史记·蔡世家》"桓侯卒,弟哀侯献舞立",认为"则蔡季者,哀侯献舞也"。[①] 此说虽无确证,但也颇为合理。何休则认为,蔡季和献舞是两个人。何休首先认定"季"是字而非名,按照大夫称字为褒的原则,圣人书作"蔡季",是肯定其为贤人。其贤何在?何休表达了自己的理解:蔡桓公封人没有儿子,本应传位于弟弟蔡季。但他希望传位献舞,故欲加害蔡季,蔡季为避害而逃往陈国。封人死后,蔡季回国思慕君兄三年,毫无抱怨君兄夺其君位并欲加害之心,说明他既遵君臣之义,又有兄弟之情。所以他是一个贤人。圣人不载其出奔,是为贤者讳;圣人没有按照"母弟称弟"的原则书作"蔡侯弟",是显示他应该被任命为天子大夫。这是何休的推论,无需任何材料证明。至于蔡季和献舞是何关系,何休在此没有涉及。刘逢禄根据何休所说,认定蔡季是圣人树立的一个贤人榜样。

---

①杨伯峻:《春秋左传注》,中华书局,1990 年版,第 149 页。

《春秋》襄公二十九年："吴子使札来聘。"《公羊传》："吴无君、无大夫，此何以有君、有大夫？贤季子也。何贤乎季子？让国也。其让国奈何？谒也，余祭也，夷昧也，与季子同母者四。季子弱而才，兄弟皆爱之，同欲立之以为君。谒曰：'今若是迮而与季子国，季子犹不受也。请无与子而与弟，弟兄迭为君，而致国乎季子。'皆曰：'诺。'故诸为君者皆轻死为勇，饮食必祝曰：'天苟有吴国，尚速有悔于予身。'故谒也死，余祭也立；余祭也死，夷昧也立；夷昧也死，则国宜之季子者也。季子使而亡焉。僚者，长庶也，即之。季子使而反，至而君之尔。阖庐曰：'先君之所以不与子国而予弟者，凡为季子故也。将从先君之命与，则国宜之季子者也。如不从先君之命与，则我宜立者也。僚恶得为君乎？'于是使专诸刺僚，而致国乎季子。季子不受，曰：'尔弑吾君，吾受尔国，是吾与尔为篡也。尔杀吾兄，吾又杀尔，是父子兄弟相杀，终身无已也。'去之延陵，终身不入吴国。故君子以其不受为义，以其不杀为仁。贤季子则吴何以有国、有大夫？以季子为臣，则宜有君者也。札者何？吴季子之名也。《春秋》贤者不名，此何以名？许夷狄者，不一而足也。季子者，所贤也，曷不足乎季子？许人臣者，必使臣；许人子者，必使子也。"《公羊传》认为，此经称"吴子"，是使夷狄之吴"有君"，书"使札"，是使其"有大夫"。这是破例，圣人意在表彰季子之贤。季子即札。季子贤在让国。《公羊传》讲述了三十余年后（昭公二十七年："夏四月，吴弑其君僚。"）季子让国的历史故事。这个故事不可以深究。若谓季札让国为贤，他的三个哥哥不惜为传位给季子而祈死，是否也是让国之贤呢？《公羊传》没有说到这一层。因为"君子（即圣人）以其不受为义，以其不杀为仁"，即圣人认定季子是既仁且义的贤者，故刘逢禄认为这是圣人为后世树立的一个榜样。①

《春秋》成公十六年："曹伯归自京师。"《公羊传》："执而归者名，曹伯何以不名？而不言复归于曹何？易也。其易奈何？公子喜时在内也。公子喜时在内，则何以易？公子喜时者，仁人也，内平其国而待之，外治诸京师而免之。其言'自京师'何？言甚易也，舍是无难矣。"《公羊传》认为，《春秋》有记外诸侯被执而释放回国者书名的原则，此经称"曹伯"未书名，是圣人破例，意在显示曹伯归国"易"，即没有遇到困难。归国"易"的原因，是仁人公子喜时的努力，"内平其国而待之"，使曹伯归国没有阻力；"外治诸京师而免之"，使曹伯顺利被释放。在这里，《公羊传》对公子喜时的"贤"表述得不够充分，在另条《传》文中又作了补充。《春秋》昭公二十年："夏，曹公孙会自鄸出奔宋。"《公羊传》："奔未有言自者，此其言自何？叛也。

①关于上面《传》文的解读，详参晁岳佩《春秋三传要义解读》，国家图书馆出版社，2008 年版，第 233 页。

叛则曷为不言其叛？为公子喜时之后讳也。《春秋》为贤者讳，何贤乎公子喜时？让国也。其让国奈何？曹伯庐卒于师，则未知公子喜时从与？公子负刍从与？或为主于国，或为主于师。公子喜时见公子负刍之当主也，逡巡而退。贤公子喜时，则曷为为会讳？君子之善善也长，恶恶也短。恶恶止其身，善善及子孙。贤者子孙，故君子为之讳也。"《公羊传》认为，《春秋》有记外诸侯国大夫出奔不书自某地的原则，此经书"自鄸"属于破例，圣人意在为贤人公子喜时的后人公孙会避讳叛国之罪。公子喜时贤的行为是"让国"。《公羊传》讲述了公子喜时让国的故事。①结合这两节《传》文可以看到公子喜时的贤人形象：父亲去世后，公子喜时主动让位于以国君自居（"当主"）的公子负刍即卫成公；当卫成公被晋人扣押后，喜时一方面积极营救，另一方面治理国家待其归来，毫无怨意。前者表现出在利益面前的让，后者表现出在君臣方面的义。刘逢禄认为，这个一次也没有出现在《春秋》中的公子喜时也是圣人为后世树立的一个榜样。

《春秋》僖公二十八年冬："晋人执卫侯归之于京师。"《公羊传》："归之于者何？归于者何？归之于者，罪已定矣；归于者，罪未定也。罪未定则何以得为伯讨？归之于者，执之于天子之侧者也，罪定不定，已可知矣。归于者，非执之于天子之侧者也，罪定不定，未可知也。卫侯之罪何？杀叔武也。何以不书？为叔武讳也。《春秋》为贤者讳，何贤乎叔武？让国也。其让国奈何？文公逐卫侯而立叔武，叔武辞立而他人立，则恐卫侯之不得反也，故于是已立。然后为践土之会，治反卫侯。卫侯得反，曰：'叔武篡我。'元咺争之，曰：'叔武无罪。'终杀叔武。元咺走而出。此晋侯也，其称人何？贬。曷为贬？卫之祸，文公为之也。文公为之奈何？文公逐卫侯而立叔武，使人兄弟相疑。放乎杀母弟者，文公为之也。"《公羊传》首先将此经与成公十五年"晋侯执曹伯归于京师"比较，一作"归之于"，一作"归于"。《公羊传》认为，圣人书作"归之于"者，是显示被执者的罪名已经确定。此卫侯（卫成公）的罪名是杀同母兄弟叔武。《公羊传》认为，《春秋》不记杀叔武之事，是圣人有意为叔武避讳。一般来说，避讳的内容主要是罪恶、耻辱或严重错误，叔武仅是受猜疑被杀，圣人为其避讳什么呢？《公羊传》没有解释。根据"《春秋》为贤者讳"的原则，《公羊传》认为圣人在此是显示叔武是一位贤者。晋文公伐卫，驱逐卫成公而立叔武，叔武为了哥哥将来能复辟决定暂居君位，同时努力营救哥哥，即劝说晋文公允许卫成公回国。《公羊传》认为叔武的行为属于"让国"，故被圣人认定为贤人。刘逢禄认为叔武也是圣人为后世树立的一个贤人榜样。

---

①关于本节《传》文的解读，详参晁岳佩《春秋三传要义解读》，国家图书馆出版社，2008 年版，第 262－264 页。

《春秋》昭公三十一年:“冬,黑弓以滥来奔。”《公羊传》:“文何以无邾娄?通滥也。曷为通滥?贤者子孙宜有地也。贤者孰谓?谓叔术也。何贤乎叔术?让国也。其让国奈何?当邾娄颜之时,邾娄女有为鲁夫人者,则未知其为武公与?懿公与?孝公幼,颜淫九公子于宫中,因以纳贼。则未知其为鲁公子与?邾娄公子与?臧氏之母,养公者也。君幼则宜有养者,大夫之妾,士之妻。则未知臧氏之母者,曷为者也。养公者必以其子入养。臧氏之母闻有贼,以其子易公,抱公以逃。贼至,凑公寝而弑之。臣有鲍广父与梁买子者,闻有贼,趋而至,臧氏之母曰:‘公不死也,在是,吾以吾子易公矣。’于是负孝公之周诉天子,天子为之诛颜而立叔术,反孝公于鲁。颜夫人者,妪盈女也,国色也,其言曰:‘有能为我杀杀颜者,吾为其妻。’叔术为之杀杀颜者,而以为妻,有子焉,谓之盱。夏父者,其所为有于颜者也。盱幼,而皆爱之,食必坐二子于其侧而食之,有珍怪之食,盱必先取足焉。夏父曰:‘以来,人未足,而盱有余。’叔术觉焉,曰:‘嘻!此诚尔国也夫!’起而致国于夏父。夏父受而中分之,叔术曰:‘不可!’三分之,叔术曰:‘不可!’四分之,叔术曰:‘不可!’五分之,然后受之。公扈子者,邾娄之父兄也,习乎邾娄之故,其言曰:‘恶有言人之国贤若此者乎?诛颜之时,天子死,叔术起而致国于夏父。当此之时,邾娄人常被兵于周,曰:何故死吾天子?’通滥,则文何以无邾娄?天下未有滥也。天下未有滥,则其言以滥来奔何?叔术者,贤大夫也。绝之,则为叔术;不欲绝,不绝则世大夫也。大夫之义不得世,故于是推而通之也。”滥为邾娄之邑,黑弓为邾娄大夫。此经记黑弓带着滥邑叛归鲁国。此经在黑弓和滥前无“邾娄”,《公羊传》认为是圣人有意为之,意在“通滥”,即把滥视为一个国名通行于天下。圣人“通滥”,是为体现黑弓的祖宗中有一名叫叔术的贤者,“贤者子孙宜有地”,滥等于是黑弓从祖宗那里世袭继承的封国。叔术的贤也是表现为“让国”。《公羊传》讲了一个很长但完全不可考证的让国故事。这个故事最难讲通之处,是叔术这个贤大夫同时也是杀死周天子的乱臣贼子。据《公羊传》所说,邾娄国君颜是一个坏人,周天子主持正义杀死他完全没有过错。叔术为了娶“国色”的嫂子,“为之杀杀颜者”。“杀颜者”是周天子,叔术杀的应是周天子。下文说“当此之时,邾娄人常被兵于周,曰‘何故死吾天子’”,似也应理解为周人为叔术杀天子而伐邾娄。《公羊传》解说《春秋》一再强调圣人倡导尊王、尊君,诛讨乱臣贼子,但圣人在这里不仅只字不提叔术的杀天子之罪,却大肆表彰叔术把君位让给侄子之贤。难道圣人认为让国之贤重于弑天子之罪?刘逢禄不但没有对此给予说明,而且也把这个既不见于《春秋》又远在《春秋》之前的叔术视为圣人为后世树立的榜样之一。上述五位榜样的共同特点是“让国”。刘逢禄认为,由于这些贤者的存在,虽然他们的国家有“顽懦鄙薄之俗”,但也“赖以不亡”。也就是说,他们的谦让、仁义是其所在国家得以存在的精神支柱。

第四类是后世“未见其匹”的“清士”，因此类人太罕见，圣人只举出了一个榜样，就是鲁宣公的弟弟叔肸。《春秋》宣公十七年：“冬十有一月壬午，公弟叔肸卒。”《公羊传》于此经无说，《左传》也未记其人之事，唯《谷梁传》有释：“其曰公弟叔肸，贤之也。其贤之何也？宣弑而非之也。非之，则胡为不去也？曰：兄弟也，何去而之？与之财，则曰：我足矣。织屦而食，终身不食宣公之食。君子以是为通恩也，以取贵乎《春秋》。”《谷梁传》认为，此经书作“公弟”，在《春秋》记鲁事中仅此一见，是圣人持笔，意在显示叔肸是贤者。文公死，子赤继位，宣公杀子赤而夺其位。叔肸作为宣公的同母弟弟，批评哥哥做得不对，这是严守君臣之义；同时，叔肸又不愿离弃哥哥而出亡，这是为了兄弟之情；虽然留在国内，但叔肸从此不吃哥哥一顿饭，不要哥哥给的任何东西，自己编草鞋维持生存，以此体现与弑君者哥哥保持距离，不沾一分光，这是清高。所以孔子认定叔肸是贤者。何休为此经作解，明显继承了《谷梁传》的解释：“称字者，贤之。宣公篡立，叔肸不仕其朝，不食其禄，终身于贫贱。故孔子曰：‘笃信好学，守死善道。危邦不入，乱邦不居。有道则见，无道则隐。’此之谓也。礼：盛德之士不名，天子上大夫不名。《春秋》公子不为大夫者不卒；卒而字者，起其宜为天子上大夫也。孔子曰：‘兴灭国，继绝世，举逸民，天下之民归心焉。’”何休在《谷梁传》所记叔肸事迹的基础上，对《春秋》的内涵作了进一步阐释。他认为，“叔”是称字，圣人称其字是认定此人是贤者。叔肸不食篡国者之禄，符合圣人倡导的“有道则见，无道则隐”的为官原则。何休认为，叔肸就是孔子理想中的“逸民”。《春秋》有“公子不为大夫者”不记其卒的原则；叔肸不仕于宣公之朝，故不是大夫，只是公子，《春秋》记其卒，是圣人有意破例。《春秋》有记大夫称名的原则，只有“盛德之士不名，天子上大夫不名”，不名即是称字；叔肸称字，是圣人认为像叔肸这样的人应做天子上大夫。叔肸未仕，虽是公子，也是民；圣人认为他应该为天子上大夫，体现着《论语》所载孔子之言“举逸民”的精神。何休对经文内涵的这一番推论，可谓丝丝入扣，既有《春秋》书法原则可据，又有《论语》所载孔子之言为证，但作为推论的基础，即所谓叔肸的贤行，却是来自《谷梁传》。根据何休的推论，刘逢禄认为叔肸是千载难遇的“清士”，“其志可则，其行可尊”，是圣人为后世树立的最高层次的做人榜样。

综上所述，刘逢禄通过褒例归纳出圣人为后世树立的十二位贤人榜样。他认为，通过这些榜样，“为上可以知取人，为下可以知勉学矣”。就是说，后世君主应该用这些贤人的标准选官用人，老百姓应该以此为榜样努力学习提升自己的品位。他认为，后世的科举制度只重文而不重德，选取的人往往有“有文无行之士”，即虽文章做得好，但做人并不怎么样。他认为，尽管科举取士存在弊端，但朝廷仍然有许多“伏节死义之臣”，民间也有许多“砥行立名之士”，关键在于圣人树立的榜样一直被人们学习模仿。若真正要改变这种“贤不肖混淆，而无所惩劝”的局面，刘逢禄认为应该“修《春秋》举贤之制”，即用举荐加选拔的方式，采用圣人所制定的贤人标准，选取人才，组成官员队伍。在清朝中叶，刘逢禄还主张恢复在魏晋南北朝时已经证明弊端太多的“举贤”用人制度，这在《春秋》学者中是极为少见的。在《讥例》《贬例》《诛绝例》后的“释曰”中，刘逢禄列举了圣人批评的各种行为。与《褒例》“释曰”结合起来，就构成了圣人垂教后世的绝大部分行为准则，即为君、为臣、为民的行为规范。这是古代《春秋》学者阐释《春秋》大义的主要组成部分。

由上面的分析可以看出，刘逢禄作《春秋公羊经何氏释例》，目标有两个。一是归纳《公羊传》和何休《春秋公羊解诂》所释《春秋》各种例，大部分属于书法原则，由此构建出《春秋》公羊学的解经体系。这是《公羊传》、董仲舒、何休都没有完成的工作。在这里，刘逢禄的重点是归纳分类，只是在少数地方对何休有所批评，或稍有补充，他没有对这些例作更为明晰的说明。至于这些例是否可以贯通全经，相互之间是否有矛盾，是否符合经文本意，刘逢禄不涉及这些问题。二是用“释曰”的方式，在整体上阐释这些例背后所隐含的圣人垂教之义。如果把所有的“释曰”作出准确解读，就应该是一部刘逢禄所理解的政治理论教科书。与庄存与从王法各个层面阐释《春秋》大义相比，刘逢禄阐释的内容显得更为具体。就整体而言，刘逢禄深信孔子作《春秋》，《春秋》中包含着极为丰富的圣人垂教后世之义，这些大义是通过极为复杂的书法原则体现出来的。同时，他相信《公羊传》及董仲舒所说，以及何休所说的绝大部分，都是通过历代口耳相传，从孔子那里传承下来的。因此，他极少怀疑这些内容的真实性。但是，他通过“释曰”归纳阐释的一些《春秋》大义，实际上也超越了《公羊传》及董、何，带有他本人的主观理解。比如他所阐释的分封之义、举贤之义，在《公羊传》及董、何学说中都不明确。总之，由《春秋公羊经何氏释例》一书可以看出，刘逢禄是一位真诚的学者，他真诚地相信圣人，相信《公羊》学，相信《春秋》大义是放之四海而皆准且永远不会错的政治理论。不论他的归纳是否符合《春秋》本意，不论他的阐释与经文相距多远，他在本质上没有偏离学术研究。他的研究成果，为我们理解《公羊》学提供了极大的方便。

二、《公羊春秋何氏解诂笺》

刘逢禄对何休《春秋公羊解诂》的理解非常深入，对何休也几近崇拜。他在本书《序》中说：“何君生古文盛行之日，廓开众说，整齐传义，传经之功，时罕其匹。余宝持笃信，谓晋、唐以来非何氏者皆不得其门，不升其堂者也。”刘逢禄认为，历代研究《春秋》学者，只有董仲舒、何休最理解经旨，“康成兼治三《传》，故于经不精”。自杜预、孔颖达以来，凡批评何休者，都算不上孔门登堂入室的弟子，没有真正理解

《春秋》中隐含的圣人垂教之义。谈到本书，刘逢禄说："康成《六艺论》曰：注《诗》宗毛为主，毛义若隐略，则更表明；如有不同，即下己意，使可识别。余遵奉何氏，窃取斯旨，以俟后之能墨守者董理焉。"也就是说，此书主要包括两个内容，一是对何休所释不明确者做进一步说明，二是表明在某些问题上与何休不同的认识。通观全书，前者内容较少，对何休的批评占绝大多数，书中多有"《解诂》失之""《解诂》俱失之""何君失经传意矣""何氏似失《传》意"等论断。本书以《春秋》所记鲁君分篇，每篇列若干条，每条包括经文或传文、《解诂》、"笺曰"三部分，条理很清楚。下面选取几条予以解读。

> "成公意也。"《解诂》："以有正月而去即位，知其成公意。"笺曰：隐之能让与？不能让与？其让正与？不正与？不足辨也。《春秋》成之，以明正嫡媵、立长贵之法，以治幽、平之乱，以维王者之迹，天地之常经，古今之通义也。

按：此条首引《公羊传》释《春秋》隐公元年"春王正月"："公何以不言即位？成公意也。"《公羊传》认为，《春秋》有于新君元年正月书"公即位"的记事原则，此经只书"王正月"而不书"公即位"，属于破例。圣人如此书写，意在成就即体现鲁隐公有让位于桓公之意。在此基础上，《公羊传》阐释出圣人关于君位传承中的嫡长子继承原则。[①] 何休认为，鲁国旧史本有"公即位"的记载，孔子作《春秋》将其删去，由此可推断圣人是为了"成公意"。这是对《公羊传》"成公意"论断的说明。

刘逢禄进一步认为，圣人"成公意"，并非判定鲁隐公让国意愿的是非对错。《公羊传》认为其让位为"正"，《谷梁传》认为其让位为"不正"，后世学者又讨论鲁隐公是否真是能够让国的贤者。刘逢禄认为，这些讨论都没有意义，"不足辨也"。圣人"成公意"，只是为了明确"正嫡媵、立长贵之法"。"正嫡媵"，即严格区分君主夫人与媵妾之间的地位差别，由此区分嫡子与庶子之间的地位差别，强调只要有嫡子，庶子就没有继承君位的资格。"立长贵"，即在嫡子非一人的情况下，由年长者继承君位，是为"长"；若无嫡子，由庶子中生母地位最高者继承君位，是为"贵"。这就是《公羊传》阐释出来的君位传承中的嫡长子继承原则。刘逢禄认为，这才是圣人本意，圣人是借"成公意"为后世立法，并引用董仲舒之言，认为君位传承中的嫡长子继承原则，和"《春秋》大一统"的尊王原则一样，都是"天地之常经，古今之通义也"，即永远不变的法则。在这里，刘逢禄对《公羊传》及《解诂》做进一步的阐释。值得注意的是，刘逢禄认为，圣人对《春秋》所记人和事并非真的予以褒贬，只

---

①详见晁岳佩《春秋三传义例研究》，线装书局，2011 年版，第 263 页。

是借此为后世立法。按照这种理解,不仅研究《春秋》所载之事没有意义,而且研究圣人对《春秋》所载之人的褒贬也没有意义,阐释圣人为后世立法的内容,才是研究《春秋》的目的。

“冬,天王出居于郑。”“王者无外,此其言出何?不能乎母也。鲁子曰:是王也,不能乎母者,其诸此之谓与?”《解诂》:“不能事母;罪莫大于不孝,故绝之言出也。下无废上之义;得绝之者,明母得废之,臣下得从母命。”笺曰:谷梁子曰:“天子无出;出,失天下也。居者,居其所也,虽失天下,莫敢有也。”江熙曰:“平王东迁,其诗不能复《雅》而列为《国风》。襄王奔郑,不得全天下之行,则与诸侯不异,故书出也。”郑《发墨守》曰:“襄王实不能孝道,称母后之心,令其宠专于子带,失教而乱作,出居于郑,自绝于周,故孔子因其自绝而书之。《公羊》以为母得废之,则《左氏》云已死矣。”(原注:本《疏》引。)按:据《左氏》事说经,此郑君之学,不得以难何氏。但《公羊》引鲁子之说,本存疑辞,意亦以为《春秋》得绝之,非云母得废子、臣下得以母命废天子也。夫人有三从之义,王子有行遁之权。贵戚且不得专废置,而谓臣下得易位乎?称母命废立者,赵盾之私心,而霍光、王莽祖之以乱汉者也。《春秋》为拨乱而作,岂反开乱贼之门乎?

按:此条首引为《春秋》僖公二十四年经传文。《公羊传》认为,《春秋》有“王者无外”之义,即王是天下之王,“普天之下,莫非王土”,对王者而言,天下没有“外”。既然没有“外”,故也没有“出”,王者无论走到哪里,都不存在走出天下的问题。因此,《春秋》有记周天子之事不用“出”字的原则。此经用“出”字,属于破例。圣人特意用“出”字,是为了体现周襄王未能与母亲搞好关系。也就是说,圣人用“出”字,有批评周襄王之意。换言之,王者应该孝顺母亲,是圣人此经暗含的垂教后世之义。何休进一步阐释认为,周襄王不能事母为不孝,“罪莫大于不孝”,故圣人特别用“出”字体现断绝周襄王的王位。“王者无外”,圣人用“出”字,是显示他已不是“王者”。从传统理论上说,王是上天所命,只有上天才能剥夺其王位,天下臣民都无权废除天子。圣人在此用“出”字显示废其王位,显然是说:其母亲可以废除天子,另立王者,臣僚在此时可听从太后之命。换言之,当王者不能孝顺母亲时,太后可以废其王位;这是圣人此经暗含的垂教后世之义。何休所释,是对《公羊传》的引申,并不违背《公羊传》之义。

刘逢禄不同意这种解释,他征引《谷梁传》、江熙、郑玄等解释,最后的结论是:“谷梁子谓‘失天下’,郑君谓‘因其自绝书之’,得矣。”就是说,他也认为此经中的“出”字是圣人的特笔,但内涵只是为了体现周襄王从京师逃到郑国等于是“失天下”,或者说是“自绝”其王位。刘逢禄认为,何休的解释,等于说圣人教育后人做乱臣贼子,臣僚可以借太后之命废立天子,这绝对不是《春秋》之义。刘逢禄在这个问题上不同意何休的解释,带有明显的时代特色。东汉是历史上最重孝道的时代,故何休说“罪莫大于不孝”。东汉又是以外戚专权为重要政治特征的时代,反复出现太后带着幼童做皇帝的现象,大概当时的人们对此已习以为常,故何休认为太后可以废立天子。他把这样的观念赋予了《春秋》,使之成为圣人垂教之义。自武则天之后,至慈禧太后之前,政治理论界基本上形成共识:女人不能干预政治,太后无权废立天子。人们普遍把吕后和武则天比作雌鸡司晨,属于非正常状态,对东汉的外戚专权也视为政治史上的败笔。皇权至高无上,任何人不得干预。刘逢禄接受了这样的观念,故认为圣人不可能有何休解释的那种经义。其实,两人都是利用经文中的一个“出”字做文章,所释都已离经文本身很远很远。

“晋赵鞅归于晋。”“此逐君侧之恶人,曷为以叛言之?无君命也。”《解诂》:“无君命者,操兵乡国,故初谓之叛。后知其意欲逐君侧之恶人,故录其释兵,书归赦之。君子诛意不诛事。”笺曰:《传》例曰:“复归者,出恶,归无恶;归者,出、入无恶。”赵鞅、荀寅、士吉射皆乱贼,故上入邑以叛同文。赵鞅挟君势,恶尤甚,故变文以起之。曰归者,著其以清君侧为名,书入,则不能著,非为善辞也。归者,出、入无恶。其出也,入邑为叛;其入也,必挟君以令,故反与以出、入无恶之文……若欲赦之,则当以出恶、归无恶之文书复归矣。

按:《春秋》定公十三年:“秋,晋赵鞅入于晋阳以叛。冬,晋荀寅、士吉射入于朝歌以叛。晋赵鞅归于晋。”《公羊传》认为,荀寅、士吉射是“君侧之恶人”,赵鞅率私邑晋阳的军队进入都城是为驱逐荀寅、士吉射,属于忠君行为,圣人用“叛”字,是为了体现赵鞅的行为“无君命”,涉嫌专权;圣人用“归”字,是为了体现其“以地正国”,即用地方军队解决中央问题,有褒扬之义。《公羊传》成书于汉景帝年间,“七国之乱”发生在景帝前元三年(前 154),而最初的口号就是“清君侧”,即要求朝廷除掉晁错。公羊寿是齐人,当时的齐国正是“清君侧”的积极参与者。《公羊传》认为“逐君侧之恶人”是圣人支持的行为,或其成书正在这个时期。是叛乱者受《公羊传》所释《春秋》之义影响才提出了“清君侧”的口号,还是《公羊传》作者受现实影响把逐君侧之恶人表述为《春秋》之义,值得研究。

何休对《公羊传》进一步解释认为,圣人用“叛”字,是对赵鞅在“无君命”情况下“操兵乡国”的批评;用“归”字体现着对赵鞅的赦免。《公羊传》和何休对经文的解读,都着重于一个“归”字。《春秋》桓公十五年:“郑世子忽复归于郑。”《公羊传》:“曷为或言归,或言复归?复归者,出恶,归无恶;复入者,出无恶,入有恶;入者,出、入恶;归者,出、入无恶。”这是对圣人记外诸侯国君出奔归国之事用“归”“复归”“入”“复入”的内涵界定,即用字原则。因为“归”字体现着“出、入无恶”,即出奔时和归国时都没有错误,故《公羊传》和何休都认为此经对赵鞅没有批评之意。换言之,圣人用“归”字体现着对赵鞅“逐君侧之恶人”行为的支持。也就是说,当中央政府出问题时,地方实力派可以出兵干预,这是圣人于此经中隐含的垂教后世之义。

刘逢禄不同意上述解释,他认为,圣人记赵鞅和荀寅、士吉射都书作“入于某邑以叛”,是认定他们都是“乱贼”,即危害君主者,而且赵鞅是挟迫君主驱逐荀寅、士吉射,“恶尤甚”。赵鞅出奔晋阳是叛国,回国后又挟迫君主下令,是“出、入恶”。对此行为,圣人本应用“入”字,但“入”字不能体现赵鞅是“以清君侧为名”,故用“归”字。刘氏认为,在这里,“归”不是善辞,而是“出、入恶”的体现。换言之,圣人用的这个“归”字实含有对赵鞅的批评之意,不赞成赵鞅的行为。也就是说,反对臣僚用地方势力干预中央事务,是圣人于此经中隐含的垂教之义。此义与《公羊传》、何休所释正相反。自东汉末年的董卓、曹操先后控制朝廷,到唐代后期的藩镇割据,至五代时的皇帝轮流做,使后世政治理论家们越来越强调加强中央集权的重要性,绝对不允许地方势力与中央抗衡,成为宋代以后政治理论家们的共识。尊王、诛贬乱臣贼子,也成为《春秋》学研究领域的重要课题。刘逢禄正是这样的学者,所以他不相信圣人能够赞成赵鞅用地方军队干预中央政府事务。就对经文的阐释而言,如果认同《公羊传》所释《春秋》用字原则,刘逢禄对“归”字的解读显得更为勉强,不如《公羊传》、何休所释通畅。

综上所述,《公羊春秋何氏解诂笺》的主旨是批评何休对《春秋》之义阐释不到位或错误,其中也有对《公羊传》的修正。由此可见,刘逢禄虽表示笃信《公羊传》及何休《注》,但仍有不满意的地方。

三、《发墨守评》《箴膏肓评》《谷梁废疾申何》

何休生活于东汉末期,今文经学已由西汉时期的顶峰跌至低谷,包括公羊派的正宗传人也开始学习古文经学。何休极其深入地研究《公羊传》,不仅理解到位,而且有大量超越《公羊传》的义例阐释。《春秋公羊解诂》成为《春秋》公羊学的巅峰之作。何休立志使《公羊》学复兴,著《公羊墨守》《谷梁废疾》《左氏膏肓》三书,强调《春秋》三《传》中只有《公羊传》得圣人真传,应该坚守,《谷梁传》如同患残废疾病者,难以起复,《左传》则如病入膏肓者,无可救药。三书中体现着强烈的门派意识,对《谷》《左》的批评不遗余力。与何休同时的郑玄是汉代经今古文之争的终结者,也是集大成者。在《春秋》学领域,他也兼采三《传》,但以《左传》为主,强调《春秋》"因事明义",即通过史事体现垂教之义。郑玄不同意何休对三《传》的评价,针锋相对地批评何休,著《发墨守》《起废疾》《箴膏肓》,主旨自然是为《左传》《谷梁传》辩护,指出《公羊传》存在的不足之处。何、郑之书均已亡佚。刘逢禄从古注疏中辑出部分何、郑佚文,撰成《发墨守评》《箴膏肓评》《谷梁废疾申何》,主旨是驳郑玄,申何休,坚持《公羊》说。三书内容不多,合为一节评介。此文据《皇清经解》本。

《发墨守评》只有一条。《公羊传》桓公十一年:"古者,郑国处于留。"即郑国曾以留为都城。郑玄《发墨守》认为,郑国初封在周王畿内,武公随平王东迁后都"今河南新郑",于此三世,不存在以留为故都之事,《公羊传》此说不可信。刘逢禄认为,《公羊传》所说之留并非后世的陈留,而是郑、宋之间的一邑,并力证郑曾以留为都,以此驳难郑玄。但平王东迁至此仅七十年,郑人何时曾以留为都,刘逢禄没有提及,实难以据信。

《箴膏肓评》以鲁君分篇,每篇数条,每条首列《左传》,次列何休《左氏膏肓》,再列郑玄《箴膏肓》,最后以"评曰"的形式驳郑申何。《左传》以事解《春秋》,极少分析经文。《公羊传》则是通过分析经文中的字词推论圣人隐含的垂教之义,较少解说《春秋》所载史事。这是两种不同的解经方式,属于各说各话,两家难以沟通。何休往往从《春秋》大义的角度说"于义,《左氏》为短"。郑玄虽主《左传》,但也认为《春秋》是圣人垂教后世的经典,试图用《左传》所载之事说明《春秋》大义,故对何休的驳难显得有些苍白无力。刘逢禄进一步用《公羊》义例驳难郑玄,倒显得有理有据。关键在于郑玄是用《左传》之短与《公羊传》所长相争,并且承认《公羊传》所释《春秋》大义,故在论争中难免有不敌之象。就刘逢禄辑录的佚文看,何、郑论战的重点是《左传》所谓礼。但二人似乎都没有意识到一个关键问题:《左传》所谓礼,是作者认定的春秋时代的礼制,但何休所说的礼,往往是指圣人在《春秋》中隐含的垂教后世之礼。二者有时相同或相近,但有时又完全不同。两人似乎都有将二者混为一谈之嫌。试解读一例。

四年,大雨雹。季武子问于申丰曰:"雹可御乎?"对曰:"圣人在上,无雹;虽有,不为灾。古者,日在北陆而藏冰,西陆朝觌而出之。今藏川池之冰,弃而不用,风不越而杀,雷不发而震。雹之为灾,谁能御之?"

何休《膏肓》曰:"《春秋》书雹,以为政之所致,非由冰也。若今朝廷藏冰,亦不于深山穷谷,何故或无雹?天下郡县皆不藏冰,何故或不雹?若言有之于古者,必有验于今。此其不合于义,失天人相与之义。"

郑君箴之曰:"雨雹,政失之所致,是固然也。国之失政,君子知其大者,其次知其小者。藏冰之礼,《凌人》掌之,《月令》载之,《邠》诗歌之。此独非政与,故其小者耳。夫深山穷谷,固阴沍寒,极阴之处,冰冻所聚,不取其冰,则气畜不泄,结滞而为伏阴。凡雨水,阳也;雪雹,阴也。雨水而伏,阴薄之,则凝而为雹。雨雪而愆,阳薄之,则合而为霰。申丰见时失藏冰之礼,而有雹,推之阴阳,知此伏阴所致,亦圣人之寓言也。详载其言者,以著藏冰之礼不可废耳。(昭四年《疏》)"

评曰:君子识其大者,经意也。其次识其小者,《左氏春秋》说也。郑既知经自为经,《左氏》自为《左氏》矣,何辨焉?且以申丰为寓言,则可以为圣人,则张禹、孔光于灾异迭见,终不以王氏为言,亦寓言之作俑也,岂圣人之所许?

按:《春秋》昭公四年:"春王正月,大雨雹。"周历正月为夏历十一月,中原地区不应降雨而变成冰雹,鲁国有此,是为气候异常。既然"大",可能成为灾,伤及人和物。申丰是鲁国智者,故执政季孙宿(武子)向其询问有无阻止天降冰雹的办法。《左传》详载申丰之言,是借《春秋》这条文字,说明当时的智者对天降冰雹的理解,并非为了阐释经义。细读申丰之言,似乎他有借天象批评人事之意,可视为董仲舒天人感应理论的先驱。申丰认为,如果君主是圣人,取冰、藏冰、用冰都符合制度,需要冰者可以用,无人有怨气,就不会出现自然灾害,"则冬无愆阳,夏无伏阴,春无凄风,秋无苦雨,雷出不震,无菑霜雹,疠疾不降,民不夭札"。总之,既无人怨,也无天怒,一切祥和美好。如今大量藏冰"弃而不用",既浪费了人力,又未惠及应该用冰者,二者皆有怨意,所以发生如此雹灾是必然的,"谁能御之"?季孙宿作为鲁国执政,是否应该为此承担责任?这是申丰的主旨所在,大概也反映着《左传》作者的态度。如果把此意理解为孔子作《春秋》记载此事的深刻内涵,实属牵强。刘逢禄只是节取了《左传》原文。

何休从阐释《春秋》之义的角度批评《左传》。按照《公羊》学者的理解,这条经文属于记灾异,《春秋》记灾异,都是在说人事,故何休注云:"为季氏。"《公羊传》"雹"字作"雪"。雹、雪与雨相对而言,雨为阳,雹、雪为阴。君与臣相对而言,君为阳,臣为阴。不论雪灾或雹灾,都属于阴盛阳衰,对应人事,也就是臣强君弱。此时,季氏专权,昭公垂拱,故何休认为圣人记此是为暗示季氏过强。何休于此说:"《春秋》书雹,以为政之所致。"正是此意。显然,何休与申丰的基本思路完全一致,都是借天象说人事。区别在于:一,申丰是说现实,何休是说经意;二,申丰认为雹灾是冰积阴所致,何休认为雹灾是因昭公失政所致。何休指出,如今朝廷藏冰不在深山穷谷,郡县不再组织藏冰,并没有因此经常发生雹灾,可知申丰所谓鲁国(实相当于后世郡县）因藏冰出问题而导致雹灾的说法是不对的。因此说，《左传》对经文的解释不合理，违背了真正的天人感应理论，也就是失《春秋》之旨。

郑玄首先对失政导致雹灾的理论表示认同，也就是承认何休所持天人感应理论。但郑玄指出，何休"为季氏"说归于"失政"，申丰藏冰说同样也归于"失政"，二者可以并行不悖，都与圣人记"大雨雹"的寓意吻合。也就是说，《左传》所释并不违背经意，何休不应该为此否定《左传》。郑玄认为，大臣专权属于"失政"之大者，违背藏冰之制属于"失政"之小者；君子知其大，其次知其小。此处所谓"君子"，郑玄大概是指董仲舒、刘向及何休等；所谓"其次"，应是指申丰。郑玄指出，《周礼·凌人》《礼记·月令》《诗经·豳风》都说到藏冰，三书都是儒家经典，可知圣人也把藏冰视为"政"。冰不取用则阴气凝结，阳气弱，雨水受阴气所逼而成雹。冰不取用则是失政，申丰所言，正是认为当时因失藏冰之礼而导致雹灾，这也是圣人此经寓意的一部分。《左传》详载其言，也含有垂教后世"藏冰之礼不可废"之意。何休是以《公羊》说否定《左传》；郑玄则是在认同《公羊》说的前提下为《左传》辩护，融合今古二家的特点极为明显。

刘逢禄正是抓住了郑玄的这种特点予以反驳。既然《公羊》说为"大"，《左传》说为"小"，可知郑玄也认为《公羊》说才是《春秋》本意，《左氏春秋》所载不符合经意。郑玄既知《左传》与《春秋》有别，何必再为《左氏春秋》辩解？至于郑玄把申丰之言当作圣人寓意，更没有道理。郑玄意在强调申丰说与《公羊》说的相同点，刘逢禄则强调二者的相异处。就这个问题而言，因郑玄赞成《公羊》说，又极力把申丰之言与《春秋》之义拉上关系，似乎《公羊》说更有说服力。这是郑玄与何休关于《左传》之争的显著特点。《左传》本无明确阐释经义之意，郑玄努力附会经义，往往被《公羊》学者否定。

《谷梁废疾申何》分两部分。一是难郑申何。每条首引《谷梁传》，次引何休批评，再引郑玄辩解，刘逢禄最后以"难曰"的形式驳难郑玄。二是刘逢禄对《谷梁传》的直接批评。公、谷二《传》的解经方式和关注的问题都很相近，本质上区别不大，但刘逢禄站在《公羊》学的立场上，对《谷梁传》评价很低。他在此书《序》中说："谷梁子不传建五始、通三统、张三世、异内外诸大旨，盖其始即夫子所云'中人以下不可以语上'者。而其日月之例、灾变之说、进退予夺之法多有出入，故无足怪，玩经文、存典礼，足为公羊氏拾遗补缺，十不得二三焉。其辞同而不推其类焉，又何足算也？兼之经本错迕，俗师附益，起应失指，条例乖舛，信如何氏所名废疾，有不可强起者。"在刘逢禄看来，《谷梁传》只有很少一部分具有补充《公羊传》的价值，其余都是错误。因此，他在此书第二部分中，几乎全部是用《公羊》学驳《谷梁》学，带有极浓厚的门派气息。试举该书僖公篇最后一条予以解读。

> “以尊遂乎卑，此言不敢叛京师也。”
>
> 何曰：“大夫无遂事。按襄十二年‘季孙宿救台，遂入郓’，恶季孙不受命而入也。如公子遂受命如晋，不当言遂。”
>
> 释曰：“遂故受命如京师、如晋，不专受命如周。经近上言‘天王使宰周公来聘’，故公子遂报焉，因聘于晋。尊周不敢使并命，使若公子遂自往然。即如云‘公子遂如京师、如晋’，是同周于诸侯，叛而不尊天子也。《公羊传》有‘美恶不嫌同辞’，何独不广之于此乎？”（僖三十年《集解》）
>
> 难曰：“文八年公子遂会晋、会戎，四日之间不能再出，而两书公子遂，以后之奉命正前之专命，故加日以表之。《春秋》非为尊周而作，故朝聘具言如，与诸侯同文，岂得云叛乎？大夫无遂事，故公子遂‘遂’，卒弑子赤；季孙宿‘遂’，卒逐昭公。见微知著，为万世戒也。《谷梁》不传斯义，动成燕说。郑氏从而为之辞，夫子曰‘恶佞’，恐其乱义也；‘恶利口’，恐其乱信也，殆不免矣。”

按：《春秋》僖公三十年：“冬，公子遂如京师，遂如晋。”与此相连的上条经文是：“天王使宰周公来聘。”可知公子遂“如京师”属于答谢性质的回访。在此之前，鲁国君臣没有去晋国者。僖公二十八年城濮一战，晋文公突然成为中原霸主，鲁僖公要参加晋人主持的会盟，公子遂大概也是奉鲁僖公之命，借“如京师”之机顺便聘晋以示好。这是史事。《公羊传》：“大夫无遂事。此其言遂何？公不得为政尔。”就是说，圣人作《春秋》记大夫之事不用“遂”字，此处用“遂”字属于破例，意在显示公子遂专权，鲁僖公已经没有执政的权力。“大夫无遂事”，既是《春秋》书法原则，也是圣人垂教之义：大夫只能做君主所命之事，不得另作主张，做君主未命之事。“遂”是表继一事之后又做另一事之词，意味着大夫专权。“大夫无遂事”，是圣人垂教后世的为臣原则。《公羊传》认为，此经用“遂”字，有批评公子遂专权之意。《谷梁传》：“以尊遂乎卑，此言不敢叛京师也。”京师是周天子所居，为尊；晋是诸侯之国，为卑。《谷梁传》认为，圣人先书“如京师”，后书“如晋”，中间用一“遂”字，是在显示鲁僖公命公子遂用这样的出访程序，体现着鲁国仍以京师即周天子为尊，不敢叛天子。尽管晋文公已是中原霸主，但鲁国仍尊天子。也就是说，诸侯不敢叛天子，是圣人于此经中暗含的垂教之义。公、谷二《传》解读此经虽都以“遂”字为切入点，但阐释出的圣人垂教之义有所不同：一为戒臣，一为尊王。

何休站在《公羊传》的立场上，举《春秋》襄公十二年“季孙宿救台，遂入郓”为证，认为，“救台”是鲁襄公所命，“入郓”是季孙宿的个人主张，圣人用“遂”字，有批评季孙宿专权“入郓”之意，由此可见《春秋》用“遂”字，都体现着“大夫无遂事”的原则。如果圣人对公子遂"如晋"之事没有批评之意,则不当用"遂"字。《谷梁传》所释"遂"字,似乎圣人有褒扬鲁僖公"不敢叛京师"之意,所以是不对的。

郑玄认同《公羊传》所释《春秋》"大夫无遂事"的原则,也认为"遂"字是圣人特笔。但他同时认为,公子遂"如京师""如晋"都是奉鲁僖公之命,"如晋"并不是专权行为。圣人书写此事如果不用"遂"字,书作"公子遂如京师、如晋",则是使周天子等同于诸侯,有鲁僖公不尊天子之嫌。用"遂"字,是圣人把"如晋"的责任推到公子遂个人身上,以此显示鲁僖公"不敢叛京师"。因此,《谷梁传》所释不错,何休的批评没有道理。最后,郑玄用《公羊传》驳何休。《公羊传》隐公七年:"《春秋》贵贱不嫌同号,美恶不嫌同辞。"就是说,在称谓方面,对地位高者和地位低者,《春秋》可以使用同一种称谓;在用字方面,对欲褒者和欲贬者,《春秋》可以使用同一个词。换言之,对《春秋》中的相同称谓和相同用字,都可以做出内涵相反的解释。郑玄认为,何休所举襄公十二年"季孙宿入台,遂入郓"中的"遂"字,确有批评季孙宿之意,但根据"美恶不嫌同辞"的原则,此经中的"遂"字也可以理解为没有批评公子遂之意。何休以彼证此,违背了这一原则。郑玄的这一反驳很有力,"以子之矛,攻子之盾"。

刘逢禄从两个方面为何休辩解。一是强调《公羊传》所释"大夫无遂事"的正确性。圣人记公子遂之事用"遂"字,公子遂于文公死后杀子赤而立宣公;圣人记季孙宿之事用"遂"字,其后人季孙意如迫使昭公出走。由此可知,圣人用"遂"字,都是在显示臣僚专权,而臣僚专权的结果将是逐君、弑君。圣人用这种方式警示后世君主切不可使臣僚专权,也警示后世臣僚切不可有专权行为。"见微知著,为万世戒也"。"大夫无遂事",是圣人垂教后世的重要原则。刘逢禄认为,《谷梁传》的作者没有学到这一《春秋》大义,故所释文不对题。因此,郑玄的辩解是错误的。郑玄既然认同《公羊传》所释,对此自然应无话可说。

二是强调"《春秋》非为尊周而作"。圣人倡导尊王,是几乎所有《春秋》学者普遍认同的《春秋》大义,实际上也是《春秋》被统治者认定为经典的基础。在春秋时代,尊王就是尊周。《谷梁传》认为此经含有"不敢叛京师"之意,正是为了说明《春秋》倡导尊王。刘逢禄则认为,"《春秋》非为尊周而作",并以《春秋》记鲁国君臣朝聘京师均用"如"字,与去其他诸侯国同辞为证,驳难郑玄所谓"尊周,不敢使并命"。从表面上看,刘逢禄的解释很有道理,似乎已与今人对《春秋》的理解相近。其实并非如此。刘逢禄真诚相信《春秋》中隐含着圣人垂教后世的大义,只是阐释的方式与《谷梁传》不同。他继承了董仲舒、何休的说法,圣人是"以《春秋》当新王"。就是说,圣人垂教后世应该尊王,但《春秋》本身并不强调尊周,《春秋》相当于代周而起的一代新王,其中包含的王法是垂教万世之法。《春秋》所记之事,不过是圣人借以立法的一个依托。《谷梁传》和郑玄从史事的角度解释尊周和叛周，都没有真正把握住《春秋》的真谛。显然，刘逢禄纯粹是站在《公羊》学的角度批评《谷梁传》和郑玄。争论似乎很激烈，但他们的终极目标并无二致，都认为《春秋》倡导尊王。

刘逢禄最后对郑玄的挖苦，有不讲道理之嫌。既然“美恶不嫌同辞”，为什么不可以对“遂”字有不同的理解？刘逢禄对此不作正面回答，却引《论语》载孔子之言骂郑玄“佞”和“利口”，超出了争论问题的范畴。

总之，刘逢禄的这三本小书，主旨只有一个，坚持《公羊》学立场，贬低《谷梁传》，否定《左传》。自何休以后，只有刘逢禄首先持此态度，所以他成为清代《公羊》学复兴的中坚力量。

四、《左氏春秋考证》

刘歆于西汉末年第一次建议立《左氏》博士，今文学者一致反对，主要理由是“《左氏》不传《春秋》”。《左传》历东汉一代未能立于学官，关键仍在于《左传》学者未能找到《左传》传《春秋》的过硬证据。自杜预构建起《春秋》左氏学体系，[①]其后虽仍有批评《左传》及杜预者，但基本上已没有人完全否定《左传》传《春秋》的性质。《左传》以事解经，因事明义，《公羊传》和《谷梁传》以义例解经，成为历代《春秋》学者的基本共识。刘逢禄深信《公羊》学，认为只有《公羊传》才是圣人微言大义的嫡传，董仲舒与何休所释都是圣人口传之义。不论是对《春秋》所载之事的说明，还是对《春秋》经文的理解，《左传》和《公羊传》都有巨大差别。刘逢禄要重建《公羊》学的正统传经地位，就必须否定《左传》传经。这就是刘逢禄著《左氏春秋考证》的主旨。本书卷首云：“《左氏春秋》犹《晏子春秋》《吕氏春秋》也。直称《春秋》，太史公所据旧名也。冒曰《春秋左氏传》，则东汉以后之以讹传讹者矣。”《左传》本名《左氏春秋》，不是为解《春秋》而作，《春秋左氏传》是刘歆以后以讹传讹之名。这是刘逢禄对《左传》的基本认识，考证也是围绕这种认识展开的。本书分为两部分，一是对《左传》本身的考证，二是对《左传》相关文献记载的考证。

对《左传》本身的考证，以鲁君分篇，每篇有若干条，每条先列传文或经文，后以“证曰”的方式表述作者的认识。下面以《隐公篇》为主，解读五条：

> “惠公元妃孟子。”证曰：此篇非《左氏》旧文，比附《公羊》家言“桓为

---

①详见刘丽华、晁岳佩《论杜预〈春秋〉学在〈春秋〉学史上的地位》，《山东师范大学学报》2006年第2期。

右媵子,隐为桓立”之文而作也。不知惠公并非再取。经云“惠公仲子”,云“考仲子之宫”,皆惠公之母,《谷梁》说是也。《鲁世家》云:“惠公适夫人无子,贱妾声子生子息。息长,为取于宋。宋女至,而好,惠公夺而自妻之,生子允,登宋女为夫人,以允为太子。”《年表》:“桓公母,宋武公女,生,手文为鲁夫人。”亦不云仲子。盖太史公所见《左氏》旧文如此。刘歆等改《左氏》为传《春秋》之书,而未兼改《史记》,往往可以发蒙。谯周、司马贞反因《伪左氏》疑《史记》,失之甚矣。

又云:刘歆颠倒五经,使学者迷惑。因《公羊》博士在西汉最为昌明,故不敢显改经文,而特以秘府古文书经为十二篇曰《春秋古经》。不知《公》《谷》《邹》《夹》皆十一篇,为夫子之旧,何邵公氏于庄公篇详之矣。欲迷惑《公羊》义例,则多缘饰《左氏春秋》以售其伪。如此篇似与《公羊》相合,然《公羊》乃设质家立子法,改作纪实则大室碍矣。

又云:余年十二读《左氏春秋》,疑其书法是非多失大义。继读《公羊》及董子书,乃恍然于《春秋》非记事之书,不必待《左氏》而明。左氏乃战国时人,故其书终三家分晋,而续经为刘歆妄作也。

按:“惠公元妃孟子”,是《左传》首章第一句。此章内容是作者用历史追述的方式,说明鲁隐公居君位实为摄政,准备以后把君位交给弟弟桓公。《左传》用这种方式解释《春秋》于隐公元年正月何以未书“公即位”。刘逢禄旨在否定《左传》解经,故认定这节文字“非《左氏》旧文”,是刘歆编造加入《左氏春秋》的。因《公羊传》对此事的记载与此大同小异,故刘逢禄认为《左传》这节文字是刘歆借用了《公羊》家言而写成的。因《史记·鲁世家》所载此事与《左传》有所不同,故刘逢禄认为司马迁所据是《左氏春秋》原本,由此证明今本中的此节文字是刘歆的伪作。刘逢禄认为,刘歆之所以要改造《左传》,就是要扰乱人们对《公羊传》所释《春秋》义例的理解。他认为,对《春秋》第一条经文“春王正月”未书“公即位”,《公羊传》阐释出了“质家立子法”。所谓“质家”,是董仲舒的说法。董仲舒认为,历史上的王朝更替,本质上是治国方略上的文、质递变,一文一质,永远如此。周王朝为文,继周为一代新王的《春秋》为质。换言之,孔子作《春秋》所立王法属于“质家”。所谓“立子法”,是指《公羊传》于此经所释君位传承中的嫡长子继承制。① 刘逢禄认为,刘歆用叙述史事的方法解读此经,掩盖了圣人“设质家立子法”的垂教大义。最后,刘逢禄明确指出:“《春秋》非记事之书,不必待《左氏》而明。”就是说,《春秋》是圣人垂教后世的经典,其中的大义可以通过书法原则推导出来,无需研究具体史

①详见晁岳佩《春秋三传义例研究》,线装书局,2011 年版,第 263 页。

事。换言之,《左传》所载史事对研究《春秋》并无价值,凡用《左传》解说《春秋》者,都是错误的。在这里,刘逢禄不仅否定了他所谓的刘歆伪造部分,实际上也否定了全部《左传》解说《春秋》的价值。

"书曰郑伯克段于鄢。"证曰:凡"书曰"之文,皆歆所增益,或歆以前已有之,则亦徒乱《左氏》文采,义非传《春秋》也。

按:"郑伯克段于鄢",为《春秋》隐公元年经文。《左传》在叙述了事件的背景和过程之后,又对经文作解释:"书曰'郑伯克段于鄢'。段不弟,故不言弟;如二君,故曰克;称郑伯,讥失教也,谓之郑志;不言出奔,难之也。"且不论这段解释是否符合《春秋》本意,但它是对经文的具体解释是无疑的。晋杜预在《春秋经传集解序》中说:"诸称书、不书、先书、故书、不言、不称、书曰之类,皆所以起新旧,发大义,谓之变例。"杜预认为,《左传》中凡用上述七词对经文的解释,都是左丘明对孔子作《春秋》所设写作原则即书法原则的表述,其中隐含着圣人的垂教之义。上述七词所表述的内容,后人称为解经语。解经语是《左传》传《春秋》即为解《春秋》而作的强有力证据。刘逢禄要否定《左传》解《春秋》,必须对此做出解释。他认为解经语不是《左氏春秋》原文,都是刘歆"所增益",即使刘歆以前已有此类文字,也不是《左氏春秋》原文,且其中所释之义也不符合《春秋》大义。至于如何证明解经语不是《左氏春秋》原文,刘逢禄没有进一步提供证据。

"君子曰:颍考叔,纯孝也。"证曰:考叔与庄公,君臣也,不可云"施及",亦不可云"尔类",不辞甚矣。凡引君子之云,多出后人附益。

按:"君子曰"云,所引与上文同篇。郑庄公母亲武姜偏爱次子公子段,甚至在公子段叛乱时准备做内应为其开城。打败公子段后,郑庄公将母亲安置在城颍,发誓"不及黄泉,无相见也",不久又生悔意。颍考叔为颍地长官,闻知此事,用委婉的方式劝郑庄公接回母亲。《左传》作者引用"君子"之言赞扬颍考叔:"颍考叔,纯孝也,爱其母,施及庄公。《诗》曰'孝子不匮,永锡尔类',其是之谓乎!"据统计,《左传》以"君子曰""君子谓""君子以为"等方式引用"君子"之言共有八十三条,后世《左传》学者或以为其中的"君子"就是孔子,认定"君子曰"是圣人垂教之义。比如这条"君子曰",就是通过对颍考叔的褒扬,教育后人应该孝敬父母。这种大义符合儒家理念,刘逢禄不能否定这种大义。但他认为,这节"君子曰"的表述有问题:郑庄公与颍考叔为君臣关系,也就是尊卑关系。"施及"一般用于尊者惠及卑者,"尔类"也只能是尊者称卑者,而不能相反。"君子"称"施及庄公","尔类"也指庄公,破坏了尊卑关系,"不辞甚矣",即用词极不恰当。言下之意,此节"君子曰”不仅不是孔子之言，且也不是《左氏春秋》原文。刘逢禄由此认定，《左传》中的“君子”云云，都是后人附益。其实，《左传》中的“君子曰”，既不必是圣人垂教之义，也不必是后人附益，而是作者借“君子”之口对所载人和事的评说，属于史评，是后世“臣瓒曰”“臣光曰”的起源。刘逢禄也不能证明“君子曰”为何是“后人附益”。

“冬十月，郑伯以虢师伐宋。”证曰：凡例皆附益之辞。

按：此条首引为《左传》隐公十一年文：“冬十月，郑伯以虢师伐宋。壬戌，大败宋师，以报其入郑也。宋不告命，故不书。凡诸侯有命告则书，不然则否。师出臧否，亦如之。虽及灭国，灭不告败，胜不告克，不书于策。”去年，郑、齐、鲁三国伐宋，郑师尚未回到都城，“宋人、卫人入郑”。今年，郑庄公利用虢师伐宋报复。《春秋》未载此事。《左传》解释其原因是“宋不告命”，即宋公没有派人正式通报鲁国，故鲁国史官也没有在史策上记载此事。在这里，《左传》作者明确认定《春秋》是鲁国史官对时事的客观记录，并因此表述了鲁国史官记载外诸侯国之事的原则：凡别国诸侯派人正式通报之事，《春秋》予以记载，无正式通报者，不论鲁人是否知道，一律不予记载；对外诸侯国之间的战争胜负，也遵循这一原则，即使有诸侯国被灭，只要双方都没有正式通报，鲁国史官也不载入史策。《左传》表述的这条《春秋》记外事原则非常清楚，且有相当的可信性。杜预根据这条原则作出一个影响很大的结论：“经承旧史，史承赴告。”就是说，孔子作《春秋》是在鲁国旧史的基础上完成的，鲁国旧史记外诸侯国之事所据是正式通报。这个结论实际上是说，孔子作《春秋》，大部分就是抄录鲁国旧史。但是，杜预又是经学家，并且要努力证明《春秋》是孔子精心制作的垂教后世的经典，《左传》是解《春秋》的正宗嫡传，其中也有书法和大义，而且所释更符合圣人本意。杜预在认定《左传》解经语是圣人所设“变例”的同时，又认定《左传》中的“凡例”是“周公所制旧典礼经”，孔子继承自周公，左丘明受自孔子，将其写在《左传》中。所谓“凡例”，是指《左传》中以“凡”字开头的五十节文字，后人称为“五十凡”，上引“凡诸侯有命告则书”云云，即其中之一。①“凡例”是杜预构建的《春秋》左氏学体系的重要基础。刘逢禄对“五十凡”的内容没有太多的批评，一言以蔽之，“凡例皆附益之辞”。既不是“周公所制旧典礼经”，也与孔子作《春秋》无关，不过是刘歆编造强加给《左氏春秋》的东西。至于如何证明这一点，刘逢禄没有多说，似乎可以不言而喻。

①详参晁岳佩《杜预礼经说驳议》，《山东师范大学学报》1996 年第 2 期。

“秋，虢人侵晋。冬，虢人又侵晋。”杜《注》：“此年经、传各自言其事者，或经是直文，或策书虽存而简牍散落，不究其本末，故传不复申解，但言传事而已。”《正义》：“曹杀大夫，宋、齐伐徐，或须说其所以。此去丘明已远，或是简牍散落，不复能知故耳。上二十年亦传不解经，彼经皆是直文。故就此一说，言下以明上。”证曰：左氏后于圣人，未能尽见列国宝书，又未闻口授微言大义，唯取所见载籍如《晋乘》《楚梼杌》等，相错编年为之，本不必比附夫子之经，故往往比年缺事。刘歆强以为传《春秋》，或缘经饰说，或缘《左氏》本文前后事，或兼采他书以实其年。如此年之文，或即用《左氏》文而增春夏秋冬之时，遂不暇比附经文，更缀数语。要之皆出点窜，文采便陋，不足乱真也。然歆虽略改经文，颠倒《左氏》，二书犹不相合，《汉志》所列《春秋古经》十二篇，经十一卷，《左氏传》三十卷是也。自贾逵以后分经附传，又非刘歆之旧，而附益改窜之迹益明矣。

按：此条首引为《左传》庄公二十六年文及杜《注》、孔《疏》。此年经文共五条：“春，公伐戎。夏，公至自伐戎。曹杀其大夫。秋，公会宋人、齐人伐徐。冬十有二月癸亥，朔，日有食之。”传文只有四条：“春，晋士蔿为大司空。夏，士蔿城绛，以深其宫。秋，虢人侵晋。冬，虢人又侵晋。”显然，《左传》完全没有对《春秋》的说明。杜预对“经传各言其事”的现象作出了解释，孔颖达进一步说明杜《注》。二人都是在为《左传》整体解经作辩解。刘逢禄则充分利用这一点，证明《左氏春秋》本不传《春秋》，凡《左传》中解说《春秋》的内容，都是刘歆伪造的。庄公以前，《左传》中解经语较多，对《春秋》所载之事的详尽说明相对较少，形成大量前人所谓“无传之经”；同时，又记载了许多《春秋》未载之事，特别是关于晋、楚二国，形成了前人所谓“无经之传”。与僖公以后相比，这一现象相当突出。这种现象说明，作者的目标是解《春秋》，但庄公以前的史料有缺，有意补充了春秋中期以后争霸主角晋、楚二国的历史背景。刘逢禄用“无传之经”的问题证明《左氏》不传《春秋》，证据是不充分的。

在《左氏春秋考证》的第二部分中，刘逢禄考证了《史记》《汉书》《后汉书》《说文解字》《春秋左传正义》等文献对《左传》的有关记载，主题仍是论证《左氏春秋》本不传《春秋》，凡传《春秋》的内容均为伪造，《左传》的传授系统是伪造的。本部分共三十八条，每条先列原文，再以“证曰”的方式申述己见。下举四条予以解读：

“鲁君子左丘明惧弟子人人异端，各安其意，失其真，故因孔子史记具论其语，成《左氏春秋》。”证曰：夫子之经书于竹帛，微言大义不可以书见，则游、夏之徒传之。丘明盖生鲁悼之后，徒见夫子之经及史记《晋乘》

之类，而未闻口受微旨。当时口说多异，因具论其事实，不具者缺之。曰鲁君子，则非弟子也。曰《左氏春秋》，与铎氏、虞氏、吕氏并列，则非传《春秋》也。故曰《左氏春秋》，旧名也；曰《春秋左氏传》，则刘歆所改也。

按：此条首引为《史记·十二诸侯年表》文。这段文字经常被《左传》学者征引以证明《左传》是为解《春秋》而作。"鲁君子左丘明"，是认定左丘明是鲁人，但既未必是《论语》所记与孔子同耻者，也未必是孔门弟子。左丘明担心弟子以后"失其真"，这个"其"字应该是指《春秋》，可知他熟悉史事，或者专门学习过《春秋》，并用《春秋》作过教材。"因孔子史记具论其语"，"孔子史记"是指《春秋》无疑。但《左传》中的解经语，往往从鲁国史官记事的角度解释《春秋》，说明所谓"孔子史记"就是鲁史《春秋》，可能是孔子有选择地抄录了出来用作教材。"具论其语"，即述《春秋》所载之事，司马迁认定《左氏春秋》就是为解孔子《春秋》而作，这一点应该没有疑义。刘逢禄首先指出左丘明是"鲁悼之后"人，证明他不是孔门弟子，这一点无疑是正确的。他所谓孔子《春秋》的"微言大义不可以书见"，只有子游、子夏等弟子才亲自听到，并通过口耳相传，被《公羊传》作者及董仲舒、何休等所继承，是《公羊》学者的说法。刘逢禄由此认定左丘明因"未闻口受微旨"，所作《左氏春秋》不传《春秋》，明显不符合司马迁的原意。解《春秋》所载之事，"具论其语"，怎能说不传《春秋》呢？刘逢禄最后说《左氏春秋》是本名，《春秋左氏传》是刘歆所改，应该是事实。《史记》中没有《左传》之称，此称始见于《汉书》，而班固是在刘歆之后。

"（《汉书·刘歆传》）歆校秘书，见古文《春秋左氏传》，大好之。时丞相史尹咸以能治《左氏》与歆共校经传。歆略从咸及翟方进受，质问大义。初，《左氏传》多古字古言，学者传训故而已。及歆治《左氏》，引传文以解经，转相发明，由是章句义理备焉。"证曰：班氏此篇叙次最明，可为《左氏》功臣矣。按《方进传》："年十三失父，随母之长安读经，从博士受《春秋》。积十余年，经学明习，徒众日广，诸儒称之。"又云："本治《谷梁》而好《左氏》，为国师刘歆师。"是方进所见《左氏》尚非秘书古文。歆以其名位俱重，假以为助耳。《左氏》所载事实，本非从圣门出，犹《周官》未经夫子论定，则游、夏之徒不传也。歆引《左氏》解经，转相发明，由是章句义理始具，则今本《左氏》书法及比年依经，饰左、缘左、增左，非歆所附益之明证乎？如《别录》经师传授详明如此，歆亦不待典校秘书而后见也。

按：班固这段记载，本是为了说明刘歆的学术贡献，刘逢禄则认为是刘歆附益《左传》的"明证"。自汉武帝设置经学博士，先是《公羊传》，后有《谷梁传》，成为解说《春秋》的正宗。不论博士弟子,还是地方学校,讲《春秋》者,必学此二家。非二家之学,不能被推荐做官。因此,社会上必然形成解《春秋》以二家为正的普遍观念。《公》《谷》皆用分析文字的方式,以义例解《春秋》,这种方式也必然得到普遍认同。《左氏春秋》"多古字古言",能够识字读懂者已经很少,且因其与《春秋》分别传世,能够结合《春秋》学习《左氏春秋》者必极少。司马迁曾问学于董仲舒,受其影响,也认同《公羊传》所释《春秋》义理,《史记》中引用《春秋》之义,均出于《公羊传》。司马迁引用《左氏春秋》,则限于史事。由此可知,司马迁也认为《左氏春秋》所传为《春秋》之事,而非《春秋》之义。翟方进、尹咸能够解读《左氏春秋》,方进甚至"好《左氏》",但只是"传训故而已",即仅能解释字词,而未必将其与《春秋》合读。"多古字古言",二人所习是古文本。翟方进初从"博士受《春秋》","治《谷梁》",说明他初学者为谷梁氏所传《春秋》。所谓"经学明习,徒众日广",所明与所教者也应是《春秋》谷梁学。"好《左氏》",未必用《左氏春秋》解《春秋》。刘向、刘歆父子先后主持整理皇家秘书,都是博学者。从现存八篇《别录》文字看,他们整理的文献多以"篇"计,为竹木简所书,当以先秦古文为主,刘氏父子精通古文无疑。刘歆特别喜欢《左氏春秋》,盖在熟读之后,偶然发现其与《春秋》的内在联系,即《左氏春秋》实际上是在《春秋》的基础上作成的,所记事件和人物也以《春秋》所载为主。刘歆首次用《左氏春秋》"解经,转相发明",使《春秋》干巴巴的经文有了详细丰富的具体内容,也使《左传》的记事有了纲领,特别是使《左传》中的解经语有了对象。刘歆清楚认识到《左氏春秋》就是为解《春秋》而作,就是《春秋》的《传》。刘歆为自己的发现极度兴奋,急于让更多的人知道这一点,故改称《左氏春秋》为《春秋左氏传》,建议朝廷设置《左传》博士。这是出自学者的一种真诚。但学者刘歆忽略了一个极其重要的问题:《春秋》学不是纯学术,而是与政治息息相关。如果《左传》的解经地位确立,就意味着《公羊传》和《谷梁传》对《春秋》的解释受到挑战和质疑,践行百年的政治理论基础就会动摇;通过学习《公羊传》和《谷梁传》而身居高位的官僚学者的威望就会降低,在讨论政事中经常引用的《公》《谷》所释《春秋》之义就可能被否定,弟子们以后的政治出路也一定会受到影响。因此,今文学者异口同声反对立《左传》博士,理由很简单:"《左氏》不传《春秋》。"这句话的深层含义是:《左氏》所传《春秋》与他们所传《春秋》不同,不解大义。当然,反对刘歆者中也不乏真诚相信《公》《谷》的学者。

刘逢禄就是这样的学者。他认为,翟方进曾"好左氏",但他并没有用以解《春秋》,说明他所见《左氏春秋》尚无解经语等,至刘歆用以解经,"章句义理备焉",可知这些内容都是刘歆所附益。刘逢禄的结论有失武断。在汉代公、谷《春秋》学占绝对主导地位的大背景下,翟方进等没有用《左氏春秋》解《春秋》,并不能说明《左氏春秋》中原无解经语。第一,当时能看到并读懂古文《左氏春秋》者人数不多;第二,《左氏春秋》与《春秋》分别传世,将其联系起来者更少;第三,公、谷《春秋》学是官方推行的政治理论基础,大概几乎没有人愿意与朝廷作对;第四,学习古文《左氏春秋》没有做官机会,而做官才是读书人的普遍目标。在此背景下,刘歆作为大学者,首次认识到《左氏春秋》的解《春秋》性质,并不奇怪。刘逢禄曲解了《汉书·刘歆传》。

"(《汉书·儒林传》)汉兴,北平侯张苍及梁太傅贾谊、京兆尹张敞、大中大夫刘公子,皆修《春秋左氏传》。谊为《左氏传训故》,授赵人贯公,为河间献王博士。子长卿为荡阴令,授清河张禹长子(原注:如淳曰:非成帝师张禹)。禹与萧望之同时为御史,数为望之言《左氏》。望之善之,上书数以称说,后为太子太傅,荐禹于宣帝。征禹待诏,未及问,禹疾死。授尹更始,更始传子咸及翟方进、胡常。常授黎阳贾护季君,哀帝时待诏为郎,授苍梧陈钦。子佚以《左氏》授王莽,至将军。而刘歆从尹咸及翟方进受。由是言《左氏》者,本之贾护、刘歆。"证曰:……要之,此数公者,于《春秋》《国语》,未尝不肄业及之,特不以为孔子《春秋传》耳。歆不托之名臣大儒,则其书不尊不信也。

按:班固讲述的西汉《左传》传授系统,在今天已几乎找不到任何佐证,无法一一证实。但作为《汉书》的作者,我们也没有理由轻易否定。刘逢禄征引《张苍传》,结论是"未闻其修《左氏传》也"。征引《贾谊传》,结论是"盖歆见其偶有引用,即诬以为为《左氏训故》"。征引《张敞传》,结论是其引用《春秋》义皆出自《公羊传》,与《左传》完全不同。征引《萧望之传》,结论与张敞相同。在此基础上,刘逢禄认为,所谓"此数公"传《左氏》,均为刘歆假托。其实,萧望之、张敞引用《春秋》大义均用《公羊传》,只能说明他们的《春秋》学也属于《公羊传》学派,即使"好《左氏》",也并不用以解《春秋》,但不能证明他们没有传授《左氏春秋》,这与班固所说"传训故而已"是一致的。《儒林传》为班固所作,并非如《艺文志》是删改刘歆《七略》而成。刘逢禄认定班固表述的《左传》传授系统为刘歆伪托,缺少有力证据。

(《春秋左传正义》引)刘向《别录》云:"左丘明授曾申,申授吴起,起授其子期,期授楚人铎椒,铎椒作《抄撮》八卷,授虞卿。虞卿作《抄撮》九卷,授荀卿。荀卿授张苍。"证曰:向治《公羊》,后奉诏治《谷梁》,其书本《公羊》者十之九,本《谷梁》者十之一,未尝言《左氏》也。《说苑》:"魏武侯问元年于吴子，吴子对曰：'言国君必谨始也。''谨始奈何?'曰：'正之。''正之奈何?'曰：'明智。'"按：谨始之说本《公羊》《谷梁》绪言，明智之说，兵家要旨，俱非《左氏》说也。《十二诸侯年表》云："铎椒为楚威王傅，为王不能尽观《春秋》，采取成败，卒四十章，为《铎氏微》。"此《春秋》当系《梼杌》，犹《晋语》"羊舌肸习于《春秋》"，《楚语》申叔时云"教之《春秋》"者也，必非《左氏》之书。《史记》言四十章，《艺文志》云三篇，此又云《抄撮》八卷，名不雅驯，歆所托也。《虞卿传》云："上采《春秋》，下观近世，曰节、义、称、号、揣、摩、政、谋，凡八篇，以刺讥国家得失，世传之，曰《虞氏春秋》。"《年表》同。盖虞氏之书虽亡，其体例略同《吕览》，非传《左氏》者也。《史记》言八篇，《艺文志》于儒家云十五篇，于《春秋》家云《虞氏微传》二篇，此又云《抄撮》九卷，亦歆假托也。荀卿之书多本《谷梁》，亦非传《左氏》者。

按：《别录》是刘向在整理皇家图书时为每书所写《叙录》的合集，其子刘歆将其分类改编为《七略》，班固据《七略》修成《汉书・艺文志》。此条所引《别录》，内容是记述《左氏春秋》在汉代以前的传授过程。是否完全可信，现在已无从考知。据现存《别录》八篇佚文看，如《战国策叙录》《列子叙录》等，刘向记述的内容是非常客观可信的。刘逢禄首先指出，刘向的《春秋》学以《公》《谷》为主，"未尝言《左氏》也"，并引《说苑》为证。这一点基本正确，只是今人多认为刘向以治《谷梁》学为主。刘逢禄对刘向学术的认定，目的是要证明以治《公》《谷》为主的刘向记述的《左氏》传授系统不可信。其实，刘向也与萧望之相同，并不把《左氏春秋》看作解经之书，虽然讲《春秋》相信《公》《谷》所释，但并不影响其读《左氏春秋》，不能因《说苑》"未尝言《左氏》"，就否定他对《左氏》传授系统的记述。刘逢禄又征引《史记・十二诸侯年表》对铎椒所作《铎氏微》的记述，《虞卿传》对虞卿所作《虞氏春秋》的记述，并征引《汉书・艺文志》的记载，证明二书均为刘歆假托，故《别录》所说《左氏春秋》在汉代以前的传授系统是不可信的。《铎氏微》和《虞氏春秋》早已亡佚，甚至连佚文都没有保存下来，其内容是否抄自《左传》，完全无从考证。刘逢禄认为铎椒所据《春秋》当是楚国史书《梼杌》，《虞氏春秋》在体例上略同《吕氏春秋》，虽然有此可能，但毕竟没有有力证据。《别录》是刘向所作，刘逢禄认定《别录》所记《左氏》传授系统是刘歆假托，证据不足。

综上所述，刘逢禄《左氏春秋考证》，指出今本《左传》在西汉以前本名《左氏春秋》，传习者并不用以解《春秋》，刘歆始据以解经，改称《春秋左氏传》，当是不易之论。但他认定今本《左传》中的解经语、五十凡及"君子曰"均为刘歆所附益改造，完全否定《左传》的解经性质，则明显缺乏有力证据。他对先秦及西汉间《左氏》传授系统的否定,认为是刘歆假托,也明显证据不足。

第三节　康有为《新学伪经考》

康有为(1858—1927),字广厦,号常素,广东南海人,人称康南海。光绪二十一年(1895)进士,戊戌变法运动的领导者。一生著述等身,与《春秋》学相关且具有重要影响的著作是《新学伪经考》。此文据中华书局2012年重印标点本,标点略有改动。康氏另有《孔子改制考》《春秋董氏学》,本文不做论述。

《新学伪经考》共十四篇,主旨是要证明自西汉末年以来兴起的古文经学是假经学,古文经全部是刘歆伪造的,只有今文经学才是孔子的真传。康有为认为,孔子创立的儒教是放之四海而皆准的真理,永远值得人们学习并遵循。他在《重刻伪经考后序》中说:“人无教则为禽兽,故宜有教。孔子之教不远人以为道,故不可离。既为人身矣,莫宜于孔子之教。孔子之教何在?在六经。内之穷理尽性以至于命,外之修身以至家国天下,及于鬼神山川草木,咸得其所,故学者莫不宜为经学。”也就是说,六经几乎包含着天地间的一切学问,不学六经者难免与禽兽为伍。此时已经是1917年,西方文化的涌入如火如荼,科举考试也已被新学堂取代。康有为这位曾经鼓吹变法向西方学习的先行者,由于自身的失落,最终走向了复古。

康有为主张学习六经,并不是指唐代《五经正义》以来确定的古文经典,而是指汉代立于学官的今文经。他认为自西汉末年以来的经学充满着迷乱乖迕:“夫推经学所以迷乱乖迕之由,盖出于刘歆伪为古学以乱真经之故。以刘歆伪经写以古文,遂目真经为今文。自汉季来,经学遂有今文、古文之异。今文者,西汉世立于学官,若《诗》则齐、鲁、韩,《书》则欧阳、大小夏侯,《礼》则《仪礼》、大小戴《记》,《易》则施、孟、梁丘,《春秋》则《公羊》《谷梁》,与夫齐、鲁《论》,凡此皆孔子之真经,七十子后学之口说传授,今虽有窜乱,然大较至可信据者也。古文者,毛氏《诗》,孔氏《书》,费氏《易》,《周礼》与《左氏春秋》,与其他名古文者及与古文证合者,皆刘歆所伪撰而窜改者也。”(《后序》)也就是说,康有为所谓孔子六经,传至今世者,有《诗经》本身、《尚书》中的今文二十八篇、《周易》经及部分传、《仪礼》《礼记》《公羊传》《谷梁传》,另有《论语》。其余凡涉及古文者均为刘歆伪撰或窜改,故称为“伪经”。

刘歆伪撰古文经何以称为“新学”呢?康有为在初刻本《序目》中予以解释:“客问主人曰:‘伪经何以名之新学也?《汉书·艺文志》号为古经,《五经异义》称为古说,诸书所述古文犹繁;降及隋、唐,斯名未改。宜仍旧贯,俾人易昭。’主人喟然曰:‘若客所云,是犹为刘歆所绐也。夫古学所以得名者,以诸经之出于孔壁,写以古文也，夫孔壁既虚，古文亦赝，伪而已矣，何古之云！后汉之时，学分今古，既托于孔壁，自以古为尊，此新、歆所以售其欺伪者也。今罪人斯得，旧案肃清，必也正名，无使乱实。歆既饰经佐篡，身为新臣，则经为新学。名义之正，复何辞焉！后世汉、宋互争，门户水火，自此视之，凡后世指目为汉学者，皆贾、马、许、郑之学，乃新学，非汉学也。即宋人所遵述之经，乃多伪经，非孔子之经也。新学之名立，学者皆可进而求之孔子，汉、宋二家退而自讼，当自咎其夙昔之迷妄，无为谬讼者矣。"简言之，"新"是王莽所立国号，刘歆的伪古学为王莽篡国服务，成为"新"朝的经学，故应称为"新学"。"新学"就是"伪经"。康有为认为，清代兴起的所谓"汉学""宋学"之争，实质上都属于"新学""伪经"的范畴，都不是孔子的真经，这种争论没有意义，大家都应该抛弃"伪经"，学习真经。也就是说，自汉末以来的所谓经学，本质上都属于"新学"。康有为用"新学伪经"这个概念否定了两千年间的经学研究。

不仅如此，他认为两千年间出现的政治问题、社会问题也是"新学"的影响所致："且后世之大祸，曰任奄寺，广女色，人主奢纵，权臣篡盗，是尝累毒生民、覆宗社者也。古无有是，而皆自刘歆开之。是上为圣经之篡贼，下为国家之鸩毒者也。"《序目》骂倒刘歆，否定古文经学，恢复今文经的正统地位，就是《新学伪经考》的目标。下面，对十四篇的内容主旨略作评介，与《春秋》学关系密切者加详。

《秦焚六经未尝亡缺考第一》，此篇主旨是考证孔子六经并未因秦始皇焚书坑儒而有所亡佚或残缺。篇首按语云："后世六经亡缺，归罪秦焚，秦始皇遂婴弥天之罪，不知此刘歆之伪说也。歆欲伪作诸经，不谓诸经残缺，则无以为作伪窜入之地，窥有秦焚之间，故一举而归之。一则曰'书缺简脱'，（原注：《汉书·艺文志》《楚元王传》）一则曰'学残文缺'，（原注：《汉书·楚元王传》）又曰'秦焚《诗》《书》，六艺从此缺焉'，（原注：《汉书·儒林传》，《史记·儒林传》亦窜入）又曰'秦焚书，书散亡益多'。（原注：《史记·儒林传》窜入）学者习而熟之，以为固然，未能精心考校其说之是非，故其伪经得乘虚而入，蔽掩天下，皆假校书之权为之也。"今古文经之间最大的区别，是古文经内容多出了《周礼》《左传》《逸礼》和《古文尚书》中的部分篇目。康有为认为，古文经全部是刘歆伪造的，刘歆为了强调古文经的真实性，夸大了秦始皇焚书坑儒的影响。

康有为征引《史记》《汉书》中的记载，欲证明六经并未因焚书坑儒而亡缺。他在篇末结语中归纳八证："右见《史记》《汉书》者，并伏生、申公、辕固生、韩婴、高堂生计之，皆受学秦焚之前，其人皆未坑之儒，其所读皆未焚之本。博士具官者七十，诸生弟子定礼者百余。李斯再传为贾谊，贾祛一传为贾山，皆儒林渊源可考者。统而计之：其一，博士所职，六经之本具存，七十博士之弟子当有数百，则有数百本《诗》《书》矣，此为六经监本不缺者一。其二，丞相所藏，李斯所遗，此为六经官本不缺者二。其三，御史所掌，张苍所守，此为六经中秘本不缺者三。其四，孔氏世传，六经本不缺者四。其五，齐、鲁诸生，六经读本不缺者五。其六，贾祛、吴公传，六经读本不缺者六。其七，藏书之禁仅四年，不焚之刑仅城旦，则天下藏本必甚多，若伏生、申公之伦，天下六经读本不缺者七。其八，经文简约，古者专经在讽诵，不徒在竹帛，则口传本不缺者八。有斯八证，六艺不缺，可以见孔子遗书复能完，千岁蔀说可以祛，铁案如山，不能动摇矣。"按照康有为的理解，六经在孔子时都有固定的书籍，这些书籍在战国时期都在广泛流传，秦始皇焚书坑儒基本上没有对六经的传播造成影响，不论是官方还是民间，不论是竹帛还是口传，至汉初都有大量的六经传本。这些传本都在哪里呢？比如《尚书》，若仍有许多传本，朝廷何必再专门派晁错去遥远的济南学习？康有为对此没有作进一步解释。康有为认为，六经传本在西汉时没有亡缺，今文经所传是完整的孔子六经，凡与今文经不符者都是刘歆伪造的。

《〈史记〉经说足证伪经考第二》，此篇内容分两部分，一是通过征引《史记》对六经传授的记载，证明六经在当时没有亡缺；二是考证《史记》中凡与古文有关的记载均为刘歆窜改。

前部分以《史记·儒林传》为主，"而《孔子世家》《河间献王》《鲁共王世家》附焉"。通过征引《孔子世家》，康有为认为，"史迁所述六经篇章旨意，孔氏世家传授，齐、鲁儒生讲习如此，六经完全，皆无缺失，事理至明。史迁去圣不远，受杨何之《易》于父谈，问《书》故于安国，闻《春秋》于董生，讲业齐、鲁之都，亲登孔子之堂，观藏书、礼器，若少有缺失，宁能不言邪！此为孔子传经存案，可为铁证"。通过征引《河间献王世家》《鲁共王世家》，康有为认为："古文诸伪经，皆托于河间献王、鲁共王。以史迁考之，寥寥仅尔。若有搜遗经之功，立博士之典，史迁尊信六艺，岂容遗忽！若谓其未见，则《左氏》乃其精熟援引者，天下遗文古事靡不毕集太史公，不容不见矣。辨详于下。此为无古文之存案。并《儒林传》考之，古文经之出于伪撰，'铁案如山摇不动，万牛回首丘山重'矣。"古文经为伪撰是否铁案如山暂且不论，但康有为指出司马迁没有记载鲁共王坏孔子旧宅得古文经和河间献王通过民间献书得古文经并设立博士二事，的确抓住了古文经来源的症结，古文学者恐怕也很难给出合理解释。古文经来源不太清楚，是无可争辩的事实。

康有为引《史记·太史公自序》："昔西伯拘羑里，演《周易》；仲尼厄陈、蔡，作《春秋》；屈原放逐，著《离骚》；左丘失明，厥有《国语》；孙子膑脚，而论兵法；不韦迁蜀，世传《吕览》；韩非囚秦，《说难》《孤愤》。"按语："《汉书·司马迁传》载迁《报任安书》云：'左丘失明，厥有《国语》；孙子膑脚，兵法修列。'下云：'及如左丘明无目，孙子断足，终不可用，退论书策以舒其愤，思垂空文以自见。'《十二诸侯年表》云：

‘表见《春秋》《国语》。’合此三条观之,如丘明兼作二书,太史公乃舍其《春秋》而称其外传,岂理也哉！或疑作《国语》者为左丘,作《春秋传》者为左丘明,分为二人。则《报任安书》明云‘及如左丘明无目’,则明明左丘明矣。二人之说盖不足疑,《左传》从《国语》分出,又何疑焉!”康有为认为,司马迁只说左丘明作《国语》,没说他作《春秋传》,后人说左丘明作《左传》,那么《左传》一定是割裂《国语》而成。在这里,康有为只是提出这一观点,后面还有更多考证。

该篇后半部分是考证《史记》中有刘歆窜入的内容,包括“古文”八条、《诗》《书》六条、《礼》二条、《易》三条、《春秋》九条。概括起来说,凡《史记》提到“古文”,秦焚书造成六经亡缺,以及与古文经有关的内容,康有为认为都是刘歆窜入的。兹举与《春秋》学有关者一条。

《史记·十二诸侯年表》:“是以孔子明王道,干七十余君,莫能用,故西观周室,论史记旧闻,兴于鲁而次《春秋》。上记隐,下至哀之获麟,约其辞文,去其烦重,以制义法,王道备,人事浃。七十子之徒口受其传指,为有所刺讥、褒讳、挹损之文辞,不可以书见也。鲁君子左丘明,惧弟子人人异端,各安其意,失其真,故因孔子史记具论其语,成《左氏春秋》。铎椒为楚威王傅,为王不能尽观《春秋》,采取成败,卒四十章,为《铎氏微》。赵孝成王时,其相虞卿,上采《春秋》,下观近世,亦著八篇,为《虞氏春秋》。吕不韦者,秦庄襄王相,亦上观尚古,删拾《春秋》,集六国时事,以为八览、六论、十二纪,为《吕氏春秋》。及如荀卿、孟子、公孙固、韩非之徒,各往往捃摭《春秋》之文以著书,不可胜纪。汉相张苍历谱《五德》,上大夫董仲舒推《春秋》义,颇著文焉。”

司马迁这段文字大致可分为三部分:第一部分是他对孔子《春秋》的理解,他认为《春秋》体现着“王道”,是孔子在广采旧史基础上以鲁史为主的精心制作,其中充满着“义法”,即垂教后世的各种原则。这种认识与《公羊传》吻合,应是来自董仲舒。第二部分是对左丘明作《左氏春秋》以及《左氏春秋》流传过程的记述。这里至少存在两个问题。第一,左丘明“因孔子史记具论其语”,是解释孔子《春秋》所载之事,还是阐释孔子所制“义法”？从下文所载《左氏春秋》流传过程来看,似乎应是前者。那么左丘明又是如何体现孔子那些“不可以书见”的《春秋》内涵的呢？第二,司马迁在论述《左氏春秋》流传过程时所说的《春秋》,从内容上看应是指《左氏春秋》,而非孔子《春秋》,概念上显得混乱,上下文所说的《春秋》不一致。第三部分是说董仲舒“推《春秋》义”而著文。董仲舒所“推”《春秋》之义与孔子所制“义法”是何关系？与左丘明的“具论其语”又是什么关系？显然,司马迁虽曾向董仲舒学习,但并不是真正的经学家,他只是把董仲舒所讲的《春秋》性质与他自己所理解的《左氏春秋》强拉硬扯在一起,而没有真正关注二者之间的水火不容。正因如此，司马迁在谈《春秋》性质及《春秋》之义时，一般采用《公羊传》所释或董仲舒所说。在叙述历史时，则基本上采用《左氏春秋》所载。前者在当时已被皇帝认同，司马迁在主观上也已经接受；后者则是他更为喜欢的春秋历史。司马迁对《春秋》义、事的全面接受，而又没有兴趣研究二者之间的矛盾，才有了上面的记述。正因如此，后世《公》《谷》学者和《左传》学者都经常征引这段文字，得出的结论则完全不同。

康有为则全面否定第二部分，认为这是刘歆窜入的内容。"今博士谓《左氏》不传《春秋》，《儒林传》述《春秋》有《公羊》《谷梁》而无《左氏》。史迁征引《左氏》至多，如其传经，安有不叙！此为辨今古学真伪之铁案。孔子《春秋》之义法，唯七十子能传之，即《公羊》《谷梁》之说也。自非七十子，其不传明矣。此表骤言'左氏'，且称丘明为'鲁君子'，'惧弟子各安其意而失其真'，抑《公》《谷》而尊《左氏》如此。考文翁《孔庙图》、《史记·仲尼弟子传》，无左丘明名，且《左传》称'悼四年'。据《史记·六国表》，悼公之薨在获麟后五十余年，则丘明在孔子后远矣。岂七十子学成德尊所存者不足据，而非弟子之丘明反足据乎？此又不待辨也。下杂叙《铎氏微》《虞氏春秋》《吕氏春秋》诸书，各体既杂而不类，又《吕后春秋》于十二诸侯年月事无关，《虞氏春秋》在《儒家》，于十二诸侯年月事亦必无关。以此例之，不过歆以《史记·儒林传》彰著，难于窜乱，故旁窜于《十二诸侯年表》，以为《左传》之证；又多窜数书，故为繁重以泯其迹。'安意失真'之说与《七略》同，其为歆言，无疑义矣。"康有为从《左传》有"悼公四年"的明确记载，认定左丘明不是孔子弟子，证据是充分的，但因此认定《左传》的内容不如《公》《谷》可信，则纯属门派之见，《公》《谷》之说源于孔门弟子的说法亦然。康有为断定这部分内容为刘歆窜入，缺乏有力证据，并非没有"疑义"。

从康有为的这节按语，可以看出他与刘逢禄的观点至少有以下不同：第一，刘逢禄认为《左氏春秋》是一部可信的史书，只是其中有刘歆窜入的内容；康有为则认为根本没有《左氏春秋》，它不过是刘歆割裂左丘明《国语》而成。第二，刘逢禄只承认《公羊传》是孔子的真传，《谷梁传》与其相异者均为谬说；康有为则认为《公》《谷》都是孔子真传，而忽略二者的不同。第三，刘逢禄只是说《左传》中有刘歆窜入的内容，康有为则认为《史记》《汉书》中凡与古文经学有关的内容均为刘歆窜入。最后，康有为征引了关于《史记》有后人补撰、窜入的前人记载或考证，作为《史记》中有刘歆窜入内容的旁证。

《〈汉书·艺文志〉辨伪第三》上、下，主旨是对《六艺略》的全面批评，首先征引每小类的著录及小类序，然后以按语的形式作辨析考证，指出刘歆作伪之迹。

篇首按语云："刘歆伪撰古经，由于总校书之任，故得托名中书，恣其窜乱。东汉主张古学，若贾逵、班固、马融、张衡、许慎之伦，皆校书东观者，其守古学弥笃。盖皆亲见中古文经，故惑之弥甚。通学之徒皆已服膺，其风灭天下，力固宜然。故原伪经所能创，考古学所以行，皆由《七略》也。《汉书》为歆所作，人不尽知；《艺文志》即《七略》原文，人皆知之。今将《艺文志》之《六艺略》条辨于先，则歆之伪尽见矣。"刘向整理中秘书即皇家所藏图书，为每书作一《叙录》，向汉成帝汇报整理成绩。刘歆继承父业，将全部《叙录》编成《七略》。班固删减《七略》作成《汉书·艺文志》。康有为说《艺文志》就是《七略》原文，基本是正确的。至于其中哪些内容属于刘向或刘歆所作，后人已无从分辨，若谓全部为刘歆所作，恐未必尽然。康有为说《汉书》为刘歆所作，详见下篇。按照康有为的说法，刘歆充分利用整理古籍的机会，遍伪群经，作为皇家藏书被保存。东汉几位大古文学者也都是后来参与整理皇家藏书者，见到了刘歆的伪经而崇信之，故伪经得以广泛流传。这种说法只是一种推论，无从具体证明，但也难以用具体材料证其为伪说。

该篇在征引《汉书·艺文志·六艺略·春秋类》的全部著录及小类序后，康有为作了一篇数千字的按语。小类序云："古之王者，世有史官，君举必书，所以慎言行，昭法式也。左史记言，右史记事，事为《春秋》，言为《尚书》，帝王靡不同之。周室既微，载籍残缺。仲尼思存前圣之业，乃称曰：'夏礼，吾能言之，杞不足征也。殷礼，吾能言之，宋不足征也。文献不足故也，足，则吾能征之矣。'以鲁周公之国，礼文备物，史官有法，故与左丘明观其史记，据行事，仍人道，因兴以立功，败以成罚，假日月以定历数，藉朝聘以正礼乐。有所褒讳贬损，不可书见，口授弟子，弟子退而异言。丘明恐弟子各安其意以失其真，故论本事而作《传》，明夫子不以空言说经也。《春秋》所贬损大人、当世君臣，有威权势力，其事实皆形于《传》，是以隐其书而不宣，所以免时难也。及末世口说流行，故有公羊、谷梁、邹、夹之传。四家之中，《公羊》《谷梁》立于学官，邹氏无师，夹氏未有书。"今人普遍认为《汉志》中的类序就是刘歆《七略·辑略》原文，或然。从内容看，这篇类序与《史记·十二诸侯年表叙》有同有异。司马迁继承董仲舒的说法，认为孔子作《春秋》是为了"制义法"，其中"王道备，人事浃"，强调《春秋》的垂教性质，刘歆则没有过分强调这一点，可能反映着他对《公》《谷》所释《春秋》之义不太认同。关于《左传》，刘歆则更强调了《左传》论《春秋》"本事"的特点。从整体看，此序崇《左传》而抑《公》《谷》的倾向十分明显。

康有为的按语太长，不宜抄录，总括内容，有以下几点：

第一，刘歆之前无《左传》。"《史记·儒林传》，《春秋》只有《公羊》《谷梁》二家，无《左氏》。"《汉书·司马迁传》《史记·太史公自序》三次提及左丘明，都只称其著《国语》，而不提其有《春秋传》。凡提及《左氏春秋》者，均为刘歆窜入之辞。

第二,《左传》是刘歆割裂《国语》所成伪书。"歆以其非博之学欲夺孔子之经,而自立新说以惑天下,知孔子制作之学首在《春秋》,《春秋》之传在《公》《谷》,《公》《谷》之法与六经通,于是思所以夺《公》《谷》者。以《公》《谷》多虚言,可以实事夺之,人必听实事而不听虚言也。求之古书,得《国语》与《春秋》同时,可以改易窜附。于是毅然削去平王以前事,依《春秋》以编年,比附经文,分《国语》以释经而为《左氏传》。(原注:歆本传称"歆始引传解经",得其实矣)作《左氏传微》以为书法,依《公》《谷》日月例而作日月例。托之古文以黜今学,托之河间、张苍、贾谊、张敞名臣通学以张其名,乱之《史记》以实其书,改为十二篇以新其目,变改'纪子帛''君氏卒'诸文以易其说,续为经文,尊'孔子卒'以重其事,遍伪群经以证其说。事理繁博,文辞丰美,凡《公》《谷》释经之义,彼则有之,至其叙事繁博,则《公》《谷》所无。遭逢莽篡,更润色其文以媚莽,因藉莽力,贵显天下通其学者以尊其书。"按照康有为的说法,刘歆遍伪群经都是为伪造《左传》服务的,伪造《左传》的目的是与孔子争夺圣人地位,至于献媚王莽不过是推销其书的手段。据此,刘歆的目标似乎只是做圣人。按照康有为的说法,刘歆伪造《左传》可谓是一项巨大的系统工程:改造《国语》,吸取《公》《谷》解经义例,窜改《史记》,遍伪群经,献媚王莽,伪托古文等,下文还有造文字、作《汉书》等。果然如此,刘歆真的十分了不起。自此说出,《左传》由割裂《国语》而成的观点影响数十年,至今仍有余波。但毕竟只是一种假说,并不能予以证实,今人相信者已寥寥。

第三,康有为征引了大量自汉至清学者们对《左传》的批评或怀疑,特别是刘逢禄《左氏春秋考证》征引尤多。

最后,康有为做出结论:"要之,《左氏》即《国语》,本分国之书,上起穆王,本不释经,与《春秋》不相涉,不必因其有刘歆伪古礼而尽斥为伪书,亦不能因其偶合于《仪礼》《礼记》而信其传经也。"也就是说,康有为仍然承认今本《左传》有价值,只是否定其有解说《春秋》的性质。《左氏》不传《春秋》,是汉代今文学者的老观点;避免学者用《左传》否定《公羊传》和《谷梁传》的解释,也是今文学者的心态。

在该篇下《小学类》辨伪中,康有为又提出一个重要观点:古文字均为刘歆伪造。康有为认为,从孔子写定六经,传至汉代,文字没有发生变化,既无所谓古文,更无汉人不识古文之事;西汉也无隶书,隶书始于东汉,是小篆的变体,故无西汉今文为隶书之事;刘歆为证明古文的存在,伪造了大量的钟鼎古器,后世所见凡与古文相同或相近的铜器铭文,均为刘歆伪造。康有为虽然征引了大量资料予以证明,但这种观点盖已无人继承。但康有为毕竟是大学问家,也是著名书法家,此节中也不乏精彩表述。如"凡文字之先必繁,其变也必简;故篆繁而隶简,楷、真繁而行、草简。人事趋于巧便,此天智之自然也"。"文字之流变,皆因自然,非有人造之也。

南北地隔则音殊，古今时隔则音亦殊，盖无时不变，无地不变，此天理也。”

《〈汉书〉河间献王、鲁共王传辨伪第四》，主旨是认定《河间献王传》载献王得古文经传并立《毛诗》《左氏春秋》博士，《鲁共王传》载共王坏孔子旧宅得古文经传，均为刘歆杜撰。康有为的主要证据有二：一是《史记》未载二事。二是《汉书》主要为刘歆所著。康氏征引葛洪《西京杂记》：“《汉书》本刘歆作，班固所不取，不过二万许言。”康有为由此得出结论：“乃知《汉书》实出于歆，故皆为古学之伪说，听其颠倒杜撰，无之不可，其第一事则伪造河间得书、共王坏壁也。”《汉书》为刘歆作的说法似未得到几人认同。

《〈汉书·儒林传〉辨伪第五》，主旨是否定其所述古文传授系统。康有为既认定《汉书》为刘歆所作，《儒林传》所述自然也不可信。篇首云：“歆修《六艺略》，既尽窜伪经遍布其中矣。无如伪书突出，师授无人，将皆疑而莫之信也。于是分授私人，依附大儒，伪造师传，假托名字，弥缝其隙，密之又密，所以深结人信者在此。”也就是说，《儒林传》所述古文传授，纯属刘歆杜撰。但实际上《儒林传》所述是以今文传授为主，记古文传授的内容并不多，如卷首总论就没有提及古文经。康有为则认为：“然不敢遽及古文诸伪经，亦可见其有畏忌之心，或忽略之意，谚所谓‘千虚不如一实’也。”即使刘歆所述为实，也是为了骗人取信其伪说。如此评说古人，真可谓“欲加之罪，何患无辞”。

《〈汉书〉刘歆、王莽传辨伪第六》，主旨是论证刘歆与王莽相互利用。篇首按语云：“王莽以伪行篡汉国，刘歆以伪经篡孔学；二者同伪，二者同篡。伪君、伪师，篡君、篡师，当其时一大伪之天下，何君臣之相似也！然歆之伪《左氏》在成、哀之世，伪《逸礼》、伪古文《书》、伪《毛诗》，次第为之，时莽未有篡之隙也，则歆之畜志篡孔学久矣。遭逢莽篡，因点窜其伪经以迎媚之。歆既奖成莽之篡汉矣，莽推行歆学，又征召为歆学者千余人诣公车，立诸伪经于学官，莽又奖成歆之篡孔矣。篡汉则莽为君，歆为臣，莽善用歆；篡孔则歆为师，莽为弟，歆实善用莽；歆、莽交相为也。至于后世，则亡新之亡久矣，而歆经大行，其祚二千年，则歆之篡过于莽矣。而歆身为新臣，号为‘新学’，莽亦与焉，故合歆、莽二《传》而辨之，以明新学之伪经云。”如果说《汉书·艺文志》是班固删减《七略》而成，从其总序及大小类序可以看出，刘歆实是孔子的忠实信徒。康有为认定其为“篡孔”者，实在是冤枉了刘歆。此篇主旨是证明古文经学为“新学”，证其为“伪经”已见于前几篇。

《汉儒愤攻伪经考第七》，主要内容是征引在今古文之争中今文学者对古文经的批评。这些批评集中于“以《尚书》为备，谓《左氏》为不传《春秋》”，反对将古文经立于学官，但似乎无人说古文经为伪书。

《伪经传于通学、成于郑玄考第八》，主要内容是列举古文经在汉代的主要学习者及传播者。今文经是“真经”,且是朝廷颁布的统一教材,士人入仕的敲门砖,为何与汉朝相终始?古文经为“伪经”,朝廷一直不承认其学术地位,为何成为后世经学的正统?康有为说:“今推其故,一由刘歆所传皆一时之通学,一则博学必典校书,校书东观者必惑歆所改中古文之本而笑今学之固陋。夫校书者为天下学者之宗,通学者有著书自行之力。合斯二者,而郑玄挟其硕学、高行、老寿,适丁汉微,经籍道息,康成揉合今古,而实得伪古之传以行之,遂为天下所宗。滥觞于杜、郑,推行于贾逵,篡统于郑玄,于是伪古行于九州暨海外,而今学亡矣。”按照这种说法,古文取得正统地位似乎有幸运因素。但是,今文经在绝对优势之下,何以没有培养出几位通学大儒?既谓“通学”“博学”,何以不能辨别真伪,反为刘歆所惑?

《〈后汉书·儒林传〉纠谬第九》,内容是对《后汉书·儒林传》分条评说,主旨是批评范晔对东汉古文经学的记述,或谓妄言,或谓为刘歆所惑。

《〈经典释文〉纠谬第十》,主旨是批评陆德明对古文经传授系统的记述。篇首云:“元朗生当隋、唐,今学尽亡,耳濡目染,师友讲授,皆伪古学,盖五百余年矣。习非成是,不足纠绳。唯其书甚重于世,经学家所共钻仰,不可使留伪说以惑众听也。今条其眢谬,劾之如左。”陆德明在《史记》《汉书》《七略》《后汉书》所载基础上,简明扼要地记述了儒家各经典的传授过程,至今仍经常被征引,如对《春秋》及《左传》传授过程的记述,虽未必完全可信,但既清晰明确,也出言有据。当时今文经学已基本消亡,故所述均为古文经学。康有为对他的批评仍是“惑于刘歆,曲为附从”。

《〈隋书·经籍志〉纠谬第十一》,主旨也是对其所述儒家经典传授系统予以批评。《隋志》上承《汉书·艺文志》,改其六分法,确立经、史、子、集四部,但通过著录文献以崇儒学的主旨是一脉相承的。《隋志》的作者与陆德明同时,故于《经部》大小类中对儒家经典传授系统的记述也多相同或相近。康有为对《隋志》的批评也与前篇多有重复。

《伪经传授表第十二上、下》,列表揭示自刘歆至唐初间古文经的传授者。分九表:《费易》《古文尚书》《毛诗》《周官》(三《礼》附)、《左氏春秋》(《国语》附)、古《论语》、古《孝经》、小学、通学。康有为于篇首云:“综拔厥绪,刘歆创之以居首,郑玄行之以居中,孔颖达、贾公彦、陆德明大定之以居终。有传授可考者叙之,无则以时代次焉。属门人新会梁启超搜集群书,表之如左。首《易》,次《书》,次《诗》,次《礼》《春秋》,伪经之序也,今亦依之。至《论语》《孝经》本为传记,不当与六艺同科,其以《尔雅》附于《孝经》,小学附于六艺,尤为巨谬,诸家目录率以为准,今并革之,厘为上下二卷,俾勿与经并行,以惑学者。《论语》《孝经》,南北朝学者莫不通习,今唯取有撰述者著焉。文字、声音、训诂之学,为歆创古文所伪造,而二千年来持以代圣统者,其流毒最甚矣,列为一表。(原注:《尔雅》亦改从小学焉)其有达才通人大有功于伪学者,及所著书为群经义者,或学人而无专经不见于诸表者,统名'通学',别为一表附于后。"至于刘歆以前的古文经传授者,康有为认为均"为歆伪托,不复录"。若抛开伪经说,此表颇有益于汉唐间的经学研究。

《〈书序〉辨伪第十三》,此篇由陈千秋代作,主旨是认定《书序》为刘歆伪作。该篇分两部分。第一部分整体辨《书序》之伪:一,孔子《书》止二十八篇;二,《今文尚书》无序;三,秦汉经传诸子引《书》篇名皆孔子不修之《书》;四,《尚书大传》内《九共》诸篇亦孔子不修之书。第二部分是《书序条辨》,逐条认定出自刘歆伪撰。《书序》是何人所作,至今仍无定论。

《刘向经说足证伪经考第十四》,此篇由梁启超代作,主要内容是征引《汉书·刘向传》《汉书·五行志》《说苑》《新序》《列女传》与古文经说相异或相背者,证古文为伪经。康有为于篇首云:"盖人以为《七略》出于刘向而信之,不知其尽出于歆也;又以为《别录》出于刘向而信之,不知其亦伪于歆也。然歆之作伪,自龚胜、公孙禄以来,人多疑之,但不知其遍伪群经。故东汉校书高才莫不尊信,终以托于中秘,莫得而攻焉。今为之证其伪曰:歆任校书,向亦任校书,凡歆所见之书,向亦见之,歆不能出向外也。以向说考歆,无不凿枘,向则今学说也,歆则古学说也,则真伪具白矣。"就征引内容看,刘向论及《春秋》,多用《谷梁传》或《公羊传》所释,这是当时的主流学术。凡引及《左传》者,康有为认为是原《国语》。偶尔提及"古文"者。康有为认为是刘歆伪窜。

综上所述,康有为《新学伪经考》一书,虽征引繁富,但主旨并不复杂,只是努力证明所有的古文经传均为刘歆伪撰;《史记》中涉及古文者均为刘歆伪窜;《汉书》多述古文经学,本是刘歆所著;与古文相关的小学及出土古器物铭文,均为刘歆伪造。该书前三篇为重点,后面各篇多为旁证,且多有重复。就有关《春秋》学而言,该书最重要的观点就是认定《左传》是刘歆割裂《国语》而成,完全不解孔子《春秋》,只有《公羊传》和《谷梁传》才是孔子《春秋》的嫡传。《新学伪经考》的影响很大,钱玄同为该书重印作序《重论今古文学问题》,评价极高,认为结论都属于"铁案如山"。但时至今日,相信康有为所作结论者已极罕见。该书最重要的价值,或许是对辨伪疑古之风的推动。关于《左传》与《国语》的关系问题,虽曾引起大讨论,但最终也是否定了康说。这是该书对《春秋》学研究影响最大的一个问题。至于因否定《左传》而否定全部古文经、古文字,实已超出《春秋》学的范畴。

第四章　清代《春秋》谷梁学研究

《公羊传》成书于汉景帝年间，《谷梁传》立学官于汉宣帝年间，后者吸取了前者许多观点，在研究主旨（阐释圣人垂教之义）和研究方法（以例解义）上都深受其影响，实为依附前者之作。《公羊传》与董仲舒已经将《春秋》大义构建为一个相对完备的政治理论体系，故《公羊传》在汉代一直是显学。何休使研究方法体系化，并对大义做了进一步推阐引申，为清代《公羊》学复兴打下了基础。《谷梁传》作为附庸，研究主旨和研究方法都没有太多超出《公羊传》，至多是有所补充，故始终未能成为显学，也就没有成就很多名家。范宁作为最有成就的《谷梁》学专家，本身对《谷梁传》已有异议；杨士勋对经、传、注进行了疏通，但少有引申发明。其他研究《谷梁传》者更不及范、杨。在《春秋》学史上，《谷梁》学研究一直相对薄弱。作为古代学术巅峰的清代，出现几种专门研究《谷梁》学的著作，实有填补千年空白之功。本章选择柳兴恩《春秋大义述》、许桂林《谷梁释例》、侯康《谷梁礼证》予以评介。

第一节　柳兴恩《谷梁大义述》

柳兴恩，字宾叔，江苏镇江人，道光壬辰（十二年，1832）举人。《谷梁大义述》卷首载阮元《序》："道光十六年（1836），始闻镇江柳氏为《谷梁》之学。二十年（1840）夏，柳氏兴恩挟其书渡江来，始得读之。"而该书《述经师》最后一节"述曰"有"同治十一年（1872）九月"，此时距道光二十年已有三十二年。由此可知，柳兴恩著作此书，实用数十年之功，可谓尽毕生之力。

《谷梁大义述》[①]三十卷，分六部分：述日月例、述礼、述异文、述师说、述经师、述长编。卷首所载《叙例》，谓该书分七部分，而无第四。检阅全书，实只有六部分，盖抄写刻版有误。《公羊传》和《谷梁传》阐释《春秋》的方法基本上都属于以例释义，所释内容，后世学者一般混称为《春秋》义例。义者，理也。《春秋》大义是指《春秋》中隐含的圣人垂教后世的各种道理，《春秋繁露》所谓"《春秋》大义"，《汉书》所谓"《春秋》之义"，莫不如此。例者，依此定彼之法也，《春秋》例是指孔子作

①本书用《皇清经解续编》本。

《春秋》时设定的各种写作原则。例中见义，义由例出，义、例有时难以截然划分。如《公》《谷》所释"君弑，贼不讨，不书葬"，本身属于《春秋》记事原则，但其中又包含着讨贼之义。因义是含意极广的概念，故后世《春秋》学著作往往以义统例，义、例不分，以例名书者往往也包含说义，以义名书者也往往说例。

《谷梁大义述》即属于以"大义"名书而兼释例，且包括其他关于《谷梁》学的内容。《述日月例》主要综述《谷梁传》所释《春秋》时月日例；《述礼》主要述《谷梁传》所释《春秋》所涉礼制；《述异文》主要述三《传》所载《春秋》经文之异；《述师说》主要述注疏外各家《谷梁传》研究者的主要观点，并予以评说；《述经师》列举所有曾涉及《谷梁传》者；《述长编》摘录其他文献中涉及《谷梁传》的内容。从整体看，《谷梁大义述》更像是《谷梁传》义例举要及学术史资料汇编。全书的写作形式很一致，先列原文，后作"述曰"。"述曰"即案语，是作者观点的表述。日月例是《谷梁大义述》最重要的核心内容，在《述日月例》及《述师说》中有许多作者对前人的驳难和对某些问题的辨析，是作者研究水平的体现。本文分为两部分予以评介。

一、《述日月例》概述

在《春秋》三《传》中，《谷梁传》最重要的解经特色就是多用日月例或称日月时例或称时月日例阐释经义，即认定圣人在许多地方书时、书月、书日都有深刻内涵，体现着对所记人物的褒或贬。同时，日月例也是《谷梁传》最受后人诟病的内容，前文已多有涉及。但实际上，除范宁《注》和杨士勋《疏》之外，很少有人认真研究过《谷梁传》的日月例。当然，因为《公羊传》也认为《春秋》有日月例，后世也有部分学者采用，如刘逢禄。

柳兴恩《春秋大义述》的最核心内容，也是对《谷梁》学的最大贡献，就是对《谷梁传》所释《春秋》日月例进行了归纳概括，并使日月例成为相对完整的解经体系。柳氏认为，在这个体系中，《春秋》记诸侯卒葬体现出的日月例是核心，绝大部分内容的日月例都由此生出，另有很少一部分日月例是其"反对"，即从相反角度由此生出。如此描述日月例，柳氏是第一人。柳兴恩在《自序》中说："圣经既以《春秋》定名，而无事犹必举四时之首月。后儒纷纷竞谓日月非经之大例，岂通论哉！况桓五年：'春王正月甲戌，己丑，陈侯鲍卒。'一事而两日迭书；十有二年：'丙戌，公会郑伯盟于武父。丙戌，卫侯晋卒。'二事而一日两书。僖十有六年：'春王正月戊申朔，陨石于宋五。是月，六鹢退飞过宋都。'日先书，月后书，此即经之自起凡例也。《谷梁》日月之例，泥则难通，比则易见。与其议传而转谓经误，（原注：唐啖助、赵匡、陆淳谓：'甲戌'之下必有脱文，两'丙戌'必有误字。）何如信经而并存传说之为得耶？述日月例第一（其自然之序，见诸侯卒葬例）。"柳氏深信日月例是圣人作

《春秋》时所设定，由《谷梁传》阐释出来。他认为，对待《谷梁传》所释日月例，“泥则难通，比则易见”。就是说，这些例只能排比部分经文予以理解，不能在全部经文中求通，也就是所谓“《春秋》无达例”。

（一）诸侯卒葬例

《述日月例》共分九十三条，基本上包括了《春秋》所载全部内容。“诸侯卒葬”只是其中一条。因柳兴恩认为其中体现的日月例是全部《谷梁传》所释日月例的核心，故有必要单独重点讨论。所谓“诸侯卒葬”，是指《春秋》所载除鲁君外的其他诸侯的卒和葬，如“齐侯小白卒”“葬齐桓公”。该条在列举全部相关经文及为数不多的《谷梁传》文后，作者写了长篇案语：

> 述曰：隐三年、八年、庄元年《传》俱曰：“诸侯日卒，正也。”则举宋公和、蔡侯考父、陈侯林以例其余。而凡宿男、曹伯…… 共五十四人，皆正也。然如曹、邾、滕、薛等小国事迹无征，容有以不正前见，当入齐侯小白之例者，俟考。
>
> 日卒之中又有四例。其一，僖十有七年：“冬十有二月乙亥，齐侯小白卒。”《传》：“此不正，其日之何也？其不正前见矣。其不正之前见何也？以不正入虚国，故称嫌焉尔。”则由齐桓推之，凡以不正继故者，皆视此。桓十有二年：“丙戌，卫侯晋卒。”范宁《注》：“晋不正，非日卒者也。不正前见矣。隐四年‘卫人立晋’是也。与齐小白义同。”今案：所谓“不正前见”者，非必定如“卫人立晋”“齐小白入于齐”之见于经也，凡继弑君而立者，其不正俱已前见。如庄元年：“乙酉，宋公冯卒。”《疏》云：“案《世本》，冯是宋庄公，穆公之长子，宋督既弑与夷，则冯是当正，故亦书日卒。”今案：《疏》说非也。与夷既弑，冯又非与夷长子，则亦“不正前见”之例耳。他如郑伯突继昭公之弑（昭公弑见《左氏传》，不见《谷梁》经传），宋公御说继捷之弑，晋侯重耳继怀公之弑（怀公弑，见《左氏传》），齐侯潘继孝公之子之弑（《史记·齐世家》：“孝公卒，弟潘杀孝公子而立，是为昭公。”），晋侯黑臀继夷皋之弑，齐侯元继懿公之弑（《左氏传》），宋公鲍继杵臼之弑，郑伯坚继夷之弑，陈侯午继平国之弑，晋侯周继州蒲之弑，郑伯嘉继僖公之弑（《左氏传》），齐侯杵臼继光之弑，齐侯阳生继荼之弑，此皆“不正前见”而日卒者。“卫人立晋”，《传》曰：“其称人以立之何也？得众也。得众则是贤也。”推此，则晋侯重耳、晋侯周、齐侯杵臼等之日卒，或皆以贤而录之与？
>
> 其二，宣九年：“辛酉，晋侯黑臀卒于扈。”《传》：“其地，于外也。其日，未逾竟也。”襄七年：“郑伯髡原如会。未见诸侯，丙戌，卒于操。”

《传》:“其地,于外也。其日,未逾竟也。日卒、时葬,正也。”二十有六年:“八月壬午,许男宁卒于楚。”昭二十有五年:“十有一月己亥,宋公佐卒于曲棘。”《传》:“邡公也。”(此四者,逾竟、未逾竟,皆日卒)僖四年:“夏,许男新臣卒。”《传》:“诸侯死于国,不地;死于外,地。死于师何为不地?内桓师也。”成十有三年:“曹伯庐卒于师。”《传》曰:“闵之也。公、大夫在师曰师,在会曰会。”“冬,葬曹宣公。”《传》:“葬时,正也。”襄十有八年:“曹伯负刍卒于师。”《传》:“闵之也。”昭二十有三年:“夏六月,蔡侯东国卒于楚。”定四年:“杞伯成卒于会。”(此五者,皆不日)今案:《传》云:“日卒,正也;月葬,故也。”又云:“时葬,正也。”合而论之,故者不得其正,则正者为无故也。夫以一国之主,病卒于外,忧危孰甚,尚得云无故哉!况髡原之卒以弑,尚得谓之正哉!而日卒何也?夫郑伯将会中国,其臣欲从楚,不胜其臣,弑而死,则其志正矣。故日卒者,正其志也。晋侯黑臀、许男宁事迹无征,既皆日卒,则亦从郑伯之正可知。宋公佐谋纳昭公者,亦正其事也。其逾竟未逾竟,特借以明正之例,非借以明正与不正之例也。乃宣九年范《注》云:“恐后人谓操、扈是国,故于疑似之际,每为发传曰未逾竟也。”则是日与不日,专系逾竟未逾竟,非系正不正,其谬一也。且范以嫡长释“正”,谓“凡日卒者,皆嫡长继正”,则显与“月葬,故也”、“时葬,正也”非一例,其谬二也。况僖十有四年:“冬,蔡侯肸卒。”《传》:“诸侯时卒,恶之也。”岂恶其非嫡长乎?其谬三也。僖十有六年:“三月壬申,公子季友卒。”《传》:“大夫日卒,正也。”公子友居季,则非嫡长,《传》何以亦曰“正也”?则以大夫例诸侯,其谬四也。故杨《疏》驳之曰:“范氏之《注》,上下多违,纵使两解,仍有僻谬。”(僖四年“许男新臣卒”疏)乌乎!范好非《传》,又何怪杨之非《注》乎(此条又兼地与不地之例)?

其三,宣十有八年:“甲戌,楚子吕卒。”《传》:“夷狄不卒;卒,少进也。卒而不日;日,少进也。日而不言正不正,简之也。”推此,则襄十有三年“秋九月庚申,楚子审卒”,……既不言其正不正,故楚子卷之见弑,亦日卒也。襄十有二年“秋,吴子乘卒”,……皆卒而不日,亦简之也。他如滕、莒之用狄道者,亦当视此。

其四,桓五年“陈侯鲍卒”,举二日以包之。今案:甲戌至己丑,凡十有六日,此创例也。

僖十有四年:“冬,蔡侯肸卒。”《传》:“时卒,恶之也。”则凡时卒者视此,皆不正也。又有月卒者,成十有五年《传》:“月卒、日葬,非葬者也。”推此,则月卒者不言正不正,亦从简也。唯僖四年:“夏,许男新臣卒。”范

《注》以为“不在恶之之例。”今案:《传》云:“不地,内桓师也。”所美在齐桓,安知所恶不在许男乎?且经果不恶之,当如成十有三年“曹伯庐卒于师。冬,葬曹宣公”,《传》:“闵之也。葬时,正也。”今许男之卒则书时,“葬许穆公”又不书时,安见其“不在恶之之例”耶?夫许自仇郑以来,终《春秋》之世常从楚,此与于伐楚,特迫于齐桓之伯令耳,虽卒于师,不足闵也。

葬例有三,与卒例正反。时卒,恶之也;而时葬,正也。(成十有三年、襄七年)月卒,非故也;而月葬,故也。(隐五年、庄二年)日卒,正也;而日葬,故也,危不得葬也。(隐三年、僖三十有二年)准此以求,而诸侯之葬事备矣。又昭十有三年《传》:“变之不葬有三:失德不葬(僖二十有三年:‘宋公兹父卒。’《传》:‘不葬何也?失民也。’成十有五年:‘宋公固卒。’《传》:‘月卒、日葬,非葬者也。此其言葬何也?以其葬共姬,不可以不葬共公也。’),弑君不葬(亦有书葬者。蔡景,不忍使父失民于子,襄三十年;陈灵公,开外之讨贼,宣十有二年;蔡昭,以盗名不见,若杀微人,不足可录,哀四年;其卫桓、齐襄,二人并讨贼,故皆书葬。),灭国不葬(亦有书葬者。昭八年‘葬陈哀公’,十有一年‘葬蔡灵公’,《传》俱以为‘不与楚灭之也’。)。此皆大义之凛然者矣。”

隐七年:“滕侯卒。”《传》:“滕侯无名,少曰世子,长曰君,狄道也。其不正者名也。”今案:“不正者名”,如昭三年书“滕子原卒”,二十有八年“滕子宁卒”,哀四年“滕子结卒”,十有一年“滕子虞毋卒”,其名者,非嫡长世子也。《传》于此乃以嫡长言正不正,范《注》遂以释诸华之日卒者,所谓知其一未知其二也。推此,则若莒若薛,其君或名或不名,亦宜从同。唯隐八年:“辛亥,宿男卒。”《传》:“宿,微国也,未能同盟,故男卒也。”不在此例。

《春秋》所以治诸侯,故书其卒、葬特详,而日月褒贬之例亦特备。礼:天子七日而殡,诸侯五日而殡,大夫三日而殡。故《传》例云:日卒,正也;月卒,非正也;时卒,恶之也。天子七月而葬,七月则历三时矣;诸侯五月而葬,五月则历二时矣;大夫三月而葬,三月则尽一时矣。故《传》例云:时葬,正也;月葬,故也;日葬,故也,危不得葬也。其起例之反对,实理之自然,不假强为者也。而通《传》之以书日而褒者,皆自“日卒,正也”之例推之;以书日为贬者,皆自“日葬,故也”之例推之,此更一以贯之矣。后儒未窥此秘,但见同一书日,此既为褒,彼又为贬;同一不书日,而此既为贬,彼又为褒;且同一事也,而前以不日为信,后又以书日为美,遂纷纷议之,固无怪其一唱而百和矣。自此说出,而《谷梁》日月之例乃以悬诸日月而不刊云。

按:柳兴恩认定"《春秋》所以治诸侯",也就是认定《春秋》为尊王之书。《春秋》所载,主要是诸侯之事,诸侯是尊王的主体,"治诸侯"也就是要求其尊王。柳氏认为,《春秋》记诸侯卒、葬之事特详,其中所含日月褒贬之例最完备,都是"治诸侯"的体现。"治诸侯"即褒贬诸侯。柳氏认为,《春秋》记诸侯卒、葬体现的日月褒贬例为"自然之序"(见《序》中《注》)。初卒,数日而殡,以日为重,故以书日为正;葬事历时,以时为重,故以书时为正。正者为褒。记卒不书日,记葬不仅书时,都属于不正,不正则为贬。"日卒""日葬",谓《春秋》记某人卒或葬某人书某日;"卒时""葬时",谓《春秋》记某人卒或葬某人只书时(季节)而不书月日。此为《春秋》学常用术语,《谷梁大义述》以论日月例为重点,故此类术语最多。

综合梳理柳兴恩所"述",《谷梁传》所释《春秋》记诸侯卒葬体现出来的日月例大致如下:一、日卒,正也。即凡《春秋》记外诸侯卒书日者,均为显示死者之正。柳氏认为,此例中包括四种情况:1、不正前见。"正"首先是指死者君位之正,即由嫡长子身份正常继承君位。但《春秋》中有许多诸侯并非嫡长子继承君位,《春秋》记其卒也书日。柳氏认为,这些人的君位不正已在其他经文或传文中显示,记其卒不需再显示其君位不正。柳氏认为,《春秋》记这些诸侯卒书日,可能是为其贤,即行为之正。换言之,《春秋》记诸侯卒书日,或为显示其君位正,或为显示其行为正。2、《春秋》记诸侯卒于外地,不论逾竟不逾竟,不论是否正常死亡,都有书日者。柳氏认为,《春秋》盖为显示其志之正或事之正。3、《春秋》有"夷狄不卒"的原则,即不记夷狄之君卒。柳氏认为,《春秋》也有记夷狄君卒且书日者,圣人意在"少进"之,即适当提高他们的地位以示鼓励,但主旨是"简之",即不用"中国"标准评价其正或不正。也就是说,《春秋》记夷狄君卒书日并非为显示其正。柳氏认为,《春秋》记滕、莒等之君"用狄道者",卒书日"亦当视此"。4、陈侯鲍卒书二日,属于特例,圣人另有含意,也不是为显示死者正或不正。二、凡《春秋》记诸侯卒仅书时(即"时卒")者,均为显示死者不正,圣人"恶之"。三、凡《春秋》记诸侯卒书月而不书日(即"月卒")者,圣人意在"简之",不论其正不正。四、凡《春秋》记诸侯之葬只书时(即"时葬")者,均为体现死者之正。五、凡《春秋》记诸侯之葬书月(即"月葬")者,意为葬死者时发生了变故。六、凡《春秋》记诸侯之葬书日(即"日葬")者,意为发生了重大变故,致使葬礼险未能正常举行。另外,所谓"失德不葬、弑君不葬、灭国不葬",属于记事原则,即《春秋》对这三类诸侯不记其葬事,但与日月例无关。

依柳氏所说,《谷梁传》认为《春秋》记诸侯卒、葬,书日、书月、书时,都体现着圣人对死者的盖棺定论，或褒或贬，而且整部《春秋》的圣人褒贬之意都由此例推出。按照柳兴恩这种说法，用《春秋》卒葬例即可认定圣人对某诸侯的褒或贬，完全不必考虑他为何被褒或被贬，也不必考虑圣人褒贬他的标准，这样的褒贬对后人似乎没有任何垂教意义。推寻其意，可能是用日月例先定其褒贬，然后再根据经文或传文理解圣人对他褒贬的理由及标准。

（二）自诸侯卒葬例来者

《述日月例》共有九十三条，其中三条缺"述曰"，而柳兴恩明确指出"自诸侯卒葬某例来"者超过七十条，内容涉及《春秋》所记史事的绝大部分。因内容太多，又不易准确分类，故仅选择一部分"述曰"予以解读。

"元年"条："述曰：群公皆有正月，定公独无正月，孔子特削之也。群公即位皆不日，定公独书戊辰，亦孔子特笔之也。比而属之，则知日月之例所关于《春秋》之义者大矣（书日，厉也。厉，危也。此自诸侯卒葬日危也例来）。"

按：《春秋》定公元年："夏六月癸亥，公之丧至自乾侯。戊辰，公即位。"《谷梁传》："此则其日何也？著之也。何著焉？逾年即位，厉也。"《谷梁传》认为，《春秋》记鲁君即位概不书日，于定公即位书日，圣人意在显示此时有危险。昭公死于外地，季氏专权，君位传承存在危险。柳兴恩认为，《春秋》于元年不书"正月"，于即位书"戊辰"，前者为孔子特意删之，后者为孔子特意书之，都是圣人特意以此显示定公即位异常，由此可见日月例的重要性。柳兴恩认为，《春秋》于此书日，来自记外诸侯葬书日之例。《谷梁传》隐公三年："日葬，故也，危不得葬也。"《春秋》于定公即位书日，也是为了显示鲁国发生重大变故，君位几乎不能正常传承。《春秋》记葬不书日，书日者危；《春秋》记即位不书日，书日者危。

"内盟"条："述曰：盟，大事也，无论内盟、外盟，旧史应皆书日。孔子成《春秋》寓重内略外之义，于是有'内盟日，外盟不日'之例。至内盟之当贬者仍略其日，外盟之可褒者仍不略其日。此意唯《谷梁》知之，所以为'善于经'也。后儒纷纷较量，辩难多端，徒词费尔。（定元年《传》例云：'内之大事日。'外亦同。凡日与不日之褒贬，皆自诸侯卒葬'日，正也'，'不日，略之也'例来。下'外盟'、桓盟亦同。）又案：内盟之不日有二例：一为'渝盟，贬之也'，一为'卑者之盟'略之，同于外盟也。《传》于卷首举此二例，而其余可类推矣。"

按：《春秋》载有鲁人参加者谓之"内盟"，无鲁人参加者谓之"外盟"。《春秋》

是鲁史，记“内盟”多书日，记“外盟”相对较少，书日者更少。《谷梁传》认为《春秋》有“内之大事日”的原则，故“内盟”书日为详，外盟不书日为略，体现着《春秋》详内略外的记事原则。详略体现着重内略外之别。因《谷梁传》有“不日，其盟渝也”和“卑者之盟不日”之释，柳氏认为《春秋》记盟书日者皆为褒，不书日者皆含有贬义。柳氏认为，这种褒贬原则来自诸侯卒葬例“日卒，正也”和记夷狄君卒书日“而不言正不正，简之也”。正者，褒也；简者，略也，贬也。此说已超出《谷梁传》所释。

“来归”条：“述曰：此例甚杂。归脤，吉礼也；归赗、归含、归襚、归袁，凶礼也；归宝，军礼也。至于归邴、归讙，以地言；归子叔姬及季子来归、齐仲孙来，以人言。自外归内，非一月一日事，故隐八年范《注》：‘凡有所归，例时。’隐元年《注》：‘赗，例时。书月，以谨其晚。’此自诸侯卒葬‘时，正也；月，故也’例来，余可类推。”

按：此条列举了自外归鲁的物、人、地等相关经文，柳氏归纳范宁《注》，得出《春秋》记来归者以书时为正，以书月为不正的日月例。柳氏认为，此例来自诸侯卒葬例“时葬，正也”、“月葬，故也”。柳氏认为，凡自外来归，均非一月一日可做之事，故《春秋》以书时显示其正，以书月显示其不正。也就是说，此例体现着做事自然之序，与记葬例同。

“来朝”条：“述曰：《传》云‘朝时，正’者，《礼·中庸》‘九经朝聘以时’，此朝王之制，推之诸侯之相朝亦然也。朝聘之行礼，原有其日，但其来自外，则非一月一日事，故例时，唯恶之，乃谨而月之。此自诸侯卒葬‘时，正也；月，故也’例来。”

按：《春秋》记外诸侯来朝多数书时。桓公二年：“秋七月，纪侯来朝。”《谷梁传》：“朝，时；此其月何也？桓内弑其君，外成人之乱，于是为齐侯、陈侯、郑伯讨，数日而赂，己（纪）即是事而朝之。恶之，故谨而月之也。”《谷梁传》认为，《春秋》记外诸侯来朝以书时为正，此经书“七月”，圣人意在显示对纪侯朝见内弑君兄、外成宋乱的鲁桓公的批评。“谨而书之”，谓因重视此事而特意书月。柳兴恩认为，外诸侯来朝，非一月可成，故《春秋》记此类事以书时为正，凡书月者皆为“恶之”。此例来自《春秋》记外诸侯葬书时为正，书月为“故”。

“内大夫卒”条：“述曰：内大夫之卒，旧史自皆书日。谷梁子之意以为孔子但削益师、无侅与侠之日以示贬，故特发‘不日卒，恶也’之传，此自诸侯卒葬'日,正也;时,恶之也'例来,则公子牙、仲遂、季孙意如之不宜日卒可知。此凡例所谓泥则难通、比则易见者也。书日者,旧史之文,孟子所谓'其文则史'也;削益师等之日,则公子牙等之不宜日卒自见,孟子所谓'其义,则某窃取之'也。此'危行言孙'之旨,游、夏所以不能赞一词也。"

按:《春秋》记鲁国大夫卒,绝大部分书日,不书日者极少。《春秋》隐公元年十二月:"公子益师卒。"《谷梁传》:"大夫日卒,正也;不日卒,恶也。"就是说,《春秋》记鲁大夫卒,凡书日者,圣人意在显示其人之正;凡不书日者,圣人意在显示其人之恶,即不正。柳兴恩认为,据作者之意,是圣人删去了旧史所记死者之日。也就是说,凡不书日者,都体现着圣人对死者的贬义。《春秋》及三《传》对隐公时期不书日者益师、无侅、侠都没有述其恶事,圣人为何贬低他们,《谷梁传》没有说,柳兴恩也无法解释。但公子牙曾欲谋杀庄公,公子遂"杀嫡立庶",季孙意如驱逐昭公,三《传》都载其"恶迹",而《春秋》记其卒皆书日,与"日卒,正也"之例明显不符。柳兴恩认为,由"不日卒,恶也"之例,可以推知上述三人不应"日卒"。对待这类情况,读者不可拘泥于例之通与不通,只需进行比较,即可知圣人之意。柳氏认为,以"日卒"为正之例来自《春秋》记诸侯卒"日卒,正也"、"时卒,恶也"。至于所谓"危行言孙"之旨,语取《论语·宪问》,意为孔子主张在无道之世应行为谨慎、语言谦逊,以免招灾惹祸。孔子作《春秋》不删旧史记公子牙等三人卒之日,是本"危行言孙"之旨,不招惹其后人的忌恨,把真相留给后人去揣摸。孔子《春秋》中有如此曲折的含意,故游、夏之徒不能轻动一字。这是柳氏对《春秋》记公子牙等三人卒书日的解释。也就是说,不见其恶迹者,《春秋》记其卒不书日以见其恶;恶迹昭然者,《春秋》记其卒书日,体现着圣人明哲保身之旨。二者需区别理解。

"入"条:"述曰:'入者,内弗受也。日入,恶入者也。'《传》例止此。范《注》推之云:'入,例时,恶甚则日,次恶则月。他皆放此。'今案:'入者,内弗受',何例时之有?岂书时书月不书日者,为内受耶?知书日者恶之,即书时书月者固亦恶之,但不甚耳(此自诸侯卒葬'日,故也'例来)。"

按:《春秋》用"入"字,《谷梁传》多释作"入者,内弗受也",即《春秋》用"入"字,都是在显示入者不被接受,此为用字原则。《春秋》庄公二十四年:"八月丁丑,夫人姜氏入。"《谷梁传》:"入者,内弗受也。日入,恶入者也。""日入",即既用"入"字又书日。《谷梁传》认为,此夫人为鲁庄公的杀父仇人齐襄公之女,成婚时要去桓公庙拜见公爹神主,桓公肯定不能接受这位儿媳,此为"内弗受"。孝子永远不能与杀父仇人交往,庄公却娶仇人之女为妻,圣人用书日的方式显示对此事的憎恶，也就是含有对鲁庄公此举的强烈批评之意。“日入”，是把用字例与日月例结合起来使用。范宁由此推出“入例时，恶甚则日，次恶则月”的记“入”事件中的日月例，并认为其他方面的日月例也都是如此。柳兴恩则认为，《谷梁传》并没有“入例时”之说，“入者，内弗受”，内涵是凡“入”皆恶，书时书月只是所恶稍浅而已。这是既接受了范宁的层次说，又否定了他所释记“入”以书时为正的观点。柳氏认为“日入，恶入”例来自《春秋》记诸侯葬“日，故也”。在此条“述曰”中，柳兴恩还为《谷梁传》做了一点辩解。《春秋》昭公二十六年：“冬十月，天王入于成周。”《谷梁传》：“周有入无出也。”意为，周王作为天下之主，“普天之下，莫非王土”，故《春秋》记其事用“入”字不用“出”字。按照“入者，内弗受”的用字原则，“天王入”也应是显示其不被成周之人接受；按照“日入，恶入”的日月例，此经书“十月”，也应是显示圣人所恶。《谷梁传》强调《春秋》倡导尊王，显然不能如此解释圣人之意。因此，柳兴恩强调“天王入于成周”“不在此例”。若用此例，则是“泥则难通”。就是说，不论是日月例，还是用字例，都不要强调贯通全经。例不求通，意味着解经的主观性。此与郝懿行强调例必可贯通全经的理解完全不同。

“弑”条：“述曰：弑例凡二十有五，其书日者皆自‘日卒，正也’例来。其不日者凡十有一。其十有一中，发传者凡三，余无传者凡八。今案：齐陈乞之弑，范《注》：‘不日，荼不正也。’据此，晋卓子之不日，亦不正。此自不日卒例来。若宋杵臼之不日，似非不正之例。文八年：‘宋人杀其大夫司马。宋司城来奔。’范《注》引郑君《释废疾》云：‘司马、司城，君之爪牙，守国之臣，乃杀其司马，奔其司城，无道之甚。’又文十有五年：‘三月，宋司马华孙来盟。’《传》曰：‘司马，官也。以其官称，无君之辞也。’据此，则宋臣无君，与蔡世子般子夺父政一例，其不日，皆夷之也。至于‘莒弑其君庶其’、‘阍弑吴子余祭’、‘莒人弑其君密州’、‘吴弑其君僚’、‘薛弑其君比’，或本夷也而夷之，或本非夷也而亦夷之，故皆不书日（此亦自‘不日卒’例来）。”

按：卒者，死亡。被弑也是死亡。故柳兴恩认为《春秋》记诸侯被弑与记其卒的日月例是一致的。凡书日者，均为显示其正。不书日者，分为两种情况：一是显示死者不正；二是“夷之”、“简之”，无关于正不正。《春秋》文公十六年：“冬十有一月，宋人弑其君杵臼。”此经未书日，《谷梁传》无解。柳兴恩认为，圣人在此不是为显示死者不正，而是“夷之”。《春秋》襄公三十年：“夏四月，蔡世子般弑其君固。”《谷梁传》：“其不日，子夺父政，是谓夷之。”《传》意为，世子般是合法君位继承人，杀父而夺其君位，行为如同不知君臣、父子大义的夷狄之人。《春秋》有“夷狄不日”的原则，即记夷狄之事不书日；此处不书日，圣人是将蔡国视为夷狄，记其事从略，而不论其正不正。柳兴恩认为，对“宋人弑其君杵臼”不书日，也应如此理解。《春秋》文公八年：“宋人杀其大夫司马。宋司城来奔。”于此可知杵臼“无道”。《春秋》文公十三年：“三月，宋司马华孙来盟。”《谷梁传》认为“称官”体现着“无君”。君“无道”，臣“无君”，同于夷狄。由此可知此经不书日，圣人也是将宋国视为夷狄而“简之”，不论其正不正。此与《春秋》记诸侯卒对“用狄道者”“卒而不日”同例。认定圣人在此视宋国为夷狄，是柳兴恩对《谷梁传》的引申。

> “外杀”条：“述曰：杀例书日者，止昭十有一年‘楚子虔杀蔡侯申’一书‘夏四月丁巳’，所以谨夷夏之防也。隐四年《传》：‘其月，谨之也。’凡书月者视此。范《注》云：‘讨贼例时。’此自诸侯卒葬‘时，正也’例来。‘其月，谨之’，自‘月，故也’例来。楚杀蔡侯书日，此自‘日，危也’例来。”

按：《春秋》用“杀”字，绝大多数是记外诸侯国杀大夫，极少数是记大国杀小国之君，其中有书时者，有书月者。《春秋》隐公四年：“九月，卫人杀祝吁于濮。”《谷梁传》：“称人以杀，杀有罪也。其月，谨之也。”《传》意为，圣人因重视此事故书月。范宁《注》在此基础上引申：“讨贼，例时也。卫人不能即讨祝吁，致令出入自恣，故谨其时月所在，以著臣子之缓慢也。”范宁释《传》“谨之”为含有批评卫人未能及时诛讨弑君贼之意。柳兴恩似乎是把“讨贼例时”扩大为“杀例时”，即《春秋》记“杀”事以书时为正，并认为此例来自《春秋》记诸侯葬“时葬，正也”；书月“谨之”，来自记诸侯葬“月葬，故也”；书日“谨之”，来自记诸侯葬“日葬，故也，危不得葬也”。按照柳氏所释，《春秋》凡记“杀”书时者，圣人都为显示“正”。至于是显示杀者之正，还是被杀者之正，柳兴恩没有进一步说明。

（三）与诸侯卒葬例反对者

在《述日月例》九十三条“述曰”中，柳兴恩明确指出与诸侯卒葬例“反对”者共六处。“反对”，即相反。

> “宫庙”条：“述曰：隐五年范《注》云：‘失礼宗庙，功重者月，功轻者时。’此但较‘丹桓宫楹’书‘秋’言之，亦用虫灾‘甚则月，不甚则时’之例，盖与诸侯卒葬‘月，故也’；‘时，恶之也’例为反对。”

按：此条共收录六条《春秋》关于鲁国历代先君庙的记载及其《谷梁传》文。其中，一条书时，三条书月，另外两条蒙上文未书时月。《谷梁传》未释其中的日月例。《春秋》隐公五年：“九月，考仲子之宫，初献六羽。”范宁与庄公二十三年“秋，丹桓宫楹”进行比较，得出“功重者月，功轻者时”的日月例。所谓“重”“轻”，意为大、小。“考仲子之宫”，即为仲子建庙，其功大；“丹桓宫楹”，即为桓公庙的楹柱涂上红色，其功小。柳兴恩认为，此例与记外诸侯卒“时卒，恶之也”、记外诸侯“月葬，故也”相反。“时卒恶之”，是显示死者罪大而书时；丹楹是因罪小而书时（按：考宫、丹楹，《谷梁传》皆以为“非礼”。范宁所谓“功”大者“非礼”重，“功”小者“非礼”轻。“非礼”即罪）。“月葬，故也”与“日葬，危不得葬”相比是变故较轻而书月；考宫则是因罪重而书月。两例皆相反。《春秋》隐公五年：“螟。”《谷梁传》：“虫灾也，甚则月，不甚则时。”《传》意为，《春秋》记虫灾，书月者为显示灾情重，书时者为显示灾情轻。柳兴恩认为，此例也与《春秋》记外诸侯葬变故轻者书月、记外诸侯卒罪重者书时之例相反。在“虫灾”条下，柳氏将此例“推诸凡灾也”，认为《春秋》记灾，全部有“甚则月，不甚则时”的原则。

“侵”条：“述曰：侵时，谨而月之，《传》例备矣（此与诸侯卒葬‘时，正也；月，故也’反对）。”

按：此条录《春秋》书“侵”者及《谷梁传》释其中日月例。《春秋》庄公十年：“二月，公侵宋。”《谷梁传》：“侵时，此其月何也？乃深其怨于齐，又退侵宋以众其敌，恶之，故谨而月之。”《传》意为，《春秋》有记“侵”书时的原则。此经书“二月”，圣人意在显示对鲁庄公扩大敌对面行为的憎恶。也就是说，《春秋》记“侵”以书时为正，以书月为“恶之”。柳兴恩认为，此例与《春秋》记诸侯葬“时葬，正也；月葬，故也”相反。按照《谷梁传》所释，《春秋》记诸侯葬以书时为正，以书月为变；记“侵”也是以书时为正，以书月为“恶之”，二例应该相同，何以相反？柳兴恩没有解释，笔者感到难以索解。其实，据柳氏所说，《春秋》记诸侯葬和记诸侯卒的日月例正相反，那么与“卒例”“反对”者应合于“葬例”，与“葬例”“反对”者应合于“卒例”，何来与诸侯卒葬例“反对”者？柳氏所释与诸侯卒葬例“反对”者，都存在这个问题。

“外大夫奔”条：“述曰：奔书时者，恶之也。恶甚则月（此与诸侯卒葬‘时，正也；月，故也’反对）。”

按：此条录《春秋》记外诸侯国大夫出奔的相关记载。《谷梁传》对此类经文未释日月例。柳兴恩认为此类经文皆含有“恶之”之意，其思路大概如下：圣人倡导忠君，大夫作为臣僚，出奔即为叛君，圣人憎恶叛君者。至于区别书时者为一般憎恶，书月者为特别憎恶，则不知柳氏区别的标准是什么，从相关经文实看不出区别。如昭公二十年：“冬十月，宋华亥、向宁、华定出奔陈。”十五年：“夏，蔡朝吴出奔郑。”何以看出圣人“甚恶”华亥等？至于所谓“反对”，与前条相同。且葬例以书时为正,奔例以书时为“恶之”,也不吻合。

> “献捷”条:“述曰:杨《疏》:‘一书月,一不书月者,徐邈云:霸主服远之功重,故详而月之也。’(此与诸侯卒葬‘月,故也’例反对)”

按:此条只录两条经文。庄公二十三年:“六月,齐侯来献戎捷。”僖公二十一年:“楚人使宜申来献捷。”《谷梁传》未释日月例。徐邈认为,圣人于前条书“六月”,意在显示齐桓公有重大“服远”之功,故详之。言下之意是,后条不书月,圣人意在对夷狄楚事略之。“详之”含有褒义,略之含有贬义。《春秋》记外诸侯葬书月者为“故也”,君主葬礼发生变故是圣人憎恶之事,故书月者也就是含有贬义。柳兴恩认为,记葬书月为贬,记献捷书月为褒,二者“反对”。但柳氏曾说“月卒,非故也”,即记诸侯卒书月者显示没有变故发生,也就是不含贬义,则与记献捷书月者不相“反对”。

> “天王出居”条:“述曰:书时者,此与诸侯卒葬‘时,正也’反对。”

按:此条共引四条经文,《谷梁传》未释其中的日月例。《春秋》昭公八年:“秋,蒐于红。”杨《疏》引范宁《例》:“蒐狩书时。”僖公二十八年:“天王守于河阳。”前条经文是:“冬,公会晋侯、宋公、蔡侯、郑伯、陈子、莒子、邾人、秦人于温。”则此经属于蒙上文书“冬”。因“守”或作“狩”,故杨《疏》认为“蒐狩书时”也包括这条经文。《谷梁传》:“全天王之行也。为若将守而遇诸侯之朝也。为天王讳也。”《传》意为,周天子本是被晋文公召到此地,《春秋》书作“守”,是为天王避被臣召之耻。王之耻,也就是召王者之罪,则此经含有贬晋文公之意。柳兴恩大概是把《传》意与经文书时联系起来,认为“书时”与《春秋》记诸侯葬“时葬,正也”相反。记葬以书时为正,正为褒,记“守”书时则含有贬义,故二例“反对”。

综上所述,柳兴恩将《谷梁传》所释《春秋》日月例构成一个体系,以《春秋》记外诸侯卒葬显示的日月例为中心,将《春秋》记其他事体现的日月例大部分认定为“自诸侯卒葬例来”,少数认定为“与诸侯卒葬例反对”,实际也是诸侯卒葬例的扩张。由此,似乎整部《春秋》中都贯穿着日月例,孔子的褒贬也多数由日月例体现。这个体系有些明显不严谨的地方,柳兴恩都以不可拘泥予以解释。换个角度看,柳兴恩是以日月例为中心,归纳了《谷梁传》所释各种《春秋》例。不论这个体系是否确为《春秋》所有,甚至不论它是否符合《谷梁传》本意,它都是《谷梁大义述》对《谷梁》学的一个贡献,体现着《谷梁》学至清代发展到一个新的水平。

二、驳难与辨析

从东汉的何休至清代的刘逢禄,包括主张用因事明义方法解读《春秋》的学者，批评《谷梁传》所释日月例者一直不断，当然也涉及《谷梁传》所释其他义例。柳兴恩作为《谷梁》学的坚信者，对前人批评《谷梁传》自然要予以辩解与反驳，同时也表述自己对某些问题的认识。柳氏批评的对象也包括范宁和杨士勋，认为他们未能正确理解《传》意。《述日月例》是柳兴恩正面表述自己观点的部分，驳难与辨析也散见于各条"述曰"中。《述师说》似乎只是述以往经师之说，实际上是以评说为主，合《谷梁》说者从之，违《谷梁》说者驳之。此篇驳难最多。《述礼》以摘录《谷梁传》所述礼制为主，并摘录其他文献所载礼制予以证明或补充，少数"述曰"也有驳难与辨析的内容，但鲜有发明。本节即对两篇中部分驳难与辨析内容予以解读并评述。

> 《述日月例》"内女"条"述曰"第二节："僖十有四年范《注》云：'鲁女无故远会诸侯，遂得淫通，此亦事之不然。《左传》曰：缯季姬来宁，公怒之以缯子不朝。遇于防，而使来朝。此近合人情。'此范宁之从《左氏》而驳《谷梁》也。今案：如《左氏》说，则来宁之归，经例不书，下年何以书'季姬归于缯'也？《左氏》说不可通矣。淫通之说见何休《公羊注》。……自何休以淫泆之说诬《公羊》，而范宁并以非《谷梁》。今二《传》并无罪之之文，而《谷梁》尤以日卒为正。乌乎！非比事而参观纪叔姬、郯伯姬、杞叔姬、宋伯姬之例，何由为《谷梁》辨其诬也？而余说之确据，尤在'夏四月丙申，缯季姬卒。'深信孔子之不削其日，为断无淫泆之行，而谷梁氏'日卒，正也'之例洵超左氏、公羊二《传》之上，如郑康成所谓'《谷梁》善于经'也。"

按：《春秋》僖公十四年："夏六月，季姬与缯子遇于防，使缯子来朝。"《谷梁传》："遇者，同谋也。来朝者，来请己也。朝不言使；言使，非正也，以病缯子也。"《传》意有些不明确。既言"同谋"，似是指二人相见不是好事。"使来请己"，可以理解为使其来求婚。没有父母之命、媒妁之言的爱情违背礼制。范宁大概是如此理解，故认为季姬作为国君之女跑到防地去约见情人，并与何休所说结合起来，认为此事不合情理，也就是批评《谷梁传》和何休所说皆不可信，认为《左传》所载较为合情。柳兴恩认为，从《春秋》记事原则看，《春秋》不记内女来宁之归，明年经书"季姬归于缯"，可知《左传》"来宁"说不通。何休的"淫泆"说更没有根据。柳兴恩用大段文字考证季姬实是被休，此次是主动求缯子复婚，"使来请己"。按照这种理解，季姬不仅不再是私会情人的淫妇，反而成为"好女不嫁二男"的贞女。这是对《传》文的全新阐释。柳氏认为，僖公十六年经书"夏四月丙申，缯季姬卒"，记卒书日，圣人是在显示死者之正，也就是确认她是贞妇，与《传》意吻合。因此，柳氏认为，范宁"从《左氏》而驳《谷梁》"是不对的，并认为《谷梁传》所释"日卒，正也"之例远胜于左、公二《传》，证明郑玄所说"《谷梁》善于经"是正确的。《左传》是用作者收集到的材料解说《春秋》所载之事，柳兴恩继承《谷梁传》的方法由所谓例推论《春秋》所载之事，故对同一条记载形成完全不同的解说，自然在情理之中。柳氏深信《谷梁传》也无可厚非。范宁注《谷梁传》，既有对《谷梁传》的批评，也有对左、公二《传》的采信，许多学者因此表扬范宁，但坚信《谷梁传》者也可以因此批评其不守师法，或者认为他曲解了《传》意。

> 《述日月例》"夫人薨葬"条："述曰：夫人之薨葬从君例，无有不书日者(亦自外诸侯卒葬例来)。或曰：《春秋》之义重内略外。今内大夫卒葬、内女卒葬，以至公与夫人之薨葬，均谓自外诸侯卒葬例来，不亦傎乎？曰：此正《谷梁》例也。僖八年：'禘于大庙，用致夫人。'《传》云：'一则以外之弗夫人而见正焉。'文九年：'秦人来归僖公成风之禭。'《传》云：'秦人弗夫人也。'即'外之弗夫人而见正焉'。然则即外正内，不独薨葬，推之凡事皆然。此所以为'《谷梁》善于经'，所待后学发明其义也。自唐以来，驳日月例者佥曰'日久文脱'，问此夫人卒葬由隐至哀，日月全具，何竟无一条脱落者乎？则知圣经褒贬所不及，故全备而不削也。由是推之，则知凡不备者，皆圣经削之以示义矣。乌乎！属辞比事之教，自宋以来，其弗讲者久矣乎！"

按：此条录《春秋》记鲁君夫人薨及葬者，无一条不书日。柳兴恩据隐公二年《谷梁传》"夫人之义，从君者也"，即夫人一切随从丈夫，认为《春秋》记夫人薨葬皆书日，是因《春秋》记鲁君薨葬皆书日。"公薨葬"条："述曰：日月之例，《传》自详矣(此亦自外诸侯卒葬例来)。定元年《传例》云：'内之大事日。'葬尤内之大事，故书日不书时。旧史薨皆书日，孔子修之，有去葬以示义者，并略其日。"所谓"《传》自详"，应是指庄公三十二年《传》："子卒，日，正也；不日，故也。"据此，《春秋》记鲁君及夫人薨书日，与记外诸侯卒"日，正也"例同。但是《春秋》记鲁君及夫人葬也书日，是因"内之大事日"，与记外诸侯葬"时葬，正也；月葬，故也；日葬，故也，危不得葬也"明显不同，怎能说"亦自外诸侯卒葬例来"？柳氏大概也意识到这里有些问题，故两处都只说"自外诸侯卒葬例来"，而不如其他条说"自诸侯卒葬某例来"。在此，柳兴恩可能是这样理解的：圣人为了显示"重内略外"，故于记鲁君及夫人葬书日，以与记外诸侯葬以书时为正区别开来，故也可以说是"自外诸侯卒葬例来"。

柳兴恩对"或曰"的批评，可理解为自问自答，借以表述自己对"即外正内"的理解。《春秋》僖公八年："秋七月，禘于大庙，用致夫人。"《谷梁传》："用者，不宜用者也。致者，不宜致者也。言夫人必以其氏姓；言夫人而不以氏姓，非夫人也，立妾之辞也，非正也。夫人之，我可以不夫人之乎？夫人卒葬之，我可以不卒葬之乎？一则以宗庙临之，而后贬焉；一则以外之弗夫人，而见正焉。"对此经之"夫人"，《左传》认为是庄公夫人哀姜，《公羊传》认为是僖公夫人声姜，《谷梁传》则认为是庄公之妾、僖公生母成风。①《谷梁传》认为，经文中的"用"字和"致"字，都显示着圣人对僖公借禘祭确立生母为庄公夫人的批评。圣人于此不称夫人氏姓，意在显示成风本是庄公之妾。圣人反对"以妾为妻"，故不称氏姓含有贬义。僖公以成风为庄公夫人，按照夫人规格办理生母丧葬事，圣人作为鲁国之臣，不能不承认成风的夫人地位。文公四年，《春秋》书作"夫人风氏薨"，五年，又书作"葬我小君成风"，都显示着成风是夫人。但是，圣人除于此经显示成风为妾外，于文公九年书作"秦人来归僖公、成风之襚"，也显示秦人未把成风视为夫人，用这种方式揭示成风本不是夫人。柳兴恩根据上述最后一点，认为《春秋》有"即外正内"之例，即用外事正内事，此例同样适用于其他，"推之凡事皆然"，当然也适用于记内事之例来自外诸侯卒葬例。这是对"或曰"的回答。柳兴恩认为，"《谷梁》善于经"，这些地方需要后学理解"发明其义"。当然，这只是柳氏个人的理解。

最后，柳兴恩又对日月不具为脱文的说法进行了批评。《春秋》记事多有不记日月者，《谷梁传》往往据日月例阐释其中的褒贬之意，批评日月例者则认为《春秋》有些不记日月者为缺文。柳兴恩反驳说，如果说有些地方是《春秋》在流传过程中产生了脱漏，《春秋》记夫人薨葬何以日月全具，无一日之脱？此驳颇具说服力。若无力反驳，就只能承认《春秋》经文都是圣人有意为之。柳氏据此认为，旧史记事全书日月，孔子据旧史修《春秋》，寓褒贬之意者则删旧史中的日月以为日月例，无所褒贬者则保留旧史所书日月。柳兴恩认为，通过"属辞比事"即联系比较的方法，很容易理解日月例，可惜宋以后的学者已不懂这种方法。许多学者都强调用"属辞比事"的方法研究《春秋》，因出发点不同，联系的内容不同，比较出来的结论也千差万别。

《述日月例》"天王崩葬"条，"述曰"第二节："又案：文九年《疏》云：'《春秋》之世有十二王，志崩者九，书葬者唯五耳，良繇王室不赴、诸侯不会故也。'又云：'其庄王、僖王、顷王，三者不志崩，为不赴故也。'又云：'遣使往会则录之，若不遣使，则葬不明，故不录也。'今案：此以《左氏》之例释《谷梁》，不知《谷梁传》初无不赴、不会葬之说也。庄三年《传》曰：

①详见晁岳佩《春秋三传义例研究》，线装书局，2011年版，第395－397页。

'近不失崩;不志崩,失天下也。'此明鲁去周近,必不至失天子之崩,不志崩者,见天子之失天下耳。观求赙、求金之使,周有不赴鲁者乎?况《传》明云'不志葬',鲁即往会亦不得书,其书葬者,'危不得葬也',知不系鲁之会不会矣。试以《疏》说合之《传》说,岂鲁往会则危故书葬,不往会则不危故不书葬乎?有以知其必不然矣。"

按:《春秋》文公九年:二月"辛丑,葬襄王。"《谷梁传》:"天子志崩不志葬,举天下而葬一人,其道不疑也。志葬,危不得葬也。日之,甚矣,不葬之辞也。"范宁《注》:"王室微弱,诸侯不复往会葬。"《谷梁传》认为,《春秋》记周天子之事有记崩不记葬的原则。因为,天子"七月而葬",若知崩日,葬日就是固定的;天子是天下之主,普天之下都必须为葬天子尽力,诸侯也不得因任何事而误葬礼。因此,《春秋》无需记天子之葬。凡《春秋》记"葬某王",都是在显示举行葬礼时有危急情况。此经书日,是显示举行葬礼时出现了严重危机。范宁首先把"危不得葬"理解为"不得备礼葬",即因穷困不能按照天子规格举办葬礼,然后认为是"诸侯不复往会葬"所致。杨士勋在范《注》的基础上进一步引申,于是有了柳兴恩所引《疏》文。柳氏指出杨《疏》是"以《左氏》之例释《谷梁》",的确抓住了要害。《春秋》庄公三年:"五月,葬桓王。"《谷梁传》:"近不失崩;不志崩,失天下也。"柳兴恩认为这是《春秋》记天子崩的原则,与周王室是否赴告诸侯没有关系。鲁距周不太远,周王室曾因葬天子派使者来鲁国"求赙""求车""求金",岂有不将天子去世的消息赴告鲁国之理?因此,因王室未赴告,故鲁国史官未记,孔子修《春秋》也不载某位天王崩的说法是不能成立的。此说有理。《谷梁传》说《春秋》有不记天子葬的原则,与鲁人是否参加葬礼更没有关系。柳兴恩最后批评杨《疏》以《左传》之例释《谷梁传》,实际上陷入了自相矛盾。范《注》、杨《疏》在此确有曲解《谷梁传》之嫌。

《述日月例》"夫人至及如"条:"述曰:文九年《疏》引范氏例:'……文姜七如齐。……'今案:文姜之如齐:桓十有八年,一也;庄元年'孙于齐',二也;二年会禚,三也;四年祝丘,四也;五年如齐师,五也;七年会防,六也;冬会谷,七也;十有五年如齐,八也。其祝丘及防,范《注》皆云'鲁地',不数之则为六,并数之则为八。范《例》云七者,盖合桓十有八年与庄元年之孙为一,谓此一年有余,文姜在齐未返耳。不知文姜如未返鲁,则桓末年之如齐乃与桓俱行,并非出奔,《传》何得云奔而为之讳也?唯前返而此又奔,故经以三月定其期,《传》以奔实其事。且三月出奔,正接四月练祭,故《传》云:'接练时,录母之变'。乃范《注》云:'夫人初与桓俱如齐,今又书者,于练时,感夫人不与祭。'信如范言,桓以前年夏四月薨于齐，今年练祭必在四月，试改经曰‘四月，夫人孙于齐’可乎？不可乎？以闵二年‘九月，夫人姜氏孙于邾’例之，知此孙齐亦系据事实书，而文姜之于三月前已返鲁，今又奔齐，昭然察矣。文姜果未返鲁，经当如‘公在楚’、‘公在乾侯’之例，于‘元年春王正月’下，书‘夫人在齐’，而夫人尊不敌君，经固无此例也。实书‘正月，夫人在齐’犹不可，乃空撰‘三月，夫人孙于齐’，而范《注》以为可，经尤无此事也。”

按：《春秋》桓公十八年：“春王正月，公会齐侯于泺。公与夫人姜氏遂如齐。”“夏四月丙子，公薨于齐。”“丁酉，公之丧至自齐。”《春秋》未载桓公夫人文姜何时返鲁。庄公元年：“三月，夫人孙于齐。”《春秋》有记鲁君及夫人出奔用“孙”字的原则，可知此经内容是文姜奔齐。既然是出奔，文姜应在此之前已从齐返鲁。但《公羊传》首先提出：“夫人固在齐矣，其言‘孙于齐’何？念母也。正月以存君，念母以首事。”作者认为文姜一直没有回来，圣人书“夫人孙于齐”，是说庄公此时想起母亲。《谷梁传》说：“接练时，录母之变，始人之也。”意为在桓公周年练祭前夕，《春秋》书“夫人孙于齐”，意在显示十二岁的庄公此时已初有成人之心，因将祭父而想到母亲的变故。实际上，《谷梁传》在此是暗袭了《公羊传》的解释，也认为实无“夫人孙于齐”之事。范宁没有误解《传》意，只是“感夫人不与祭”稍有语病。柳兴恩认为文姜是返鲁后又出奔，《春秋》并非空撰“夫人孙于齐”。从历史角度看，应该是正确的。但他努力证明这就是《谷梁传》本意，则显得没有说服力。《谷梁传》说：“孙之为言犹孙也，讳奔也。”是在解释《春秋》用字原则，并未强调此“孙”就是出奔之事。对“录母之变，始人之也”，柳兴恩也没有解释。

《述日月例》“诸侯及大夫复归”条“述曰”第二节：“庄公二十有四年：‘赤归于曹。郭公。’范《注》引徐乾说，以赤为郭国之君。不知‘突归于郑’、‘赤归于曹’，书法一例。突为郑君，何以赤非曹君？复书郭公者，郭亦曹地，而赤先据之，即‘郑伯突入于栎’之例推之，经亦宜书‘曹伯赤入于郭’。不书者，非文不备，正例可互见也。或曰：郭为曹地，《传》何云外归也？不知外归云者，自外而归，非归于外。郭本曹地而赤据之，则郭外于曹矣。犹栎本郑地而突据之，则栎外于郑矣。然则突自栎归，经亦可书栎公，《传》亦可云外归。而经不书栎公、《传》不云外归者，即‘赤归于曹，郭公’之例比之属之，亦可互见也。乃蒙更于《谷梁》本传得一切证焉。昭二十有五年：‘宋公佐卒于曲棘。’《传》曰：‘邡公也。’范《注》改邡为访，训访为谋，以为谋纳昭公，此用《左氏》说也。即如《左氏》说，《谷梁》亦当云‘谋内’，不当云‘谋公’，况更改字以邡为访乎？不知邡即防字。

隐十年:公败宋师,取郜、取防,则防亦宋地。宋公佐盖以他故先入邡,故《传》于卒曲棘之下云:'邡公也。'推此,知'郭公'之下如加一'也'字,则文意极显。但经无此书法,遂启后儒臆说之端耳。然则非《传》文'邡公也'三字,无以证明'郭公'之经。此《谷梁》所以为'善于经'。惜两处俱为魏晋以来注家所乱,安得起先师于九京之下一一厘正之。"

按:《春秋》庄公二十四年:"赤归于曹。郭公。"后世学者多将此分为两条。"郭公"二字实无法理解,或以为有缺文。《左传》无说。《公羊传》:"赤者何?曹无赤者,盖郭公也。郭公者何?失地之君也。"《公羊传》合为一条经文解释,认为可能是失去地盘的郭国之君赤去了曹国。一个"盖"字,反映着作者并无根据。况且,若赤为郭公,《春秋》何以用"归"字?归者,回归也。非曹人,何得云"归"?《谷梁传》:"赤盖郭公也。何为名也?礼,诸侯无外归之义;外归,非正也。"以赤为郭公,《谷梁传》显然袭用了《公羊传》。但作者注意到了"归"字,认为圣人用"归"字,意在显示其"外归"违背礼制。"外归",当是"归于外"之意,即郭国之君归到了曹国。这一点也与《公羊传》同。

柳兴恩以徐乾说为批评对象,而徐乾说实源于《公》《谷》,柳氏未提《公羊传》,概因与《谷梁传》相近。柳兴恩首先从"突归于郑"、"赤归于曹"两条经文书法相同,断定赤为曹君,而非郭国之君。此说有理。其实"归"字已明确显示赤为曹君。其次,柳氏认为郭是曹地,"赤归于曹",就是由郭地归曹,并引桓公十五年经"郑伯突入于栎"为证,反复予以说明,但终究不能证实。第三,柳兴恩专门解释《谷梁传》所谓"外归",认为是"自外而归",而非"归于外"。从字面上看,此说也通。但是,《谷梁传》明确说"诸侯无外归之义",若"外归"为"自外而归",诸侯何以不得"外归"?《春秋》记诸侯自外而归者有多人。柳氏为说明赤是自郭而归曹者,不惜曲解《传》文。第四,柳兴恩引昭公二十五年经文"宋公佐卒于曲棘",《谷梁传》文"邡公也",批评范宁"改邡为访,训访为谋",是以《左传》所载之事释《谷梁》。其说有理。柳兴恩认为邡就是防,防是宋地。这部分论证很精彩,确有说服力。但他认为《谷梁传》是称宋公佐为邡公,是"以他故先入于邡",故称邡公。此说极牵强。最后,柳兴恩用宋公佐称邡公之例,推论赤因先入郭故称郭公。此说虽未必可信,但也可聊备一说。其实,大部分《春秋》学者认为"郭公"有缺文。尽管柳兴恩这段推论颇有新意,其中也有合理之处,但赤是先奔郭又入曹的曹君之说,终究缺乏有力证据。

《述师说》,柳兴恩自朱彝尊《经义考》转引唐陈岳《春秋折衷论》:"(庄公)十有三年冬,'公及齐侯盟',《左氏》不以日为例。《公羊》曰:

‘桓盟不日，信之也。’《谷梁》曰：‘不日，信桓也。’折衷曰：《公》《谷》以桓盟不书日谓齐桓公信著于诸侯，桓盟皆不日。究其微旨殊不然。《春秋》书内事或系日，或系月，或系时……，外事第从赴告而已。盟会，外事也，不赴以日则不日，斯桓之盟不日者，不赴以日也。苟曰‘桓盟不日’，桓方伯之际亦有书日者，桓既卒之后复有不书日者，……聊举大者以明之，则知盟会不以日为义例定矣。斯《左氏》得其实，《公》《谷》皆误。”

“述曰：赴告之文亦有定例，岂有同一盟也，此国赴以日，他国不赴以日者？况同一国也，又岂有前盟赴以日，后盟不赴以日者？以此说旧史且不可，况既修之圣经乎？”

按：公、谷二《传》皆认为《春秋》有“桓盟不日”以显示桓公有信的原则，即凡由齐桓公主持的诸侯结盟，《春秋》皆不书日，以显示与盟诸侯信任齐桓公。凡《春秋》记桓盟书日者，二《传》则认为属于破例，圣人意在显示其他内涵。《左传》有记外诸侯国之事“不赴，故不书”之说，认为鲁国史官有记外事从赴告的原则。杜预在此基础上引申为“经承旧史，史承赴告”，即鲁国旧史记外事从赴，孔子在旧史基础上修成了《春秋》。言外之意是，今本《春秋》所记外事，除孔子有意修改者外，仍是原始的赴告之辞。陈岳以此为基础批评二《传》“桓盟不日”说。他认为，《春秋》记盟会是否书日，完全取决于当时向鲁国告知此事者是否告知了日期。陈岳指出，若谓“桓盟不日”，《春秋》记桓盟实有书日者，记非齐桓公主持的盟会也有不书日者。由此可知，《春秋》记盟会不以书日不书日为义例，即其中不包含圣人垂教后世之义。陈岳大概更不认同二《传》的破例说，故没有提及。

柳兴恩批评陈岳，也就是为《谷梁传》辩护。柳氏反驳的依据也是《春秋》记盟会有书日者，也有不书日者，与陈岳批评二《传》使用的证据相同。他认为，按照旧史记外事从赴的原则，那么当时诸侯国应有相对统一的格式，至少一国应有前后一致的格式，若告日，皆应告日，若不告日，皆应不告日。《春秋》记盟会书日不一致，甚至记同一国之事也不一致，恰恰说明这不是从赴的结果。柳氏的言外之意是，《春秋》记盟会书日不书日并非从赴，是圣人有意以此为例，用书日不书日的方式显示对所记人、事的褒贬。柳兴恩的辨析言之成理，有较强说服力。柳兴恩和陈岳对《春秋》记盟会的相同材料，却得出完全不同的结论，且都言之成理，后人很难客观定其是非。这是《春秋》学的特点之一，因为谁也不能“起先师于九京之下一一厘正之”。

《述师说》，柳兴恩引顾炎武《日知录》“陨石于宋五”条：“公、谷二《传》相传受之子夏，其宏纲大指得圣人之深意者凡数十条。然而齐鲁之间，人自为师，穷乡多异，曲学多辩，其穿凿以误后人者亦不少矣。且如‘陨石于宋五’，‘六鹢退飞过宋都’，此临文之不得不然，非史云‘五石’而夫子改之‘石五’，史云‘鹢六’而夫子改之‘六鹢’也。谷梁子曰：‘陨石于宋五，后数，散辞也；六鹢退飞过宋都，先数，聚辞也。’‘天下之达道五，所以行之者三’，其散辞乎？凡为天下国家有九经，其聚辞乎？初九潜龙，后九也；九二见龙，先九也，世未有为之说者也。‘石无知，故日之。’然则‘梁山崩’不日何也？‘鹢微有知之物，故月之’，然则‘有鸜鹆来巢’，不月何也？夫日月之有无，‘其文则史’也。故刘敞谓：言‘是月’者，宋不告日，嫌与陨石同日，书‘是月’以别之也。”

“述曰：后数，散辞也；先数，聚辞也。唯旧史临文亦不得不然，故如此释之，岂夫子必改之而后自释之哉？‘石无知，故日之’，然则‘梁山崩’之宜日可知也；其不日者，史旧文也。‘鹢微有知，故月之’，推之‘有鸜鹆来巢’之宜月可知也；其不月者，史旧文也。如此活看，则知郑氏独云‘《谷梁》善于经’，信不诬尔。”

按：《春秋》僖公十六年：“春王正月戊申朔，陨石于宋五。”《谷梁传》：“陨而后石何也？陨而后石也。‘于宋’，四竟之内曰宋。后数，散辞也。耳治也。”《春秋》：“是月，六鹢退飞过宋都。”《传》：“‘是月’也，决不日而月也。‘六鹢退飞过宋都’，先数，聚辞也，目治也。子曰：石无知之物，鹢微有知之物。石无知，故日之；鹢微有知之物，故月之。君子之于物，无所苟而已。石、鹢且犹尽其辞，而况于人乎？”“后数”，谓数字在后；“先数”，谓数字在前。“散辞”，谓石落在宋国各地；“聚辞”，谓六只鸟聚集于宋国都城。“耳治”，听见；“目治”，看见。“决不日而月”，谓陨石书日，六鹢与其不同故不书日而书月。《谷梁传》在如此训释经文的基础上，又引了不知出处的孔子之言：石头无生命无智慧从天而降，属于重大异常现象，故记此事必须书日以显示重要；小鸟有生命，也有一点智慧，退飞或有自主的可能性，不属于重大异常现象，故记此事略而书月。最后的感叹当是《谷梁传》作者之言：圣人（《谷梁传》和《公羊传》中的“君子”多指孔子，与《左传》不同）对小事的记载都如此细致准确，何况记人？这里体现着圣人的高度认真。《谷梁传》在此仍是在阐释《春秋》日月例：重大灾异书日，轻者书月。不论这种阐释是否符合经文本意，内容本身实饶有趣味，且讲出了“君子无所苟”的道理。

顾炎武显然不相信《谷梁传》所引是圣人之言。他首先肯定公、谷二《传》有数十条“得圣人之深意”，但在整体上看不起二《传》，认为是穷乡僻壤未见大世面之人所作，所谓“曲学多辩”“穿凿”，是对二《传》的特点认定。顾氏指出，“石五”“六鹢”是正常文字表述，并非孔子有意改写，故其中并无深刻内涵；所谓“后数散辞”

“先数聚辞”更无道理，如《周易·乾卦》爻辞，“初九”“九二”，表示的是爻位，从未有人区分“散辞”“聚辞”。“天下之达道五”云云，是《礼记》之文，也没有人释为散辞。如果重大灾异书日，《春秋》成公五年“梁山崩”并未书日；如果说较轻灾异书月，《春秋》昭公二十五年“有鸜鹆来巢”也并未书月。顾炎武在上述证据的基础上认定“石五”“六鶂”都是旧史原文，也就是完全否定了《谷梁传》的阐释。

柳兴恩针对顾炎武的考证予以辩解。“石五”“六鶂”正因是旧史原文，孔子认识到了其中的含义，才自己为之解说，使其成为含有圣人之意的经典；由“石五”经文可以推知“梁山崩”应该书日，由“六鶂”经文可以推知“有鸜鹆来巢”应该书月，故圣人可以不书日月。由此及彼，后人自可推知。柳氏认为，读《春秋》应该“活看”，既认定有例，但也不可拘泥于例，如此才能读懂《谷梁传》，才能理解《春秋》。言下之意是，顾炎武没有读懂《春秋》经传。总之，《谷梁传》所释不仅不误，而且是善于解经的典范。顾炎武的论证有说服力，但引“初九”“九二”，也有不类之嫌。柳兴恩从为《谷梁传》辩解的角度，所说也通，但终有强词夺理之意，且以“石五”“六鶂”为旧史原文，恐非《谷梁传》本意，“君子无所苟”，正是在强调圣人作《春秋》遣词造句的严谨。总之，顾炎武是从史学角度看待这两句经文，意在求实；柳兴恩是从经学角度为《谷梁传》辩解，意在释义。

《述师说》，柳兴恩引齐召南《春秋谷梁传注疏考证》：“‘齐仲孙来。’《传》：‘其曰齐仲孙，外之也。’按：以仲孙为庆父，公、谷二《传》所同。《左传》云‘齐仲孙湫来省难’，是也。庆父即系逆贼，可以鲁人为齐人乎？公子称公子，公子之子称公孙，公孙之子始以王父字为氏。大夫固有以字称者，如叔牙、季友是也。然称牙为叔牙可也，称牙为叔孙必不可也，何也？至叔孙得臣而后称叔孙也。称友为季友可也，称友为季孙必不可也，何也？至季孙行父而后称季孙也。岂唯牙、友不得称叔孙、季孙，牙之子兹称公孙兹而已，不得称叔孙兹也；友之子某虽不见经，亦当称公孙而已，不得称季孙某也。庆父为仲孙氏之祖，即称仲孙可乎？且于庆父之来曰‘仲孙’，于其明年出奔又曰‘公子庆父’，入则孙之，出则子之，进退无据。应以《左氏》说为正。”

“述曰：据《左传》，伍员使于齐，属其子于鲍氏，为王孙氏。吴人自改为齐人，鲁人不可贬为齐人乎？故《传》云：‘外之也。’其曰‘仲孙’，以其后之氏目之，既明其实为庆父，而又不称‘公子’，故《传》云：‘疏之也。’及出奔莒，《传》云：‘不复见矣。’故经特书‘公子庆父’以显之曰‘出’，绝之也。其自齐归则书‘齐仲孙’以外之曰‘来’，防之也。大义凛然，‘《谷梁》

善于经',信不诬矣。"

按:《春秋》闵公元年:"冬,齐仲孙来。"《左传》载齐桓公派大夫仲孙湫来了解鲁国的内乱情况,有帮助鲁国定乱之意,"书曰仲孙,喜之也",是谓鲁人欢迎仲孙湫。《公羊传》:"齐仲孙者何?公子庆父也。公子庆父则曷为谓之'齐仲孙'?系之齐也。曷为系之齐?外之也。曷为外之?《春秋》为尊者讳,为亲者讳,为贤者讳。"齐仲孙氏仅此一见,公子庆父为鲁仲孙氏之祖,去年冬"如齐",明年九月"出奔莒",中间未见其归文,可能是《公羊传》以"齐仲孙"为鲁公子庆父的理由。所谓"外之",意为视其为外人。所谓"讳",《公羊传》认为季友为照顾兄弟之情没有追究庆父之罪;庆父是杀害子般的凶手,宽容弑君者是大过,但季友是贤人,《春秋》为贤者讳过,故书"齐"以"外之",即掩盖季友允许庆父回国之过。《公羊传》在此强调的是"《春秋》为贤者讳"。《谷梁传》:"其曰'齐仲孙',外之也。其不目而曰'仲孙',疏之也。其言'齐',以累桓公也。"《谷梁传》显然袭用了《公羊传》。所谓"不目",是说圣人不称庆父为"公子"。公子是与君主最亲近者,不称公子,意味着疏远他。"累桓公",是谓圣人有怪罪齐桓公没有杀掉庆父而让其回国之意。《谷梁传》在此强调的是圣人有贬庆父之意。

齐召南对二《传》以"齐仲孙"为公子庆父的批评极为有力:庆父是鲁人,圣人不可能说他是齐人;庆父是公子,圣人不应称其"仲孙";庆父是仲孙氏之祖,他和他的儿子都不应称仲孙,仲孙之称,应自其孙辈始;此经称"仲孙",明年又称"公子庆父",圣人不可能如此书写。

柳兴恩针对齐说,为《谷梁传》进行辩解:《左传》载伍员之子为齐王孙氏,吴人可改称齐人,鲁人自然也可以贬称齐人,圣人改称庆父为齐人,正是为了显示"外之";庆父后人称仲孙氏,圣人使用这一称谓,正是为了显示"疏之";此经书"仲孙来",明年经书"公子庆父出奔",正体现着互见,圣人用"出",体现着已不再承认他是鲁人之意,也就是《谷梁传》所谓"不复见矣"。柳兴恩认为,《谷梁传》的阐释,才真正揭示了《春秋》诛讨乱臣贼子的大义。依《左传》所说,则没有了这种大义。柳氏的辩解似也言之成理,但难以服人。伍子胥后人居住齐国可为齐人,庆父回鲁不当再称齐人,其他解释也明显有穿凿之嫌。

《述师说》,柳兴恩引齐召南《春秋谷梁传注疏考证》:"'吴子谒伐楚,门于巢,卒。'《传》:'非巢之不饰城而请罪,非吴子之自轻也。'按:谓'吴子自轻'是也。巢附强楚,为吴所攻,即遣使请罪,其能免于难乎?吴师临门,壮夫善射,亦可谓小国之善御侮者矣。责以不饰城而请罪,其无乃非经意乎?"

“述曰：饰城请罪，必古有是军礼，不独小之事大宜然，诸侯之于天子当亦如是。至春秋而古礼荡然，小国尚有侥胜大国、屈意请成之事，齐亦何以为迂哉？”

按：《春秋》襄公二十五年：“十有二月，吴子谒（谒，《左传》作‘遏’）伐楚，门于巢，卒。”《谷梁传》：“以伐楚之事，门于巢卒也。‘于巢’者，外乎楚也。‘门于巢’，乃伐楚也。诸侯不生名，取卒之名加之‘伐楚’之上者，见以伐楚卒也。其见以伐楚卒何也？古者大国过小邑，小邑必饰城而请罪，礼也。吴子谒伐楚，至巢，入其门，门人射吴子，有矢创，反舍而卒。古者，虽有文事，必有武备。非巢之不饰城而请罪，非吴子之自轻也。”《谷梁传》对此经的阐释也是在《公羊传》基础上的引申①，充分体现着顾炎武所说“曲说多辩”。通过对“门于巢”反复解释，《谷梁传》认为经意为吴子谒因伐楚而死于巢国之门。圣人于此事显示两个内涵：一是责备吴子谒作为国君不知自重，轻身涉险而丧命；二是责备巢国违背古礼，没有在大国军队经过时“饰城而请罪”。“饰城”即修城，意为加强防守，是为“武备”；“请罪”即问有何得罪，以礼接待大国，是为“文事”。吴子谒轻入巢门，既说明巢人没有加强戒备，也说明没有向吴人“请罪”，致使途经此地的吴军来伐。也就是说，君主应该自重，不轻身涉险；小国既要礼待大国，也要加强戒备，就是此经显示的垂教之义。不论是否符合经文本意，《谷梁传》所表述的《春秋》大义还是有价值的。

齐召南认同《谷梁传》所释“非（责备）吴子之自轻”，但不认同“非巢之不饰城而请罪”。他认为，巢附楚，吴伐巢也是伐楚的组成部分，即使巢人“请罪”，也不能免于被伐。从《左传》记载看，巢国壮士牛臣利用短墙射死吴子谒，说明巢人有很好的防御措施。因此《谷梁传》所说恐非圣人之意。显然，齐召南是从史事角度解此经，与《谷梁传》旨在阐释大义有本质上的区别。齐召南作《春秋谷梁传注疏考证》，多从史事角度，引《左传》为据，必对《谷梁传》及其注疏有许多批评。

柳兴恩认为齐召南不是真正的《谷梁》学专家，《述师说》对齐说多有驳难或辨析。柳兴恩认为，古代应该确有“饰城请罪”之礼，不仅小事大如此，诸侯对天子也应如此，即使在“古礼荡然”的春秋时代，仍有小国侥幸取胜却主动向大国求和者，说明此礼仍有残存；齐说不成立。柳兴恩的驳难显然有问题：第一，古有“饰城请罪”之礼，没有材料证明。第二，诸侯对天子应该朝见接驾，而不是“饰城请罪”。第三，柳氏似乎对“饰城”的加强戒备之意未理解到位，只强调了“请罪”。第四，春秋时代小国幸胜而求和，也与“饰城请罪”非同一概念。第五，柳氏的辩解超出了《谷梁传》本意。

---

①详见晁岳佩《春秋三传要义解读》，国家图书馆出版社，2008 年版，第 224 – 228 页。

其实,柳兴恩在这里犯的最大错误,是从史事角度为《谷梁传》辩解。《谷梁传》和《公羊传》一样,作者都不是历史学家,解说《春秋》旨在释义,而不是论事,虽有“借事明义”的方法,即借助史事说明某些道理,并不重视史事是否正确甚至有无,“明义”才是目的。刘逢禄为《公羊传》辩解,很少讨论史事,多强调圣人之意应该如何,让别人难以驳倒,这是聪明办法。柳兴恩试图也从考证史事的角度与驳难者抗衡,以此为并不注重史事的《谷梁传》辩护,势必处于弱势。这是《春秋大义述》中很多“述曰”不太成功的关键所在。

《述师说》,柳兴恩引王引之《经传述闻·春秋谷梁传》“称人以杀大夫”条:“九年:‘春,齐人杀无知。’《传》曰:‘称人以杀大夫,杀有罪也。’家大人曰:‘大夫’二字涉上下文而衍。隐四年‘卫人杀祝吁于濮。’《传》曰:‘称人以杀,杀有罪也。’与此文同一例,则不当有‘大夫’二字明矣(僖七年‘郑杀其大夫申侯’,彼是君杀大夫,故《传》曰‘称国以杀大夫,杀无罪也’。此不当言杀大夫),自唐石经始有之,而各本遂沿其误。僖七年《疏》引此,无‘大夫’二字。”

“述曰:王说非也,由不得其句读耳。此《传》‘称人以杀,大夫杀有罪也’,《传》之‘大夫’释经‘人’字。此时齐无君,则杀无知者,大夫也。经不与大夫之专杀,故以众辞书‘齐人’。而前之‘卫人杀祝吁’,‘卫人立晋’,俱视此例,故僖七年《疏》引此不妨截去‘大夫’二字。王不得其句读,误恐‘大夫’即指无知,故云然。”

按:王引之认为“大夫”二字“涉上下文而衍”,理由是与隐公四年《传》“称人以杀,杀有罪也”同例而无‘大夫’二字。自注又指出与僖公七年《传》的区别。但此说仍嫌证据不足,难为定论。况且所谓“唐石经始有之”,盖以杨《疏》为据,王氏莫非还曾看到唐石经以前的版本?柳兴恩对这条《传》文的标点真是别出心裁,前人从未有如此断句者。“称人以杀大夫,杀有罪也”,“大夫”是指公孙无知;“称人以杀,大夫杀有罪也”,“大夫”是指杀公孙无知者。柳兴恩认为此处的“大夫”就是经文中的“齐人”,此解可通,但《谷梁传》中没有其他可如此断句的例证。《春秋》宣公九年:“陈杀其大夫泄冶。”《谷梁传》:“称国以杀大夫,杀无罪也。”僖公七年《传》同。若按照柳氏的断句,则不可通,因二者都是君命杀大夫。总之,王引之的“大夫”衍文说和柳兴恩的新断句,虽都有新意,但也都难为定论。

《述师说》,柳兴恩引刘逢禄《谷梁废疾申何·叙》(此文已见于第三章),“述曰:党同伐异之见,经生俱所不免。《谷梁》之在东汉学已不显,何休欲申《公羊》乃复从而'废疾'之,郑康成之《起废疾》,非与何氏为难,将以存其学也。今《公》《谷》二家颁在学宫,并无轩轾。武进刘申受乃申何难郑,不过自形其党伐之私,于《谷梁》何加损焉?况何休注《公羊》积思十有七年,而刘申受止覃思五日已缀成二卷,何其敏也?余既汇抄众说,固亦不得遗之,因条举件系于左。"

按:就《春秋》三家而言,治《左传》者多同批公、谷二《传》,二家也多与《左氏》学为敌,而又各自相互攻击,自古已然。柳兴恩认为郑玄驳何休旨在保存《谷梁传》之学,实为有见。郑玄为汉代经学之集大成者,释《春秋》也兼采三《传》,为经学传承立下大功。刘逢禄一味从《公羊》学角度难郑,实不如柳兴恩对郑玄的理解深刻。《公羊传》和《谷梁传》在清代仍同为科举考试教材,为朝廷认可,刘逢禄难郑痛批《谷梁传》,也与主流学术不合;柳兴恩从现实角度批评刘逢禄也不为无理。刘逢禄自夸五天写出《谷梁废疾申何》二卷,柳兴恩嘲其"何其敏也",无疑是说此书为急就章,对《谷梁传》及郑玄说都没有深入研究。其中虽明显有门派成见,但柳兴恩对刘逢禄的批评却不无道理。

《述师说》,柳兴恩引刘逢禄《谷梁废疾申何》:"'楚人者,楚子也,其曰人何也?人楚子,所以人诸侯也。'何曰:'哀元年:楚子、陈侯、随侯、许男围蔡。不称人,明不以此故也。'释曰:'时晋文为贤伯,故讥诸侯不从而信夷狄也。哀元年时无贤伯,又何所据而当贬之也?(僖二十七年《集解》)'难曰:晋文伯业未显,何以责诸侯?江熙从《公羊》解,近之。"

"述曰:《传》云'不正其信夷狄而伐中国',大义原自凛然。何休乃引哀元年楚强之例难之,是又与于信夷狄之甚者也。"

按:《春秋》僖公二十七年:"冬,楚人、陈侯、蔡侯、郑伯、许男围宋。"《谷梁传》:"楚人者,楚子也,其曰人何也?人楚子,所以人诸侯也。其人诸侯何也?不正其信夷狄而伐中国也。"《谷梁传》认为《春秋》有诸侯称爵、微者称人的原则。此经所载"楚人"为楚成王。《谷梁传》认为,圣人显示楚成王为微者即贱者,那么追随其伐宋的各国诸侯不是更加微贱么?圣人贬低各国诸侯,是因他们信夷狄之楚而随其围"中国"之宋。《公羊传》也认为此经称人含有贬义:"此楚子也,其称人何?贬。曷为贬?为执宋公贬,故终僖之篇贬也。"作者只是认为圣人有贬楚成王之意,因为鲁僖公二十一年"秋,宋公、楚子、陈侯、蔡侯、郑伯、许男、曹伯会于霍,执宋公以伐宋"。

何休批评《谷梁传》,是因其比《公羊传》多出贬各国诸侯之意。何休引《春秋》哀公元年"楚子、陈侯、随侯、许男围蔡"为证,认为同样是各国诸侯追随夷狄之楚围"中国"之蔡,圣人并未书作"楚人",可知《谷梁传》所谓"人诸侯"之说不成立。

郑玄为《谷梁传》辩护:此时有晋文公作为贤霸主,故圣人批评各国诸侯不随晋文公而"信夷狄",至哀公时,"中国"已没有贤伯,故圣人不再"人诸侯"。也就是说,因时代不同,圣人对各国诸侯的要求也不同,故《谷梁传》所释不误。

刘逢禄准确抓住郑玄的漏洞:晋文公胜楚于城濮而成为贤伯是在鲁僖公二十八年,此时尚未为贤伯,圣人岂能已要求各国诸侯信从?郑玄说并不能证明《谷梁传》不误。

柳兴恩很聪明地避开了郑玄关于史事的辩解,而是强调《谷梁传》所释"不正其信夷狄而伐中国"的《春秋》大义凛然可畏,有垂教万世的意义,何休引"强楚之例",是比当年的各国诸侯更"信夷狄",岂不是明显违背《春秋》的"攘夷"之义吗?至此,问题已很难讨论下去:爱"中国"就必须信《谷梁传》,不信《谷梁传》就等于"信夷狄"。在爱"中国"和"信夷狄"之间,已无需再讨论。

柳兴恩用《谷梁传》在清代仍被用作经典的现实,批评刘逢禄否定《谷梁传》,用的也是这种方法:在承认朝廷正确和否定《谷梁传》之间,刘逢禄可能也不敢说朝廷不正确。《春秋》学从形成之日起就是讨论政治理论问题,而政治理论问题总难免涉及现实政治,一旦与现实挂钩,学术问题就变成了政治问题,而政治问题总是要由皇帝说了算,故无法再进行讨论。柳兴恩的做法很聪明,但也很失败,他并没有真正解释出《谷梁传》所释的合理性。

> 《述师说》,柳兴恩引刘逢禄《谷梁废疾申何》:"'会又会,外之也。'申曰:不发于成十五年钟离,而误以吴人、缯人为不殊吴,则习其文而不知其义矣。"
>
> "述曰:钟离之会并无缯人,《传》明云'会又会,外之也'。唯襄五年戚之会,经书'吴人、缯人',《谷梁》无传,范《注》:'缯以外甥为子,曾夷狄之不若,故序吴下。所以不复殊外吴者,以其数会中国故。'今误以范《注》为《传》文,又误以戚会为钟离,岂唯不深于《传》义,亦不检乎《传》文,率而肆讥。野哉,刘也!"

按:《春秋》成公十五年:"冬十有一月,叔孙侨如会晋士燮、齐高无咎、宋华元、卫孙林父、郑公子鳍、邾人会吴于钟离。"《公羊传》:"曷为殊会吴?外吴也。曷为外也?《春秋》内其国而外诸夏,内诸夏而外夷狄。王者欲一乎天下,曷为以外内之辞言之?言自近者始也。"《谷梁传》:"会又会,外之也。"所谓"会又会",是谓此经有两个"会"字,先是"叔孙侨如会……",然后共同"会吴",这也就是《公羊传》所说"殊会吴"。所谓"外吴",二《传》都认为圣人以吴为夷狄,对"中国"而言,夷狄自然是外人。也就是说,二《传》认为,圣人如此书写,显示着华夷之辨。刘逢禄说《谷梁传》未于此经阐释此义,实为失检。《春秋》襄公五年:"公会晋侯、宋公、陈侯、卫侯、郑伯、曹伯、莒子、邾子、滕子、薛伯、齐世子光、吴人、缯(《公》《左》作'鄫')人于戚。"《公羊传》:"吴何以称人?'吴、鄫人'云则不辞。"《谷梁传》未释此经。柳兴恩引范宁《注》文,证明刘逢禄所驳是《注》而非《传》,正确。刘逢禄嘲笑《谷梁传》作者"习其文而不知其义",仍是延续何休对《谷梁传》的批评。结果,柳兴恩准确抓住了刘逢禄的错误:既弄错了《传》文的位置,又混淆了《传》与《注》。柳兴恩严厉指责刘氏狂妄。由此也确可了解刘逢禄《谷梁废疾申何》有不严谨的地方。

综上所述,《谷梁大义述》作为范宁《注》和杨士勋《疏》之后最重要的专门研究《谷梁》学的大部头著作,对几近绝学的《谷梁传》可谓功不可没。日月例是《谷梁传》释经的最大特色,柳兴恩在《谷梁传》的基础上,构建起一个以记外诸侯卒葬例为核心的《春秋》日月例体系,并从与卒葬例相关的角度归纳了其他《谷梁传》所释《春秋》例。不论能否得到认同,作者付出的心血是值得尊重的。

柳兴恩通过批评前人或者对某些问题的辨析,表述了许多独到的认识,是对《春秋》学研究的贡献。本文对《述礼》《述异文》《述经师》《述长编》没有论述,主要是因为这四部分都是以罗列资料为主,且"述曰"多缺,个人观点表述不多,并不是说这几篇没有价值。作者搜集的大量材料,既可以用作为《谷梁传》作新的注疏或考证,也可以作为研究《谷梁》学史的材料充分加以利用。《述师说》基本上收集齐了清代与《谷梁传》研究相关的重要著作,并且绝大部分有评论,既可用于研究《谷梁传》,也可以加深后人对这些著作的认识。竭泽而渔地搜集资料,认真考证与辨析,柳兴恩的《谷梁大义述》同样体现着清代学术著作的特点。

该书也有明显的不足之处:第一,以"谷梁大义"名书,却只重点构建日月例体系,并未对《谷梁传》所释记事例、用字例、称谓例等予以系统归纳论述,更没有对《谷梁传》所释圣人垂教后世之义予以系统归纳说明,未能构成全面阐述《谷梁传》的经典之作。第二,《述礼》以后的"述曰"部分缺很多,且许多"述曰"只有一两句话,作者似乎没有最后完成,有些前后重复也没有统一删定。第三,日月例体系有难以服人之处,作者也没有深层次的清晰解释。总之,《谷梁大义述》与本书所论述的其他清代《春秋》学著作相比,内容、体系、行文等方面都略有逊色。作为清代《谷梁》学研究的代表作,有些令人遗憾。

第二节　许桂林《春秋谷梁传时月日书法释例》

许桂林,字同叔,号月南,海州人。嘉庆丙子(二十一年,1816)举人。《春秋谷梁传时月日书法释例》简称《谷梁释例》。该书共四篇：总论、提纲、述传、传外余例。其中，《提纲》列举《谷梁传》所释《春秋》时月日例共三十一例，基本包括了《谷梁传》关于时月日例的全部表述，作者没有评说和引申。《传外余例》列举范宁《注》和杨士勋《疏》所释而不见于《谷梁传》的时月日例共三十三条，作者虽多有案语，但非常简略。因此，本文对这两篇不作论述，只评介《总论》和《述传》二篇。

一、总论：作者的基本观点表述

《春秋谷梁传时月日书法释例》（下文简称《释例》），书名已揭示了该书主旨。柳兴恩称“日月例”，许桂林称“时月日例”，内涵是一样的。《总论》作为该书主旨表述，许桂林主要论述三个方面的内容：《谷梁传》所释“时月日例”有功于《春秋》；对前人批评的辩解；三《传》的关系。下面详释《总论》，依次评介。

（一）时月日例有功于《春秋》

> 《总论》：“《谷梁传》与《公羊传》皆谓《春秋》书法以时月日为例，而《谷梁》尤备。先儒多讥为迂妄。桂林通案经传，而疑其说之不可废也。张晏谓《春秋》万八千字，李焘谓今缺一千二百四十八字。此晏时至焘时缺字如此，向非《谷梁》有日月之例，则盟眜不日（引者注：隐公元年：‘三月，公及邾仪父盟于眜。’眜，《左传》作蔑），‘公子益师卒’不日（引者注：隐公元年冬十二月，‘公子益师卒’），‘蔡侯肸卒’不月（引者注：僖公十二年：‘冬，蔡侯肸卒。’），‘壬申，公朝于王所’，不系月（引者注：僖公二十八年五月：‘壬申，公朝于王所。’），必指为张晏以后缺文矣。自《传》有谷梁，叶梦得、俞皋之徒虽疑此诸经为缺而自不敢决，人亦莫信。其有功于经一也。”

按：自张晏至李焘近千年间，《春秋》在传抄过程中或偶有脱漏讹误，当属可信，若谓缺一千二百多字，则难以置信。三《传》自汉代以来流传未绝，所载经文虽有人名、地名或少数字词之异，但内容并无多少差别。若在此期间又缺千余字，约为十五分之一，三《传》所载经文不可能同缺，差别应非常巨大。窃以为，自东汉熹平石经刻成以来，《春秋》文字至今没有太多变化。张、李之异，或与统计有关。《公羊传》和《谷梁传》多有详细分析经文，但未发现无经之传或与经文严重不合之传，总不能说经传同缺吧。自宋以来，学者多疑《春秋》有缺文，特别是月日多缺，故许桂林认为《谷梁传》所释时月日例可以证明经文不是后来所缺，对维护今本《春秋》可信度有功。此说的确有理。许桂林提到的四条《谷梁传》所释时月日例，至少可以证明在《谷梁传》成书以后，《春秋》这四条经文没有日月脱漏。

《总论》:"'春王正月''秋七月',《谷梁》皆有传,而桓四年、七年无'秋''冬',昭十年、定十四年不书'冬',庄二十二年书'夏五月'而无事,乃不发传言其故,知此实作《传》后缺文。程端学疑《春秋》多孔子修成后所缺以驳《谷梁》日月例,于理难通。桂林以《谷梁》无传者证为作《传》后所缺,于事较确。而先儒谓桓无'秋''冬',贬其篡立;庄书'夏五月',讥娶仇女;昭不书'冬',在娶孟子之岁,谬悠之说,不攻自破,其有功于经二也。"

按:许桂林也认为《春秋》有缺文,列举四条,认定为《谷梁传》成书后所缺,并认为明确这些缺文可以否定其他学者的穿凿解说,故《谷梁传》有功于《春秋》。许桂林认为,四处经文都与时月日有关,《谷梁传》解说《春秋》时月日例最为完备,若其前有缺文,《谷梁传》定会做出解说,《谷梁传》未做解说,一定是经文未缺,故可知这些缺文出现在《谷梁传》成书之后。其实,《春秋》有缺文是不争的事实,但至于究竟哪些地方有缺文,缺在何时,因没有汉代以前的传本出现,后人对此无从进行比较,也就没有办法做出可信的结论。不论是说缺于《谷梁传》成书前,或者说缺于其后,都只是猜测之辞而已。就本人理解而言,我倾向缺于其前,因《谷梁传》成书于汉宣帝年间,此后的《春秋》应不会产生许多缺文。若谓这四条经文缺于《谷梁传》成书后,何以三《传》所载经文同缺?这是无法解释的问题。用《谷梁传》未释证经文不缺,至少属于证据不足。后人对这些经文的解释属于"谬悠之说",则是确评。

《总论》:"桓五年'甲戌、己丑',桓十二年再书'丙戌',非《谷梁》有传,则以为脱简,人孰能难?'婴齐卒于貍蜃',在'公至'后,非《谷梁》有传,则以为错简,世莫由辩。考定《武成》、移易《大学》之事必当见于《春秋》一经矣,其有功于经三也。"

按:《春秋》桓公五年:"春正月甲戌、己丑,陈侯鲍卒。"《谷梁传》:"鲍卒何为以二日卒之?《春秋》之义,信以传信,疑以传疑。陈侯以甲戌之日出,己丑之日得。不知死之日,故举二日以包也。"《春秋》桓公十二年:"冬十有一月,公会宋公于龟。丙戌,公会郑伯盟于武父。丙戌,卫侯晋卒。"《谷梁传》:"再称日,决日义也。"《春秋》成公十七年:"十有一月,公至自伐郑。壬申,公孙婴齐卒于貍蜃。"《谷梁传》:"十一月无壬申,壬申乃十月也。致公而后录臣子之义也。"许桂林认为,若无《谷梁传》,人们就可能怀疑这三条经文有脱简或错简,由其所释,可知《春秋》不误,是《谷梁传》有功于《春秋》。此说有理。许桂林认为,若非《谷梁传》所释,人们可能会怀疑《春秋》,像有些学者怀疑《尚书》中的《武成》、有学者重新排定《大学》章句一样。其实,《左传》和《公羊传》对这些经文也多有解释,而非《谷梁传》独有之功。

综上所述,许桂林所谓《谷梁传》有功于《春秋》,主要是指据《谷梁传》所释时月日例可以判断《春秋》缺文及脱简、错简问题。研究《春秋》的重要前提是文本正确与否。若《谷梁传》所释时月日例确为圣人设定,那么许桂林的结论就可能是正确的,的确有功于《春秋》,这个结论至少可备一说。但怀疑缺文或脱简、错简的学者,绝大部分并不相信《谷梁传》所释,所以也难以接受许桂林的结论。相信《春秋》文本无误,至少错误不多,是《公》《谷》学者的共识;主张以事解经者,则多怀疑《春秋》有缺文或错简。

(二) 对前人批评时月日例的辩解

> 《总论》:"后儒以日月义例为朱子所斥,随声附和,不顾其安。如'公子益师卒'不书日,《传》以为恶。刘氏《权衡》以'公孙敖、仲遂、季孙意如皆恶而卒书日,叔孙得臣不闻有罪而反不日'驳之。此本何休说,郑君《释废疾》已辨之。窃谓所谓恶者,非必身有大罪,《左氏》此传云:'公不与小敛,故不书日。'即《谷梁》所谓恶也,盖讥君失亲亲、敬大臣之礼。如此则意如书日、得臣不书日何伤乎?"

按:《谷梁传》认为《春秋》记大夫卒,书日者显其正,不书日者显其恶。许桂林认为恶不必为大罪,小过也可以算作恶。此说虽有扩大化之嫌,但还说得过去。至于说"公子益师卒"不书日是为显示鲁隐公"不与小敛"之恶,并引申出君主应"亲亲、敬大臣"之垂教大义,则明显不当。据《谷梁传》之意,《春秋》记大夫卒书日与否体现着正或恶,应是指卒者本人。若可指别人,则完全没有了可操作性。谓"公子益师卒"不书日意在显示隐公之恶,亦非《谷梁》之意。

> 《总论》:"又如僖十四年'冬,蔡侯肸卒',《传》云:'诸侯时卒,恶之也。'刘敞以为非,而谓'臣子慢则赴不具月日',不知'臣子慢'即《谷梁》所谓恶也。己说本在《谷梁》囊括之中,而遽驳《谷梁》,已觉轻妄。顾栋高并驳敞说,以为千里告丧,岂有忘记月日之理?即使不具,鲁君臣亦当细加考究,乃书于策。此尤学究迂拙之谈。彼国告丧不具月日,鲁之君臣从何考究,将移书彼国问其月日邪?抑遣人邻国验其赴告之文以相参证也?恐无此政体矣。"

按:《谷梁传》所谓"恶",当指蔡侯肸。刘敞《春秋权衡》用杜预"史从赴告"说驳《谷梁传》"时卒,恶之"之例,认为此经不书月日,当是蔡国臣子不重视君主丧事，赴告鲁国时未说明月日。也就是说此经含有批评蔡国臣子之意。此说显有穿凿之嫌。许桂林认为刘敞所释并未超出《谷梁传》的内涵，是把“恶”归于蔡国臣子，显然犯了与前条同样的错误。顾栋高认为此经不书月日属于缺文，故既驳《谷梁传》，也驳刘敞。为说明经有缺文，顾栋高强调鲁国史官没有理由不书月日。这一点被许桂林抓住把柄，讥为“学究迂拙之谈”，批评不无道理。

《总论》：“《谷梁》例，灾异‘甚则月，不甚则时’。僖二十九年：‘秋，大雨雹。’季本谓不书月日为缺文，栋高亦信之，以为‘岂经一时皆雨雹’？然则隐二年：‘春，公会戎于潜。’经一时皆会戎乎？五年：‘春，公观鱼于棠。’经一时皆观鱼乎？以此类推，《春秋》缺文殆居其半，是为王安石‘断烂朝报’之说复扬其烬也。”

按：如果《春秋》是鲁国历代史官的原始记录，是当代人记当代事形成的编年体史书，就应该如杜预所说：“以事系日，以日系月，以月系时，以时系年。”但今本《春秋》却有大量不书月日的经文。《谷梁传》认为这是圣人笔削所致，或书或删，体现着圣人对所记人和事的褒或贬，是为时月日例。顾栋高是《左传》专家，认为孔子作《春秋》是因事明义，不相信圣人会设定如此难以理解的时月日例，故以不书月日者为缺文。许桂林抓住顾栋高的极端驳难之辞，指责其是王安石“断烂朝报”说的死灰复燃，也就是批评其对《春秋》的怀疑。其实，顾栋高并不怀疑《春秋》的经典地位，只是研究方法的不同。许桂林对顾栋高此语的批评是正确的，但主旨仍是为时月日例辩解。

《总论》：“程端学谓《春秋》缺文皆孔子修成后所缺，尤不可通。三《传》各相传授，而经文不同者，不过人名如祝吁作州吁、隐如作意如；地名如屈银作厥慭、浩油作皋鼬；‘公伐齐，纳纠’，《左氏》多‘子’字；‘不至而复’，《公羊》少‘而’字；庄十六年盟幽，《公羊》有‘公’字，《左氏》无‘曹伯’之类。而最易讹误脱落之月日，三《传》皆同，其无脱误审矣。《谷梁》明著月日义例，居要不烦，深得经旨。如‘丙戌，盟于武父’，下书‘丙戌，卫侯晋卒’，《谷梁》特著之曰‘决日义也’，盖再书‘丙戌’，见此必当书日者也。‘陨石于宋五’之后，书‘是月，六鹢退飞过宋都’，《谷梁》特著之曰‘决不日而月也’，盖特书‘是月’，见此必当书月者也。《公羊》以‘是月’为晦，夫《春秋》即不书晦，而晦亦有干支，何不仍书甲子若乙丑，乃变文曰‘是月’乎？文公则书‘自十有二月不雨，至于秋七月’，僖公则书‘正月不雨，四月不雨，六月雨’，若非褒贬异词，何不曰‘自正月不雨，至于五月'乎？他如'壬申，御廪灾。乙亥，尝'，'癸酉，大雨震电。庚辰，大雨雪'，皆书日以见意之明证也。许世子止之狱，欧公疑之，疑其同乎弑，故直以为弑也。《谷梁》以'时葬'辨其异，则义正而事明矣。是其有功于经尤伟也。"

按：许桂林对程端学"《春秋》缺文皆孔子修成后所缺"的批评不无道理，但前提是三《传》形成于"孔子修成后"不久，即如许桂林所说，子夏受经于孔子，《谷梁传》作者受经于子夏。若《左传》成书于战国，公、谷二《传》成书于汉代，《春秋》又单独流传，《左传》"不虚载经文"（杜预语），那么《春秋》在二《传》成书前的三百年间产生缺文则是极有可能的。孔子据鲁国旧史作《春秋》，在当时的条件下，鲁国旧史产生缺文或有残简、错简的可能性更大。许桂林所举《谷梁传》有明确时月日例阐释的经文，以证《春秋》在《谷梁传》成书时就是如此，应是可信的。至于《谷梁传》的成书时间，下文将专门论述。另外，三《传》所载经文虽有人名、地名或字词之异，但最易讹误的月日却几乎没有差异，许桂林据此证明《春秋》文本无误，论证是有力的。

《总论》："先儒最所讥为无意义者，'桓盟不日'而葵丘书日，其例不一，因谓日月或有或无皆据旧史，宁用《公羊》年远不详之说，不从《谷梁》。不知晋伯诸盟皆日而'桓盟不日'，不云'信之'不可也。'桓盟不日'而葵丘书日，不云'备之'不可也。外盟如曲濮，孔子身当其时而不书日，瓦屋之盟远矣乃书日，此不用《谷梁》'外盟不日'以谨'参盟之始'而书日不可也。"

按：许桂林用三"不可"强调解读这些经文必须依据《谷梁传》所释，以驳先儒对《谷梁传》"体例不一"的批评，但并未具体说明为何"不可"，辩解显得乏力。若谓《春秋》记齐桓公主持会盟不书日，圣人意在显示"信之"，《春秋》记历代晋侯或大夫主持会盟皆书日，圣人都是在显示诸侯不信晋人或晋人无信？此说显然难通。学《谷梁》者坚信《谷梁》，也无可厚非。

《总论》："汪克宽乃云：'自文公而上一百十四年书日百有七十，宣公而下一百二十八年书日二百二十，年数略同而日数近倍。'程子谓：'因旧史，理或然也。'夫一百十四年比一百二十八年少十四年，而二百二十比百七十才多五十，便云'近倍'，譬如人方二十二岁，便向一十七岁人自夸年数近倍，责以父事之礼，有不粲然者乎？且以外诸侯卒一例言之，文以前书日二十七，不书十四，宣以后书日五十三，不书二十，未甚悬绝也。隐公时宋缪、蔡宣皆书日，昭公时甚近，晋平又伯主而不书日，谓非晋政之衰，臣子偷惰，赴词率略乎？”

按：汪克宽的统计被不少学者引用，作为《春秋》记事书日前略后详的过硬证据，当然也用于批评公、谷二《传》的时月日例，但似乎没有人真正计算过是否“年数略同而日数近倍”。许桂林通过比较认为汪克宽的结论有误，不为无理。按照汪克宽的统计数字，文公以前每年书日者约为1.5次，宣公以后每年书日者约为1.7次，差距确实不大，远非“年数略同而日数近倍”。当然，这能否作为时月日例成立的证据，另当别论。隐公距孔子远而书日，昭公距孔子近而不书日，许桂林据此质疑《春秋》详近略远的原则，也不无道理。

《总论》：“窃谓经本谨严，《传》亦精简。举隅莫反，治丝益棼，一坏于范、徐诸子间生穿凿，再坏于啖、赵以后好为议论，本义既失，转辨转晦。如‘莒人入向’，《传》云‘入者，内弗受’，赵匡以为‘用兵之事，安有彼国愿受’？不知《传》本义谓彼无罪，不当受兵也。‘子同生’，《传》云‘疑，故志之’，赵匡谓为‘委巷之谈’，不知《传》本义正以委巷之谈多疑庄公为齐襄子，特记此以释疑也。《传》例‘大夫日卒，正也’，‘诸侯日卒、时葬，正也’，正之为言常也，言此常理也、常例也。注家于大夫之‘正’以为贤，季友贤矣，公孙兹亦贤乎？于诸侯之‘正’以为承嫡，宋缪公日卒，《传》云‘正也’，缪公乃宣公之弟，卒而殇公以兄子嗣立，孰为承嫡乎？‘卫人立晋’，《传》云‘不宜立。《春秋》之义，诸侯与正而不与贤’，是宣不正矣。而‘丙戌，卫侯晋卒’书日，尤足见‘正’非承嫡之谓。观僖四年‘许男新臣卒’，《疏》反复陈说，徒滋缴绕，经生之见诮于文儒，不得谓无故矣。”

按：许桂林在此批评范宁、杨士勋及赵匡，认为他们导致了《谷梁传》“本义”之失。范、杨是《谷梁传》的注疏者，据陆淳《春秋》三书，可知赵匡解《春秋》也多有用《谷梁传》所释义例者。许氏对他们的批评，体现着他对以往治《谷梁传》者的普遍不满意。许桂林以“彼无罪，不当受兵”作为“入者，内弗受”的本义，虽然也通，但已是对《谷梁传》的引申。把记“子同生”解释为圣人意在“释疑”，则超出了《谷梁传》所释“信以传信，疑以传疑”。释“正”为“常”，即把《谷梁传》所释“日卒，正也”理解为正常死亡，既非显示大夫之贤，也非显示诸侯为“承嫡”，解释简明，但恐非《谷梁传》本意，更与柳兴恩的理解大相径庭。许桂林说前人曲解了《谷梁传》本义，但他的这些解释也未必能得到认同。由此可见，学者们不仅对《春秋》文本可以有不同的理解，对三《传》文本也可以有不同的理解。这是研究经学的难点，也是经学研究的魅力所在。

综上所述,许桂林批评的范围很广,既有《左传》名家,也有自啖、赵以来的主流《春秋》学者,甚至包括《谷梁传》专家,大有"世人皆醉我独醒"之意。许氏的有些批评很有道理,但对《谷梁传》所释时月日例的辩解,有些明显超出《传》意,属于引申,有些则缺乏力度,实际上并没有真正说明《谷梁传》所释时月日例的合理性。

(三)三《传》关系

《总论》:"谷梁子受业子夏,孔门文学科也,深得古人为文体要。以其所论推其所不论,省文互见,条理自具。观其与公羊为同门,各自为《传》,而详略亦复相备,则其本《传》之不为繁赘宜矣。桂林谨述《时月日例》,唯取《传》中所有条而列之,有疏证而无枝蔓。其范《注》中所论之例,别为《传外余例》附后,不敢以溷也。"

按:"谷梁子受业子夏",这是坚信《谷梁传》的重要依据。《论语》记载许多子夏与孔子的对话,甚至记载很多子夏的言论,可知子夏确为孔门高足。"谷梁子受业子夏",应该得到了孔门真传,所以《谷梁传》对《春秋》的解说也应最符合圣人本意。这是许桂林著作此书的基础认知。《谷梁传》对一些经文没有解说,有些解说很简略,许桂林对此现象做出两种解释:一是自身有详有略,可以推知互见;二是与"同门"所作《公羊传》可以互补。由此可见《谷梁传》"条理自具","深得古人为文体要"。这是许桂林对《谷梁传》的整体把握。分撰《时月日例》(盖包括《提纲》《述传》)《传外余例》,是许桂林对《释例》的整体说明。许桂林在此认为《谷梁传》和《公羊传》都是子夏门人所作,此为旧说。

《总论》:"窃尝读三《传》,而疑公羊、谷梁二《传》为一人所述。其书彼详此略,异同互存,似属有意。如《谷梁》'葬宋缪公'。《传》:'危不得葬也','翚帅师会伐郑'。《传》:'不称公子,与乎弑公,故贬也。'其故皆详于《公羊传》。'莒人灭缯',《谷梁》但云'立异姓以莅祭祀',而《公羊》'叔孙豹、鄫世子巫如晋'传详言其故;'曹杀其大夫',《谷梁》但云'为曹羁崇',而《公羊》于'曹羁出奔陈'及'曹杀其大夫'两传详之。其两《传》义异者,则《谷梁》之义多正,《公羊》之论多偏,盖以《谷梁》为正传,《公羊》为外传,如《左氏》之与《国语》耳。《汉书·艺文志》有《谷梁外传》三十篇,在《左氏微》《铎氏微》《公羊章句》《谷梁章句》之间,则系疏证之书。前人有疑公羊、谷梁皆姜姓者,以二字翻切皆为姜字,似非偶然。桂林疑即一人寓此二姓,寿梦为乘,勃鞮为披,古早有之,不必以翻切始孙炎为疑也。谷梁为子夏弟子,《传》有称尸子、沈子者,有称谷梁子者,而五称'孔子曰',一称'子曰',哀元年四月'辛巳,郊'传中'子不志三月卜郊何也',其称'子'亦当为孔子,乃谷梁子问子夏之词,其为孔门嫡传无疑。"

按:《谷梁传》和《公羊传》解经主旨基本相同,都努力挖掘《春秋》中隐含的以政治理论为主的孔子垂教之义;解经方法也大致相同,多为以例释义。许桂林指出的"彼详此略"例证也客观存在。二《传》之间肯定存在某种关联。许桂林在前文继承旧说认为公、谷为"同门",在此又认为公、谷为一人,《谷梁传》为"正传",《公羊传》为"外传",并以《谷梁传》载"孔子曰""子曰"等为据认定"其为孔门嫡传无疑"。公、谷究竟是"同门",还是"一人寓此二姓"?许桂林没有解释。但这并不影响上述观点所反映的《谷梁传》学者的特征。刘逢禄也承认谷梁为子夏弟子,但资质在中人以下,故其《传》也不能释《春秋》精义,只有《公羊传》才是"孔门嫡传"。许桂林对《公羊传》的包容显然优于刘逢禄的尖刻。就二《传》关系而言,我仍认为:《公羊传》成书于汉景帝年间,大概成书于汉宣帝年间的《谷梁传》在释经主旨和方法上都承袭了《公羊传》,只是根据作者的理解进行了改造,[①]许桂林提供的证据恰可为证。《谷梁传》昭公十九年关于人生几个阶段的表述,一定是"察举""征辟"选官制度确认之后的产物,其成书年代一定在汉武帝之后。[②]

《总论》:"世乃谓左氏亲见圣人。窃谓左氏左袒晋三家、齐田氏,必六国时逊词避祸,昔人疑为六国时人良是。盖其人负绝世文才,就公、谷二《传》左右采获,因而曼衍成一家书。如《传》称'郤子登,妇人笑于房',前后无言郤克跛眇之文,则何者可笑乎?此用《公》《谷》之说,而失为照应者也。崔杼弑庄公,《公羊》无传,《谷梁》但有'庄公失言,淫于崔氏'八字。公羊齐人且无所闻,而左氏叙述琐细,拊楹之歌,赐冠之举,干掫之请,此即有百二十国宝书亦所不应记载者,左氏异国之人何从得之?得毋因《谷梁》一'淫'字生此文情乎?是因《公》《谷》之说而巧为傅会者也。鉏麑、灵辄,《公羊》皆无名,《左氏》有之。《公羊》之'勇士某与盾言而自刭'犹无姓名,《左氏》之鉏麑不见赵盾,退而触槐,其言谁闻之?而其名谁问之?翳桑之饿人,《左氏》已明著灵辄之名,而后乃云'问其名居,不告而退',是用《公》《谷》之说而失于检点者也。'公子益师卒,公不与小敛,故不书日',此用《公》《谷》之说而暗为注释者也。有用《公》《谷》之

①详参晁岳佩《春秋三传义例研究·前言》,线装书局,2011 年版。

②详参晁岳佩《春秋三传要义解读》,国家图书馆出版社,2008 年版,第 256－259 页。

说而更易词语者，‘公即位而欲求好于邾’，即‘及者内为志’之说也。有因《公》《谷》之说而张皇润色者，‘盟于召陵’、‘吴入楚’之类是也。有因《公》《谷》之说可疑酌为改易略尽人情者，‘星陨如雨’、‘鄫季姬来宁’之类是也。有《公》《谷》所略而乘之为详者，郯、鄢陵诸战之类是也。有《公》《谷》所详而避之为略者，‘春王正月’、‘祭伯来’之类是也。有《公》《谷》所有则不道者，佚为所佚、赤为郭公之类是也。有《公》《谷》所无则自为者，‘公会齐侯’、‘郑伯伐许’之类是也。有因《公》《谷》难通自绎前后经文出新义者，因前有裂繻，改‘纪子伯’为‘子帛’之类是也。有自出新义又觉难安更出别义寓于《传》中待后人采取者，如‘尹氏卒’改为‘君氏’，又于隐公薨传内‘为赂尹氏，而祷于其主钟巫，遂与尹氏归而立其主’之语是也。从来文人之心翔天入渊，无所不至，凿空而造人名、造地名，凿空而为梦境、为繇词，可惊可喜，不必尽事实也。八世之卜、二竖之梦，栾京庐、小王桃甲诸人，恐或子虚乌有尔，别详桂林所撰《疑左》二卷中。”

按：杜预据《论语》载孔子提及左丘明，认定《左传》作者“亲见圣人”，而谓公、谷为战国时人，以此证明《左传》优于公、谷二《传》。许桂林首先认定谷梁、公羊为子夏门人，则为战国初年人，然后从《左传》袒护晋三家、齐田氏，认定其作者为战国中期人，以此证明公、谷二《传》优于《左传》。今天看来，许桂林对《左传》成书年代的认定大致是正确的，但“谷梁子受业子夏”则没有过硬证据。从本节文字看，许桂林不仅熟悉《左传》，而且真正做过研究，有《疑左》二卷。许桂林首先肯定《左传》作者是“负绝世文才”的文学家，具有虚构人名、地名及故事情节的创作才能，但尽管故事“可惊可喜”，引人入胜，其所述则未必真实可信。《左传》素以以事解经见长，许桂林用大量证据证明《左传》是作者虚构的文学作品，就从根本上否定了《左传》的经学价值。经学以研究圣人垂教之义为主旨，史学以提供经验教训为指归，文学不过是茶余饭后的谈资，地位当然不可同日而语。许桂林对《左传》价值的否定，可谓极度高明，其说远超前人，且不无道理。在此基础上，许桂林进一步认为，《左传》所述也并非完全向壁虚构，而是以《公羊传》《谷梁传》所载为基础进行创作的，故貌似在解说《春秋》。许桂林把《左传》与公、谷二《传》作了比较，有相近者，则谓是在二《传》基础上的创作或演绎；无关者，则谓是作者的虚构。此说真可谓前无古人、后无来者的独创。若此说成立，我们今天的经学史、历史、文学史等可能都要改写。不论是否可信，许桂林的比较研究的确颇具新意，也可以给后人以启发，还是很有价值的。

《总论》:"要而言之,《左氏》似因《谷梁》《公羊》而成,《谷梁》似以《公羊》为外传。说《春秋》者,其唯《谷梁》为优欤?汉郑君硕学大儒,作《六艺论》独称'《谷梁》善于经',其必有所见矣。夫'善于经'者,时月日书法亦其一也,而可讥为迂妄乎哉?"

按:"谷梁子受业子夏",形成距圣人时代最近的《谷梁传》,《公羊传》是外传,左氏在二《传》基础上著成了虚构占大部分的文学作品《左传》,这就是许桂林所理解的《春秋》三《传》之间的关系。这是谁也未曾提出过的观点。《左传》带有文学创作的成分,有虚构的内容,这是谁也不能否认的事实。文学作品可以欣赏,但不可用于解经,故在经学领域,《左传》没有价值。刘逢禄、康有为认为《左传》是刘歆割裂《国语》改造而成,视其为虽不可全信但仍有价值的史学著作,其他以义解《春秋》的学者多数至少认为《左传》所记之事有助于解经,许桂林的观点超越了所有对《左传》的批评者。否定了《左传》,拉《公羊传》作附庸,"《谷梁》善于经"就成为唯一的结论。许桂林认为,郑玄所说"《谷梁》善于经"应包括许多方面,时月日例是其中之一,故专门著书说时月日例。

二、《述传》:对《谷梁传》所释时月日例的归纳引申以及与《公羊传》的比较

《释例》第二篇《提纲》只是列举《谷梁传》所表述的时月日例,《述传》则详列《传》文,然后以"桂林案"的方式给予说明,或予以归纳,推及《谷梁传》未释的其他经文;或合并同类项,对《谷梁传》所释予以引申,如《提纲》首条:"《春秋》书时月日例有正例,不用正例者或谨之、或非之、或信之、或闵之。"这是对《谷梁传》所释时月日正变例的第一次归纳表述,"谨之"等全部来自《传》文。《述传》对许多正变例作了说明。《公羊传》也用时月日例解说《春秋》,许桂林又认为它是《谷梁传》的外传,故在《述传》中大量比较二《传》所释时月日例的内容,这也是前人没有做过的工作。《述传》共分二十八个小类,分别论述其中的时月日例,因内容主要包括上述两个方面,故本节也分两部分予以论述。

(一)对《谷梁传》所释时月日例的归纳引申

"朝"类:"隐十一年:'春,滕侯、薛侯来朝。'《传》:'诸侯来朝,时,正也。'

"桓二年:'七月,纪侯来朝。'《传》:'朝时,此其月何也?桓内弑其君,外成人之乱,于是为齐侯、陈侯、郑伯讨,数日以赂,己(按:己即纪)即是事而朝之。恶之,故谨而月之也。'

“僖二十八年:‘壬申,公朝于王所。’《传》:‘朝于庙,礼也;于外,非礼也。独公朝与?诸侯尽朝也。其日,以其再致天子,故谨而日之。主善以内,目恶以外。言曰公朝,逆辞也,而尊天子。会于温,言小诸侯;温,河北地,以河阳言之,大天子也。日系于月,月系于时;壬申,公朝于王所,其不月,失其所系也,以为晋文公之行事为已傎矣。’

“桂林案:‘朝时,正也’,与公如‘往时,正也’例同。公当如京师,而此朝于王所,故《传》云‘逆辞’。桓二年‘纪侯来朝’,‘恶之,故谨而月’也。此书日,恶可知矣。又不系月,重恶之也。通计《春秋》诸侯朝鲁以时书者二十余,书月而系于他事者七,其书月者六,桓二纪朝,《传》著‘恶之’之例。僖十四年‘六月,季姬使鄫子来朝’,恶越礼也;定十五‘正月,邾子来朝’,执玉高仰,恶失礼也;成六‘六月’邾朝,三《传》皆无传;成七曹朝,《左》但云‘曹宣公来朝’;成十八‘八月’邾朝,《左》但云‘宣公即位来见’,与无传同。《谷梁》以已具于‘朝时,正也’、‘恶之,故谨而月之’两例,故后不赘。观成十八年‘秋,杞伯来朝’、‘八月,邾子来朝’相连并书,而一时一月,岂得谓无义例哉?来与朝同,故介与白狄书时,而‘祭伯来’,以‘非王命’书月,‘寔来’以画(按:画,音 huò,路过)我书月。‘寔来’,范《注》云‘来朝例时,月者,谨其无礼’是也。”

按:许桂林通过归纳,认定《谷梁传》所释《春秋》记朝的时月日例是正确的:书时者显示正常,书月者显示圣人有憎恶之意,书日者显示圣人特别憎恶。凡《谷梁传》未释的同类经文,都可以此类推。最后,许桂林结合范宁《注》,认定《春秋》用“来”字即记周王室及外诸侯国之人来鲁者,时月日例与记朝相同。这是对《谷梁传》的引申。许桂林的说明很清楚。

“侵”类:“庄十年:‘二月,公侵宋。’《传》:‘侵时,此其月何也?乃深其怨于齐,又退侵宋以众其敌。恶之,故谨而月之。’”

“桂林案:定八年正月、二月,皆书‘公侵齐’,彼传既于‘公如’例著‘往月、致月,恶之’之义,侵书月,亦恶之也。‘赵穿侵崇’、‘狄侵宋’、‘狄侵齐’等书时,其常也。僖四年:‘春王正月,公会齐侯、宋公、陈侯、卫侯、郑伯、许男、曹伯侵蔡,蔡溃。’《传》:‘溃之为言上下不相得也。侵,浅事也,以桓公为知所侵也,不土其地,不分其民,明正也。’不著侵例时,而此书月之义,盖亦如葵丘盟书日,取于‘美之、备之也。’范《注》‘传例曰侵时,而此月,盖为溃’,亦通。”

按:《谷梁传》所谓“侵时”,是说《春秋》记诸侯国相侵之事以书时为正,即没有特别含义。圣人于“公侵宋”书“二月”，是为显示“恶之”。许桂林发现，《春秋》定公八年连续两书“公侵齐”皆书月，但《谷梁传》未释“恶之”之义。他认为，这两条经文也有书月“恶之”之义。因为，《谷梁传》于同年“三月，公至自侵齐”下释曰：“公如往时、致月，危致也；往月、致时，危往也；往月、致月，恶之也。”意为：《春秋》记“公如某”书时，记“公至自某”书月，圣人意在显示其归来时有危险；记“公如某”书月，记“公至自某”书时，圣人意在显示其外出时有危险；记“公如某”书月，记“公至自某”也书月，圣人意在显示“恶”之，即憎恶其此次外出所做之事。也就是说，《春秋》记“公如”或“公至”，凡书时者皆为显示正常，凡书月者皆为显示不正常，或“危之”，或“恶之”。这是对《谷梁传》的引申。

许桂林举三例《春秋》记侵书时者，《谷梁传》虽未释书时之义，许桂林认为可以类推“书时，其常也”。这是归纳。《春秋》僖公四年记侵书月，《谷梁传》不仅没有揭示“恶之”之义，而且认为其中体现着对齐桓公的高度褒扬。《谷梁传》自身陷入矛盾。许桂林认为，《谷梁传》于此概以变例解经。《春秋》僖公九年：“九月戊辰，诸侯盟于葵丘。”《谷梁传》：“桓盟不日，此何以日？美之也。见天子之禁，故备之也。”意为，《春秋》有记内盟即鲁人参加之盟书日的原则，圣人为显示齐桓公的信誉，故变例为“桓盟不日”。此经书日，为变例之变，圣人意在显示齐桓公主持此盟之美，显示此次盟约的内容完备地体现了“天子之禁”。许桂林认为，《谷梁传》对《春秋》记齐桓公主持侵蔡书月做出褒扬之意的解释，应该也是认为侵蔡书月属于变例。此解明显为《谷梁传》所未释，故许桂林认为范宁的解释也通。范宁认为，此经书月可能也有“恶之”之义，但“恶”的对象是蔡。“溃之为言上下不相得也”，意为，圣人用“溃”字，是为显示蔡人不团结：君不能令民，民不听君命。也就是显示对蔡人的批评，即“恶之”。范宁以《谷梁传》释“溃”字之义解书月之义，许桂林认为“亦通”。其实，据《谷梁传》之意，《春秋》记侵书月是为显示侵者之恶，范宁以被侵者之恶当之，显然不符合《传》意。但为了为《谷梁传》的自身矛盾做出解释，范宁不惜曲解《传》意，许桂林更是生出变例新解。这是为《谷梁传》作辩护。

“灭”类：“庄十年：‘齐人灭遂。’《传》：‘其不日，微国也。’僖五年‘楚人灭弦’，《传》同。僖二十六年‘楚人灭夔’，《传》同。

“宣十五年：‘六月癸卯，晋师灭赤狄潞氏，以潞子婴儿归。’《传》：‘灭国有三术：中国谨日，卑国月，夷狄不日。其日，潞子婴儿贤也。’

“襄六年：‘莒人灭缯。’《传》：‘非灭也。中国日，卑国月，夷狄时。’‘缯，中国也，而时，非灭也。家有既亡，国有既灭，灭而不自知，由别之而不别也。莒人灭缯，非灭也，立异姓以莅祭祀，灭亡之道也。’

"桂林案:《春秋》灭国,'楚人灭江''楚人灭六''吴灭巢',皆书时,所谓'夷狄时'也。'齐师灭谭''齐侯灭莱''晋荀吴帅师灭陆浑戎''晋人灭赤狄甲氏及留吁''吴灭徐',皆书月。而楚之灭舒庸、舒蓼,'楚人、秦人、巴人灭庸',皆前书有月系于他事。以'莒人灭缯'前书'秋,葬杞桓公'、'滕子来朝',《传》云'书时'例之,亦书月例,此所谓'卑国月'也。且《传》于灭潞氏固云'夷狄不日',不云'不月',陆浑、甲氏不足为疑。'蔡公孙姓帅师灭沈''楚灭萧''楚子灭胡',皆'中国谨日'之例,与'卫侯毁灭邢''楚师灭蔡''楚师灭陈'同。

"桂林又案:灭潞氏,夷狄当书时月而书日,一变例也。灭缯,中国当书日而书时,又一变例也。《公羊》襄五年'叔孙豹、鄫世子巫如晋'。《传》云:'外相如不书,此何以书?为叔孙豹率而与之俱也。叔孙豹则曷为率而与之俱?盖舅出也。莒将灭之,故相与往殆乎晋也。莒将灭之,则曷为相与往殆乎晋?取后乎莒也。其取后乎莒奈何?莒女有为鄫夫人者,盖欲立其出也。'此传正可与《谷梁》作注。"

按:所谓"中国谨日,卑国月,夷狄不日",是说《春秋》记中原诸侯国灭亡书日,记小国灭亡书月,记夷狄之国灭亡书时而不书日。这是《谷梁传》所释《春秋》记灭国的时月日原则,其中体现着圣人对不同诸侯国灭亡的不同重视程度。其中有两个变例:一是赤狄潞氏被灭书日,是圣人为显示其君贤;二是"中国"之缯灭亡不应书时而书时,圣人意在显示其"立异姓以莅祭祀",而非真正被灭。

许桂林分别归纳了《春秋》记灭国书时、书月、书日的其他经文,以说明《谷梁传》所释时月日例的正确。但是,许氏所列经文,似有与《传》例不符者。第一,江、六、巢三国,《谷梁传》并未说过都属于夷狄。第二,陆浑戎、赤狄甲氏及留吁,都显属夷狄,《春秋》记其灭书月,与"夷狄时"不符。许桂林辩解说:《谷梁传》虽说过"夷狄不日",但并未说过"夷狄不月",故《春秋》记其灭也可以书月。按照此说,《春秋》记夷狄之灭与记"中国"之小国被灭皆书月,何以显示圣人强调的华夷之辨?圣人又何必区分"卑国月,夷狄时"?《谷梁传》所释时月日例本不能贯通全经,柳兴恩主张具体情况具体分析,许桂林则力图证明适用于全部同类经文,结果只能是曲解或增释《传》意。

最后,许桂林又引《公羊传》襄公五年文,认为"正可与《谷梁》作注"。这是对公、谷二《传》的比较。的确,我们读懂《公羊传》后,再读《谷梁传》,会感到容易很多。如果没有前者,《谷梁传》所谓"有别之而不别""立异姓以莅祭祀",完全不可理解。《公羊传》首先认定《春秋》有"外相如不书"的记事原则,即不记其他诸侯国之间的人员往来之事。"叔孙豹、鄫世子巫如晋"中的鄫世子巫属于外人,《春秋》

记其"如晋"属于破例。圣人破例,意在显示莒将灭鄫。莒将灭鄫并非用武力,而是鄫国君主欲立莒人外孙为继承人。一旦此事做成,君主易姓,等于鄫国灭亡。因此鄫世子巫和鲁国叔孙豹一起去晋国告状,希望晋人能阻止此事。《谷梁传》则据"中国日"的时月日例,认定"莒人灭缯(即鄫)"并非实灭,而是缯国君主欲用异姓主持宗庙祭祀,也就是立异姓为继承人,这是"灭亡之道"。所谓"别之而不别",是说缯国君主在君主传承问题上本应严格区分同姓和异姓而没有区分。必须有《公羊传》所说鄫君欲立莒人外孙为继承人之事,《谷梁传》才能被理解。许桂林认为《公羊传》是外传,所以说可作为《谷梁传》之注。其实,只要稍作比较,就可以得出《谷梁传》是在《公羊传》的基础上阐释这条经文的,只是改用了不同的《春秋》例而已。由于不愿漏出抄袭痕迹,故意说得很模糊,造成了离开《公羊传》无从索解的结果。

综上所述,由于《谷梁传》只是在解释部分经文时根据具体情况阐释了《春秋》时月日例,作者是否想过通贯全经,后人无从知道。后人对时月日例的批评,很多是针对其不能贯通全经的问题。对此,范宁专门作《释例》予以归纳表述,且生出一些新例。杨士勋主要作归纳,引证同类经文予以说明。柳兴恩则强调不必贯通全经解释时月日例,可以区别看待,此例不通者可用他例。许桂林延续范、杨的思路,力图证明时月日例可以贯通全经,以回应学者们对《谷梁传》的批评。他虽然时有对范、杨的批评,但其方法仍与其相同。首先是归纳同类经文,说明其适用《谷梁传》所释时月日例的正例或变例。有不能通者,则对《传》文予以引申解释,实即扩大《传》文的内涵,甚至明显超出《传》意作出新解,以此证明《谷梁传》所释《春秋》时月日例的正确。柳兴恩也是如此。其实,凡以例解经者,都存在能否贯通全经的问题,以及曲说《传》意的问题。因此,多数主张以事解经的学者反对以例解经。

(二)与《公羊传》的比较

"正月"类:"定元年:'春王。'《传》:'不言正月,定无正也。定之无正何也?昭公之终非正终也,定之始非正始也。昭无正终,故定无正始。'

"《公羊传》:'定何以无正月?正月者,正即位也。定无正月者,即位后也。'

"桂林案:《公羊》此传又云:'定、哀多微辞,主人习其读而问其传,则未知己之有罪焉尔。'盖《春秋》之义本以昭无正终、定无正始,不书正月。若定公、哀公读《春秋》而问其故,则权词答曰:'即位在六月故也。'此董仲舒所谓'智不危身'也。《谷梁》明正义,《公羊》述微词,互相备尔。"

按:《春秋》定公元年的第一条经文本应是“春王三月,晋人执宋仲几于京师。”但《公羊传》和《谷梁传》皆断“春王”为一句,“三月”后为另一句。杜预大概参考二《传》,故《左传》所载经文也如此断句,延续至今。因为《春秋》除定公外,于各公元年均书“春王正月”,故公、谷二《传》认为“春王”为圣人有意破例而书。昭公二十五年,鲁昭公不能容忍季孙氏专权,组织部分军队攻击季孙氏。季、叔、孟三家联合打败昭公,迫使其外出逃亡。三十二年十二月,昭公死于乾侯。如何处理昭公丧事,以及由谁继承君位,季孙氏等大臣一时难以定夺。至定公元年六月,昭公灵柩才被运回鲁国,五日后,昭公之弟定公即位。因正月间君位空缺,没有新君即位之事,故《春秋》未书“正月”。《谷梁传》认为圣人不书“正月”,是为显示定公的君位不正。因为君位传承的决定权属于君主,昭公死于外地属于不正常,定公的君位非受命于昭公,故也属于不正常。《公羊传》认为,《春秋》于各公元年首书“正月”,是为显示新君即位之正,定公于六月始即位,属于不正常。即位不正,实际上也就是君位不正。二《传》的表述文字虽异,内涵则完全相同。

《公羊传》接着作了更深层次的阐释:“即位何以后?昭公在外,得入不得入,未可知也。曷为未可知?在季氏也。定、哀多微辞,主人习其读而问其传,则未知己之有罪焉尔。”意为,圣人不书“正月”,是为暗示季氏决定昭公灵柩能否回国属于有罪,这是圣人特意使用的“微辞”。许桂林引《公羊传》文不完整,认为“主人”是指定公、哀公,这是误解,“主人”应指季氏,即圣人暗示有罪者。许桂林引董仲舒“智不危身”,意为圣人为避免受到季孙氏迫害,故使用“微辞”。“智不危身”,后世演变为“明哲保身”。许桂林认为“《谷梁传》明大义”,是说《谷梁传》对定公君位何以不正作了解释,其中包 含着君位传承决定权属于君主之义,为《公羊传》所没有。许桂林认为《公羊传》所释“微辞”也符合圣人之意,故与《谷梁传》可以互补,共同构成对圣人之意的完备阐释。若抛开对经文的割裂,许桂林的说法也不无道理。至于二《传》所释是否符合圣人本意,则是另外的问题。

“朔晦类”:“僖二十有二年:‘冬,十有二月己巳朔,宋公及楚人战于泓。’《传》:‘日事遇朔曰朔。’

“《公羊传》:‘偏战者日尔,此其言朔何?《春秋》辞繁而不杀者,正也。’

“桂林案:《公羊》以宋襄‘不鼓不成列’,‘虽文王之战,亦不过此’,迂儒之见。以《谷梁》‘日事遇朔曰朔’为长。”

按:《公羊传》认为,《春秋》有记“偏战”书日的原则,经文的“朔”为旧史原文,在此没有意义,圣人作《春秋》没有删此“繁辞”,意在显示宋襄公进行“偏战”之正。

《谷梁传》认为《春秋》记事有“遇朔曰朔”的原则，即记事书日，其日为朔则书“朔”。也就是说，此经中的“朔”字没有特别含义。《谷梁传》认为此经整体上含有对宋襄公迂腐行为的批评之意。显然，《谷梁传》对“朔”字的解释，就是针对《公羊传》所作的批评。这也是《谷梁传》成书晚于《公羊传》的显证。许桂林坚信《谷》早于《公》，故在比较后认为《谷》义“为长”。这个结论应是正确的。按照许桂林的说法，《公》《谷》若为一人所作，何以出现如此截然相反的解释？许桂林没有予以说明。

与“朔”例相同者是“晦例”。《春秋》成公十六年：“甲午晦，晋侯及楚子、郑伯战于鄢陵。”《谷梁传》：“日事遇晦曰晦。”即《春秋》记事书日遇晦日则书“晦”。《春秋》僖公十五年：“己卯晦，震夷伯之庙。”《公》《谷》同样释曰：“晦者何？冥也。何以书？记异也。”冥即天气阴暗。许桂林认为，《谷梁传》释“晦”，一为晦日，一为冥，是“自乱其例，最为可惜”。在此，许桂林没有为《谷梁传》的失误辩解，而是认定“日事遇晦曰晦，于义为确”。自然，《公羊传》释“晦”为冥则为不确。

> “入”类：“庄二十四年：‘丁丑，夫人姜氏入。’《传》：‘入者，内弗受也。日入，恶入者也。何用弗受也？以宗庙弗受也。其以宗庙弗受何也？取仇人子弟以荐舍于前，其义不可受也。’
>
> “《公羊传》：‘其言入何？难也。其言日何？难也。其难奈何？夫人不偻，不可使入，与公有所约然后入。’
>
> “桂林案：《公羊》与《谷梁》义亦不悖，但《谷梁》见其大，《公羊》见其小耳。桓之‘夫人姜氏至自齐’，文之‘遂以夫人妇姜至自齐’，成之‘侨如以夫人妇姜至自齐’，皆曰‘至’而不书日，独此书日、书‘入’。《谷梁》‘日入恶入’之说信矣。‘齐小白入于齐’，不书日似为无恶，《谷梁》特著‘大夫出奔反，以好曰归，以恶曰入’之例，不以日月为例。‘许叔入于许’‘郑伯突入于栎’‘卫侯入于夷仪’，皆其类也。”

按：《谷梁传》以书日、用“入”字为切入点，认为此经含有对庄公的批评之意：不应娶仇人之女为夫人，死去的桓公也不会接受这位儿媳。《公羊传》也是以书日和用“入”字为切入点，但认为圣人意在批评夫人姜氏：不应要挟庄公答应条件后才肯进城。许桂林认为二《传》所释“义亦不悖”，是说相互之间并不矛盾；所谓义大义小，是指《谷梁传》所释不应娶仇人之女为妻之义大，《公羊传》所释夫人不应要挟丈夫之义小。此说也通。但是，圣人究竟意在批评庄公，还是批评夫人？许桂林没有解释。许桂林把《春秋》所载桓公、文公、成公娶夫人的经文与此经比较，指出此经书日、用“入”字的特殊之处，证明《谷梁传》所释可信。此说也通。另外，许桂林又归纳了《春秋》记外大夫出奔返国用“入”字的经文，证明《谷梁传》所释“以好曰归，以恶曰入”的用字例正确，即《春秋》记外大夫出奔又正常回国者用“归”字，记用恶劣手段回国者用“入”字。许桂林认为，另三条经文皆用“入”字例，不必再阐释其中的时月日例。换言之，若用时月日例释此出现矛盾，应知此处“不以日月为例”。这是对《谷梁传》的辩护。

“灾异”类：“隐九年：‘癸酉，大雨震电。庚辰，大雨雪。’《传》：‘志疏数也。八日之间，再有大变，阴阳错行，故谨而日之也。雨月，志正也。’庄七年：‘夏四月辛卯昔，恒星不见。夜中，星陨如雨。’《传》：‘恒星者，经星也。日入至于星出谓之昔。不见者，可以见也。夜中星陨如雨，其陨也如雨，是夜中欤？《春秋》著以传著，疑以传疑。中之几也，而曰夜中著焉尔。何用见其中也？失变而录其时，则夜中矣。其不曰恒星之陨何也？我知恒星之不见，而不知其陨也。我见于陨而接于地者，则是雨说也。著于上见于下谓之雨，著于下不见于上谓之陨，岂雨说哉？’

“《公羊》：辛卯夜，恒星不见。夜中，星賈如雨。《传》：‘恒星者何？列星也。列星不见何以知？夜之中，星反也。如雨者何？如雨者，非雨也。非雨则曷为谓之如雨？《不修春秋》曰：雨星不及地尺而复。君子修之曰：星賈如雨。何以书？记异也。’

“桂林案：‘右异之见于天者。隐五年：‘螟。’《传》曰：‘甚则月，不甚则时。’窃谓此通经书灾异总例也。小灾时，次灾月，大灾日，故‘癸酉，大雨震雹（按：雹当作电）。庚寅，大雨雪’，《传》曰‘八日’、曰‘大变’，皆著书日例也。‘恒星不见’一经曰‘昔’、曰‘夜中’，是并书其时刻矣，非常奇变，故特详之。范《注》乃用《左氏》‘星陨而雨’之说解经，非《谷梁》意。《谷梁》经‘公孙敖如京师，不至而复’，彼‘而’字不得作‘如’字也。书‘公如’‘大夫如’者不一而足，不可作‘而’字也。《公羊》著‘如雨非雨’之说，又引《不修春秋》之文，足明《谷梁》本义。盖公、谷同门，皆得之子夏，故其说相辅者为多。昔人以左氏似战国人，在公、谷后。或以星陨如雨太不近情，酌为与雨偕之解以求可信，不知汉元延中‘陨星四面耀耀如雨下’，又见《汉书·天文志》矣。《公羊》虽妄，亦不能自造《不修春秋》之词，观此修改，证以‘笔则笔，削则削’之语，岂真时月日一从旧史，无所去取乎？盖‘修’之为言有损无益，旧史或皆具月日，孔子修之，或谨而日，或危而月，义例存焉尔。”

按：《谷梁传》于隐公九年经释出“雨月，志正也”，即《春秋》记雨以书月为正常，此经书“癸酉”“庚辰”，圣人意在显示天气异常：周历三月为夏历正月，此时的中原地区不应有雷声。电闪雷鸣，大雨倾盆，是气温过高；八天后又下雪，是气温已低，属于“阴阳错行”之异常现象。以记日为特例，是《谷梁传》的常用方法。庄公七年经，《公羊传》认为圣人意在“记异”。圣人为何“记异”，则没有解释。《公羊传》这段文字中有两点常被后人引用。第一，“如雨者，非雨也”，是谓陨星象雨点一样多。《左传》：“恒星不见，夜明也。星陨如雨，与雨偕也。”二者的区别在于，一释“如”为象，一释“如”为而。二说皆通。后人多主《公羊》说。第二，《公羊传》提到的“不修春秋”，也就是孔子改作之前的鲁史《春秋》。由此可知，《公羊传》也认为《春秋》不是孔子的创作，而是在鲁史基础上的改修。至于所谓“雨星不及地尺而复”，意为陨星如雨般落下，离地尺许又返回天上，“夜之中，星反也”，则难以取信，更无从证明是否鲁国旧史原文。《谷梁传》对此经的解释可谓极其细致，近于繁琐，但释意并不明确，细玩《传》文，似有迎合《公羊传》之意。“《春秋》著以传著，疑以传疑”，应是对《公羊传》所谓孔子改修说的肯定；最后对“雨”“陨”的界定，似是对“雨星”一辞的驳难，也就是说孔子改“雨星”为“星陨”极为确切。这节《传》文的确体现着“曲学多辩”。

许桂林认为《谷梁传》所释《春秋》记虫灾“甚则月，不甚则时”为记灾异的总例，并将其引申为“小灾时，次灾月，大灾日”。此说符合《传》意。《谷梁传》所释《春秋》时月日例的基本思路应是：最重要者书日，次要者书月，不重要者书时，在此基础上再设各种变例。因《谷梁传》释意不明，导致范宁引用《左传》说；许桂林的批评是正确的，《谷梁传》也是释“如”为象。在这里，许桂林又以公、谷为同门，时代早于左氏，由此证明二《传》传经优于《左传》。

最后，许桂林以《公羊传》提到“不修春秋”为据，结合司马迁所谓“笔则笔，削则削”之语，证明孔子作《春秋》是在旧史基础上的“有损无益”，即只对旧史所载之事及其文字进行删减而无所增益。在整部《春秋》学史上，谈及孔子作《春秋》者极多，似乎以许桂林“有损无益”一语最为简明确切，并可能最接近真实。在此基础上，许桂林进一步引申：旧史记事当是月日皆备，今本《春秋》多缺月、日，当是孔子删削所致，删削必有原则，即为《谷梁传》所释时月日例以及其中的内涵。虽然都是推论，却也顺理成章。

综上所述，许桂林或以公、谷为同门，或以《公羊》为外传，部分比较了二《传》所释时月日例的大同小异。或以为《公羊传》可补《谷梁传》所缺，或以为《公羊传》可以为《谷梁传》作注，或以为二《传》所释结合为备，或以《公羊传》为短。总之，“公、谷同门，皆得之子夏，故其说相辅者为多”。二《传》优于《左氏》。在二《传》中，则以《谷梁》为正，但《谷梁传》也有令人扼腕的“自乱其例”。不论许桂林的结论是否可信,但专门比较《公羊传》和《谷梁传》所释《春秋》时月日例者,许桂林是第一人,而且这也是应该有人做的工作。

总之,许桂林《春秋谷梁传时月日书法释例》也是一部专门论述《谷梁传》所释《春秋》时月日例的著作。作者首先认定《春秋》是孔子据鲁国旧史所修,修时"有损无益",保留下来的月日就是时月日例的体现,其中隐含着孔子对所记人和事的褒或贬。这是讨论时月日例或其他书法义例的基础。其次,作者认定"谷梁子受业子夏",子夏为孔门高徒,后世多认为子夏传《春秋》,故《谷梁传》所释时月日例最为圣人嫡传,最合《春秋》本旨。公羊子或与谷梁子为同一人,或与其同门,故《公羊传》所释时月日例多可与《谷梁传》为辅。《左传》则是据《公》《谷》演绎出来的文学作品。这是坚信《谷梁传》所释《春秋》时月日例的基础。论证《谷梁传》有功于《春秋》,反驳先儒对《谷梁传》的批评,都是为这一基础服务的。许桂林列举《谷梁传》所释时月日例为《提纲》,又搜集范《注》、杨《疏》引申出来的时月日例为《传外余例》,基本上包括了《谷梁》学时月日例的全部内容。《述传》实际上是在《提纲》基础上根据《传》文作出的归纳、引申、阐释,反映了许桂林对《谷梁传》所释《春秋》时月日例的认识和理解。与柳兴恩《谷梁大义述》相比,《谷梁释例》更清楚地概述了时月日例的内容,也更为简明。同时,《释例》的内容不如《大义述》丰富,柳氏以诸侯卒葬例为核心论述《谷梁传》所释《春秋》月日例,也更有新意。二者的共同缺陷,是研究《谷梁传》只局限于对时月日例的阐述,而忽略了《谷梁传》所释用字、称谓等例,特别是对《谷梁传》所释《春秋》中隐含的垂教之义没有作系统阐释说明。

第三节　侯康《谷梁礼证》

侯康,字君谟,广东番禺人。道光乙未(十五年,1835)举人。《谷梁礼证》二卷,该书大致以经文为序,以或经、或传、或注立目,共五十二条。每条下以"证曰"的方式,广泛征引相关资料,予以对比分析,作出相应判断。以《谷梁礼证》名书,盖为不限于讨论《谷梁传》所述礼制。在《春秋》三《传》中,《左传》述礼制最多,《谷梁传》次之。古代《春秋》学,旨在阐释圣人垂教后世之义。义者,理也,即做人做事的原则。古人所谓礼,包括制度及礼节、礼仪,也就是做人做事的规范准则。义重在理论,礼重在实践,作为规范准则则相通,故司马迁说:"《春秋》者,礼义之大宗也。"①自宋代以后,研究《春秋》礼制,成为《春秋》学研究的一个重要分支,前

①《史记·太史公自序》。

文已有论述。柳兴恩《谷梁大义述》虽有《述礼》专篇，但多以记述为主，征引不富，分析无多。侯康《谷梁礼证》则以述为目，以考为主，为研究《谷梁传》及范宁《注》所述礼制的专著。该书以经文为序立目，所论礼制均为并列关系，既不注明条目引文出处，更无分类。为方便叙述，本文依据内容将其分为十二类，或可见所证礼制之要。因“证曰”文字较长，论述中不再具引。

一、君位传承制度

《传》：“让桓正乎？曰：不正。”《注》：“隐长桓幼。”

按：此条为《谷梁传》隐公元年文及范宁《注》。此年经空书“春王正月”而未书“公即位”。《公羊传》认为圣人意在显示鲁隐公有“让国”之贤。因桓公生母地位高，隐公生母地位低，“子以母贵”，故隐公地位低于桓公。“立子以贵不以长”；隐公有主动让桓之意，是自觉遵守君位传承制度。《谷梁传》也认为此经是在显示隐公“让国”，但又认为隐公让桓“不正”：隐公年长，桓公年幼。惠公虽曾有意传位幼子，但终于战胜“邪念”传位隐公。隐公让桓，既不符合制度，又彰显了父亲“邪念”，故圣人显示其“不正”。侯康认为，据《左传》载，桓公生母仲子为惠公续娶。根据“诸侯不再娶”的原则，仲子也不是夫人。故隐公、桓公皆为庶子。侯康引《公羊传》“立子以贵不以长”，是谓在无嫡子的情况下，君主应传位于庶子中生母地位最高者，而不以长幼为序。而《左传》云“太子死，有母弟则立之，无则立长，年均择贤，义钧则卜”，是谓传位庶子只据长幼之序，无贵贱之别。据此，《谷梁传》所谓“让桓不正”，与《左传》合，与《公羊传》异，即主张君主传位庶子应以长幼为序。

《传》：“《春秋》之义，诸侯与正而不与贤也。”《注》：“雍曰：正谓嫡长也。”

按：此为《谷梁传》隐公四年文及范《注》。《春秋》：“冬十有二月，卫人立晋。”《谷梁传》：“卫人者，众辞也。立者，不宜立者也。晋之名，恶也。其称人以立之何也？得众也。得众则是贤也，贤则其曰不宜立何也？《春秋》之义，诸侯与正而不与贤也。”意为：圣人用“人”字，体现着公子晋“得众”，是贤者；圣人用“立”字并只称“晋”而不称“公子”，体现着他不应继承君位。这里体现的圣人关于诸侯君位传承的原则是：只传“正”者，不传贤者。范宁引雍以“嫡长”释“正”，是认为君主应传位于嫡长子。侯康认为，“此与《公羊》‘立适以长不以贤’同义”。又引何休《左氏膏肓》及《白虎通》，说明不以贤为标准的原因：贤的概念模糊，选贤难以操作，容易导致君主以传贤为名而“立爱”。侯康还分析了《左传》所谓“年钧以德”与“不与贤”的关系，指出“年钧以德，德钧以卜”是极特殊情况下的原则，即君主无嫡子，庶子中又有同年出生者，此时可根据他们的品德选立其一为君位继承人，这与有嫡立嫡、无嫡立庶长的原则并不矛盾。最后，侯康又对郑玄《针膏肓》对何休的驳难进行分析，指出康成欲调和《左传》与《公羊传》的差异，“义终窒碍”，有难通之处。他认为，在君位传承原则这个问题上，“《公羊》较密”，最可预防君主选立继承人时有私心；《谷梁传》所述“似同《左氏》，不同《公羊》”，主无嫡立长原则。

《传》：“桓无王，其曰王何也？谨始也。”《注》：“诸侯无专立之道，必受国于王。”

按：此为《谷梁传》桓公元年文及范宁《注》。《春秋》：“春王正月，公即位。”《谷梁传》于“春王”断句，释曰：“桓无王，其曰王何也？谨始也？其曰无王何也？桓弟弑兄，臣弑君，天子不能定，诸侯不能救，百姓不能去，以为无王之道遂可以至焉尔。[①] 元年有王，所以治桓也。”意为，《春秋》有于正月、二月或三月前记首事加“王”字的原则，因鲁桓公“弟弑兄、臣弑君”，目无王法，圣人于桓公期间有十四年不加“王”字，以显示其“无王”。《谷梁传》认为，元年有“王”字，既体现着对君主始年的重视，也体现着“治桓”，即用王法惩治桓公之罪。范宁《注》：“诸侯无专立之道，必受国于王。若桓初立，便以见治，故详其即位之始，以明王者之义。”范宁把“治桓”理解为惩治桓公篡位，与《谷梁传》本意似在若即若离之间，有引申的成分。侯康则对范宁所说“诸侯无专立之道，必受国于王”作为礼制予以考证。侯康引《礼记·王制》《诗经毛传》《白虎通·爵号篇》及《韩诗外传》等，证明“是皆谓诸侯袭位当受国于王也”。也就是说，诸侯国君的传承，不仅要遵循嫡长子继承制，而且必须得到天子的正式任命，以此证成范说。

二、婚姻礼制

逆女，亲者也。使大夫，非正也。

按：《春秋》隐公二年：“九月，纪履緰来逆女。”侯康所引为《谷梁传》文。侯康首引《公羊传》“讥不亲迎”文，认定“二《传》义同”，即都认为诸侯娶夫人应该亲迎。侯康考证此礼：有《左传》学者认为：“天子至尊无敌，故无亲迎之理。诸侯有故若疾病，则使上大夫迎，上卿临之。”许慎《五经异义》从《左氏》说。郑玄驳许慎，主《公羊》说，认为“自天子至庶人”娶亲皆应亲迎。侯康又引《诗经》及《毛传》，证

①中华书局影印《十三经注疏》本，原文从“诸侯”“百姓”“道”断句，误。

明诸侯皆亲迎。更引刘向《说苑·修文篇》详述诸侯亲迎礼仪，认为“刘向习《谷梁》，此或《谷梁》逸典与余义”，“足补昏礼之阙”。但天子是否应该亲迎，侯康在此没有继续考证。诸侯亲迎是各家共识，《说苑》述诸侯亲迎礼仪，未必来自《谷梁传》。

经：“叔姬归于纪。”《注》：“叔姬，伯姬之娣，至此归者，待年于父母之国，六年乃归。媵之为言送也，从也，不与嫡俱行，非礼也。”

按：此为《春秋》隐公七年文及范宁《注》。《春秋》隐公二年：“冬十月，伯姬归于纪。”至此，“叔姬归于纪”。三《传》注家一致认为叔姬为伯姬之媵，因年幼故六年后再出嫁。侯康对三家说法进行比较，指出何休、杜预都未说此举不合礼制，唯范宁异。侯康认为，范宁“讥其非礼”的说法“于《谷梁》无文”，“非必《谷梁》义”。也就是说，媵女待年长再嫁不符合礼制的说法，既不同于别家，也不出自《谷梁传》，只是范宁个人的理解。侯康引《白虎通》：“侄娣年虽少犹从适人者，明人君无再娶之义也；还待年于父母之国，未任答君子也。”以此证明幼女可以随姑姑或姐姐定婚并随其嫁，但可很快回国，待长大后再出嫁。此条主驳范宁。按照《公羊传》的说法，诸侯一娶九女，终身不再娶。媵女制即为此而设。此制的目的是为了减少嫡子间争夺君位。

经：“祭伯来，遂逆王后于纪。”《注》：“《春秋》说曰：王者至尊无敌，无亲迎之礼。祭公逆王后，未致京师而称后，知天子不行而礼成也。郑君释之曰：太姒之家在洽之阳，在渭之涘，文王亲迎于渭，即天子亲迎之明文矣。天子虽尊，其于后犹夫妇。夫妇配合[①]，礼同一体。所谓无敌，岂施此哉？《礼记·哀公问》曰：冕而亲迎，不已重乎？孔子愀然作色而对曰：合二姓之好，以继先圣之后，以为天地、宗庙、社稷之主，君何谓已重焉？此言亲迎继先圣之后，为天地、宗庙、社稷之主，非天子则谁乎？”

按：此为《春秋》桓公八年文及范宁《注》。祭伯为周王室卿大夫，为周天子迎娶纪国女为王后。《谷梁传》桓公三年也曾有与《礼记·哀公问》基本相同的文字，说明其认为天子娶王后也应该亲迎。范宁认为，据此经文所记，显然天子没有亲迎，引郑玄《驳五经异义》文，说明天子应该亲迎的理由。范宁大概认为圣人有批评周天子不亲迎之意。侯康于此专门考证天子亲迎问题。侯康引证杨士勋《疏》

①“配”，原作“牉”，《十三经注疏》本《春秋谷梁传注疏》范宁《注》作“叛”。据阮元《校勘记》改。

《白虎通》及《诗经》，说明古人皆主亲迎。又引周柄中云："天子亲迎，礼无明文。《士昏礼》：'父醮子而命之迎'。若宗子父母皆没，则不亲迎，以无命之者也。"按照这种说法，天子即位后娶王后，肯定没有父亲之命，可以不亲迎。这显然是为天子不必亲迎而创设的一个理由。侯康又引叔孙通为汉初制礼、刘歆于西汉末"杂定昏礼"，"盖皆用《左氏》"，即认为天子不亲迎。侯康"参校经典，终以郑《驳》为长"，仍认为天子亲迎为"正礼"，不亲迎为"变礼"。这是折衷性的结论。但"变礼"成为常态，皇帝不亲迎是由来已久的制度，侯康也不能否定。

三、丧葬礼制

《传》："母以子氏。仲子者何？惠公之母，孝公之妾也。"《注》："妾不得体君，故以子为氏。"（《传》：）"礼：赗人之母则可，赗人之妾则不可。君子以其可辞受之。乘马曰赗，衣衾曰襚。"

按：此为《谷梁传》隐公元年文及范宁《注》，侯康分为四条考证。《春秋》："秋七月，天王使宰咺来归惠公仲子之赗。"《左传》和《公羊传》认为仲子为桓公生母，《谷梁传》则认为仲子是惠公之母、孝公之妾，也就是隐公、桓公的祖母。宰咺，周王室大夫名咺任宰职。归，赠送。赗，陪葬物。侯康首先考证范宁引用的《仪礼·丧服》文。所谓"妾不得体君，故以子为氏"，是指夫人可以与国君同体，即身份地位相等，称作某君夫人，妾的地位低贱，不能称某君夫人，若其子继承君位，可在其名前冠其子君称。范宁《注》符合《传》意。《谷梁传》认为，此经中的"惠公仲子"为一人，因"母以子氏"，故"仲子"前加定语"惠公"。《左传》和《公羊传》则以惠公、仲子为二人。侯康引《宋书·臧焘传》，臧焘举汉代尊称太后"并系子为号"，并说出理由："系子为称，兼明母贵之所由也。"就是说，作为妾，本不应尊称太后，因其子继承君位，"母以子贵"，在"太后"前冠其子君称，既显示其本非先君夫人，又显示出称太后是因其子为君。侯康认为这是后代"母以子氏"之例证。侯康又引顾炎武《日知录》、惠士奇《春秋说》及《周易·鼎卦》爻辞，论证《谷梁传》"母以子氏"说正确。但就这条经文而言，绝大多数学者认为惠公、仲子为两人，鲜有从《谷梁传》者。侯康用后世材料证先秦时期的"母以子氏"制度也不够有力。

侯康考证的第二个问题是仲子是否应该受赗。《谷梁传》认为，按照礼制，仲子作为惠公之妾没有受天子之赗的资格，因为这是夫人的特权。但仲子作为惠公生母，因其子为君，就有了受赗的资格。所谓"君子以其可辞受之"，是说圣人从仲子为惠公生母的角度，认可归赗之事，即周王室做此事不违背礼制。侯康引《通典》载《徐邈答徐乾书》，得到对《谷梁传》的正确理解，并找到仲子可以受赗的理由："妾母不得称夫人，而君母与众妾究当有辨。"就是说，尊妾母，目的仍然是为尊君。若惠公没有继承君位，仲子就没有受赗的资格。侯康又引《仪礼·丧服》"庶子不为君，则为母无服，但练冠麻，麻衣縓缘。庶子为君，则为其母缌"，以此证明妃妾之子为君，其地位也相应提高，即《公羊传》所说"母以子贵"。

侯康考证的第三个问题是"乘马曰赗"，其中又包括两个要点：第一，赠马是否包括车。侯康引《礼记·少仪》《礼记·杂记》，认为赠马的同时也赠车。《公羊传》就说"车马曰赗"。这是送死者陪葬的车马。《谷梁传》没有说到车，是表述文意不完整。第二，赠马为何是四匹。侯康引杨士勋《疏》："大夫以上皆乘四马。"侯康认为这是用何休《公羊解诂》和郑玄《驳五经异义》的说法，而孟京《春秋公羊说》和刘向《说苑·修文篇》都说天子车用六马，诸侯车用四马，大夫车用三马。按照这种说法，仲子作为惠公生母，应享受诸侯规格，乘车用四马，故周王室归赗也以"乘马"。由此知《谷梁传》所说不误。侯康只是引诸家之说，并未明确表述这个结论。

侯康考证的第四个问题是"衣衾曰襚"，主要征引了《礼记·杂记》相关内容并得出结论："据此，诸侯相襚，有冕服、爵弁、皮弁、朝服、元瑞五等。"这是送给死者入棺穿的衣服。

归死者曰赗，归生者曰赙。

曰：归之者，正也；求之者，非正也。

按：这两条同为《谷梁传》隐公三年文。《春秋》："秋，武氏子来求赙。"《谷梁传》："归死者曰赗，归生者曰赙。曰：归之者，正也；求之者，非正也。周虽不求，鲁不可以不归；鲁虽不归，周不可以求之。求之为言，得不得未可知之辞也。交讥之。"此年"三月庚戌，天王崩"。据天子七月而葬的原则，此时尚未为周平王举行葬礼。武氏子来鲁求赙，当是为葬周平王向鲁国求助。《谷梁传》认为，赗是送给死者的随葬之物，赙是送给生者举办丧葬之事的费用。《春秋》用"归"字，体现着主动馈赠，是对死者和丧主表达的心意；圣人以"归"为正。此经书作"求"，则是圣人显示此事"不正"。因为，鲁是周的封国，鲁侯是周天子之臣，臣对君有助葬的义务，即使周人不求，鲁人也应主动归赙。同时，作为天子，即使鲁人没有归赙，也不应派人去求，这样做太失身份。圣人特意用"求"字，是为体现鲁人给不给还未可知，也就是含有对双方的批评之意。《公羊传》解此经文字较简，但意思与《谷梁传》完全相同。侯康对此作了两个方面的考证。

第一，赗和赙的区别。侯康引《太平御览·礼仪部》载《春秋说题辞》《礼记·少仪》、郑玄《注》、《小尔雅·广名》，其说均与《谷梁传》同。侯康又引《荀子·大略篇》："赙赗所以佐生也，赠襚所以送死也。"刘向《说苑·修文篇》与此相同，都以赙赗同为帮助生者办理丧葬之事。侯康又引《既夕》及郑玄《注》、《公羊传》及徐彦《疏》等,最后又从训诂学的角度,指出服虔、何休等皆训"赗"为"覆",认为"属之死者,称名尤当",即《谷梁传》所释"归死者曰赗"是正确的。其实,赗、赙、襚、含作为助葬之物,都具有"为死者"和"为生者"两方面的意义:使死者灵魂获得人间享受,助生者高规格办理丧葬之事以尽孝。二者无需严格界定,实质上都是帮助丧主。

第二,归、求的正与不正。侯康引《礼记·少仪》"臣为君丧,纳货贝于君,则曰纳甸于有司",认为这就是"臣归君赙之礼",与《谷梁传》所说"归之者,正也"同意,别无异说。据侯康所考,臣为君提供助葬之物是一种必须尽的义务,而"归"为馈赠之意,二者实有本质上的区别。如鲁"归"王赙是义务,王"归"仲子赗是赠与;尽义务和友情赠与或亲情赠与是不同的。尽义务应用"贡"或"纳"字,为何同用"归"字?侯康似乎没有注意到这也是一个问题。侯康又引《左传》于"家父求车""毛伯求金"两条经文都说"非礼也",是三《传》都有"求之者,非正也"之意,即认为周王室派人去诸侯国求取助葬之物不符合礼制。

四、称谓原则

《传》:"其不名何也?大上,故不名也。"《注》:"夫名者,所以求别尔。居人之大,在民之上,故无所名。"

按:此为《谷梁传》隐公三年文及范宁《注》。《春秋》:"三月庚戌,天王崩。"《谷梁传》:"高曰崩,厚曰崩,尊曰崩。天子之崩,以尊也。其崩之何也?以其在民上,故崩之。其不名何也?大上,故不名也。"此经所载为周平王去世,为《春秋》所记首位周天子去世。《谷梁传》首释"崩"字以及圣人用"崩"字之意,以与记鲁君及夫人去世用"薨"字,记外诸侯、内大夫、内女去世用"卒"字区别开来。《春秋》记外诸侯卒皆书名,记周王崩均不书名。《谷梁传》认为,因周王的"大上"地位,故圣人不书名。范宁《注》作进一步说明:名字是用来与别人相区别的,因天子在万民之上的独尊地位,称"天王"已足以与任何人区分开来,故无需书名。《谷梁传》释"崩"字,释"不名",都是在阐释《春秋》尊王之义。侯康引《荀子·君子篇》"莫敢犯大上之禁",认为"太上"是"至尊之号",盖为说明《谷梁传》以"大上"释周天子之正确。《左传》襄公二十四年所谓"大上有立德"和荀子所说"大上",以及《谷梁传》所说"大上",虽然都是指帝王,但尚不是普遍使用的称谓。"太上"用于称谓,盖始于秦始皇追尊庄襄王为"太上皇",刘邦为尊其父称"太上皇",与指"至尊"为"大上"有所不同。

子既死，父不忍称其名；臣既死，君不忍称其名。

《传》："孔，氏；父，字，谥也。"《注》："孔父有死难之勋，故其君以字为谥。"

按：两条同为《谷梁传》桓公二年文及范宁《注》。《春秋》："春王正月，宋督弑其君与夷及其大夫孔父。"《谷梁传》："孔父先死，其曰及何也？书尊及卑，《春秋》之义也。孔父之先死何也？督欲弑君，而恐不立，于是乎先杀孔父，孔父闲也。何以知其先杀孔父也？曰：子既死，父不忍称其名；臣既死，君不忍称其名，以是知君之累之也。孔，氏；父，字，谥也。或曰：其不称名，盖为祖讳也。"孔父先死，《春秋》却先书弑君，《谷梁传》认为体现着"书尊及卑"的原则，即若同一件事记两人以上，《春秋》的原则是先记尊贵者，后记卑贱者。此原则内含着圣人的"尊尊"之义。与夷是君，故先书；孔父是臣，故后书。《左传》记孔父先死，是利用材料叙述史事，《谷梁传》则是通过分析经文推知其"先死"，这是《谷梁传》常用的方法。《谷梁传》认为，《春秋》有君、父对死去的臣、子不忍称名而称字的原则。此经所书"父"是字，君主又以其字为其谥，体现着"臣既死，君不忍称其名"之意，由此可知，孔父是由受君主连累而提前被杀死的，因为他是君主的忠实保卫者，华督必先杀孔父方可弑君。最后，《谷梁传》又提到别人的一种解释："或曰，其不称名，盖为祖讳也。孔子故宋也。"孔父称字，可能是孔子有意为其六世祖讳名，体现着孔子以宋为故国。侯康对此考证了两个问题。

第一，臣、子死，君、父是否称其字。侯康引许慎《五经异义》所引《公羊》说："臣、子先死，君、父犹名之。孔子云'鲤也死'，是已死而称名。"许慎又引《左氏》《谷梁》说："既没，称字。"许慎认同后者，认为《论语》所载孔子之言，其时孔鲤未死，所谓"鲤也死"只是一个假设，并不能证明《公羊》说。郑玄《驳五经异义》虽然认为"鲤也死"，"是实死未葬以前"，与许慎不同，但也认同《谷梁传》所说。其实，对"子既死，父不忍称其名"，许慎、郑玄、侯康都没有提供足够的证据说明这一原则的客观存在，似乎后世也没有显证。最后，侯康引《礼记·玉藻》："士于君所，言大夫没矣，则称谥若字。"侯康认为这可以作为"《谷梁》说之一证"。但《玉藻》所说，是士可以在君主面前称已故大夫的字或谥，而不是说君主直接称已故大夫的字或谥，并不能证明《谷梁》说。况且，士的地位低于大夫，在君主面前称已故大夫的字或谥虽不合"君前臣名"原则，却体现着"尊尊"和"以死为尊"之义，与君主对已死大夫"不忍称其名"没有关系。总之，侯康对这一原则的考证明显没有很强的说服力。

第二，关于"以字为谥"。《谷梁传》说："父，字、谥也。"字是生前尊称，谥是死后尊称，二者有明显区别。"父"究竟是"字"或"谥"，或兼二者，《谷梁传》语意不明。范宁的解释是："父"本是"字"，因有为君主死难之功，故"其君"命以其"字"为其"谥"。也就是说，"以字为谥"，属于特殊情况下的原则。但侯康认为，"以字为谥"有确证。《左传》隐公八年有明文"以字为谥"，无骇字"展"，隐公命以为谥，其后人遂以为氏，此为一证。《礼记·檀弓上》记鲁哀公诔孔子为"尼父"，"尼"为字，明是"以字为谥"，此为二证。孔广森《经学卮言》论证殷商诸王皆"以字为谥"，宋为殷人后裔，《左传》记宋国大夫皆无谥，也均为"以字为谥"，此是殷制，孔父是宋人，自然也遵殷制。侯康认为"此说甚创而确。盖此正是殷尚质处"。也就是说，侯康认为"以字为谥"作为殷制被普遍遵循，故以范宁说"恐未必然"。侯康的此节考证可谓证据有力，但"父"是美称属于常识，很难说是孔父之"字"或"谥"。即使"以字为谥"有很多例证，也很难使人相信孔父例。况且，孔父后人以"孔"为氏，而非以"父"为氏。侯康从段玉裁说，以"孔氏，父字谥"中"氏"字为衍文，也就是以"孔父"为字、为谥，其说更无确证。

五、官制

经："夏四月辛卯，尹氏卒。"《注》："不书官名，疑其讥世卿。"

按：此为《春秋》隐公三年文及范宁《注》。关于此经，前文已有论述，"讥世卿"为《公羊传》所释之义，《谷梁传》并无此说。范宁认为，只书"尹氏"，既不称官职，也不书名，可能含有"讥世卿"之义。范《注》显然是接受了《公羊传》所释，也以此引申《谷梁传》。杨士勋似乎不赞成范说："讥世卿，《谷梁》无传，唯据《公羊》，故云疑也。"但侯康引许慎《五经异义》："《公羊》《谷梁》说，卿大夫世则权并一姓，妨贤塞路，专政犯君，故经讥周尹氏、齐崔氏也。"认为这可以证明"《谷梁》讥世卿固有明文，特非见于传耳"。其实，许慎虽提到《谷梁》，但所述观点仅见于《公羊传》，包括对"讥世卿"意义的理解也与《谷梁传》无关，并不能因此说《谷梁》学有"讥世卿"的明文。此考证实不能成立。《谷梁礼证》论官制者仅此一条。

六、祭祀制度

礼：庶子为君，为其母筑宫，使公子主其祭也。

于子祭，于孙止。

按：这两条同为《谷梁传》隐公五年文。《春秋》："九月，考仲子之宫。"《谷梁传》："考者何也？考者，成之也，成之为夫人也。礼：庶子为君，为其母筑宫，使公子主其祭也，于子祭，于孙止。仲子者，惠公之母。隐孙而修之，非隐也。"《春秋》

所载之事是，隐公为仲子单独立庙，举行落成典礼。《谷梁传》认为，仲子是隐公的妾祖母，隐公为其单独立庙，违背了礼制，圣人于此有批评隐公之意。圣人批评的标准是，若庶子继承君位，可以为生母单独立庙，使公子主持此庙的祭祀活动，但祭祀也仅限于一代，其后废庙。这个标准的潜在含意是，妾地位卑贱，一般不为其立庙，其子继承君位，为体现"母以子贵"，故可以单独立庙。但是，其子作为国君，也是大宗继承人，应主持宗庙祭祀，以先君夫人为嫡母，故不能再主持妾母庙祭，但可由儿子主持。其后代将仍以嫡祖母为正，妾祖母之庙应毁，不再举行祭祀活动。仲子作为孝公之妾，惠公生母，惠公可以为其立庙，由隐公代为主持祭祀。隐公为妾祖母立庙，则不符合礼制。《谷梁传》所释主旨，仍是在强调等级名分，妾贱，即使其子继承君位，也不能改变其身份。侯康没有讨论经义，只是考证了《谷梁传》所释中的两个礼制问题。

第一，为妾母立庙。侯康引《公羊传》何休《注》："不就惠公庙者，妾母卑，故虽为夫人，犹特庙而祭之。礼：妾庙，子死则废矣。"侯康指出，庶子继承君位，其生母可以尊称夫人，这是《公羊传》的观点，而《谷梁传》则认为，即使其子继承君位，仍不能被尊称为夫人，这是二家相异处。两家的共同点是，即使其子为君，妾母仍不能入祖庙，为尊妾母，可以单独为其立庙。侯康引《宋书·礼志》和《晋书·简文宣郑太后传》，证后世遵循此制。侯康没有征引更早文献，说明古代并无此制，此制形成于《公》《谷》流行之后。换言之，《公》《谷》所述礼制影响了后世的制度建设。这才是二《传》的真正价值。是否符合《春秋》本意，在这里并不重要。妾母之庙只受祀于一代，其后神主放置何处？侯康"本凌曙《公羊礼说》"，认为妾母神主应"祔于妾祖姑"，即置于上代为妾婆母神主之后。妾祖姑神主又在何处？侯康没有再考，只是引《礼记·杂记疏》载庾蔚之说："为坛祭之。"似乎历代为妾者的神主都不入祖庙，只是另外存放于一处，至祭祀时为其筑土坛暂时摆放一下而已。

第二，妾庙子死则废。侯康于此虽专立题目，其实内容已见于上，只是再引《公羊传注》《丧服小记》及《注》《汉书·韦元成传》等证明《谷梁传》所谓"于子祭，于孙止"得到广泛认同，但后世也有不欲毁君主妾母庙的建议。其他无多新意。

> 经："初献六羽。"《注》："羽，翟羽，舞者所执。"
>
> 谷梁子曰：舞《夏》，天子八佾，诸公六佾，诸侯四佾。
>
> 《注》："八人为列，又有八列，八八六十四人。"
>
> 《注》："不言六佾者，言佾则干在其中，明妇人无外事，独奏文乐。"

按：这四条同为《春秋》隐公五年文及《谷梁传》与范《注》。"初献六羽"与上条“考仲子之宫”本为一条经文。关于这个问题,前面已有讨论,此节只重点论述侯康有新意的考证。对范宁所说“羽,翟羽,舞者所执”,侯康引许慎《五经异义》等论证“翟羽”即“鸿羽”,属于文舞专用道具。

对“谷梁子曰:舞《夏》,天子八佾,诸公六佾,诸侯四佾”,侯康的考证很有价值。侯康引《公羊传》《白虎通》等,其中都有“诸公六佾”一语,侯康认为这是“今文家言”。又引《左传》、马融《论语注》、蔡邕《月令章句》,其中皆无“诸公六佾”一语,侯康认为这是“古文家言”。可惜侯康似乎并未意识到这个考证结论的价值,未做进一步讨论。在春秋时代,周王室的卿大夫出席霸主召集的诸侯国会盟,虽然以天子代言人的身份被《春秋》记于各国诸侯之前,但真实地位未必高于各国诸侯。《左传》论及天子、诸侯、卿大夫、士的等级,从未把“公”作为一级,更没有“公”高于诸侯的说法。[①] “公”的地位高于诸侯,是秦汉大一统之后才有的现象。皇帝以三公为执政助手,位高权重,是为了加强中央集权。在天下统一之前,没有这样的三公。因此可以说,今文家于天子、诸侯之间增一“公”级,恰恰证明其形成于秦汉之后。没有“公”级的古文家言,符合先秦时代特征,是形成更早的最好证明。

对范宁所说“八人为列,又有八列”,侯康的考证也很有新意。侯康首先指出,《白虎通》《公羊传注》《左传注》、马融《论语注》,均以“八佾”为八列,每列八人;“六佾”为六列,每列六人;“四佾”为四列,每列四人。侯康又引《宋书·乐志一》载傅隆说,认为杜预《注》不合理:“夫舞者,所以节八音也,八音克谐然后成乐,故必以八八为列。自天子至士,降杀以两。两者,减其二列耳。预以为一列又减二人,至士止余四人,岂复成乐?服虔注《传》云‘天子八八,诸侯六八,大夫四八,士二八’,其义甚允。又《春秋》郑伯纳晋悼公女乐二八,晋以一八赐魏绛。此乐以八人为列之证也。若如议者,唯天子八,则郑应纳晋二六,晋应赐绛一六也。”侯康认为:“傅氏此辩极详明。”又引王逸《楚辞章句》、韦昭《国语·晋语注》,可知“旧解皆以二八为二佾”。范宁《注》“上本服虔,不可易也”。的确,傅隆对“八佾”“六佾”的考证极具说服力,所引服虔《左传注》显然比何休、杜预等人的“八八”“六六”之说更为合理。对范宁《注》所说“不言六佾者,言佾则干在其中,明妇人无外事,独奏文乐”,侯康指出,范宁是在解释经文书“六羽”而不书“六佾”,又指出“此全用何氏《公羊注》文”,都是正确的。

---

①《左传》襄公十四年:“天子有公,诸侯有卿,卿置侧室。”据此,天子之公与诸侯之卿同,仅称谓有别而已。

七、战争原则

伐不逾时，战不逐奔。

按：《春秋》隐公五年："宋人伐郑，围长葛。"《谷梁传》："伐国不言围邑，此其言围何也？久之也。伐不逾时，战不逐奔，诛不填服。"侯康所引即此。《谷梁传》认为，《春秋》有记伐某国不同时记围其某邑的原则，此经既书"伐郑"，又书"围长葛"，属于破例，圣人意在批评宋人围长葛时间太长。因《春秋》隐公六年载："冬，宋人取长葛。"公、谷二《传》都认为两条经文所记为一事，去年冬"围"，此年冬"取"。《谷梁传》认为，圣人批评宋人的标准是：伐某国不要超过一时即三个月，战争过程中对逃跑者不要再追杀，对投降者不要诛杀。宋人围长葛一年，违背了上述战争原则的第一条。

侯康考证了其中的前两条。侯康首引《白虎通》："古者师出不逾时，为怨望也。天道一时生，一时养。人者，天之贵物也。逾时则内有怨女，外有旷夫。"《荀子·议兵篇》："王者有诛而无战，不屠城，不潜军，不留众，师不越时。"又引《盐铁论》的《执物篇》和《徭役篇》，与《白虎通》的意思相近。侯康认为，"皆'伐不逾时'之义也"。其实，《白虎通》和《盐铁论》都是从伐者利害的角度论"师出不逾时"，并不符合《谷梁传》本意，因上述三条战争原则都是从伐者对被伐者应有仁爱之心立论的。只有《荀子》所说与《谷梁传》之意同。

侯康又引《司马法·仁本篇》："古者逐奔不过百里，纵绥不过三舍。"以及《天子之义篇》："古者逐奔不远，纵绥不及。不远则难诱，不及则难陷。"侯康认为"皆战不逐奔之义也"。其实，《司马法》与《谷梁传》明显有两点不同：第一，《谷梁传》说"不逐奔"，而《司马法》则说"逐奔不过百里"。第二，《谷梁传》说"战不逐奔"，是强调胜者对战败者应讲仁慈，而《司马法》说"逐奔不远纵绥不及"，则是强调战胜者不要因追敌而中了埋伏陷阱。侯康这两点考证，都没有指出引文与《谷梁传》的巨大差异。

七年："春二月己亥，焚咸丘。""其不言邾咸丘何也？疾其以火攻也。"

按：此为《春秋》桓公七年文及《谷梁传》。关于"焚咸丘"，《左传》无解，《公羊传》和《谷梁传》的解释基本相同，一是认为这是鲁国军队放火焚烧邾国的咸丘邑，二是认为其中隐含着圣人对鲁桓公采用火攻方式的憎恶。也就是说，反对火攻，是圣人垂教后世的战争原则。侯康指出，《六韬》有《火战篇》，可知"其时已有火攻"。

但其内容是周武王和姜太公关于如何预防"敌人之燔吾军,而非己欲燔敌人之军,可知王师所不用也"。侯康相信《六韬》所载为实,得出王师不用火攻的结论,与《谷梁传》所释经意吻合,圣人反对火攻符合王道。侯康又引《孙子·火攻篇》,"论用火之道尤详,盖居然以此制胜,此衰世之法,非王者之兵矣"。侯康认定其为"衰世之法",也与《谷梁传》之意吻合。

八、朝宿邑与汤沐邑

> "邴者,郑伯所受命于天子而祭泰山之邑也。"《注》:"诸侯有大功盛德于王室者,京师有朝宿之邑,泰山有汤沐之邑,所以供祭祀也。鲁,周公之后;郑,宣王母弟。若此有赐邑,其余则否。许慎曰:若令诸侯京师之地皆有朝宿之邑,周有千八百国诸侯,尽京师之地不足以容,不合事理。"

按:此为《谷梁传》隐公八年文及范宁《注》。《春秋》:"三月,郑伯使宛来归邴(按:《左传》作'祊')。庚寅,我入邴。"《谷梁传》:"名宛,所以贬郑伯,恶与地也。入者,内弗受也。日入,恶入者也。邴者,郑伯所受命于天子而祭泰山之邑也。"关于这条经文,《左传》释曰:"郑伯请释泰山之祀而祀周公,以泰山之祊易许田。三月,郑伯使宛来归祊,不祀泰山也。"鲁国为何有一块近郑的"许田",郑国为何要祀泰山,并且在泰山附近有一个祊邑,《左传》没有予以说明。后人的考证虽多,因材料有缺,结论也没有太多说服力。这是至今无法真正说清楚的问题。《公羊传》:"宛者何?郑之微者也。邴者何?郑汤沐之邑也。天子有事于泰山,诸侯皆从泰山之下,诸侯皆有汤沐之邑焉。其言入何?难也。其日何?难也。其言我何?言我者,非独我也,齐亦欲之。"这是首次把邴定为郑国君主跟随周天子祭祀泰山时的临时住地。

但是,在秦始皇之前,似乎没有周天子祭祀泰山的确切记载。周初都于丰镐,距泰山遥远,在交通不便的分封初期,周王祭祀泰山应有诸多不便。东迁之后,《左传》《周语》等均无周王祭泰山的记载。窃以为,泰山之所以成名,应完全归功于孔子。鲁国都城距泰山不远,泰山又是这一地区最高的山。孔子创办私学,给学生讲课有时以泰山为喻,《论语》可以为证。因弟子来自四面八方,泰山的独尊地位也随着孔门弟子的四散传播而形成。秦始皇受其影响而祭泰山,才真正确立了泰山的独尊地位,而邴为郑汤沐邑的说法或也由此而生,并且因《公羊传》而有了汉代的汤沐邑制度。

《谷梁传》的解释与《公羊传》基本相同,只是更明确邴邑为"郑伯所受命于天子"。因邴邑本属于天子,郑伯却私自用来与鲁国的许田交换,是典型的侵权行为,故圣人贬之。这是经义。范宁进一步明确，邴邑是郑国的汤沐邑，许田是鲁国的朝宿邑，即用于朝见周天子时的临时住所。不知范宁是由于对自己的解释不太自信，或是纯粹为保存异说，他同时征引了许慎《五经异义》中的相反观点，即许田不是鲁国的朝宿邑，邴也不是郑国的汤沐邑。

侯康指出，郑玄在《驳五经异义》中没有就此批评许慎，应是认同许说。侯康还征引了孔广森对许说的进一步说明。但侯康本人并不认同许说。他引《礼记·王制》"朝宿之邑亦名汤沐者"，以及孔颖达《左传疏》，认为不仅鲁、郑有汤沐邑。据《左传》定公四年载：康叔"取于有阎之土以共王职，取于相土之东都以会王之东蒐"，可知卫国既有朝宿邑，也有汤沐邑。也就是说，侯康认为汤沐邑制度在西周初年已经存在，《谷梁传》及范宁《注》的说法不误。其实，《左传》所载既不是普遍实行的制度，卫国所取土地也不具有汉代汤沐邑或朝宿邑的性质。

九、会盟礼制

诰誓不及五帝。

盟诅不及三王。

交质子不及二伯。

按：这三条均为《谷梁传》隐公八年文。《春秋》："秋七月庚午，宋公、齐侯、卫侯盟于瓦屋。"《谷梁传》："外盟不日，此其日何也？诸侯之参盟于是始，故谨而日之也。诰誓不及五帝，盟诅不及三王，交质子不及二伯。"《谷梁传》认为《春秋》有详内略外和内外有别原则，故记内盟书日，记外盟不书日。此盟没有鲁人参加，属于"外盟"，书"庚午"，属于破例。《谷梁传》认为，圣人于此破例书日，意在体现对"参盟"之始的重视。所谓"参盟"，是指有三国参加的结盟，这是以后大规模结盟的先声。《春秋》中第一次出现，圣人以书日的方式体现特别重视。圣人何以重视"参盟"呢？《谷梁传》认为这是社会道德滑坡的一个标志性事件。在国与国、人与人之间都相互信任的五帝时代，做任何事情，不需要强迫命令，不需要大家发誓，人们也可以把事情做好。此谓"诰誓不及五帝"。诰、誓出现于三王时代，标志着人们之间相互信任的程度降低了，必须用诰、誓的方式约束人们的行为。但此时尚不需要用诅咒的方式，此谓"盟诅不及三王"。至以齐桓、晋文二伯为标志的春秋时代，天子发布的文诰已不起作用，发誓已不能约束人们的行为，为了取得相互之间的信任，于是出现了结盟，用诅咒的方式约束大家遵守盟约，这是人们相互信任程度进一步降低的标志。"参盟"是其始。《谷梁传》进一步认为，至春秋末期，特别是战国时代，依赖鬼神监督的结盟也逐渐不起作用，人们似乎不再害怕鬼神，如果对对方有何要求,必须用儿子做抵押,才能换取对方的信任,这已到了人们相互信任程度的底线,比"二伯"时代更差。此谓"交质子不及二伯"。总之,《谷梁传》认为此经书日,体现着圣人对社会道德滑坡的担忧,也就是垂教后世的人们应该相互信任。此为经义。

侯康没有讨论经义,只是考证《谷梁传》所述是否可信。《古文尚书·大禹谟》载"禹誓师"事,孔《疏》据此证"五帝之时有誓",《谷梁传》杨士勋《疏》为之辩解,"舜是五帝之末,命禹徂征是禹之事",即不能因此否定《谷梁传》。侯康认为,上述二《疏》都相信了《伪古文尚书》,争论没有意义,"孔氏并诋《谷梁》妄言,尤谬"。侯康相信《司马法·天子之义篇》的说法:"有虞氏戒于国中,……夏后氏誓于军中,……殷誓于军门之外,……周将交刃而誓之","于夏商周皆言'誓',于虞独言'戒',是即'诰誓不及五帝'之明证。"其实,对舜以前的五帝,因保存下来的材料太少,其时有无诰誓,后人很难作出准确判断。

侯康指出,前人多以《周礼·司盟》为据,证明周公时已有结盟者,因而怀疑《谷梁传》所说"盟诅不及三王"。侯康引秦惠田云:"古者诸侯盟礼,皆因朝觐天子而后修之,以奖王室、睦邻好。春秋之世,诸侯不尊天子而假此礼以行之,故荀卿、谷梁子有'盟诅不及三王'之论,非古无是礼也。"这是从盟礼变质的角度解读此说,显然不是《谷梁传》本意,而侯康却认为"其说皆极有义"。侯康更提出了自己的独到见解:"《周礼》《仪礼》皆周公所定,二书虽为太平制作,而周公已逆知人心不古,必渐有疑贰,因制为盟诅以示要约。其时已在文、武后,此正'不及三王'之明证,何反以为难乎?"此说明显存在三个问题:一、"《周礼》《仪礼》皆周公所定",清代已有不少学者不相信;二、周公预知后事,在未有结盟之时先制盟诅之礼,违背常识;三、以周公制定盟礼为在"三王"后,是把"王"局限于武王之前,而不是指西周一代,也与《谷梁传》之意相违。其实,夏商西周时代有无春秋时期发誓诅咒的结盟方式,因缺少材料而难以判定,但在万邦林立时代曾有部分邦国之间的结盟,应该是可信的。

《尚书·大禹谟》孔颖达《疏》云:"《谷梁传》'交质不及二伯',《左传》平王与郑交质,二伯之前有质也。"周、郑相互交换质子,发生在齐桓、晋文之前,孔《疏》的驳难是有力的。但侯康指出,《谷梁传》的这三句话也见于《荀子·大略篇》,只是"二伯"作"五伯","当谓夏昆吾,商豕彭、大韦,周齐桓、晋文"。五帝、三王皆天子,"当统天下言",若二伯仅指齐桓、晋文,他们只是诸侯,不能代指天下,"二伯"当如《荀子》作"五伯",故"不得以周、郑相难也"。侯康这节反驳问题也不少。一、"二伯"不能"统天下言",难道"五伯"可以"统天下言"?二、《荀子》作"五伯",《谷梁传》为何作"二伯"?三、《谷梁传》用"五帝""三王""二伯",应体现着历史顺序,并以此说明道德观念越来越差,若以"五伯"为夏昆吾等,明显与"三王""统天下言"相违背,更不符合《传》意。商周以前史事难以详考,存疑可也。

十、朝聘制度

《传》:"聘,问也。聘诸侯,非正也。"《注》:"《周礼》:天子时聘以结诸侯之好,殷頫以除邦国之慝,间问以谕诸侯之志,归脤以交诸侯之福,贺庆以赞诸侯之喜,致以补诸侯之灾。许慎曰:礼,臣病,君亲问之。天子有下聘之义。《传》曰聘诸侯非正,宁所未详。"

按:《春秋》隐公九年:"春,天王使南季来聘。"《谷梁传》认为,周天子派使者聘问鲁国,不符合礼制。也就是说,此经含有批评周天子之意。《谷梁传》特别强调《春秋》"尊尊"之义,周天子为君,鲁侯为臣,君聘臣,不合尊卑名分,是君不自重,有违"尊尊"之义。范宁引《周礼》,其中明确有天子定时聘诸侯之礼,许慎也明确说"天子有下聘之义",明显与《谷梁传》所说不合。范宁作为《谷梁传》注家,不愿明言其误,故在此只说不太明白,实则认为《谷梁传》所释不对。侯康首先指出:"此范据《五经异义》文也。"又引《异义》记《公羊》说,"天子无下聘义","知《公羊》与《谷梁》合","许慎从《周礼》,郑君无驳,意亦同许"。侯康又引何休于经文"天王使凡伯来聘"注,指出其"亦不从《公羊》说。盖义有未安,虽专家不能墨守也"。侯康也认为《公》《谷》所释不对。最后,侯康又引"后人主《谷梁》之说者"胡安国、万斯大的观点,经过分析,皆认定为不对。在《谷梁礼证》中,明确否定《谷梁传》之说者,为数极少。

其实,《周礼》是汉人托名周公而编制的理想官制,所谓"天子时聘"云云未必符合先秦古制,周天子派使者聘鲁,多数是为某事而来,《春秋》和《左传》都没有体现天子下聘是一种制度。《公羊传》和《谷梁传》都以服务现实为目标,所谓"聘诸侯非正""天子无下聘义",都是强调《春秋》尊王的组成部分,是为君主集权提供的带有理想化的政治理论表述,更非先秦古制所然。总之,先秦并没有天子是否聘诸侯的明确制度。

天子无事,诸侯相朝正也。

按:《春秋》隐公十一年:"春,滕侯、薛侯来朝。"《谷梁传》:"天子无事,诸侯相朝正也。考礼修德,所以尊天子也。诸侯来朝,时,正也。犆言,同时也。累数,皆至也。"《谷梁传》认为,天下诸侯的职责是拱卫天子。当天子有事时,各国诸侯均应以王事为重。天子无事时,诸侯之间应该相互朝见,一方面"考礼",即明确不同诸侯之间的等级名分，用相应的礼仪加以体现、固定；另一方面"修德"，即不断加强各国之间的友好关系。礼是天子所定，相互友好才能共同维护天下和平，故二者的目的都是为"尊天子"。因此，圣人以诸侯相朝为正。这是《谷梁传》所释经义。

侯康则考证诸侯相朝的制度。《谷梁传》只说诸侯相朝为正，但没有说相朝有无次数限制。侯康首引《周礼·大行人》"世相朝"，即诸侯在位期间只需往各国朝见一次。又引《左传》襄公二年："凡诸侯即位，小国朝之，大国聘焉。"侯康认为"与《周礼》合"。但二者实际上并不相同，《周礼》所说"世相朝"，应是指相互朝见，或地位低者朝见地位高者。而《左传》所说只是小国朝见大国，既非相互朝见，也不是按照地位高低。如宋为公爵，鲁为侯爵，郑为伯爵，《春秋》和《左传》都没有鲁侯朝宋公、郑伯朝鲁侯的记载。侯康又引《左传》文公十五年、昭公三年文，以及《国语·鲁语》，都有"诸侯五年再朝"之语，认为这也是周公所定，"盖周公制礼，虽定为世相朝及五年一朝而成王事"，但特殊情况下也可以灵活掌握。侯康还否定了郑玄怀疑此为殷礼，"春秋之初，大国有援此礼以征朝于小国者"的说法。其实，不论是"世相朝"，或者以诸侯相朝为正，都只是春秋时代的产物，西周初年未必有此制度或观念。对此，前文已有讨论。

十一、狩猎礼制

> 经四年："春王正月，公狩于郎。"《注》："春而言狩，盖用冬狩之礼。"
>
> 四时之田，皆为宗庙之事也。
>
> "春曰田，夏曰苗，秋曰蒐，冬曰狩。"《注》："田，取兽于田；因为苗除害，故曰苗；蒐，择之，舍小取大；狩，围狩也，冬物毕成，获则取之无所择。"
>
> 四时之田用三焉。唯其所先得，一为乾豆，二为宾客，三为充君之庖。

按：这四条同为《春秋》桓公四年及《谷梁传》及范宁《注》文。《谷梁传》对此经的解释很像是对《公羊传》的补充和修正。《公羊传》："狩者何？田狩也。春曰苗，秋曰蒐，冬曰狩。常事不书，此何以书？讥。何讥尔？远也。诸侯曷为必田狩？一为乾豆，二为宾客，三为充君之庖。"二《传》相较，《公》释经文讥意，《谷》未及；《公》释田狩有三时，《谷》称"四时用三"，只是一作春苗，一作夏苗，后者显然更合理；《公》释猎物用途有三，《谷》释"四时之田"皆应为宗庙祭祀，依据得之先后分为三种用途，《谷》说显然提高了君主狩猎目的的标准。侯康把《谷梁传》文分为四事予以考证。

第一，春猎何以言狩？范宁《注》认为"盖用冬狩之礼"。春猎称田，冬猎称狩，此为《谷梁传》明文。范《注》显然是为《谷梁传》所释与经文的差异作辩护。春猎何以用“冬狩之礼”？范宁没有进一步作解，且用“盖”字，表明或然而已。侯康引《左传》杜预《注》：“周之春，夏之冬也。田狩用夏时。”又引孔广森之证，与杜意相近，即《春秋》记狩猎有用夏时的原则，周历正月为夏历十一月，正是冬季，故用冬猎之名狩。此解虽然可通，但《春秋》记田狩是否一定用夏时，则难知。《春秋》记狩猎只用了“狩”“蒐”二字，不见“田”“苗”。言“狩”为狩猎，言“蒐”则主为军训，二者实有区别。详见下文。因杜、范二说不同，侯康认为：“此《谷梁》之不同于《左氏》者，虽其义视《左氏》为短，而家法实是如此，不可强合也。”其实，范宁所释也未必源于《谷梁》家法，杜预所注也未必尽合《左传》本意。所谓《谷梁》《左氏》，仅指门派而已。侯康承认《谷梁》义短，也属难得。

第二，君主狩猎的目的。“《尚书大传》云：‘已有三牲，必田狩者，孝子之意以为己之所养不如天地自然之性逸豫肥美。’”牛、羊、猪等家养动物不如野生动物好吃，君主为尽孝心，让列祖列宗享受美味，故祭祀必用猎物。《白虎通》强调“尊重先祖，必欲自射加功力也”，同样也是为了体现孝心。侯康以此证明《谷梁传》所说“四时之田，皆为宗庙之事也”。

第三，狩猎次数及名称。《谷梁传》说“四时用三”，毕竟认为四时都有狩猎，而《公羊传》只说有三时狩猎。侯康引《礼记·王制》：“天子诸侯无事，则岁三田。”郑玄《注》：“三田者，夏不田。”可知《礼记》与《公羊传》同。何休《谷梁废疾》引纬书《运斗枢》“夏不田”，认定“于义《谷梁》为短”。郑玄《释废疾》认为“四时皆田”为夏殷古礼，“孔子虽有盛德，不敢显然改先王之法以教授于世”。“《谷梁》四时田者，近孔子故也。《公羊》正当六国之亡，谶纬见读而传为三时田”。郑玄不仅认为《谷梁传》所释不误，且认定《谷梁传》成书早于《公羊传》。“《谷梁》近孔”四字，成为柳兴恩、许桂林等《谷梁》学者的强有力依据。侯康也认为《公羊传》中“多纬书说，不如《谷梁》为时王正礼”。侯康的这个表述很有意思，《谷梁传》所释是《春秋》之义，还是“时王正礼”？若为后者，岂不是说《谷梁传》不传《春秋》？在考《谷梁传》所述礼制时，却忽略了其传经的性质，是侯康《谷梁例证》一书最大的缺陷。侯康于条目中引范宁《注》，是释田、苗、蒐、狩四名的含义，文中引《白虎通》所释，与范《注》相近。侯康认为“考《白虎通》多《公羊》家言，而此独从《谷梁》，以其义本胜耳”。这个说法有问题。除四名外，范宁《注》显然是改写了《白虎通》文，其意并不见于《谷梁传》，怎能说《白虎通》“此独从《谷梁》”？

第四，“四时用三”。侯康首引秦惠田云：“四时用三，即‘夏不田’之说。《传》意为有此礼而不常用也。可与《月令》孟夏‘毋大猎’相发明。”秦氏认为《谷梁传》所谓“四时用三”与《公羊传》无夏田之意相同，虽狩有四时之礼，常用者只有三时。侯康则认为，君主四时之祭不可或缺，既然狩猎都是“为宗庙之事，则夏田岂不常用者哉"？此说虽为驳秦惠田，实际上是击中了《谷梁传》的要害。既然只有三时狩猎，何以有四时猎名？何必制四时之礼？窃以为，《谷梁传》在此实是为《公羊传》作解。古有四时狩猎之名，而《公羊传》无夏田，故《谷梁传》生出"四时用三"之说。但侯康不这么认为，他引《周易》"王用三驱"马融《注》为据，"三驱者，一曰乾豆，二曰宾客，三曰君庖"，认为"《谷梁》之'用三'，犹《周易》之'用三驱'，与《王制》'岁三田'之文相似而实不同"。此说显然有问题，马融注"三驱"，显然是引《公》《谷》文，未必符合《周易》本意，侯康反用来证《谷梁传》，实已陷入循环论证。侯康对"四时用三"的论证，实难成立。《谷梁传》之说本无依据，何必强为弥缝？

因蒐狩以习用武事，礼之大者也。

艾兰以为防，置旃以为辕门，以葛覆质以为槷。流旁握，御挚者不得入。

车轨尘，马候蹄。掩禽旅，御者不失其驰，然后射者能中。过防弗逐，不从奔之道也。面伤不献，不成禽不献。

禽虽多，天子取三十焉，其余与士众。以习射于射宫，射而中，田不得禽则得禽；田得禽而射不中，则不得禽。是以知古之贵仁义而贱勇力也。

按：此为《谷梁传》昭公八年文，经文是："秋，蒐于红。"《谷梁传》释此经首言"正也"，即《春秋》记载此事，体现着此事之正，符合利用狩猎以练兵的礼制。于是下文详述此礼。狩猎前，用艾、兰等植物圈定狩猎范围，用车辕摆成猎场之门，树旌旗以为标识，以此象征战场。猎者进入辕门时，所驾兵车碰到辕门者不得入。车辆必须行走在同一车辙，马的步调必须一致，以此训练士卒驾驭兵车的能力，并严肃军纪。进入猎场后，猎者应该能够在不影响车速的情况下射中猎物，以此训练士卒的射箭技能。如果猎物跑出预设猎场范围，猎者不得追捕，以此训练士卒遵守战场不追杀逃跑者的战争原则。狩猎结束，士卒将猎物献给天子，但面部被伤或没有长大的猎物不能献。天子取其中三十只，其余将作为奖品发给士卒。军队回去后，还要在演武厅比赛射箭技能。射中者，虽然在猎场上未捕获猎物，在此可以领到奖品；射不中者，虽在猎场上捕获了猎物，此时也不能领奖品。因为猎场上捕获猎物只体现着勇敢，而演武厅的成绩体现着仁义。如此颁发奖品，可以训练士卒以仁义为贵，以单纯的勇力为贱。总之，严明军纪，训练技能，遵循战争原则，培养士卒的道德品质，就是《谷梁传》所释狩猎的目的，也就是《春秋》垂教之义。侯康只是把这段《谷梁传》文分别作四事予以考证。

第一，狩猎的目的。侯康引《尚书大传》："禽兽多则伤五谷。因习兵事，又不空设，故因以捕禽兽，所以共承宗庙，示不忘武备。又因以为田除害。"也就是说，狩猎的目的有三,一是为农作物除害,二是用于宗庙祭祀,三是训练军队。侯康以此证《谷梁传》所说"因蒐狩以习用武事,礼之大者也",成立。《尚书大传》所载似不如《谷梁传》所释完备。

第二,猎场设置及入场纪律。侯康首引《诗经·车攻》毛苌《传》"田者,大芟草以为防"云云,认为"与此《传》大同。彼言夏苗,此言秋蒐,知四时皆无异制矣"。即四时狩猎设置猎场及纪律皆如《谷梁传》所述。侯康又引《周礼·司虞》和《大司马》文作为旁证。

第三,捕猎原则。侯康引《诗经·车攻》毛苌《传》"战不出顷,田不出防,不逐奔走,古之道也。面伤不献,践毛不献,不成禽不献",又引《说苑·修文篇》"百姓皆出不失其驰,不抵禽,不诡遇,逐不出防,此苗、狝、蒐、狩之义也",再引《周易·比卦》"王用三驱"郑玄《注》"禽在前来者,不逆而射之,旁去又不射,唯背走者顺而射之,不中则已",认为"以上三说皆与此《传》同"。此证颇精彩,不仅说明《谷梁传》所述于古有征,且使其内容更明确,使后人知道古人捕猎确有不少原则。

第四,猎物分配。侯康指出,《谷梁传》的这部分内容与《书传》《诗传》相同。《书传》述比射于泽宫以颁奖后云:"何以然?所以贵揖让之取也,而贱勇力之取也。向之取也于囿中,勇力之取也;今之取也于泽宫,揖让之取也。"《谷梁传》云"贵仁义",与颁奖之旨不太吻合,《书传》云"贵揖让",意思更明确。侯康只见其大同,未见其小异。但侯康指出,《诗》《书》二《传》所述主要为卿大夫士举行的射礼。郑玄《周礼·乡大夫之职注》云:"庶民无射礼,因田猎分禽则有主皮。主皮者,张皮射之,无侯也。"参加狩猎的士卒主要是庶人,实没有资格参加二《传》所说泽宫射礼,只能参加狩猎活动结束后的颁奖射礼。最后,侯康又引郑玄《诗经·车攻笺》"每禽三十"《疏》"以君之猎,不宜诸种止取三十,故以为每禽焉。则宗庙、宾客、君庖各十也"。就是说,《谷梁传》说"禽虽多,天子取三十焉",似指总数为三十只猎物,包括各种禽兽。郑玄则认为应是每种禽兽各取三十只。孔颖达更明确为之分配,三种用途各分每种禽兽十只。侯康未做评说,盖以为符合《谷梁传》意。但实际上这是引申,未必符合《传》意。

十二、赐命之制

经:"王使荣叔来锡桓公命。"《注》:"礼有九锡:一曰舆马,二曰衣服,三曰乐则,四曰朱户,五曰纳陛,六曰虎贲,七曰弓矢,八曰斧钺,九曰秬鬯。皆所以褒德赏功也。德有厚薄,功有轻重,故命有多少。"

《传》:"礼有受命,无来锡命。锡命,非正也。"《注》:"赏人于朝,与士共之;当召而锡也。《周礼·大宗伯职》曰:王命诸侯则傧之。是来受命。"

生服之,死行之,礼也。生不服,死追锡之,不正反(按:"反"当作"甚")矣。

按:这三条同为《春秋》庄公元年文及《谷梁传》、范宁《注》。去年四月,鲁桓公被害于齐,十二月葬。周天子于今年冬派人来宣布对桓公的任命,显然属于追认,实质上等于正式承认庄公君位的合法性。《谷梁传》认为,荣叔是奉命来赐命服,即象征诸侯地位的礼服。这种赏赐,应由诸侯去京师领取,天子派人来送,不符合礼制。另外,诸侯受天子赐服,应生时穿着,死后入殓,以此表示对赐服的重视。桓公已葬,生未能穿,死未能敛,此时赐服,更有违礼制。总之,《谷梁传》认为此经含有对周天子的批评之意。这种批评的实质,是希望天子自重,并自觉遵循礼制,以此保证诸侯尊王。侯康则将《谷梁传》文及部分范宁《注》文分作三条予以考证。

第一,九锡与九命。"证曰:范氏引九锡以解经,则意为此即九锡中事。九锡与九命,先郑合为一,后郑分为二。详《曲礼上疏》。""九锡"是天子赏赐诸侯之物,体现着受赏者的等级。"九命"的具体内容,各种文献都语焉不详,似是指天子对诸侯的任命次数,受命越多者,级别越高。侯康引《诗经·旱麓》疏所引《礼纬含文嘉》,认为"即七命、五命皆得有加赐之明征"。也就是说,"九锡"是"九命"的附加赏赐。又引服虔《礼记·杂记》注:"冕服者,上公五,侯伯四,子男三。褒衣亦始命为诸侯及朝觐见加赐之衣也。"此似谓冕服之赐与命数无关。侯康认为:"窃疑九锡中唯弓矢、斧钺、秬鬯等为异数,其余只是常典。凡经传所言锡命者,皆九锡中事。功德极隆者全锡之,其余原不必全锡。"这是把"锡命"理解为以赐物为主,恐不合经传本意。"锡命"的内涵应是以宣布任命为主,或有赐物,当是附加赏赐。其实,不论是"九锡",还是"九命",不论先秦,还是后世,都未必形成普遍的实施制度,不过是学者们的纸上谈礼而已。对此,郑众、郑玄已说不清楚,后人的讨论更是以揣摸为主。

第二,受命与来命。侯康引《诗经·彤弓》和《韩奕》,认为其中所言"皆是往受命,非来锡命也",又引《尚书·文侯之命》,认为"亦文侯往受之于周也",由此证明西周时期只有"受命"。至春秋时,《春秋》《左传》《国语》均多载天子派使者赐命诸侯,"盖春秋时不行往受之礼,而唯天子所遣使"。侯康这部分考证有说服力,只是《诗经》所言是否确为诸侯往受命,缺少确切证据。在此基础上,侯康对三《传》予以比较。《谷梁传》对天子来锡命三次明言"锡命,非正也。其义甚伟"。即《谷梁传》所释《春秋》倡导尊王之义,非常正大。《左传》对《春秋》此类记载"皆无讥辞",即没有解说圣人对天子或诸侯的批评之意,也就是没有阐释经文中的尊王之义。何休只是在《春秋》文公元年“天王使毛伯来锡公命”下注曰:“文公新即位,功未足施而锡之,非礼也。”侯康认为:“亦第讥其锡命之早,不讥其来锡之非。皆不如《谷梁》义正大。”侯康的此节比较也有道理,但必须在两个前提之下:一、《春秋》含有大义;二、大义以尊王为正大,即倡导尊王就是正理。这两点,在古代《春秋》学者的观念中,都是被默认的。

第三,追命是否合礼。侯康首引《白虎通》:“大夫功成,未封而死,不得追爵赐之者,以其未当股肱也。《春秋谷梁传》曰:‘追赐死者,非正也。’”这是运用《谷梁传》所释《春秋》义制定后世不应追封大夫的原则,侯康作为《谷梁传》言礼之证,显属本末倒置。此证只可说明《谷梁传》所释《春秋》义受到后世认同并产生影响,却不证其为古礼。侯康又引《五经异义》:“《春秋》公羊、谷梁说:王使荣叔锡鲁桓命,追锡死者,非礼也。死者功可追而锡,如有罪,又可追而刑耶?《春秋》左氏讥其锡篡弑之君,无讥锡死者之文也。”侯康指出:“按此条,未见许氏所从,亦未见郑驳。”当是以二人为默认《谷梁传》义。侯康又引杜预《注》:“追命桓公,褒称其德,若昭七年王追命卫襄之比。”《左传》昭公七年:“秋八月,卫襄公卒。…… 卫齐恶告丧于周,且请命。王使郕简公如卫吊,且追命襄公曰:‘叔父陟恪,在我先王之左右,以佐事上帝,余敢忘高圉、亚圉?’”杜预以此比追命鲁桓公,是认为追命之礼有征。侯康又引“近人孔广林亦谓:‘在古则高圉、亚圉,死为追命,于礼无乖。当从《左氏》。’”侯康认为:“然二圉受命虽见《竹书纪年》,而无以决其为生前、为死后。追命之说,出自杜《注》。”此驳有理,但杜预并未说二圉为追命。总之,侯康以《谷梁传》所说为正,不以追命为然。

综上所述可见,侯康对礼制的每一条考证都相当深入,既有广泛征引,也有分析对比,且大部分观点明确,以赞同《谷梁传》所述礼制为多。《谷梁礼证》内容虽然不多,却是这一领域较有分量的著作,其中也不乏有说服力的论证。但是此书也明显有不足之处:第一,按照作者的标准,《谷梁传》及范《注》所述礼制可考或应考者还有很多,此书篇幅较小,挂少漏多,实以《春秋》所载隐、桓二公为主。侯康卒年四十,此书或为未完之稿。第二,《谷梁传》解《春秋》旨在阐释圣人垂教后世之义。《谷梁礼证》中的有些内容与《谷梁传》所释大义无关。第三,侯康考证《谷梁传》及范宁《注》所述礼制,主旨应是考证其是否于古有征,即是否确曾存在过。但作者征引的材料以《周礼》《仪礼》《礼记》《白虎通》《说苑》、郑玄《注》等居多,这些文献多形成于汉代,所述礼制多数带有时代烙印。以此证先秦礼制,稍嫌勉强。

后　记

2012 年,同事周晓东先生专门到寒舍鼓励我申报国家社科基金项目,其后又帮我用电脑填表、交表等若干杂事。若非晓东先生就没有《清代〈春秋〉学研究》这个项目,也就没有这本书。项目获批,晓东先生却去了肯尼亚孔子学院任教,未能合作,深感遗憾。值此书出版之际,谨向晓东先生深致谢意。

做此项目时,正值多事之秋,身心俱疲,且尚有当时急催的《左传导读》书稿未成,压力山大。幸亏当时在校的硕士研究生祝莉莉、彭松、孔令柱三位同学,帮助我搜集、复印了研究所需的大量著作与论文。书稿完成后,彭松、祝莉莉又帮我打印,并核对部分原文,也提出一些修改意见。结项时的繁杂琐事,多由彭松同学代我办理。从报项目至结项,我没有与外界联系,只是埋头读书写字,一切杂务均由晓东先生与三位同学代理。项目得以顺利完成,实不敢忘诸位大德,在此谨表谢意。

2007 年,因《春秋三传要义解读》一书,我有缘与国家图书馆出版社的宋志英编辑在电话与信件中相识,该书最后顺利出版。其后,宋编辑又抬举我做她策划的《先秦典籍研究文献辑刊》的合作主编,让我为七套丛书写了前言,这种机会实在远超预期。至今,我与宋编辑尚缘吝一面。2017 年,因他事与宋编辑通电话,谈及此项目,她便建议我将书交由国家图书馆出版社出版。大喜过望。尽管宋编辑的诸多提携,岂是一个谢字了得！但我还是要真诚地说一句感谢,道一声珍重。

书稿由林荣任责任编辑。林编辑极其认真地校阅全文后,给我提出了十分宝贵的修改意见:核对原文、规范格式、划分较小段落、调整标点符号等等。修改后自觉增色不少,受益良多。林编辑的敬业精神令人钦佩。

借此书出版之际,谨向帮助我为此书付出劳动的师友表示崇高敬意!

江湖散人晁岳佩于济南龙泉山庄

2018 年 9 月